鏡の古代史

辻田淳一郎

角川選書
630

鏡の古代史　目次

序章　弥生・古墳時代の歴史と鏡

一　はじめに

本書は、弥生時代から古墳時代の遺跡から出土する青銅製の鏡（青銅鏡、銅鏡。以下、鏡）についての検討をもとに、この時代の歴史を説明することを目的とするものである。

古墳時代は、前方後円墳と呼ばれる墳墓モニュメントが築かれた時代である。三世紀中頃から六世紀末前後までの約三五〇年の間に、日本全国で五二〇〇基を超す前方後円墳が築かれている。また世界遺産に登録された大阪府の百舌鳥《もず》・古市《ふるいち》古墳群をはじめとして、巨大な前方後円墳が奈良盆地や大阪平野に集中していることから、当時の政治権力の中枢は近畿地域にあったものと考えられている。すなわち、近畿地域を中心とした広域的な政治秩序が成立したのが古墳時代であるということができる。問題は、なぜ近畿地域が「中心」となったか、またこの広域的政治秩序の内実がどのようなものであったか、という点である。これはこの時代が古代国家の形成という観点からどのように説明できるか、という点とも関わってくる。

日本列島に金属製の鏡が初めて出現したのは弥生時代であり、それは多鈕細文鏡《たちゅうさいもんきょう》と呼ばれる朝鮮半島製の青銅鏡であった。その後、中国で紀元前三世紀末に漢王朝が成立し、紀元前一〇八年に朝鮮半島西北部に楽浪郡が設置されると、この楽浪郡を通じて各種の中国鏡がもたらされるようになる。また弥生時代から古墳時代にかけて、それらの中国鏡を模倣して日本列島でつくられた鏡も出現する。これらの鏡の多くは各時代の墓に副葬品として納められたものであるが、集落遺跡や祭祀《さいし》遺跡から出土するものもある。

本書が対象として扱う弥生・古墳時代の鏡は、あわせて六〇〇〇面を超えることが知られている（下垣二〇一六）。いわゆる天皇陵などを含め、発掘調査されていない遺跡や未発見の遺跡などの存在を考慮すると、元来はこの数を遥《はる》かに超えるものであった可能性もある。このように、数千面あるいは万の単位で鏡を消費する地域というのは、古代の東アジアでは中国本土や楽浪郡など以外では日本列島に限られている。なぜ、弥生・古墳時代の日本列島ではこのように大量の鏡が求められ、また消費されたのであろうか。そしてそのことは、日本列島の古代においてどのような意義があったのであろうか。

以下では、本書で扱う論点を考えるにあたり、時代背景やこれまでの研究の歴史を簡単に整理しておきたい。

二　時代背景と研究の歴史

東アジア史の中の弥生・古墳時代

日本列島の弥生・古墳時代は、東アジアでいえば中国の西周～春秋戦国時代から秦漢《しんかん》帝国の時代、そして三国時代・魏晋《ぎしん》南北朝の時代を経て隋唐《ずいとう》代に至る激動の時代に並行する。朝鮮半島では、青銅器時代から初期鉄器時代、原三国時代から三国時代を経て、新羅《しらぎ》により統一されるまでの時代にあたる。

この間、日本列島では朝鮮半島南部から稲作が伝わり、青銅器や鉄器などの金属が用いられるようになった。社会の規模が拡大し、複雑化して地域社会の統合が進み、朝鮮半島諸国および中国諸王朝との交流（戦争も含む）を通じて、飛鳥《あすか》時代から奈良時代にかけて律令《りつりょう》国家が成立した。この中で、日本列島で金属製の鏡が出現したのは紀元前三世紀頃であるので、本書ではそこから紀元後七世紀までの約一〇〇〇年間の歴史を扱うことになる。

古墳時代と日本の古代国家形成

都出比呂志は、日本の古代国家形成の時期について、「七五三論争」という形で表現している（都出二〇一一）。これは、大きく邪馬台国《やまたいこく》時代の三世紀、倭《わ》の五王の時代の五世紀、飛鳥時代以降の七世紀にそれぞれ国家成立時期を求める見解の違いを述べたものであり、考古学的な時期区分に照らすと、古墳時代の初め頃・古墳時代中期・古墳時代終末期以降に概《おおむ》ね対応する。

かつては古墳時代は「大和国家《やまと》」の時代として捉《とら》えられていた（例：『日本歴史教程』第二冊、一九三七）。戦後間もなく、マルクス主義的歴史理論（史的唯物論）がさかんであった頃は、考古学の分野では、弥生時代の農耕社会において生産力が発展した結果、政治的・社会的統合が進み、古墳時代に階級社会としての国家が成立したものと考えられていた。戦前から戦後の日本考古学をリードした小林行雄の『古墳時代の研究』（一九六一）をはじめ、古墳時代は階級社会であるという議論が主流であった。

その一方で、いわゆる文献史学の分野では、『日本書紀』『古事記』の史料批判にもとづく実証的検討や国家形成に関する古典学説にもとづく理論的検討、また中国・朝鮮半島の史料との対比などによる研究が進んだ結果、古代国家の成立の画期は七世紀末頃の律令国家の成立時期に求める説が有力視されるようになった。石母田正の『日本の古代国家』（一九七一）などはその代表例ともいえるものであり、その後から現在に至る研究動向もその延長線上に位置している（例：吉村武二〇〇六、大津二〇一〇）。

そうした文献史学の議論に影響を受けた形で、考古学の分野でも、弥生時代から古墳時代の社会を古代国家成立の前段階と捉える議論が現れる。近藤義郎の『前方後円墳の時代』（一九八三）では、弥生時代から古墳時代にかけて「部族連合」という概念が提示され、前方後円墳の築造が停止した七世紀代以降に古代国家が形成されるという説明が行われた。これは、近藤自身によるそれ以前の見解も含め、戦後長く主流であった古墳時代を国家とする理解を大きく転換するものであった（岩永一九九一・一九九二）。

その後、一九九〇年代になると、アメリカの人類学における社会進化学説などの影響を受け、古墳時代を「初期国家」とする学説が現れた。都出比呂志は、「日本古代の国家形成論序説—前方後円墳体制の提唱—」（一九九一）と題した論考で、古墳時代は、朝鮮半島からもたらされる鉄素材をめぐる長距離交易を基礎として、各地の首長が古墳の形態や規模で相互の身分秩序を承認し合う社会であると捉え、これを弥生時代とも律令国家とも異なる「前方後円墳体制」として提示した。そして人類学の社会進化モデルにもとづき、弥生時代を「首長制社会」、古墳時代を「初期国家」、律令国家を「成熟国家」として位置づけた。この結果、古墳時代は再び「国家」の脈絡で議論されるようになったのである（都出一九九六・二〇〇五）。

その後、広瀬和雄により「前方後円墳国家」の概念が提唱され（広瀬二〇〇三）、また和田晴吾により古墳時代前・中期と後期以降を分けて段階的な変遷と捉える視点（和田晴二〇〇四）、六世紀中葉から八世紀中葉を前半期古代国家、八世紀中葉から一〇世紀中葉を後半期古代国家とする菱田哲郎の説明（菱田二〇〇七）など、古墳時代を律令国家成立以前の独自の国家的形態として積極的に評価する動きも活発となっている（佐々木二〇〇四a、下垣二〇一八a）。

このように、日本列島で古代国家がどのように成立したのかについては、文献史学では律令国家の時期と捉える見解が主流であるのに対し、考古学では古墳時代を大枠として国家前段階の「部族連合」と捉えるか、あるいは「初期国家」と捉えるかといった点で意見が分かれている。特に後者については文献史学の立場においても賛否両論がみられるが（鈴木一九九六、足立一九九八、熊谷二〇〇一、吉田二〇〇六など）、いずれにしても、古墳時代を国家形成過程と捉える点では共通していることから、本書でもこの点を出発点として、日本列島の古代国家形成という問題について考えてみたい。

古墳時代研究と銅鏡研究

以上のような議論をふまえ、銅鏡研究の歴史を振り返ると、弥生・古墳時代研究の歴史全般と密接なつながりがあることがわかる。古墳時代の銅鏡に関する研究史は膨大であり、網羅的に検討された専門書もあるので詳細はそちらに譲り（下垣二〇一〇a・二〇一八b）、ここでは本書の問題意識に関わる論点を簡潔に整理したい。日本の弥生・古墳時代の銅鏡研究の歴史は、大きく以下の五期に区分することができる。

Ⅰ：江戸期以前（一九世紀前半以前）
Ⅱ：明治〜戦前期（一九世紀後半〜二〇世紀前半）
Ⅲ：一九五〇〜一九六〇年代
Ⅳ：一九七〇〜一九八〇年代
Ⅴ：一九九〇年代〜現在

大まかに述べるならば、Ⅰの時期には、弥生時代の遺跡や古墳で出土した鏡への関心の高まりから、拓本などの様々な形での記録や資料化・漢籍による研究が行われている。Ⅱの時期には、日本列島から出土した鏡について、大陸の漢鏡との比較を通じて分類・編年研究が推進される。三宅米吉、高橋健自、富岡謙蔵、後藤守一、梅原末治をはじめとした研究者により、現在まで継承される鏡式分類・編年体系の基礎が築かれた。Ⅲの時期には、三角縁神獣鏡《さんかくぶちしんじゅうきょう》を中心に古墳出土鏡の分類・編年・分布に関する研究が積極的に進められ、特に第二・三章で説明する小林行雄の「同笵鏡論《どうはん》・伝世鏡論」により、古墳出土鏡の研究が古墳時代政治史の解明に大きく寄与することが示された。この小林の成果が、学史上最も大きな画期となっている。

Ⅳの時期は、小林の研究を承《う》けて、漢鏡（中国鏡）や日本列島で製作された鏡（倭製鏡）、三角縁神獣鏡などの分類・編年研究が深化されている。Ⅴの時期は、Ⅳの時期までの成果を基礎としながら、鏡自体の詳細な観察とそれにもとづく再検討により、分類・編年や実年代観をはじめ、製作地や製作技術の系譜、あるいは流通の問題などについて新しい議論が始まり、また古墳時代社会という観点からの体系化が志向されている段階といえる。二〇二〇年代にさしかかろうとする現在は、そうした成果をふまえた弥生・古墳時代像の更新が行われつつある時期と筆者は考えている。

こうした鏡研究の歩みは、古墳時代研究、あるいは古墳研究と密接に関連しながら進展してきた。特に上述の小林の「同笵鏡論・伝世鏡論」は、戦後の弥生・古墳時代の歴史像の形成に大きく影響を与えるものであり、それが戦後の日本考古学の展開ともある程度重なるものであった。またⅤの時期は、上述のように古代国家形成過程の問題として古墳時代を考えるという方向性が定着しつつあるが、鏡は古墳時代の各時期において古墳の主要な副葬品の一つであることから、こうした国家形成に関する議論とも深く結びついている。また東アジアの中の列島古墳時代社会という点では、実年代を考えるための基準資料としての役割のみならず、大陸由来の鏡を手がかりとして、製作地や流入経路など、東アジアの交流史をも明らかにすることが期待されているといえる。

本書では、そうした近年までの銅鏡研究の成果をふまえ、弥生時代中期から古墳時代後期・終末期に至る時代の変遷について、遺跡出土鏡をもとに考えてみたい。

三　銅鏡の様式区分と考古学的時代区分

ここで、次章以降で説明を行うにあたり、銅鏡の様式区分および考古学的時代区分を整理し、検討を行う上での枠組みを整理しておきたい。

銅鏡の種類と様式

まず弥生時代から古墳時代にかけて日本列島で出土する鏡については、製作地・系譜の違いをもとに大きく以下の四つに区分することができる。

①朝鮮半島鏡（多鈕細文鏡）
②中国鏡（前漢鏡・後漢鏡・三国西晋《せいしん》鏡［魏晋鏡・呉鏡］・南北朝鏡［同型鏡群・模倣鏡群］）
③三角縁神獣鏡（「舶載」「仿製《ぼうせい》」）
④倭製鏡（［弥生小形倭製鏡］・［古墳時代前期倭製鏡］・［古墳時代中・後期倭製鏡］）

製作地という点では、日本列島で製作された鏡を「倭製鏡」と呼んでいる。かつては仿《まね》て製作された鏡という意味で「仿製鏡」（倣製鏡）と呼ばれていたが、列島独自の特徴を有することから田中琢が「倭鏡」の語を提唱した（田中琢一九七七）。平安時代以降に日本で製作された鏡を「和鏡」と呼ぶこともあり、近年では「倭製鏡」と呼ばれることも多い。本書でもこの用語を用いる。
これに対し、日本列島の外部からもたらされた鏡は「舶載鏡」と呼ばれる。この場合、広い意味では朝鮮半島産の鏡と中国鏡の両者が含まれるが、朝鮮半島産の鏡は数が少なく、また「舶載鏡」という場合は古墳時代以降に多く用いられるため、実質的には中国鏡を指す場合が多い。朝鮮半島では、青銅器時代に紐《ひも》を通すための「鈕」を複数有する「多鈕鏡」が製作されている。これは大きく多鈕粗文鏡と多鈕細文鏡に区分されるが、日本列島では後者の多鈕細文鏡の出土例が知られている。

舶載鏡の代表例である中国鏡は、戦国時代から漢代にかけて青銅鏡の文様の様式が確立し、前漢・後漢の時代に生産のピークを迎えた。この時代には当時の宇宙観や神仙思想などを銘文や図像に描き出した多種多様な鏡が生み出された（岡村二〇一七）。ところが、後漢末から三国時代以降、社会・政治の混乱や南北朝の分裂などを背景としながら、新たな鏡の文様が生み出されることは少なくなり、主に漢代の文様を復古再生するという形で生産が行われた。その後、隋による中国の再統一と唐代以降の発展の時代になると、再び新たな意匠が創案されるようになっていった。

弥生・古墳時代には、これらの中国鏡の中では戦国鏡の出土例は知られておらず、前漢鏡以降魏晋南北朝時代の鏡がもたらされ、使用されている。七世紀代になると、数は少ないながら隋唐鏡の出土例がある。漢代の銅鏡は、岡村秀典の研究による漢鏡一期〜漢鏡七期まで様式区分する編年案が広く受け入れられており（岡村一九九九）、本書でもこの漢鏡編年をもとに検討を行う。

またこうした舶載鏡と倭製鏡とは別に、製作地について意見が分かれているものとして三角縁神獣鏡がある。これらの中には「景初三年」（二三九年）や「正始元年」（二四〇年）といった中国の魏の年号を有する資料が含まれるが、これまで中国で確実な出土例が知られていないことから、日本で製作された可能性も指摘されている一群である。従来は、その中でも製作年代が古く文様が精緻《せいち》な一群を「舶載」三角縁神獣鏡、製作年代が新しく文様が粗雑化した一群を「仿製」三角縁神獣鏡と呼び、前者を中国製、後者を日本列島製とする見方が一般的であったが、現在は製作地をめぐる議論は複雑化している。こうした点から、本書では朝鮮半島鏡・中国鏡・倭製鏡とは別に独立した一群として扱う。製作地論争やその位置づけについては、第三章で検討したい。

考古学的時代区分と時期区分

弥生時代は大きく前・中・後期に区分され、後期終末段階を「弥生時代終末期」として独立して呼ぶ場合が多い。古墳時代も前・中・後期に区分される。弥生時代と古墳時代を区分するのは大型前方後円墳の成立であり、奈良県箸墓《はしはか》古墳の出現を画期として捉える。その意味で古墳時代は前方後円墳の時代であるが、六世紀末前後に前方後円墳の築造が停止した後も大型の方墳や円墳などの築造が続くことから、七世紀の飛鳥時代を終末期古墳の時代（古墳時代終末期）と呼ぶ。それぞれについて現在想定されている実年代は概ね以下の通りである。

・弥生時代中期（紀元前三世紀～前一世紀代）
・弥生時代後期（紀元後一世紀～二世紀代）
・弥生時代終末期（二世紀末～三世紀前半）
・古墳時代前期（三世紀中葉～四世紀代）
・古墳時代中期（四世紀末～五世紀代）
・古墳時代後期（六世紀代）
・古墳時代終末期／飛鳥時代（七世紀代）

古墳時代の始まりは、かつては四世紀代と考えられていたが、鏡研究の進展などにより、現在は三世紀中頃と考えられている。前期と中期の境界など、詳細な実年代が確定していない時期もあるが、おおよそここに示した年代観が広く共通理解として認められつつある。

こうした考古学的時期区分と鏡の様式の変遷を整理したものが表1である。日本列島の遺跡から出土する鏡の種類の変遷と出土する遺跡の年代について示しており、概ね鏡の変遷と遺跡の年代が対応することがおわかりいただけるのではないかと思う。ただ例えば前漢鏡や後漢鏡のように、一部は文様構成から想定される製作年代よりも数百年後の遺跡から出土する場合もあり、この点をどう説明するかが問題となっている。この点については第二章以降で具体的に検討する。

表1　日本列島出土鏡の変遷

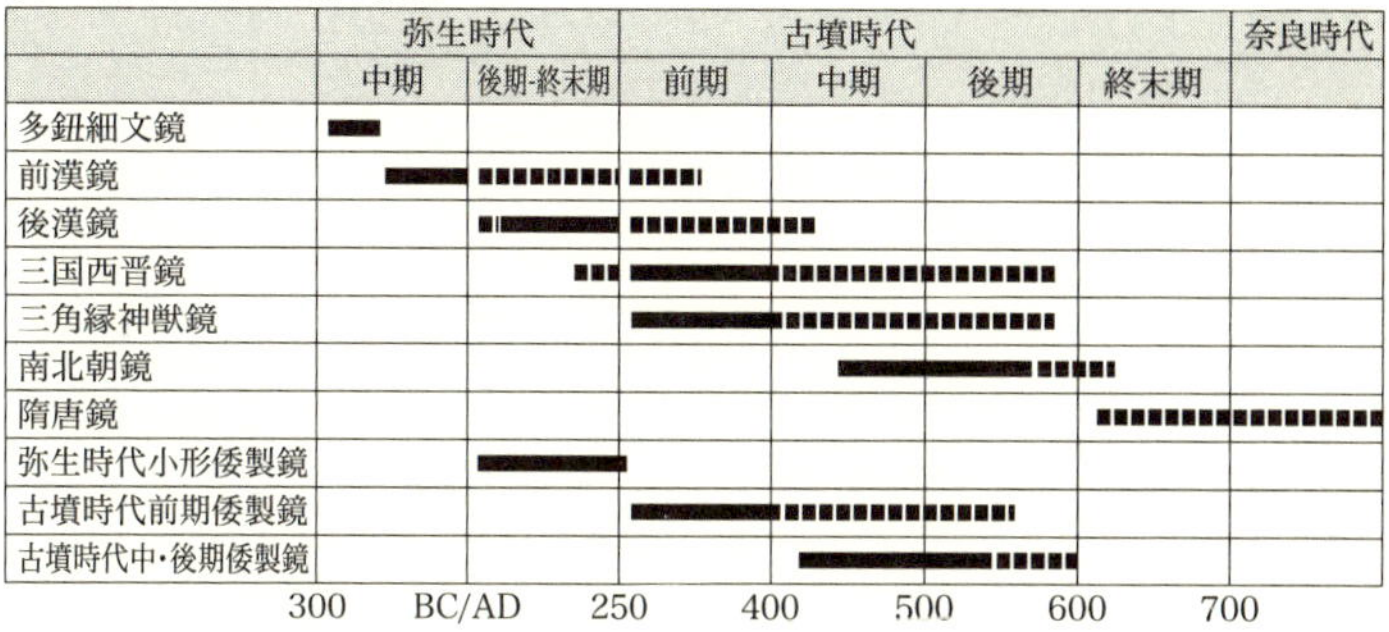

四　本書の構成と課題

本書は、以下の第一章〜第六章および終章により構成される。本書の課題として、大きく以下の三点を挙げておきたい。すなわち、①なぜ弥生・古墳時代の日本列島では大量の鏡が求められたか、②なぜ近畿地域が古代日本の政治的中心地となったか、③日本の古代国家形成の過程は、鏡という観点からどのように説明できるか、である。

そのような問題意識をふまえ、以下の各章では、冒頭で時期区分ごとの東アジアの時代背景と課題を整理した後、具体的に説明を行う。また本書は弥生時代から古墳時代へと至る歴史的変遷を説明するものではあるが、時期区分した章ごとに各時代・時期の特色があるため、関心がある時期から単独でお読みいただくことも可能である。必要に応じて、見取り図としての表1などに立ち戻りながら、弥生・古墳時代の全体像を把握していただければ幸いである。

また巻末に三〜五世紀代の東アジアの歴史的変遷を示す

地図を掲載しているので、あわせて御参照いただきたい。

本書は、いわば「鏡からみた弥生・古墳時代史」であり、個別の研究成果をふまえながら、弥生時代から古墳時代への歴史の流れを全体として説明することを課題とした。本書の書名は『鏡の古代史』としたが、そこにはどのような歴史が映し出されているのか、また映し出されているとしてもそれを正確に読み解くことができるかどうかは、ひとえに現代に生きる私たちの問いかけ方次第である。次章から、様々な問いを発しながら、具体的に各時代の鏡とその時代の歴史について考えていくことにしたい。なお本書では先行研究を引用する際に敬称を略させていただいた。御了承いただきたい。

第一章　日本列島における鏡の出現と地域間交流——弥生時代中期

一　半島系青銅器文化の伝来／秦漢帝国の成立と楽浪郡の設置

本章では、日本列島で初めて金属製の鏡が出現した弥生時代中期初頭頃から説き起こし、紀元前後の弥生時代中期末頃に至るまでの社会の変遷について考えてみたい。

紀元前一千年紀における渡来文化の三段階

日本列島への渡来文化の波は、紀元後一・二世紀の弥生時代後期以前に大きく三段階あると考えることができる。最初の第一段階が朝鮮半島から北部九州へ水稲農耕がもたらされた弥生時代早期（縄文時代晩期後半）と呼ばれる時期、次の第二段階が朝鮮半島から青銅器文化がもたらされた弥生時代前期末～中期初頭の時期、そして第三段階が朝鮮半島西北部に前漢の武帝によって紀元前一〇八年に設置された楽浪郡を通じて、大陸の前漢の文物が日本列島にもたらされた弥生時代中期後半の時期である。弥生時代の前期・中期・後期の変遷は地域によってずれがあるが、ここでは大陸・朝鮮半島系文物が多く出土する北部九州を軸として説明したい。

弥生時代開始期の暦年代については近年も議論が行われており、研究者によってやや幅があるが、放射性炭素年代測定の計測値や考古資料の年代観の見直しなどにより、現在では紀元前八〇〇～七〇〇年前後の範囲で考えられつつある（田中良二〇一一、宮本二〇一一、宮地二〇一九）。第二段階の弥生時代前期末～中期初頭は、朝鮮半島の青銅器文化との並行関係の検討から、紀元前三世紀前半から中葉前後の範囲で理解可能であることが指摘されている（岩永二〇一一）。第三段階は、楽浪郡の設置を大きな契機とするとみられることから、中期後半の実年代は概ね紀元前一世紀代と考えられている（高倉二〇一一）。中期と後期の境は紀元前後の時期と考えることができる。弥生時代後期については次章で論ずる。

紀元前一千年紀の大陸と朝鮮半島

この中で、日本列島で最初に金属製の鏡が出現するのが上述の第二段階とした弥生時代前期末～中期初頭である。朝鮮半島から新たにもたらされた青銅器文化の一部として、朝鮮半島産の青銅鏡が日本列島に拡散したものと考えられている。そして弥生時代中期後半の第三段階になると、楽浪郡から前漢鏡がもたらされるようになり、各地の墓で副葬されるようになる。

この第一～第三段階は、上述のように、紀元前一千年紀の前半から後半にかけてという時代にあたる。中国では西周王朝から春秋戦国の群雄割拠の時代を経て、紀元前二二一年に秦の始皇帝により統一王朝が樹立された。その後、短期間で秦は滅亡し、紀元前二〇二年に高祖劉《りゅう》邦《ほう》により前漢王朝が建国された。紀元前一〇八年には上述のように武帝により現在の朝鮮民主主義人民共和国（北朝鮮）の平壌市付近に楽浪郡が設置された。この楽浪郡を通じて日本列島には大陸の先進文化がもたらされるようになるのが上述の第三段階である。

これに対して、第二段階の朝鮮半島の青銅器文化の波及は、楽浪郡の設置より少なくとも一〇〇年以上先行した動きである。朝鮮半島では、紀元前一千年紀の前半に稲作が導入され、また中国北方のいわゆる長城地帯および遼東《りょうとう》半島などから青銅器文化が伝播《でんぱ》し、独自の青銅器が製作されるようになった。その中で特に銅剣・銅矛・銅戈《どうか》といった武器類を中心とした青銅器文化が日本列島にも伝来する。その一部として、青銅鏡がもたらされる。そして北部九州を中心として、朝鮮半島からの渡来人が在地化し、青銅器生産が行われるようになる（岩永一九九七、片岡一九九九、田尻二〇一二）。ほどなくして近畿地域周辺では銅鐸《どうたく》の製作が始まっている。またこの前後には鉄器の使用も始まっていると考えられることから、この時期は日本列島で金属器の使用が始まったという意味で大きな画期といえる。

二　弥生時代中期前半：多鈕細文鏡の出現

凹面鏡と凸面鏡

この紀元前三世紀頃に日本列島にもたらされた青銅鏡を多鈕細文鏡《たちゅうさいもんきょう》と呼んでいる。これは先にも述べたように、紐を通すための「鈕」が複数あり、細かい突線による幾何学文様が配置されることからつけられた名称である（図1）。

この時代の鏡には、顔を映す面が凸《とつ》面のものと凹《おう》面のもの、およびほぼ平坦《へいたん》なものの三者がある。凸面鏡は同じ向きでやや小さく像を映すのに対し、凹面鏡は映す角度によって上下が逆になったり像が大きくなったりといった多様な像を映すという特徴がある。この顔を映す側を「鏡面」、文様が描かれたり鈕がある裏側を「鏡背」と呼ぶ。鏡の研究では主に文様や鈕などの

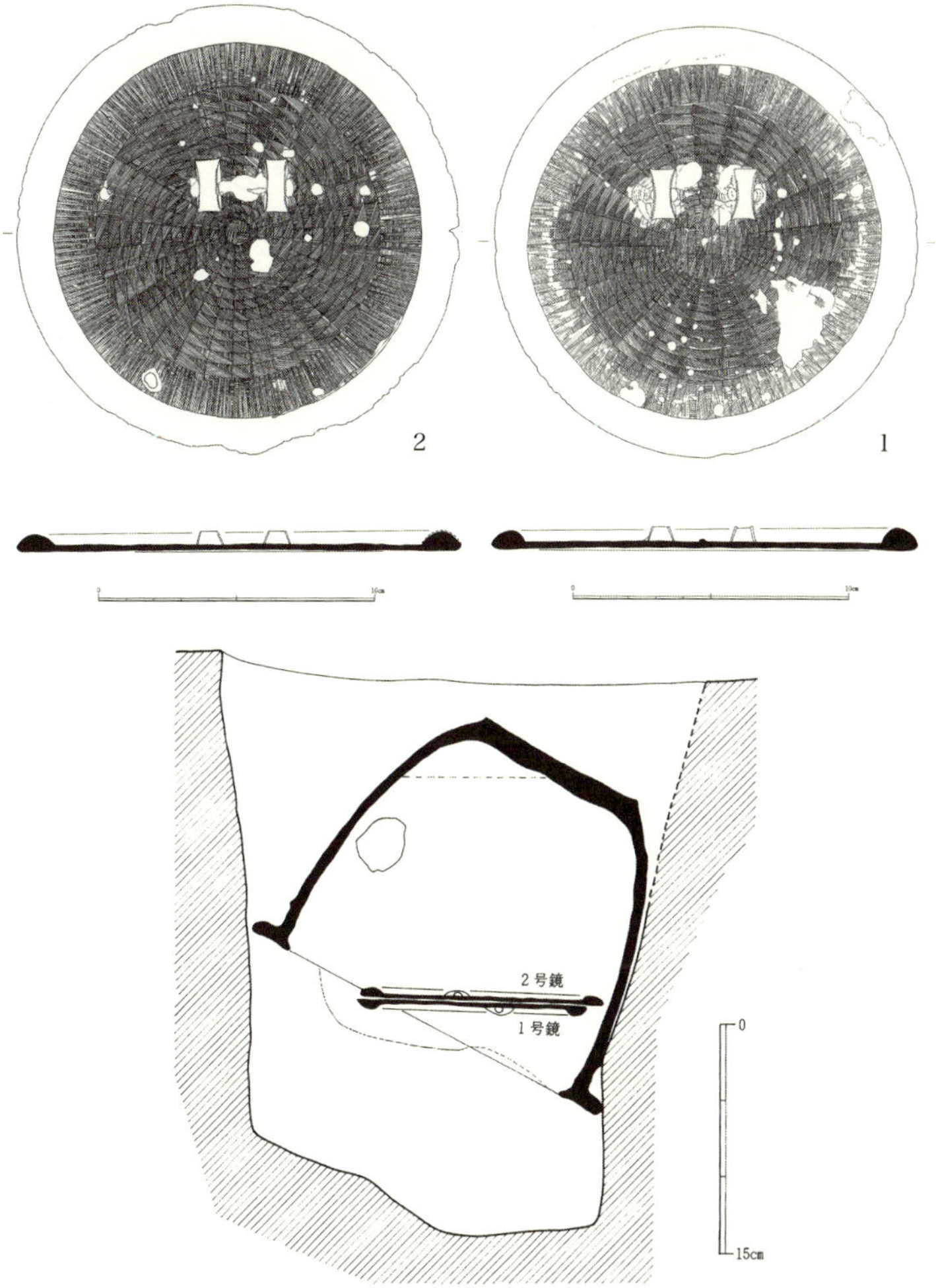

図1　福岡県小郡若山遺跡出土多鈕細文鏡と出土状況（1：1号鏡〔15.3cm〕、2：2号鏡〔16.0cm〕、小郡市教育委員会1994『小郡若山遺跡3』）

「鏡背」の特徴が分析・検討の対象となることが多いが、実際の鏡の利用においては「鏡面」側がより重視されたものと考えられる。

中国の鏡は戦国時代から前漢代は平坦なものが多いが、後漢代から三国時代以降は凸面鏡が増加し、隋唐鏡以降は再び平坦なものが主流となるという変遷がある。日本列島で製作された倭製鏡も同様に平坦なものか凸面鏡のいずれかであり、古墳時代の倭製鏡は凸面鏡が多い。このように、中国鏡・倭製鏡の両者においては平坦・凸面鏡が主体であるのに対し、朝鮮半島の多鈕細文鏡は凹面鏡であるという特徴がある。機能の実際はともかく、この凹面鏡という珍しい特徴を持った鏡が最初に日本列島で出現した金属製の鏡であった。

朝鮮半島における多鈕鏡の変遷

日本列島から出土した多鈕細文鏡について検討する前に、朝鮮半島における多鈕鏡の変遷について整理しておきたい。

朝鮮半島の多鈕鏡は、細文鏡に先行して「多鈕粗文鏡」と呼ばれる一群が製作されたと考えられている。この鏡の系譜は中国東北部の遼東半島周辺の遼西《りょうせい》地域に求められる。

中国では新石器時代末期〜青銅器時代初期に西北地域の斉家《せいか》文化（紀元前二〇〇〇年前後）において小型の円盤状銅製品に穿孔《せんこう》を施して懸垂できるようにしたものが銅鏡の初現と考えられている。その後、初期王朝である二里頭《にりとう》文化や殷墟《いんきょ》などで円形の銅鏡の出土が知られ、春秋戦国時代を経て後の漢鏡につながっている。

これに対し、中国東北部で出現した多鈕鏡は、長城地帯などを経て独自に出現したものであり、遼西地域の十二台営子文化で創出された後、遼寧《りようねい》式銅剣文化とともに朝鮮半島に拡散したものと考えられる（図2）。当初は石製の鋳型で製作されており、文様も簡素で線もやや太かったものが、土製鋳型による多鈕細文鏡へと変化した。多鈕細文鏡については多くの研究があるが、ここでは韓国全南大学校の趙鎭先《チョジンソン》による変遷案を示す（図3）。先ほど多鈕細文鏡は凹面鏡であると述べたが、当初の粗文鏡では凸面鏡であり、平坦な形態を経て凹面鏡主体の多鈕細文鏡へと変遷したものと考えられている。

日本列島出土の多鈕細文鏡と多鈕鏡の製作地

日本列島ではこれまで一一遺跡から一二面の出土例が知られている（表2）。これらの多くは弥生時代中期初頭から前半頃の遺跡で出土しており、一点破片を再加工した「破鏡」（第二章参照）として出土した事例（長野県社宮司遺跡）がある。これらは、先の趙鎭先の編年をはじめ、多くの研究者の年代観ではすべて最新段階に属するものであり、製作技術上も朝鮮半島鏡の範疇《はんちゆう》で理解することができる。そうした点から、これまでこれらの日本列島出土の多鈕細文鏡の多くは、朝鮮半島で製作され、日本列島にもたらされたものと考えられている。文様や製作技術といった特徴からは朝鮮半島の中西部や西南部地域との共通性が高いが、前者は鉄器と共伴するのに対し、後者は鉄器との共伴事例がみられない。日本列島出土の多鈕細文鏡は鉄器と共伴しないため、朝鮮半島では西南部地域との関係がつよい可能性も指摘されている（趙二

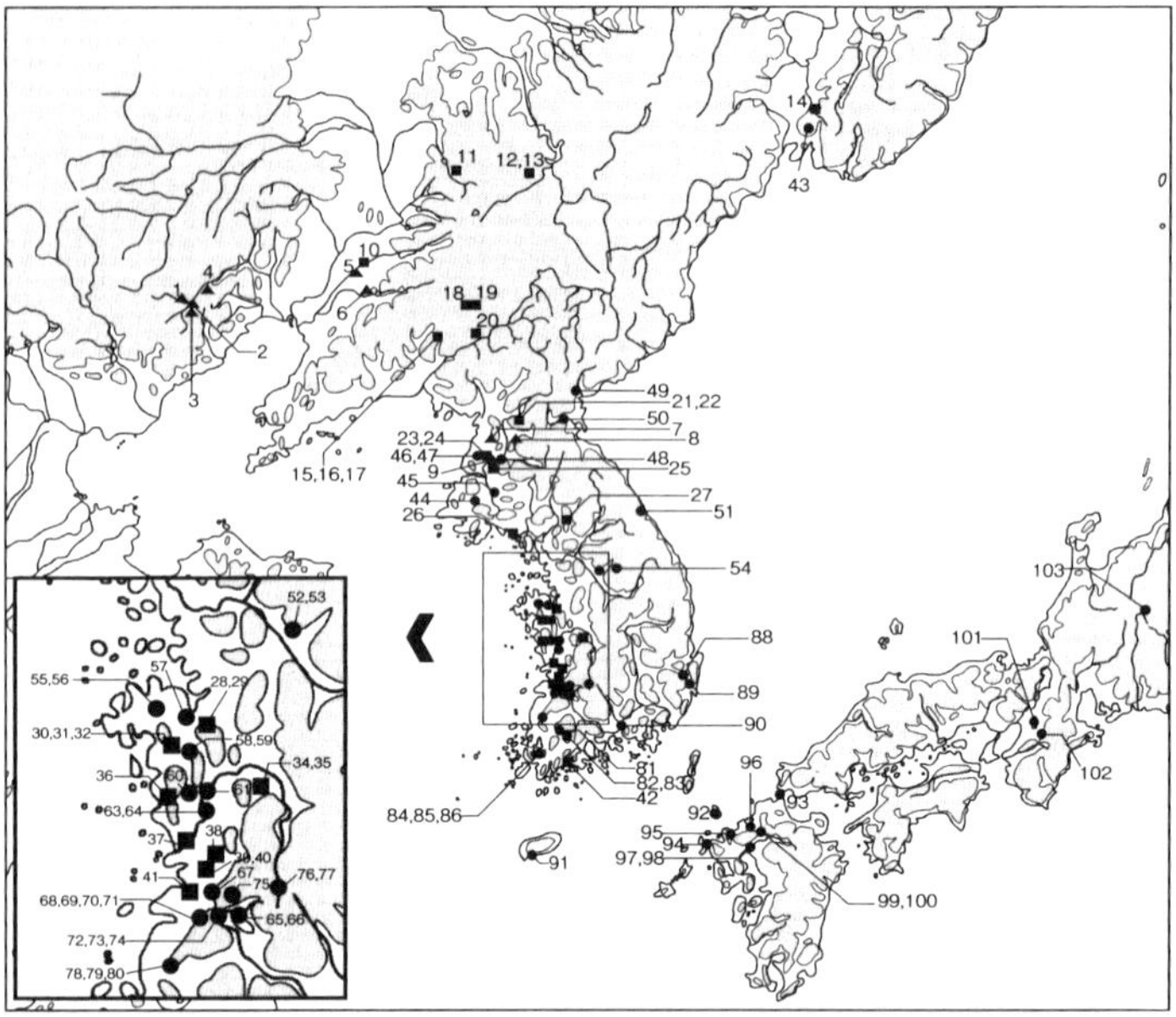

▲:粗文鏡、■:粗細文鏡、●:細文鏡

図2　東北アジアにおける多鈕鏡の分布(韓国考古学会編2013『韓国考古学講義』同成社)

〇一四)。

多鈕鏡は列島でも製作されたか

このように、列島出土の多鈕細文鏡は基本的に朝鮮半島で製作されたものと想定されるが、二〇一五年に福岡県春日市の須《す》玖《ぐ》タカウタ遺跡で多鈕鏡の鋳型と想定される石製品が確認された。鈕と文様の一部に該当する部分が残存しており、文様が太く粗いことから、多鈕粗文鏡をモデルとして製作されたことが想定されている(春日市教育委員会二〇一七)。この石製鋳型の周辺では多くの鋳型が出土しており、青銅器生産の中心であったことが知られる。

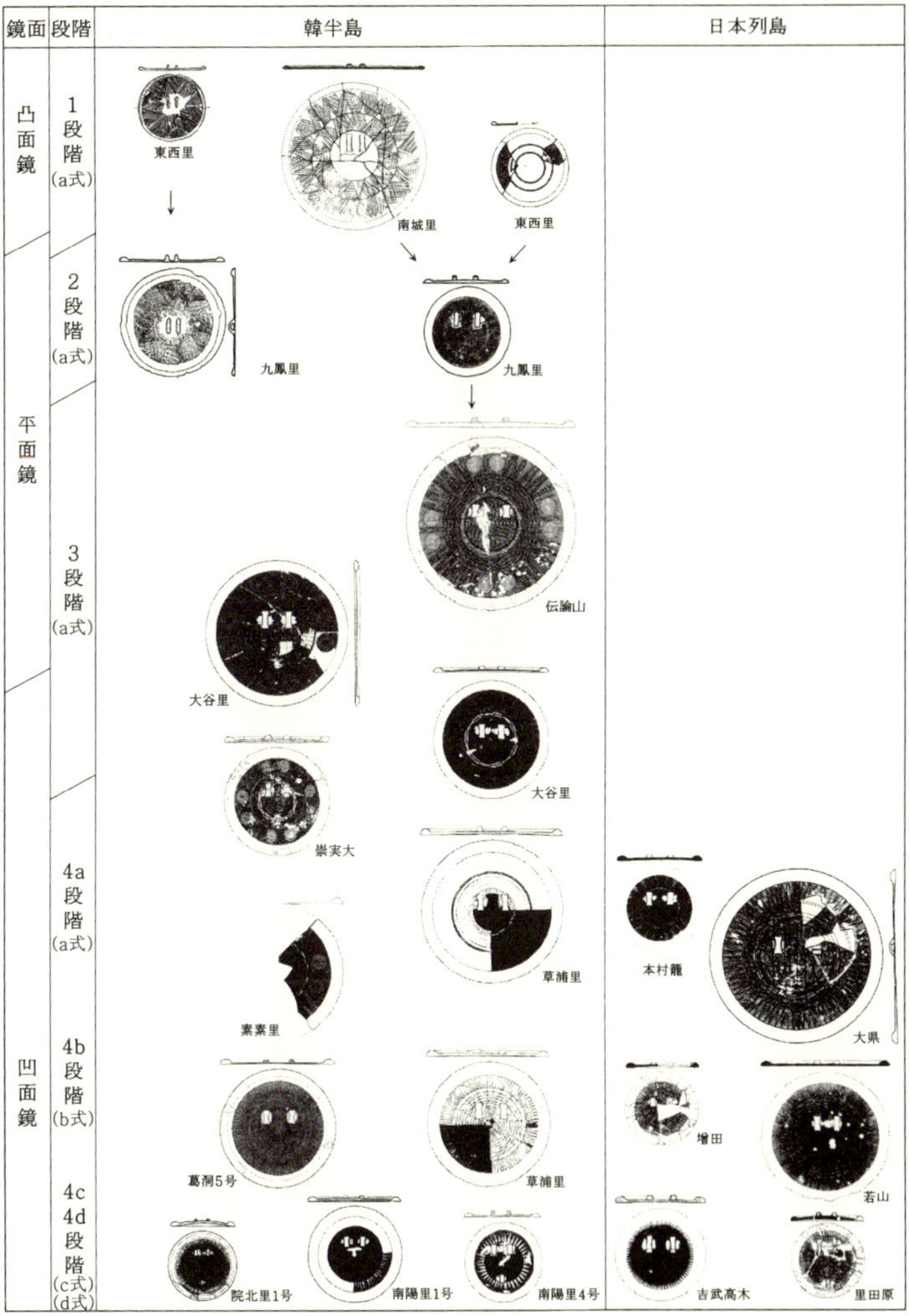

図3　多鈕鏡の変遷(趙2014)

表2　日本列島出土多鈕細文鏡

番号	県名	遺跡名	遺構	面径(cm)
1	長崎	原の辻		破片
2	長崎	里田原	3号甕棺墓	9
3	佐賀	宇木汲田	12号甕棺墓	10.3
4	佐賀	本村籠	58号甕棺墓	10.6
5	佐賀	増田	SJ6242号甕棺墓	9
6	福岡	小郡若山(1号)	土坑・甕・埋納	15.3
7	福岡	小郡若山(2号)		16
8	福岡	吉武高木	3号木棺墓	11
9	山口	梶栗浜	箱式石棺墓	8.8
10	大阪	大県		21.7
11	奈良	名柄		15.6
12	長野	社宮司		破片

問題はこの鋳型が実際に使用され、多鈕鏡の製作が列島で行われた証拠になるかどうかであるが、結論からいえば、筆者はこの点についてはやや慎重な立場である。理由は、この鋳型と同じ文様を持った鏡が現状で知られておらず、その後も同様の鏡の生産が継続した形跡がみられないこと、また鋳型の石材が、朝鮮半島で鋳型として使用される滑石であり、列島でその後一般的に用いられる石英長石斑岩《はんがん》と異なること、さらに理化学的な分析結果として、この鋳型に銅が流し込まれて実際に鋳造された痕跡《こんせき》が確認されなかったという点である（春日市教育委員会二〇一七、田尻義了氏による御教示）。その後に製作された北部九州産の弥生小形倭製鏡との製作技術や文様の違いという点からすれば、この時期に他の武器形青銅器と同様に多鈕鏡の製作が試みられたものの、何らかの事情でそれは定着せず、その後に大きな影響を与えなかった、とみるのが現状の資料では穏当と思われる。

多鈕細文鏡出土遺跡と社会のあり方

先に挙げた日本列島出土の一一遺跡一二面の多鈕細文鏡は、大きくは墓に副葬された事例と、集落遺跡などに埋納された事例の両者に区分できる。福岡市の吉武高木遺跡三号木棺墓では、銅剣・銅矛・銅戈などの武器形青銅器および石製の勾玉《まがたま》・管玉とともに小型の多鈕細文鏡が副葬されていた。この他、確実な墓地での副葬事例として、長崎県里田原《さとたばる》遺跡三号甕棺墓《かめかんぼ》、佐賀県宇木汲田《うきくんでん》遺跡一二号甕棺墓、同本村籠《ほんそんごもり》遺跡五八号甕棺墓、同増田遺跡SJ六二四二号甕棺墓、山口県梶栗浜《かじくりはま》遺跡箱式石棺墓などが知られる。梶栗浜の例を除くと西北九州から佐賀平野にかけての地域に集中している。

その一方で注目されるのは、集落遺跡などにおける埋納事例である。福岡県小郡若山《おごおりわかやま》遺跡では、集落の中で二面の多鈕細文鏡を重ね、その上に甕を被《かぶ》せて埋納を行っていた（図1）。この他、大阪府大県《おおがた》遺跡や奈良県名柄遺跡の出土例も墓からの出土ではなく、埋納事例と想定される。これらの小郡若山と大県・名柄の計四例は、いずれもそれ以外の副葬事例よりも面径が大きく、扱いに差があったことがうかがわれる。

また西北九州から佐賀平野にかけてみられる副葬事例においては、それぞれは共同墓地の中での有力者と理解することが可能であるが、鏡も含めた青銅器の副葬の集中的なあり方が世代を超えて継続していない点が注目される。これは武器形青銅器についても同様で、墓地において特別な区画を有するといった明確な階層分化が認められないことからみて、基本的には平等原理を基礎とする部族社会の有力者（田中良二〇〇〇、溝口二〇〇一）による青銅器副葬の流行ともいうべき現象と考えることができる。

これらの副葬事例の中で注目されるのは、先の福岡市吉武高木遺跡三号木棺墓において、多鈕細文鏡の他に装身具としての勾玉・管玉、そして武器形青銅器がセットとして副葬されている点である。このうち勾玉は列島産、管玉は朝鮮半島産のものを組み合わせたものと考えられている（大賀二〇一二）。この装身具＋武器類＋鏡という副葬品の組み合わせは、弥生時代中期後半以降の上位階層における基本セットになっていくことからすれば、必ずしも直接的に連続するわけではないが、その初現という点でも重要な意義を持つといえよう（常松二〇〇六）。

同じ時期に用いられた青銅器のうち、特に銅鐸については、これまで個人の墓への副葬事例が知られておらず、埋納事例が多いことから集団の祭器と考えられてきた。多鈕細文鏡についても、北部九州で副葬例がある一方で、近畿では銅鐸と同様の埋納例があり、北部九州でも小郡若山遺跡のような事例があることからすれば、これらの埋納事例については、上位層が保有する象徴的器物というよりは、集団で共有された祭器のような意味合いがつよかったものと考えられる。これは、以下でみる弥生時代の前漢鏡や後漢鏡、あるいは古墳時代の鏡において、祭祀遺跡など以外の集落遺跡で土坑に複数の鏡が埋納されたような事例が殆《ほとん》ど知られていないことからも、多鈕細文鏡の特徴として指摘できる点である。

多鈕細文鏡の流入と流通

日本列島から出土した多鈕細文鏡の一二面という面数は、この後の時代で六〇〇〇面という数の鏡が知られていることからすれば、一％にも遥かに届かない数字であり、割合としては非常に少ない。多鈕細文鏡が朝鮮半島製とした場合は、継続的に輸入が行われたと考えることは難しい。

また現状では多鈕細文鏡の列島への流入や列島での流通に関しては情報が少なく不明な点が多い。列島への流入については、北部九州では佐賀平野や唐津地域など、渡来系の遺物が多く、かつ青銅器生産が行われた地域での出土が多いことから、渡来人のネットワークの中で半島から持ち込まれた可能性が高い。上述のように副葬事例にかぎっても数が少なく、どこかの地域に多数の鏡が集積するような状況でもないため、流入や流通は特定地域による独占的なものではなく、分散的なものであっただろう。瀬戸内以東への拡散については、銅鐸などの生産に際して青銅原料が広く流通したとみられることから、それに付随して拡散した可能性などが想定される。これらの多鈕細文鏡の使用は、以上のように時間的にも空間的にも限定的なあり方であることからみて、中期後半に新たな青銅鏡が出現する前に短期間のうちに終了していたものと考えられる。

三　弥生時代中期後半：北部九州における前漢鏡の副葬

楽浪郡の設置

中国では、前述のように秦の始皇帝没後の混乱を経て、前二〇二年に前漢王朝が成立する。七代皇帝武帝の頃には国政が安定し、それ以前の周辺異民族との融和政策を転換して国土拡張政策が推進された。

東方の朝鮮半島北部には、前二世紀初頭に中国東北地方の燕王《えんおう》の臣下衛満が亡命して土着豪族とともに樹立した衛氏朝鮮があったが、前一〇八年に武帝により滅ぼされ、同年に漢四郡（楽浪郡・臨屯郡・真番郡・玄菟郡《げんと》）が設置される（『史記』）。このうち、臨屯郡・真番郡は前八二年に廃止され、また玄菟郡は前七五年に遼寧地方に移転して統廃合が行われた結果、同年には二五県を有する大楽浪郡が成立した。この楽浪郡が、これ以後四世紀初頭に高句麗《こうくり》の南下により滅亡するまでの四〇〇年近くにわたり、朝鮮半島南部の三韓地域や列島の倭人社会に対する大陸の先進文化の窓口となった（図4、田中史二〇一九）。

『漢書《かんじょ》』地理志には、「楽浪海中に倭人あり、分かれて百余国をなす。歳時を以て来たりて献見すと云う」という有名な記述がある。紀元後一世紀後半に書かれたものであるが、楽浪郡設置以後で前漢が滅亡する紀元後八年前後までの間のことを記したものとみられ、「百余国」という多数の地域社会の存在と、楽浪郡を介した前漢王朝とのつながりが示されている点で重要である。この時代の漢の都は長安（現在の西安市）であり、倭人による遣使においても楽浪郡の役割が非常に大きかったであろう。

楽浪郡治址《ちし》は現在の朝鮮民主主義人民共和国（北朝鮮）の首都平壌付近に推定されている。朝鮮半島西北部の大同江に面した場所に位置し、広大な土塁を伴うもので、総面積三一万平方メートルを超える。また周囲には二〇〇〇基以上という多数の墳墓が出土しており、楽浪漢人の墓地と考えられている。これらの遺跡は戦前から発掘調査が行われ、多くの遺物が出土して

図4　楽浪郡と関連遺跡(田中史生2019)

いる。墓地遺跡は大きく五期に区分され、木槨墓《もっかくぼ》から塼室墓《せんしつぼ》へという変遷がある（高久一九九三）。これらの墓地は、墓の規模や副葬品などから階層的に序列化されている。土着の漢人層が営んだものとみられ、上位層で取り入れられた最新の墓制が次の段階にはその下位の階層に採用される（高久一九九五）。この楽浪漢墓での副葬品の中に、日本列島でも出土する様々な銅鏡が含まれることから、楽浪郡を窓口として日本列島に漢王朝の文物がもたらされたと考えられてきたのである。

楽浪郡から列島までの交流のルート

朝鮮半島では、南西部に馬韓、東南部に辰韓《しんかん》、南部に弁韓と呼ばれる地域が存在していた。列島の倭人社会は、特に南海岸・東南部の地域と対馬《つしま》・壱岐《いき》が対馬海峡を挟んで対岸であることから、活発な交流が行われていた。このうち、韓国慶尚南道の勒島《ろくとう》遺跡では、弥生時代中期後半～後期初頭の弥生土器とともに、楽浪郡からもたらされたとみられる土器が出土しており、楽浪郡と列島の間を結ぶ航路上の中継地点と考えられている。西海岸の全羅南道地域でも楽浪土器が出土することから、楽浪郡から半島西部・南海岸を経て列島へと至るルートが存在したものと考えられる（武末二〇〇九、高久二〇一二）。

楽浪土器は対馬・壱岐や北部九州の玄界灘《げんかいなだ》沿岸地域などでも出土しており、特に福岡県糸島市三雲遺跡周辺では中期後半～後期にかけて弥生土器とともに出土していることから、渡来した楽浪系渡来人が居住ないし滞在したものとみられる（武末前掲）。

この時代、日本列島では青銅器・鉄器のいずれについても、生産するための原材料は全て朝鮮半島に依存していたことから、朝鮮半島南部と列島社会を結ぶ交易路の主な目的は、鉄器（主に農工具）を製作するための鉄素材の獲得と、武器形青銅器や銅鐸などを製作するための青銅原料の入手という点が大きかったものと考えられる。また弥生時代後期以降になると、北部九州から西日本の各地で鍛冶《かじ》遺構が検出されており、半島南部地域からもたらされた鉄素材が加工され、各地へと流通が行われた。こうした朝鮮半島南部と九州との間を結ぶ交易路を基礎にしながら、さらに楽浪郡まで交易路が延びており、これらを経由して漢鏡をはじめとする大陸の先進文物が列島にもたらされた。

朝鮮半島南部の辰韓・弁韓の地域では、鏡をはじめとした漢式遺物の出土が多くみられ、楽浪郡との交易活動が想定されている（高久二〇一二）。韓国慶尚南道の慶州市朝陽洞三八号墳や昌原市茶戸里一号墳をはじめ、各地で前漢鏡の副葬事例が知られるが（図7）、後者では前漢鏡や五銖銭《ごしゅせん》に加え、「筆」が出土している。近年、半島南部の勒島遺跡や北部九州、また山陰地域などで板状の石製硯《すずり》の存在が指摘されており、楽浪郡出土の石製硯との比較が行われている（武末二〇一九、柳田二〇一八）。紀元前一世紀代〜後三世紀前後における文字や記号を用いた交易の存在をうかがわせる資料として注目されている。

前漢鏡の変遷

序章でも述べたように、中国では、戦国時代から漢代にかけて銅鏡の様式が確立し、様々な鏡式が創出された。ここでは前漢鏡の変遷の概要を示す。漢鏡については、前漢鏡と後漢鏡をあわせて七期に様式区分する岡村秀典の編年が広く認められている（岡村一九八四・一九九三b・二〇〇五）。ここでも岡村の前漢鏡編年をもとに概略を示すと、以下のように整理できる。

漢鏡一期：前三世紀後葉～前二世紀中頃　蟠螭《ばんち》文《もん》鏡Ⅰ式・Ⅱ式
漢鏡二期：前二世紀後半　草葉文鏡の出現、後半には星雲文鏡も出現
漢鏡三期：前一世紀前半から中葉　異体字銘帯鏡の出現
漢鏡四期：前一世紀後葉から一世紀前葉　方格規矩四神《ほうかくきくししん》鏡・獣帯鏡・虺龍文《きりゅうもん》鏡の出現

前漢代に先行する春秋戦国時代には、彝器《いき》と呼ばれる青銅容器（儀器）の文様をもとに鏡が製作されるようになる。漢鏡として最初に出現した蟠螭文鏡は、戦国時代の中原《ちゅうげん》を中心に製作された細地文鏡群と南方の楚《そ》の地域で主に製作された羽状獣文地鏡群の両者が製作技術的にも融合される形で創出されたものと考えられている（宮本一九九〇）。

　漢代の鏡は、他の青銅容器などとは異なり、漢代の人々の宇宙観を示す文様で構成されている。漢代の鏡は、天を象徴する円い形とその美しさにより、人々の様々な願望が託されたものであり、化粧道具であるとともにお守りでもあった（岡村二〇〇五）。そのため、鏡背に様々な銘文や神々の図像が刻み込まれたものと考えられている。漢鏡一期の末には鏡を有するものが富み栄えることを表す銘文が現れている。

　漢鏡二期には鏡の種類が多様化した。草葉文鏡や星雲文鏡がその代表例であり、後者は不老

長寿を願う思想のもと、中央の大地から雲気の渦が山のように湧き立ち、円い天空へとその雲気がひろがっていくさまを表現している（岡村前掲）。これらの鏡は広く下級漢人の墓にも副葬され、鏡が普及して需要が増大したものと考えられている。

漢鏡三期になると、異体字銘帯鏡（重圏《じゅうけん》銘帯鏡・連弧文銘帯鏡）と呼ばれる、銘文を主体とした簡素な文様鏡が中心となる。ここでは「精白」「昭明」の両銘が多く現れ、外征などにより疲弊した当時の世相を背景として、精白で美しい鏡に叙情的な銘文を記すことが流行した（岡村二〇〇五・二〇一七）。

漢鏡四期では、方格規矩四神鏡・獣帯鏡などの新たな鏡式が現れ、再び鏡の種類が多様化した。方格規矩四神鏡は天円地方の宇宙観を構図として表し、鈕座に方位を示す十二支を、内区に東西南北の方位を守護する青龍《せいりゅう》・白虎《びゃっこ》・朱雀《すざく》・玄武の四神を配置する。その周囲にはＴＬＶ字形の文様が配され、天と地をつなぎ止める役割を果たした。龍と虎が左右にあって宇宙全体を守護し、朱雀・玄武は宇宙の陰陽を調和するものであり、これを引き継いで後者が東王公・西王母に変換されたものが後漢代の神獣鏡と考えられている（岡村二〇〇五・二〇一七）。またこうした四神などの瑞獣《ずいじゅう》を主像として配したものが獣帯鏡であり、それらにみられるような躍動的な文様の鏡の出現が次の後漢鏡へとつながっていった。

このうち、日本列島の弥生時代遺跡から出土するのは主に岡村編年の漢鏡二・三期以降の鏡である（図5‐1・2）。特に漢鏡二・三期の鏡が北部九州の弥生時代中期後半の甕棺墓地で集中して出土することから、中期後半の実年代は紀元前一世紀でも後半を中心とするものと考えられている。

日本列島における前漢鏡の出土例と分布

日本列島で出土する前漢鏡は、破片などでなく完全な形で出土する事例（以下、完形鏡と呼称）が北部九州の中期後半の墓地遺跡における副葬品に集中しており、北部九州以外では山口県下関市の稗田地蔵堂《ひえだじぞうどう》遺跡などに限定されている。稗田地蔵堂遺跡は箱式石棺墓の副葬例であり、ここではあわせて「蓋弓帽《がいきゅうぼう》」と呼ばれる、馬車の天蓋の先端を固定する金具が出土している。この時代、日本列島には馬車も車輪も未《いま》だ存在しておらず、漢式文物の一部が個別に切り離されてもたらされた事例である。

後期以降は次章で検討する後漢鏡の「破鏡」の事例が主体となることから、前漢鏡の完形鏡については、紀元前一世紀代に流入し、流通したものである可能性が高い。その場合も、山陰や瀬戸内以東での副葬事例が殆ど知られていない現状からすると、この時期において、鏡を副葬する習俗の東方への拡散がきわめて限定的であったことを示している。その意味でも、北部九州での集中的な出土は、特徴的な現象として注目される。

北部九州の弥生中期後半における社会の階層性と前漢鏡

九州の弥生文化を特徴づけるものとして、甕棺墓がある。これは、弥生時代前期の壺形《つぼがた》土器が大型化して埋葬専用の甕棺へと型式変化したものである。大型化や製作のピークが弥生時代

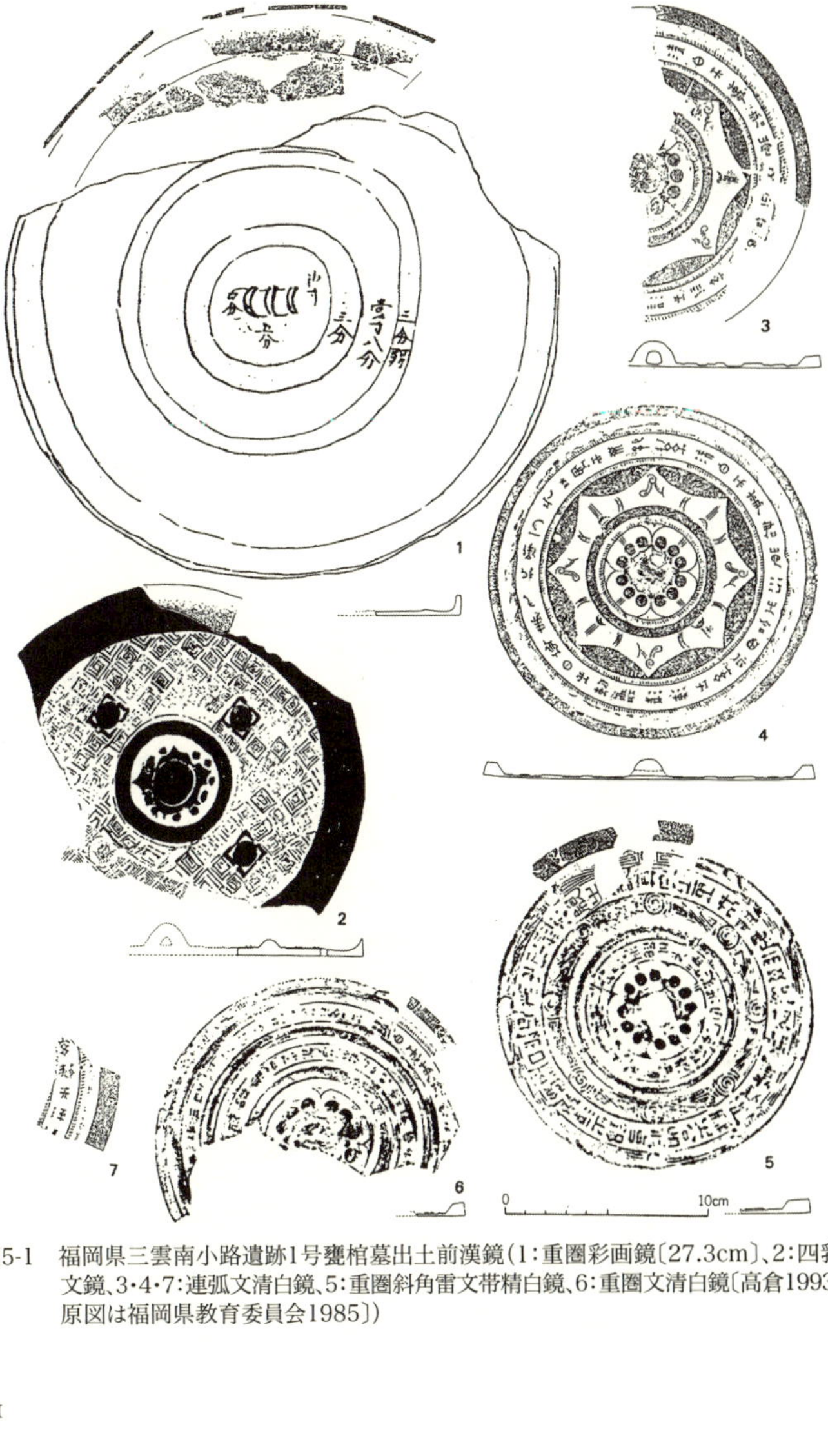

図5-1　福岡県三雲南小路遺跡1号甕棺墓出土前漢鏡（1:重圏彩画鏡〔27.3cm〕、2:四乳雷文鏡、3・4・7:連弧文清白鏡、5:重圏斜角雷文帯精白鏡、6:重圏文清白鏡〔高倉1993、原図は福岡県教育委員会1985〕）

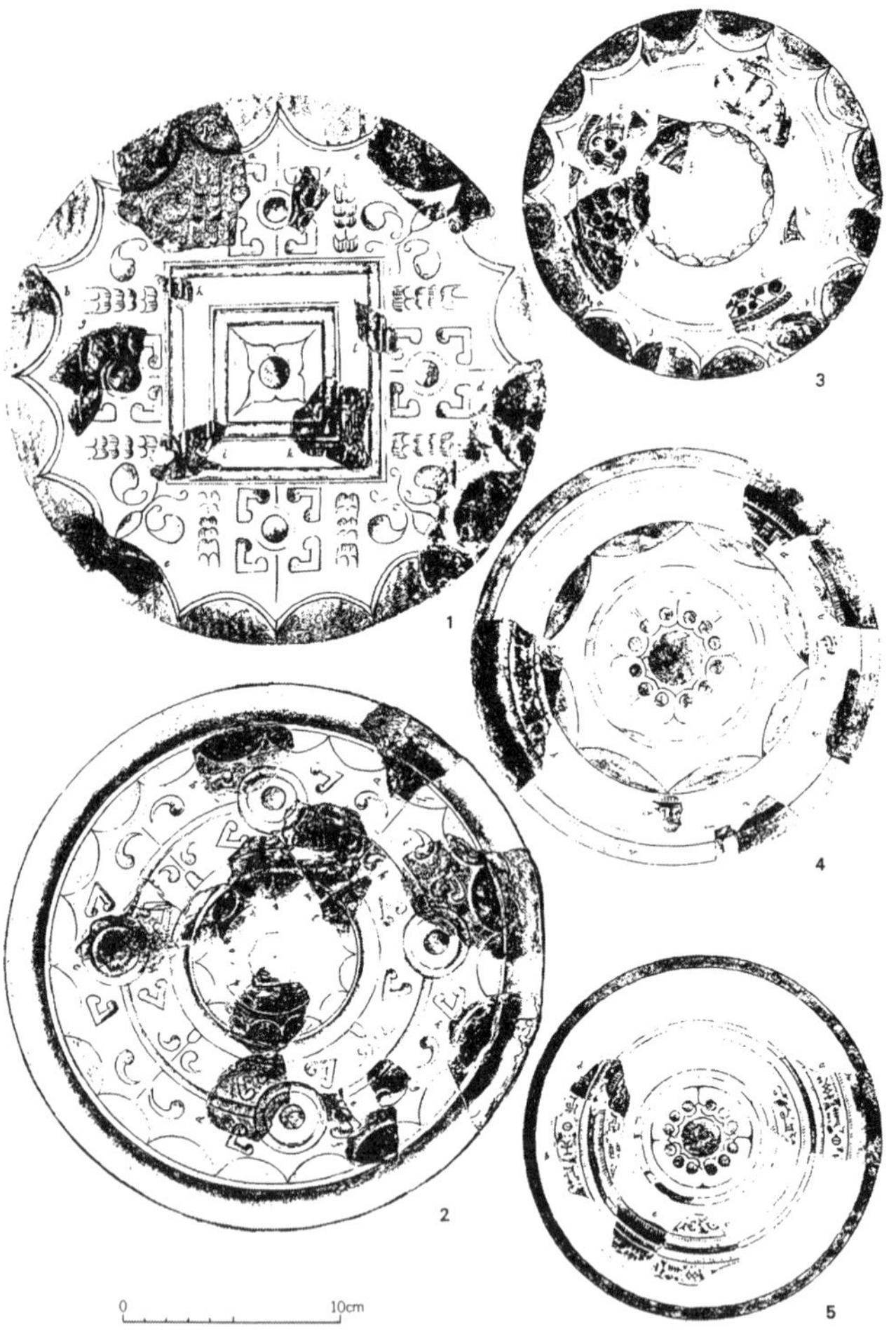

図5-2　福岡県須玖岡本遺跡D地点出土前漢鏡（1：方格草葉文鏡、2：重圏草葉文鏡、3：連弧文星雲文鏡、4：連弧文清白鏡、5：重圏清白鏡〔高倉1993、原図は島田・梅原1930〕）

中期後半にあり、福岡県を中心に佐賀県・長崎県・大分県・熊本県などで広く埋葬に用いられた。後期になると多くの地域で箱式石棺や木棺へと埋葬施設が転換するため、甕棺墓の分布範囲は大幅に縮小し、福岡県の一部の地域（糸島地域や筑後《ちくご》川《がわ》流域）でのみ使用されるようになる。

この甕棺墓の分布範囲が拡大した弥生時代中期後半は、甕棺の大きさや副葬品の内容などから、各地の墓地遺跡において階層化された様相が出現するとともに、博多湾沿岸地域を上位とする形で、各地域同士の関係が序列化されたものと考えられている（下條一九九一、中園一九九一、高倉一九九三、岡村一九九九）。そしてそれを象徴的に示しているのが墓地に副葬された前漢鏡の内容である。ここでは、岡村秀典（一九九九）の整理をもとに、概要を説明する。

北部九州では、前述の弥生時代中期前半以降、集落遺跡の数や規模が増大し、地域集団のまとまりが形成された。その結果として、一部の地域では厚葬墓と呼ばれる、多くの副葬品を伴う有力者の墓地が出現した。中期後半における各地域の代表的な墓地遺跡として、西から佐賀県唐津市の柏崎遺跡、福岡県糸島市の三雲南小路遺跡、福岡県春日市の須玖《すぐ》岡本《おかもと》遺跡、福岡県飯塚市の立岩遺跡などが挙げられる。このうち、三雲南小路遺跡と須玖岡本遺跡では、一辺三〇メートルを超す大型の方形の墳丘墓とその中心に大型甕棺が納められ、一つの甕棺から三〇面前後の前漢鏡が出土している。

前漢鏡に限らず、鏡には大きさの大小があり、面径二〇センチを超す大型鏡から一〇センチ以下の小型鏡まで幅広く存在する。これは後漢代以降の鏡についても同様であり、筆者は古墳時代における倭製鏡の面径の差異を基準として、一四センチ以下を小型鏡、一四・一～一九センチを中型鏡、一九・一～二五センチを大型鏡、二五・一センチ以上を超大型鏡として区分している。弥生時代の漢鏡についても大幅な違いがないことから、ここでも便宜的にこの面径区分にもとづき、各地の遺跡でのあり方をまとめたものが表3である。表中のA～C群の区分は、鏡の面径の大小と副葬品の構成を基準とした岡村秀典の分類（一九九九）によるものであり、面径区分に超大型を追加して整理し直したものである。

A群は、大型鏡を有する三雲南小路一号墓と須玖岡本遺跡D地点墓であり、それらには三〇面前後の漢鏡とガラス製の璧《へき》などの前漢文物の他、列島産のガラス勾玉や各種の武器形青銅器などが伴う。共同墓地から独立した墳丘墓に埋葬されている点でも突出した墓である。

次にB群は、二面以上の中・小型の漢鏡をもつ甕棺墓であり、多数の小型鏡を有する三雲南小路二号墓や中型鏡六面を副葬する立岩一〇号墓などが該当する。大型鏡とガラス製璧をもたない点が特徴である。東小田峯《ひがしおだみね》一〇号墓や三雲南小路二号墓では、ガラス璧を分割・再加工した有孔円盤や垂飾品が出土しており、A群に準ずる位置づけであることがうかがわれるとともに、舶載品の二次的利用が行われたことがわかる。

C群は漢鏡が一面だけの場合であり、中型鏡をもつ立岩三五号墓と二塚山《ふたつかやま》一五号墓をC1群、小型鏡のみの事例をC2群として細分している（岡村一九九九）。そして、これ以外に漢鏡を副葬しないD群とも呼ぶべき事例が多数存在しており、武器形青銅器や貝製腕輪を副葬するものから、全く副葬品を持たないものまで多様なあり方が認められる。

表3　漢鏡3期鏡出土甕棺墓と副葬品(岡村1999を改変)

群	甕棺墓	漢鏡				ガラス				青銅器			鉄器			その他
		超大型	大型	中型	小型	璧	璧片	勾玉	管玉	矛	剣	戈	剣	戈	他	
A	三雲南小路1号＊	1	1	29		○		○		2	1	1				四葉座飾金具
	須玖岡本D＊		3	15	8	○		○	○	5	4	1				
B	三雲南小路2号＊				22		○	○								
	立岩10号			6						1			1		○	
	丸尾台＊				3										○	
	東小田峯10号			1	1		○						1	1	○	
C1	立岩35号			1					○				1	1		
	二塚山15号＊			1												
C2	二日市峯＊				1						1					
	隈西小田23号				1								1	1		貝輪41
	立岩39号				1								1			
	立岩34号				1									1		貝輪14
	東小田峯				1									1		
	立岩28号				1				○						○	
	吉武樋渡62号				1										○	
	有田・小田部2号				1											
	六の幡29号				1											
	柏崎田島6号				1											

＊は盗掘ないしは破壊された甕棺墓,○は存在していることを示す

こうした漢鏡の面径の大小や他の副葬品との組み合わせの違いからみた階層性という点については、前掲の下條・中園・高倉などの諸氏をはじめ、多くの研究者が概ね共通理解として認めるところである。岡村は、これらが玄界灘沿岸地域の三雲・須玖を中心として同心円的に序列化がなされていることに注目し、これを両地域を核とした鏡の「階層的な分配システム」によるものと想定した(図6)。

岡村は、この場合の前漢鏡の分布について、三雲・須玖の両地域の「首長」(A群)が楽浪郡に「朝貢」して前漢鏡を贈与されたものと捉え、「B群以下の首長たちは、この両首長から漢鏡などの文物を間接的に配分されたのであろう」と説明する。また須玖岡本遺跡の大型甕

葉文鏡が同時期の前漢の諸侯王の墓などで出土する事例と共通することから、北部九州の首長たちが漢王朝の周辺地域の「朝貢国」として位置づけられつつ、厚遇を受けていることに注目している（岡村一九九九）。

筆者もこの岡村らの考え方に基本的に賛同するものである。その上で、このような前漢鏡の大小や副葬品の組み合わせからみた地域集団間の序列化という点を考える場合、二つの地域が最上位として並立していたことをどのように理解するか、またこの「序列化」の範囲とその内実がどのようなものであったのか、といった点が問題となってくる。ここではまず、前者の問題を考えるために、上記のA群に位置づけられる三雲南小路遺跡と須玖岡本遺跡の両者について考えてみたい。

三雲南小路遺跡の一号墓と二号墓

三雲南小路遺跡では、江戸時代の文政五年（一八二二）に偶然大型甕棺と多数の銅鏡を含む遺物が発見され、国学者で福岡藩士の青柳種信により、発見当時の様子が記録された（『柳園古器略考』）。一九七五年には福岡県教育委員会により遺物の出土地点が確認されるとともに、新たにもう一基の甕棺（二号甕棺）が発見された。またその後の糸島市教育委員会の調査により、東西三二メートル×南北三一メートルの正方形に近い大型の墳丘墓であったことが判明している。

ここから出土した遺物について、柳田康雄による整理をもとに示すと以下のようになる（福

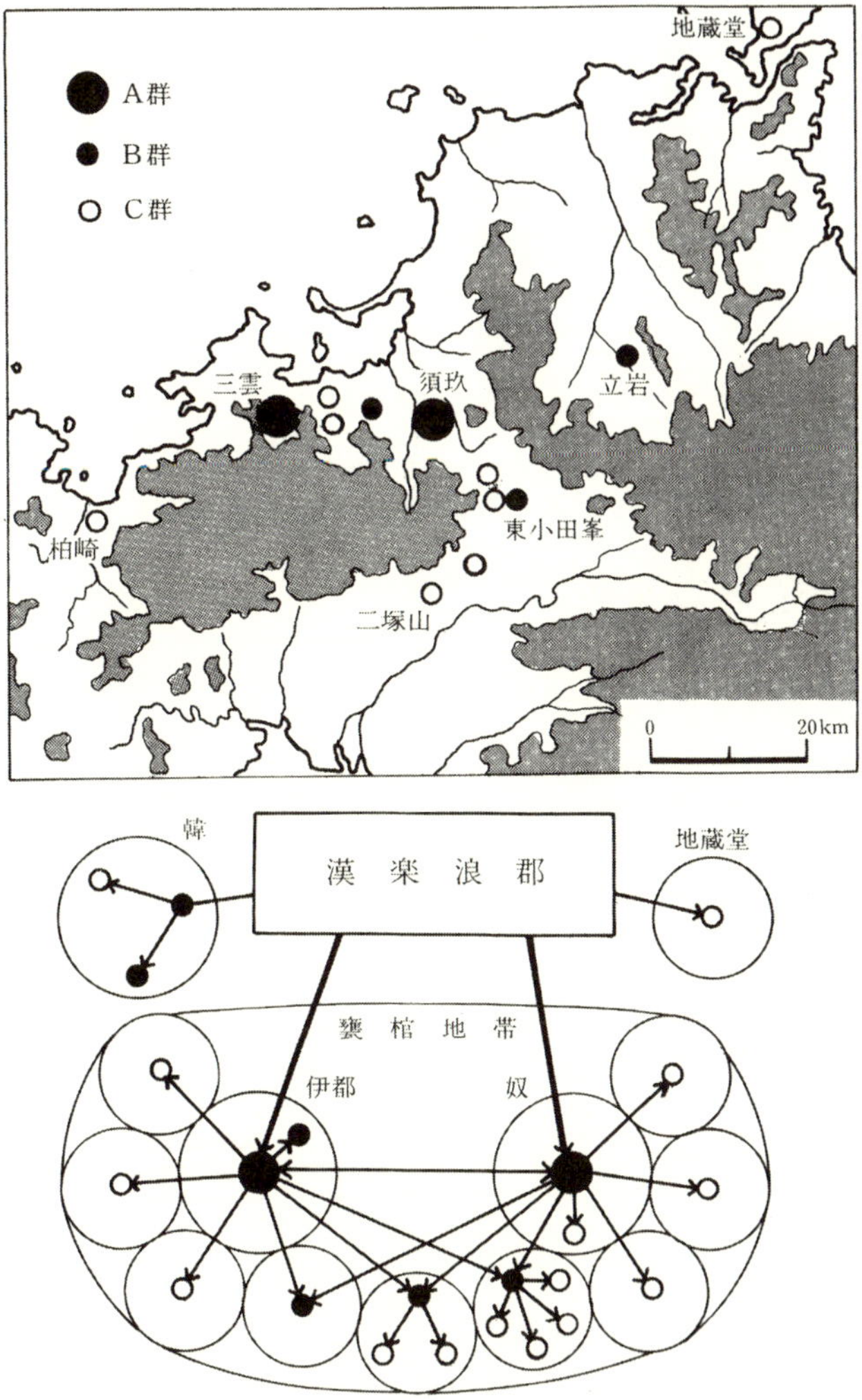

図6　北部九州における漢鏡の分配(弥生時代中期後半〔岡村1999〕)

岡県教育委員会一九八五)。

(一号甕棺)

棺外：有柄中細銅剣一、中細銅戈一、朱入小壺一

棺内：細形銅矛一、中細銅矛一、前漢鏡三一面以上、ガラス製璧八、ガラス製勾玉三、ガラス製管玉六〇以上、金銅製四葉座飾金具八

(二号甕棺)

棺内：前漢鏡二二面以上、ガラス製垂飾一、硬玉製勾玉一、ガラス製勾玉一二

岡村秀典は、柳田の報告をもとに前漢鏡について以下のように同定している(岡村一九九九)。

(一号甕棺)重圏彩画鏡一面、四乳羽状地文(雷文)鏡一面、重圏銘帯鏡三面、連弧文銘帯鏡二六面

(二号甕棺)星雲文鏡一面、連弧文銘帯鏡三面、単圏銘帯鏡(日光鏡)一八面

副葬品で最も多いのは銅鏡で、ガラス製璧や四葉座飾金具などの漢式遺物が伴う。それとともに銅剣・銅矛・銅戈といった列島産の武器形青銅器が多数副葬されている。

ここで注目されるのは、ガラス製璧と彩画鏡、そして金銅製四葉座飾金具の存在である。

当時の中国では王侯貴族のもつ最上位の器物として玉製の璧(玉璧)が基本であった。ガラス製の璧は玉製の璧に準ずる製品であるが、北部九州ではそれが先のA群のように最上位に位

置づけられており、漢王朝による評価を端的に物語っている。

　また一号甕棺からは面径二七・三センチに復元される彩画鏡が出土している（図5-1）。これは他の鏡と異なり、鏡背に彩色の文様を施したものであり、大きさという点でもやや格式の高い鏡である。先の面径区分では、この時期唯一の「超大型鏡」である。前漢初頭の前二世紀前半に製作されたものとされ、中国広東省の南越王墓、雲南省の石寨山《せきさいざん》三号墓などでの出土例が知られている。これらは漢王朝の「外臣」でかつ在地の最上位層への贈与である点が注目されており、宮本一夫は、このことから三雲南小路一号甕棺の彩画鏡についても周辺諸民族への厚遇戦略といった中国王朝側の「意図」を読み取ることができると指摘している（宮本二〇〇〇）。

　この他、一号甕棺からは金銅製の四葉座飾金具が出土している。町田章は漢代の木棺の飾金具に用いられたこの金具が甕棺墓に副葬されている点に注目する（町田一九八八）。この時期の彩画鏡と四葉座飾金具の出土は三雲南小路一号墓に限定されている。

　また二号甕棺では小型鏡のみであるが二〇面以上の前漢鏡が集中しており、一号甕棺と合わせて五〇面以上の前漢鏡が副葬されていたことになる。現状では次にみる須玖岡本遺跡を含めても突出したあり方であり、糸島地域への鏡の集中傾向をみることができる。これは次章で検討する弥生時代後期の状況とも共通する特徴である。

須玖岡本遺跡

もう一つの代表的な厚葬墓である須玖岡本遺跡では、明治三二年（一八九九）に多数の鏡を含む遺物が発見された。この遺跡では、長さ三・六メートル、幅二メートル、厚さ三〇センチの大石とその側方に立つ高さ一・二メートル、幅一・五メートル、厚さ四〇センチの二つの巨石の存在が知られており、この巨石の下から大型の合口《あわせぐち》甕棺が発見され、各種の遺物が出土した。その後、九州帝国大学医学部教授の中山平次郎により出土した鏡片が採集され、昭和四年（一九二九）に京都帝国大学の島田貞彦らにより発掘調査が行われた（島田・梅原一九三〇）。これ以降、前漢鏡が多数出土した甕棺はD地点墓と呼称されている。その後の福岡県教育委員会や春日市教育委員会の調査により、周辺からは三〇〇基を超す墓が存在したことが明らかにされている。

出土した鏡片にもとづき、中山平次郎や梅原末治が鏡の復元を行っている（図5-2）。また近年、赤坂亨（二〇一一・二〇一二）が各地に分散して所蔵されている鏡片資料を再検討している。岡村秀典は、形式の判別できる二六面について、以下のような復元を行っている（岡村一九九九）。

草葉文鏡三面、星雲文鏡六面、重圏銘帯鏡六面、連弧文銘帯鏡六面、単圏銘帯鏡（日光鏡六面）

それ以外の副葬品は、三雲南小路遺跡と同様、ガラス製璧と武器形青銅器が主体であり、後者については三雲南小路遺跡よりも副葬された点数が若干多い（表3）。D地点周辺は、その後の春日市教育委員会の調査により、三雲南小路遺跡と同等の三〇メートル規模の区画を伴う墳丘墓であったことが想定されている（常松二〇〇七）。D地点墓では、上述の大石を伴う点が他の厚葬墓とも異なる特徴を示している。

両遺跡の関係をどう捉えるか

この二つの遺跡は、上述のように副葬品の構成からみてほぼ同格であることは間違いなく、岡村らが示しているように、両遺跡を頂点とする形での鏡の序列が志向されたと考えることができる。その一方で、上記のように、三雲南小路遺跡では二号墓も含めると小型鏡とはいえ漢鏡の総数がやや多いこと、またその中には彩画鏡のようなより大型の鏡や四葉座飾金具といった特殊な遺物が含まれることなどが注目される。この意味で、楽浪郡を介した鏡の入手により主体的に関わったのは三雲南小路遺跡の集団であった可能性を考えることができる。

さらに、この中期後半の時期は須玖岡本遺跡周辺で青銅器生産が集中的に行われていることが鋳型の出土などからも知られていることから（岩永一九九七、田尻二〇一二）、三雲南小路遺跡の武器形青銅器は須玖岡本遺跡周辺で製作されたものが贈与されたものと考えられる。ガラス製勾玉も、同様に鋳型が出土していることから須玖遺跡群で製作されたものと想定される。そうした点からすれば、この両者の間には、相互に種々の器物を贈与・交換するような関係があったと考えることが可能であろう。すなわち、楽浪郡を介した漢式文物の入手には三雲遺跡の集団がより主体的に関与し、他方で青銅器生産については須玖遺跡群の集団が主に担うことにより、相互に「役割分担」しつつ支え合うという関係が想定できる。

前漢鏡の授受とその実態

次に、この二つの遺跡を上位として序列化が行われていたとみた場合に、その範囲と内実はどのようなものであったのか、という問題について考えてみたい。

この序列化については、先の岡村の説明をはじめとして、三雲・須玖を中心とした鏡の分配として理解することがこれまでも行われてきた。また古墳時代に同様のあり方がみられることをふまえ、その先駆的な形態であるものの、北部九州の範囲を越えることなく、小さくまとまった政治秩序の世界として捉える見解も提示されている（中園二〇〇四）。

三雲遺跡と須玖遺跡の両地域集団を上位とした序列化という点からみて、周辺の各地域の副葬事例は、岡村らが想定するように、三雲遺跡や須玖遺跡の集団を介した入手の可能性が高いものと考える。これに関連して、立岩遺跡の一〇号甕棺墓について、須玖遺跡の南側に位置する筑紫野《ちくしの》市の道場山《どうじょうやま》遺跡の甕棺と形態的に共通する甕棺の搬入品という見解があり、地域集団同士の交流が活発であったこともこの見解を支持する（井上裕二〇一一、溝口二〇一七）。そこでは婚姻などによる、地域を越えた結び付きもあったであろう。

各地で副葬された前漢鏡の鏡式自体は、漢鏡二期鏡と三期鏡の両者が含まれるため、特に製作時期が古いと想定される鏡については、楽浪郡などで伝世されたものか、九州にもたらされた後に九州で伝世されたものかといった点について、複数の可能性が想定される（岩永一九九四）。副葬時期には殆ど差がないことから考えれば、鏡の列島への流入としてはそれほど多くの回数を見積もることは難しく、前一世紀中葉前後のかなりかぎられた機会での入手とみられる。その点からすれば、鏡の秩序として表象された地域集団間の関係もまた、中期中葉～後葉のある時期にほぼ限定されたものであり、その後数世代にわたり同様の関係が維持されたかどうかは不透明である。また次の弥生時代後期に新たに後漢鏡が出現するが、次章で検討するように、それまでには少なくとも数十年にわたるタイムラグが存在するとみられることから、それについても中期後半の状況と連続的に考えるのは難しいように思われる（穴沢一九九五）。

筆者は、弥生時代中期後半の北部九州社会について、このように階層化社会の様相を示しつつも、その様相が鏡による序列化という形で長期的に継続しなかった点に注目したい。すなわち、北部九州では、その後、何世代にもわたり例えば漢鏡三期や四期の鏡が継続的にもたらされ、周辺地域に贈与されるといったことは行われなかった。これは次章でもみるように、前漢王朝から新、後漢王朝へといった大陸の情勢の変動に影響を受けている可能性もある。その結果、三雲や須玖を上位とした北部九州の政治的秩序は一時的なものに止《とど》まり、例えばどちらかの地域がよりつよく主導権を握って北部九州一円を政治的に統合するといった方向には向かわなかったものとみられるのである。その意味では、例えば先に述べた「対外交流窓口」と「青銅器生産」の両者を権力の資源として「独占」するような「単一の権力核」が出現しなかったこと自体がこの時期の特徴を示しているともいえよう。このことは、中期後半の社会が、墓地においては一見階層化が進むようにみえても集落は必ずしもそうではないことから、平等原理にもとづく部族社会の枠組みを基礎としているとする理解とも整合的である（田中良二〇〇〇、溝口二〇〇一、小澤二〇一三）。

四　弥生時代中期の鏡の流通とその意義

弥生時代中期の列島社会と鏡

ここまでみてきたように、弥生時代中期においては、銅鐸や武器形青銅器の生産などの点からみて多くの青銅原料が流通し、また日本海沿岸地域と玉類の交換などをはじめ、広域の交流が行われている一方で、鏡の流通については北部九州にほぼ限定されていた。また瀬戸内以東で前漢鏡が副葬された事例の少なさからみて、鏡にもとづく「秩序」についても北部九州の範囲を越えるものではなかった。瀬戸内以東の弥生時代社会では、突出した個人を埋葬する厚葬墓が出現するのは後期以降であり、中期においては、「平等性」を基調としたあり方のもと、各地域同士の交流が活発化しながら青銅器を用いた集団祭祀などが行われる状況が進行した。地域によって青銅器があるかないかといった違いはあるものの、こうしたあり方は列島の広い範囲で認められる（石川二〇一〇、藤尾二〇一五）。この時期において縄文時代以来の文化伝統の影響が色濃い東日本をはじめ、瀬戸内以東の弥生社会は、東アジアの「文明化」や「国家」に抗する社会であったとする理解も提示されている（溝口二〇一二、寺前二〇一七）。

紀元前一世紀後半の列島社会においては、このように北部九州で鏡の分配による序列化が認められるものの、時期的にも地域的にも限定されたものであった。この後の時期に大陸では前漢から新、後漢への王朝交替といった混乱があり、また列島では紀元前後の時期に各地で地震や津波といった自然災害の影響（相原二〇一二）などが想定されており、中期的な社会は後期的なあり方へと大きく再編されたものと考えられる。

弥生時代中期における社会の複雑性と鏡

以上、弥生時代中期の鏡とそれが用いられた社会のあり方について検討を行ってきた。北部九州では多量の鏡を副葬する厚葬墓が出現する一方で、鏡の流入や消費が長期的に継続しない点が特徴として認められた。中期の場合は、同一の小地域において、複数時期にわたって連続して鏡が入手され、消費され続けたという形跡がみられず、どの地域も一度入手して終了、というパターンが主体である。このため鏡の入手・消費を媒介として階層化社会的な様相が発現したとしても、それ自体は一時的なものとなり、基本的には平等原理にもとづく部族社会的なあり方が継続した可能性が高いものと考えられた。こうした弥生時代中期の状況が後期にはどのように変遷していったのかについて、章をあらためて検討したい。

コラム1　社会進化学説の歴史と考古学

一九世紀の古典学説　日本考古学では、先史時代を大きく旧石器時代・縄文時代・弥生時代・古墳時代とする時代区分が定着している。序章でも述べたように、平等的な狩猟採集社会から始まり、稲作の導入により社会の階層化や地域の統合が進展し、広域的な政治支配体制の確立へ、というのが大枠としての共通理解である。この歴史的過程をどう捉えるかについては諸説あるが、考古学・人類学においては、一九世紀の史的唯物論の古典学説で「野蛮・未開・文明」と捉えていた時代から、二〇世紀後半において新進化主義の「バンド社会・部族社会・首長制社会・国家社会」という社会の進化類型で捉え直した時代へという認識の変遷がある。

モルガンの『古代社会』(一八七七)は、各地の民族誌をもとに当時の発展史観を「野蛮・未開・文明」という形で整理したものであるが、マルクスはこれをもとに詳細な『古代社会ノート』を遺《のこ》し、それを引き継いだエンゲルスが『家族・私有財産・国家の起源』(一八八四)を著している。ここでは、母系を基礎とする「野蛮・未開」段階から父系の「文明」段階へという親族関係の変化とともに、国家成立の指標として、地域による人民編成・官僚機構・徴税・公権力の樹立の四つが挙げられた。「野蛮・未開」段階が母系社会であるという説はその後の民族例により否定され、実際には母系でも父系でもない「双系」(継承や婚姻が父系・母系のいずれでも行われる、もしくはいずれかに限定されない)が一般的であることが知られるようになるが(田中良二〇〇八)、ここで示されたモデルは社会進化と国家の形成過程に関する基本的な理解となった。

モルガンやエンゲルスの説明は「単系進化」と呼ばれ、世界各地の諸民族を一律に「野蛮・未開・文明」の中に位置づけるものであるとともに、人類の進化の到達点として西洋の「文明」が位置づけられていた。こうした社会進化学説は、一九世紀以来の西洋中心主義や進歩思想に根ざしたものであるという点から批判的に捉えられるようになり、社会進化学説自体が二〇世紀前半には低調となる。アメリカの人類学者のボアズによる文化相対主義は、多民族国家としてのアメリカにおいて、異なる文化同士の間で優劣がないことを論じたが、そうした考えは社会進化学説批判の一例といえる。

新進化主義と四つの類型　その後、一九五〇年代になると、そのアメリカで社会進化学説が復権を遂げることになる。アメリカのレスリー・ホワイトやジュリアン・スチュワードといった人類学者が、技術的発展や各地域における様々な環境適応へのあり方の違いといった別の観点から社会進化学説を再評価したのである。それを承けて、エルマン・サーヴィスやマーシャル・サーリンズは、世界各地における社会の進化・複雑化は、環境などに適応する上での個別で具体的なあり方であるとともに、人口や社会の統合規模、物財の交換形態などにより類型化できると捉え、世界各地の民族例などをもとに社会の進化類型を大きく四つに区分した。前者を「特殊進化」、後者を「一般進化」と呼び、両者を同じ社会進化の二つの側面として捉えているが、特に後者の観点で社会進化のあり方を類型化したものが、前述の「バンド社会・部族社会・首長制社会・国家社会」である（サーヴィス一九七一）。

バンド社会は各地の狩猟採集民をもとにモデル化されたもので、数十人から数百人規模で移動しながら狩猟採集を行う小規模社会を想定したものである。カラハリ砂漠のサン族などが例として挙げられる。

部族社会は、農耕・牧畜などの生業形態を基礎としながら定住性が高まり、人口規模が数百人から数千人規模に拡大したもので、氏族（クラン）を中心とした親族関係にもとづく平等的な社会が想定されている。互酬的な交換を基礎とする。ナイル川上流域のヌアー族などが著名である。

首長制社会は、数千人から数万人規模で構成員が階層的に構成された社会であり、支配者としての首長とその親族への血縁的な近さ・遠さによって社会の中での階層的位置づけが規定される。物財の交換は、構成員から首長に対して貢納された物財が首長によって儀礼などの機会に構成員へと還元される「再分配」と呼ばれる経済形態を特徴とする。ハワイの首長制などが具体例として想定されている。人口規模や統治機構の複雑性の度合から、単純首長制と複雑首長制に区分される場合（Earle 1991・1997）や、社会全体が血縁原理によって覆われるか、地域集団同士が擬制的に結びつくかといった基準でA型・B型と区分される場合がある（岩永二〇〇三）。

国家社会については、南米のインカ帝国などが具体例として挙げられているが、より社会の統合範囲が大規模化したもので、「法律・兵法・神権政治（統治機関の一側面としての宗教構造）・官僚制度・官僚制的商業・通信等」が発達した社会として示された（サーヴィス一九七一：訳一五七－八頁）。

考古学と社会進化

こうした四つの社会類型は、人口や社会の統合規模といった「量的」指標と、経済形態や社会組織の原理などの「質的」指標の両者により区分されたものである。これらは、考古学のように過去の社会や先史時代を研究する分野においても有効なモデルと考えられている。

世界的にみると、一九六〇年代から七〇年代にかけて、各地における自然環境への適応の仕方の復元とあわせて、こうしたモデルを参照しながら過去の社会を実体として復元する試みが活発に行われたが（考古学の分野では、こうした動向はニュー・アーケオロジー〔プロセス考古学〕と呼ばれている）、その後はむしろ批判的に捉えられてきた。これは、上記のモデルの「当てはめ」的な説明や、世界のどこでも通用するような一般的法則性の追求（例えば、「環境の変動が社会の複雑化を促す」といった理解）などについての問題点が意識されるようになったことが大きい。

一九八〇年代以降になると、ポストモダンの思想的影響の下、歴史的・文化的脈絡（コンテクスト）の重要性や、権力と支配との関係、ジェンダー、民族誌と植民地主義との関係、現代社会と文化資源の問題などへと関心が広がっていった（上記のプロセス考古学に対して、ポストプロセス考古学と呼ばれる：Hodder and Hutson 2003、安斎二〇〇七、阿子島・溝口監修二〇一八）。

現在ではそのような意味で考古学の問題意識は多様化しているが、一方で、世界各地の地域史研究や、そこでの社会進化に関する問題意識の有効性や重要性は変わっていないと筆者は考える。また一九九〇年代後半以降においては、グローバル化の影響の下、グローバル・ヒストリーや人類史といった分野への関心が高まり、むしろ環境変動と各地の社会進化との関係が再評価され、長期的かつ世界的な視野で人類史を考える研究が増えつつあるのが現状である。

社会進化学説に話を戻すと、ここで強調しておきたいのは、世界のあらゆる地域において、バンド社会から部族社会へ、部族社会から首長制社会へ、首長制社会から国家社会へ、というように「階段を上るように」社会の複雑化が進行するとはかぎらない、という点である（Yoffee 1993）。例えば、首長制社会が発達したハワイ諸島などにおいては、そこから国家が発生することはなかった。部族社会が首長制社会へ進化することなく部族社会であり続ける事例も決してめずらしくない。その意味では、単純な社会から複雑な社会へと進化することが「必然」でも「理想的」でもないということがわかる。そのような脈絡において、世界各地の社会進化のあり方を考えることは、それぞれの地域のあり方を「一般性」と「特殊性」のそれぞれの観点から「相対化」することに他ならない。そのような観点からも、社会進化の問題を考えるに際して、民族例などを援用するのみならず、むしろ先史時代の具体例にもとづき考古学的にモデル化することの重要性が強調されている（Yoffee 1993）。

また川西宏幸は、日本も含めた世界各地の先史時代における人口の変遷について、遺跡の消長をもとに検討し、従来社会進化の類型の違いとして考えられてきたあり方を、気候の寒冷化や温暖化といった環境変動の影響下で発現した適応の仕方の違いとして捉え、「脱進化の考古学」を提唱している（川西二〇一五）。社会進化のあり方の違いが何によって引き起こされるのかについては、環境変動の影響以外にも、元来の地理的条件の違いや、栽培可能な野生植物や家畜化が可能な野生動物が「資源」としてどのように分布しているかという点が重要であることが指摘されており（ダイアモンド一九九七）、そうした広い視点から人類史を捉え直すことが問われているといえよう。

日本列島の場合　以上のような議論をふまえた場合、日本列島の先史時代についてはどのように理解することができるだろうか。日本では、前述の旧石器時代・縄文時代・弥生時代・古墳時代、そして飛鳥・奈良時代以降という時代の変遷が、先のバンド社会・部族社会・首長制社会・国家社会という社会進化の類型と一対一で対応するわけではないものの、一見すると社会進化という点では単純な社会から複雑な社会へという変遷を経ていることが知られる。具体的には、旧石器時代から縄文時代の前半がバンド社会、縄文時代から弥生時代にかけてが部族社会、弥生時代から古墳時代にかけてが首長制社会という対比が可能であることが指摘されている（田中良二〇〇八）。上述のようにこのことは世界的にみると必ずしも一般的でも自明でもなく、なぜ日本列島ではそのような社会進化が起こったのかということ自体が問題である。

こうした問題を考える上では、モートン・フリード（Fried 1967）がいう「一次国家」と「二次国家」という概念が重要である。すなわち、世界の中には、例えばエジプト・メソポタミア・インダス・中国・マヤ・インカなどのように、独自で「文明」として発達したとされる社会が存在する一方、その周辺地域において、それらの「文明」に影響を受けた形で二次的に国家形成や社会の複雑化が進行する場合の両方が知られる。前者は「一次国家」、後者は「二次国家」と呼ばれる。一次国家の中には、例えばエジプトなど、厳密には中近東など他地域からの影響を受けている可能性が指摘される場合もあるが、独自の文明を発展させた点で大枠としては一次国家としての理解が可能である。こうした議論に照らすと、日本列島は、中国文明の周辺地域において、朝鮮半島諸地域とともに二次的に国家形成が進展した地域として理解することができる。

この場合、日本列島において、一見するとバンド社会から部族社会・首長制社会を経て国家の成立へという一般進化の類型に即した社会進化が認められるのは、上記のような古代東アジアの周辺地域における二次的な国家形成という歴史的環境が大きく影響した可能性も想定されるだろう。ヨーロッパなどにおいても、「周辺」地域における社会進化のあり方の違いは、ギリシア・ローマなどの地中海世界（「中心」的地域・国家・「文明」）との空間的な位置関係の違いによって生じることが指摘されている（Kristiansen 1991）。こうした、「文明の周辺地域」という点は、「海により大陸・半島から隔てられた島嶼《とうしょ》地域」という点とともに、日本列島の歴史的環境を規定する重要な条件と考えることができる。

本書で扱っている弥生時代から古墳時代にかけての歴史も、大枠としては部族社会から首長制社会へ、そして古代国家へという変遷をたどっており、上記のようなモデルと対比しながら、人類史の中で広く相対化することが期待されよう。

また日本列島の中でも、北海道・東北北部や琉球列島のように、縄文時代以来の狩猟採集社会が長期にわたり継続した地域もあり、これらの地域では前方後円墳が築かれていない。逆に、前方後円墳が築造された地域は一律に農耕社会と考えてよいのか、また単純に階層化が進展した社会と捉えてよいのかどうかは別の問題であり、各地域社会の実態に即して考えていく必要がある。

第二章　紀元後一〜三世紀の地域間交流と鏡——弥生時代後期〜終末期

本章では、弥生時代後期から終末期前後の時期を中心に、古墳時代の開始過程がどのようなものであったのかについて、地域間交流の観点から検討する。特に、近畿地域はこの時期からすでに政治的・文化的中心地となっていたのか、東アジア世界の動向との関係はどのようなものであったのかといった点について、具体的な資料状況をもとに考えてみたい。

一　後漢から三国時代と弥生時代後期〜終末期

新・後漢・三国時代

ここではまず、時代背景として大陸・朝鮮半島の情勢の変化および列島社会に関する文字記録の内容について整理しておきたい。

大陸では、紀元後八年に前漢の元帝の皇后王政君の甥《おい》であった王莽《おうもう》が王朝を簒奪《さんだつ》し、新王朝を建国した。この新王朝は短期間で劉秀《りゅうしゅう》（光武帝）によって滅ぼされ、後二五年に後漢王朝が成立する。前漢の政治体制を継承しながら、その立て直しが行われた。前漢末から後漢初めにかけて、新朝の混乱により人口が大きく減少したが、一世紀になると前漢代の水準の約九割（約五三〇〇万人前後）まで回復したとされる（鶴間二〇〇四）。しかしその後、後漢末期の黄巾《こうきん》の乱（一八四年）以降、三国時代の混乱期を迎え、再び人口が大きく減少した。魏・呉・蜀《しょく》の三国が分裂する中で、華北の魏が覇権を握り、それを継いだ西晋王朝の二八〇年に中国は再統一される。

この時代は、紙の発明や数学的知識など、科学技術が大きく発展した時代であった。また前漢代以来の儒教思想を基礎としながら、新たに仏教が伝来した時代でもある。そして後漢末から三国時代にかけては太平道や五斗米道《ごとべいどう》などの道教教団の活動が活発化し、神仙思想が広まっていった。

同じ頃、朝鮮半島は原三国時代と呼ばれ、馬韓・弁韓・辰韓の三韓諸地域が列島との交流を行っている。列島の弥生時代後期は概ね後漢代に、終末期が三国時代に、そして古墳時代初頭〜前期前半が魏末〜西晋代にほぼ並行する。つまり、この三国時代の後半期が前方後円墳が出現した時代と考えることができる。

中国史書における倭人社会の記録

この時期の中国史書における倭人社会の記録の中で、ここでは次の六点に注目したい。

①「建武中元二年」（五七年）に「倭奴国」が朝賀し、光武帝が印綬《いんじゅ》を賜う（『後漢書《ごかんじょ》』東夷伝《とういでん》）
②「安帝永初元年」（一〇七年）に「倭国王帥升《すいしょう》等」が「生口《せいこう》百六十人」を献じ、請見《しょうけん》を願う（『後漢書』東夷伝）
③公孫氏政権による帯方郡の分置と倭人社会：「是後倭韓遂属帯方」（『魏志《ぎし》』韓伝）
④卑弥呼《ひみこ》の「共立」（『魏志』倭人伝）
⑤卑弥呼の「鬼道」と道教・神仙思想との関係性（『魏志』倭人伝）

⑥「景初三年」（二三九年）における卑弥呼の魏への遣使・「親魏倭王」と「銅鏡百枚」（『魏志』倭人伝）

①は、上述の光武帝の最晩年に、倭の奴国が後漢王朝に遣使し、首都洛陽《らくよう》で光武帝から印綬を下賜されたことの記録である。福岡市志賀島《しかのしま》から出土した「漢委奴国王」の金印がこれに該当するという説がこれまでも有力視されている（岡崎一九六八、高倉一九九五・二〇一八）。

②は、①の五〇年後に、「倭国王帥升等」が遣使したことの記録である。「等」が複数形である点が注目される一方で、「倭国」王であることから、この段階で複数の地域を統合した「倭国」が成立していた可能性が想定されている。これについては、伊都国《いとこく》を中心とした広域連合を想定する見解が有力視されているが（西嶋一九九四・一九九九）、北部九州ほどの範囲とみるか、西日本を中心とした広域の連合と捉えるかについては意見が分かれている。

③の記事は、後漢末期の二〇四年に遼東の公孫氏が勢力を拡大し、楽浪郡の南側に新たに「帯方郡」を分置したことに関するものである。この結果、「倭」と「韓」は帯方郡に「属」することになったと『魏志』は記す。この「属」の内容がどのようなものであったかが大きな問題である（仁藤二〇〇九）。またあわせて倭人伝には、邪馬台国の時代の記事として、「今使訳通所三十国」とみえることから、その交流の具体像も考古学的な課題といえる。帯方郡治址については、北朝鮮黄海北道鳳山《ほうざん》郡の智塔里土城を想定する説が有力視されており、詳細については不明ながら、その規模は楽浪郡より一回り大きいものであったと想定されている（高久一

九九九）。

④は、いわゆる『魏志』倭人伝の中で、行程や邪馬台国の所在地論とともに注目されてきた箇所である。卑弥呼が「共立」されたことを示すものであるが、この「共立」がどのように行われたものであるのか、またそれが考古学的現象に何かしらの形で反映されているのかといった点がこれまでも問題とされてきた。

⑤は、卑弥呼が自身の権威のよりどころとした「鬼道」に関するものであるが、これが中国の道教や神仙思想であるとする説と、列島在来の未開的なシャーマニズムに相当するとする説に大きく分かれる。特に前者については、神仙思想を描き出した種々の中国鏡の文様や銘文の内容が、どのように当時の列島社会に理解されたのか、あるいはされなかったのか、といった問題とも関わっている。

⑥については主に次章で検討するが、③の公孫氏が二三八年に魏によって滅ぼされた直後に卑弥呼は魏に使いを送り、「銅鏡百枚」ほかの様々な器物を贈与されている。「親魏倭王」の称号は、卑弥呼が「倭」の王として認められたことを示している。この対外的に開明的な王の側面と、⑤にみられるような未開的な王の側面という二重性は、この時期の倭王の権力の性格を表すものとして早くから注目されてきた（石母田一九七一）。

これらのうち、①②については、弥生時代後期の北部九州や列島各地の地域社会、地域同士の関係を考古学的に考える上で重要である。③〜⑥については、弥生時代終末期から古墳時代初頭前後における大陸系文物の流入や、古墳時代開始過程そのものを考える上で問題となる史料である。三世紀中頃に前方後円墳が出現したと考えられることからすれば、古墳時代の開始過程はまさに卑弥呼の時代の問題であり、「銅鏡百枚」を含めた鏡もまた、この前方後円墳の出現と深く関わっていたことが想定される。

以上のように、弥生時代後期から終末期、あるいは古墳時代の初頭前後の時期は、大陸および朝鮮半島の情勢が大きく変化した激動の時代であった。こうした点をふまえた上で、弥生時代後期~終末期の地域間交流について、考古学的な観点から検討する。

二　後漢鏡の様式と変遷

列島の弥生時代後期に並行する中国後漢代は漢鏡の生産のピークであり、様々な鏡式が生み出された。その一方、後漢末から三国時代にかけては、社会の混乱に伴い銅鏡生産も衰退したものと想定され、新たな鏡式が生み出されることなく、漢代の鏡を復古再生する動きが主流となった。ここでは、岡村秀典の後漢鏡編年（一九九三b・一九九九）および車崎正彦（二〇〇二）・上野祥史（二〇〇五b）の整理をもとに、後漢代から三国時代にかけての漢鏡・三国鏡について概略を述べる。

岡村の後漢鏡編年では、前漢鏡の様式を継承して漢鏡五期から七期が設定されている。七期は大きく三段階が設定されているが、岡村が当初三段階とした斜縁《しゃえん》神獣鏡は魏鏡と考えられることから、ここでは三国鏡として扱う。それぞれの代表的な鏡式は以下のようなものである。

漢鏡五期：一世紀中葉～後葉　方格規矩四神鏡・四葉座内行花文《ないこうかもん》鏡・獣帯鏡・盤龍鏡
漢鏡六期：二世紀前半　方格規矩四神鏡・蝙蝠《こうもり》座内行花文鏡・獣帯鏡・盤龍鏡
漢鏡七期第一段階：二世紀後半　上方《じょうほう》作系浮彫式獣帯鏡・飛禽《ひきん》鏡・画象鏡・八鳳《はちほう》鏡など
漢鏡七期第二段階：二世紀後半から三世紀前半　画文帯《がもんたい》神獣鏡
三国鏡：三世紀前半　魏鏡（方格規矩鏡・斜縁神獣鏡）・呉鏡（重列式神獣鏡など）

漢鏡五期は前漢代の漢鏡四期の諸鏡式から継承する形で、方格規矩四神鏡や獣帯鏡が製作される一方、連弧文銘帯鏡から四葉座内行花文鏡が創出される。また龍と虎が向き合う文様を主像として独立させた盤龍鏡が新たに出現する（図7）。

漢鏡六期は漢鏡五期の諸鏡式が小型化しながら変容する時期である。内行花文鏡も蝙蝠座のものが主体となる。

漢鏡七期には、神仙思想の西王母・東王公を主像に据えた画象鏡や画文帯神獣鏡などが多数製作されるようになる（図8）。道教の思想を背景として、不老長寿の願いを鏡に託したことが文様や銘文からも読み取れる。両者はいずれも二世紀の早い段階にはすでに出現していたとみられるが、大量生産が行われるのは二世紀の後半以降と考えられている。画象鏡・画文帯神獣鏡のいずれも、さまざまな種類のデザインが生み出され、大陸の中での地域差も含みつつ製作が行われた（上野二〇〇〇・二〇〇一、村瀬二〇一六、實盛編二〇一九）。

また特に二〇一〇年代以降、漢鏡の銘文研究の進展により、鏡工人の系譜やその変遷、また

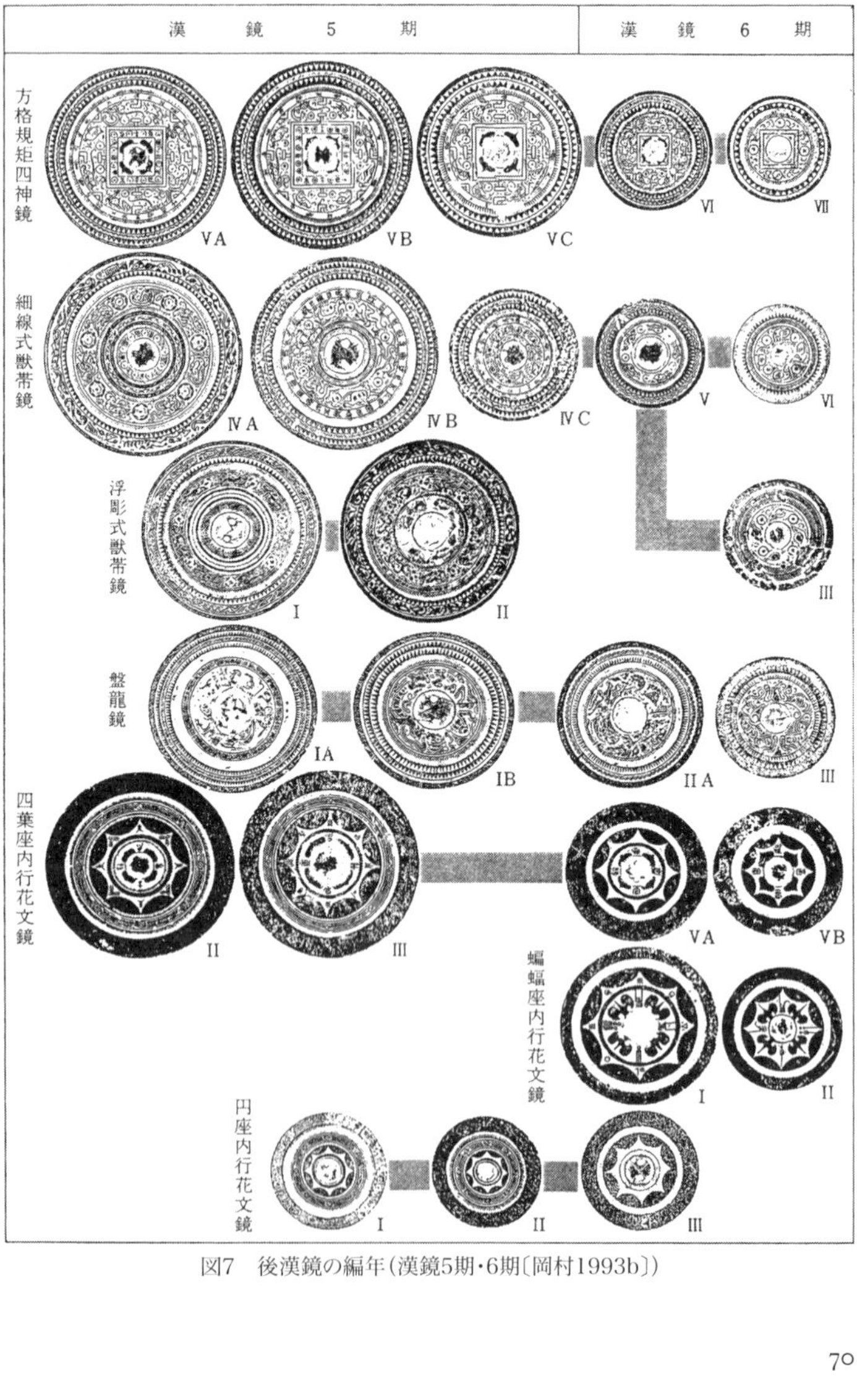

図7　後漢鏡の編年（漢鏡5期・6期〔岡村1993b〕）

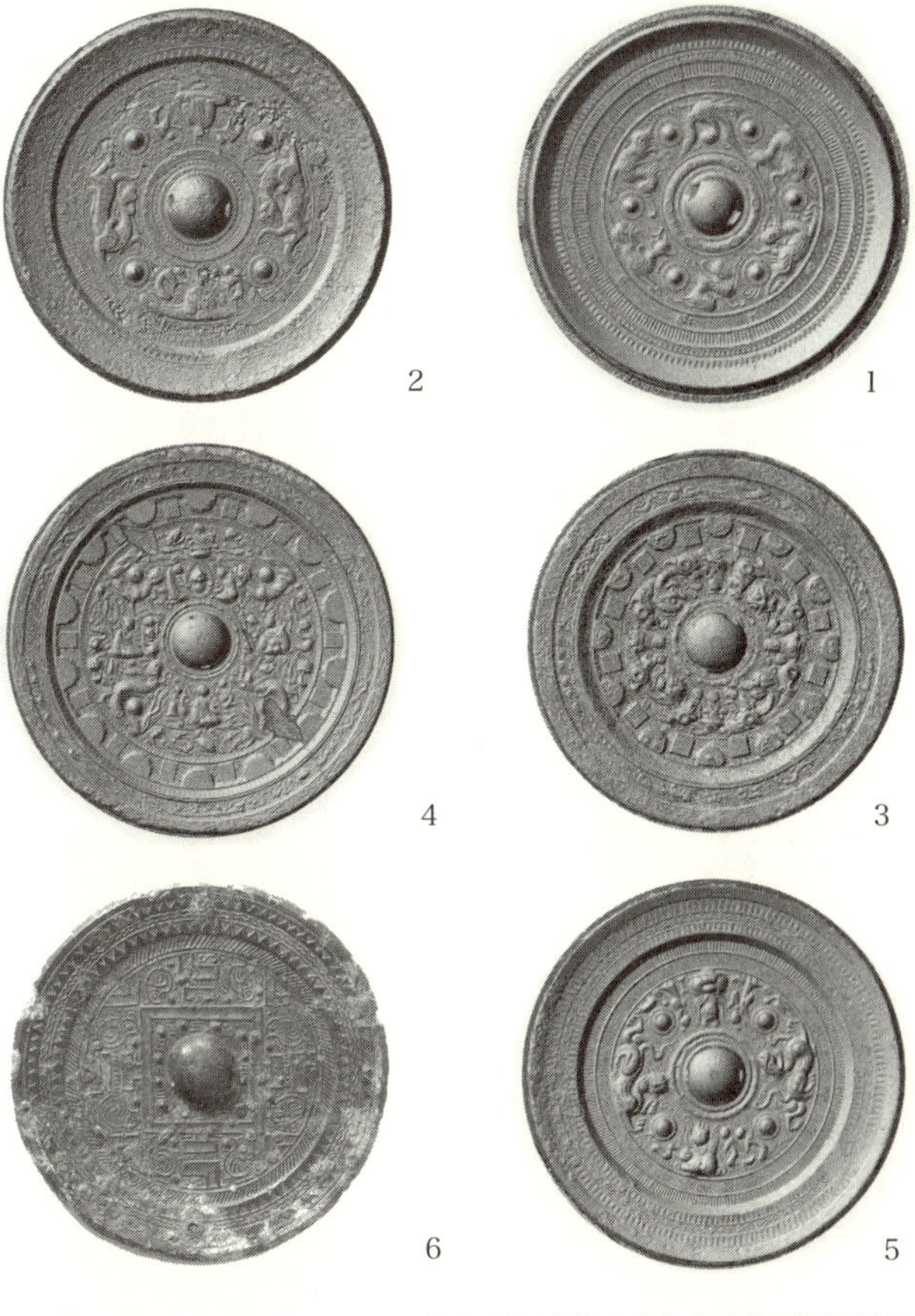

図8　後漢～三国鏡の具体例（1：香川県石清尾山猫塚古墳・上方作系浮彫式獣帯鏡〔12.7cm〕、2：奈良県黒石山古墳・神人龍虎画象鏡〔20.8cm〕、3：大阪府和泉黄金塚古墳・画文帯環状乳神獣鏡〔14.3cm〕、4：岡山県湯迫車塚古墳・画文帯同向式神獣鏡〔20.6cm〕、5：奈良県古市方形墳・斜縁二神二獣鏡〔16.8cm〕、6：福岡県津古生掛古墳・方格規矩鏡〔13.9cm〕〔1～5：奈良県立橿原考古学研究所編2005【以下三次元2005と記載、奈良県立橿原考古学研究所提供】、6：筆者撮影、1・3～5：東京国立博物館蔵、2：宮内庁書陵部蔵、6：小郡市教育委員会蔵〕）

その思想的背景などが具体的に明らかにされていることも特筆される（岡村二〇一一b・二〇一七、森下二〇一一b）。

三国時代になると、政治・経済の混乱の中で、新しい文様が創出されることが少なくなり、後漢代の文様を復古再生することが流行した。華北地域では方格規矩四神鏡や獣帯鏡などの復古を基調とした模倣鏡や画文帯同向式神獣鏡、斜縁神獣鏡などが、また長江流域を中心とした呉の領域では、重列式神獣鏡や銘文帯神獣鏡など、後漢後半期以降の特徴的な鏡式が多数生産された。いわゆる三角縁神獣鏡は、このうちの華北の魏系統の鏡であると考えられている。これについては次章にて検討する。

これらの後漢鏡・三国鏡は日本列島に流入するが、その列島への流入形態や流入時期、あるいは列島での流通形態が問題となっている。特に三国鏡は弥生時代の遺跡からは殆ど出土しておらず、主に古墳時代の遺跡から出土することから（森下一九九八b）、古墳時代の開始年代を考える上でも指標となることが期待される。

三　弥生時代後期前半：完形後漢鏡と破鏡・弥生小形倭製鏡の出現

弥生時代後期〜終末期と古墳時代前期の鏡の出土傾向の違い：破鏡から完形鏡へ

以下で弥生時代後期の鏡の流通形態やその背景を検討するにあたり、前提として古墳時代前期の鏡との出土傾向の違いを整理しておきたい。弥生時代後期と古墳時代前期の間では、鏡の

表4　弥生時代後期～終末期と古墳時代前期の間での鏡の違い

	弥生時代　後期～終末期	古墳時代前期
鏡式・鏡種	・(前漢鏡) ・後漢鏡 ・弥生小形倭製鏡	・(後漢鏡) ・魏晋鏡 ・三角縁神獣鏡 ・前期倭製鏡
主な使用方法	・破砕鏡(完形鏡の破砕副葬) ・破鏡(鏡片としての使用)	完形鏡主体(非破砕)
分布	北部九州が最も多く、東に行くほど少なくなる	・近畿地域が分布の中心で，列島の東西に行くほど少なくなる ・面径が大きいものも近畿周辺に集中する
備考	後漢鏡の一部の鏡式が含まれず、後漢末～三国代の鏡式が含まれないか非常に稀少	後漢鏡の中で、弥生時代に殆ど含まれなかった鏡式が近畿を中心として多数出土(盤龍鏡・画象鏡・八鳳鏡など)

出土傾向に大きく二つの違いがある。すなわち、①鏡式・鏡種の違い、②使用方法の違い（破鏡・破砕副葬）である（辻田二〇〇七）。これを整理すると表4のようになる。

①の鏡式・鏡種の違いは、弥生時代後期～終末期は後漢鏡が主体であるのに対し、古墳時代になると魏晋鏡や三角縁神獣鏡などが主体となるというものである。また弥生時代後期～終末期の後漢鏡の主な鏡式は方格規矩四神鏡と内行花文鏡であり、同時期に大陸で存在していたはずの盤龍鏡や画象鏡、画文帯神獣鏡といった鏡式の出土数がきわめて少ないという特徴がある。また分布についても、弥生時代後期～終末期と古墳時代前期とでは大きく異なっており、前者が九州に集中するのに対し、後者は近畿を中心として全国に広がることから、この二つの時期の間で鏡の流入・流通形態が大きく変化したことが想定されるのである（第三章参照）。

そしてその一方で、前期古墳から出土する中国鏡には、魏晋鏡だけでなく、一部の後漢鏡も含まれる。この現象をどのように説明するかという点がこれまでも問題となってきた。小林行雄は、前期古墳から出土する漢鏡は弥生時代に列島の各地に流入し、首長権の象徴として代々受け継がれた後、古墳時代に副葬・廃棄されたものと考えた（小林行一九六二）。この仮説は伝世鏡論と呼ばれており（本章末のコラム2を参照）、弥生時代における近畿地域の先進性、あるいは近畿地域における大型前方後円墳出現の背景を考える上での重要な論拠とされてきた。ただ弥生時代の瀬戸内以東の遺跡から出土する鏡は数が少ないことから、こうした前期古墳から出土する漢鏡が、伝世鏡論で想定されるように、製作年代に並行する弥生時代の時期にリアルタイムで列島各地に流入していたと考えるのは難しいのではないかというのが筆者の意見である（辻田二〇〇一・二〇〇七）。

②については、特に弥生時代後期において、特徴的な鏡の使用方法が認められる。それは「破鏡」と「破砕副葬（破砕鏡）」である。前者は、鏡の破片（外区片や鈕《ちゅう》区片、内区片など）の破断面を研磨したり、穿孔を施すなどして、破片の形で利用したと考えられるものを指す。これらの多くは、紐で懸垂するなどして垂飾品として利用されたようである（図9）。後者の「破砕副葬」は、墓地で鏡を副葬する際に鏡を打ち割ったもの、あるいは打ち割った鏡の破片を墓の中に散布する副葬の仕方を指すものであり、「破砕鏡」とも呼ばれる（図10）。

破鏡や破砕副葬がどのように出現するのかについてはこれまでもいくつかの可能性が指摘されており、これについては後述する。また本来の完全な形で使用されたものを「完形鏡」と呼ぶが、弥生時代中期後半以前においては完形鏡としての利用が通例であったことから、破鏡や

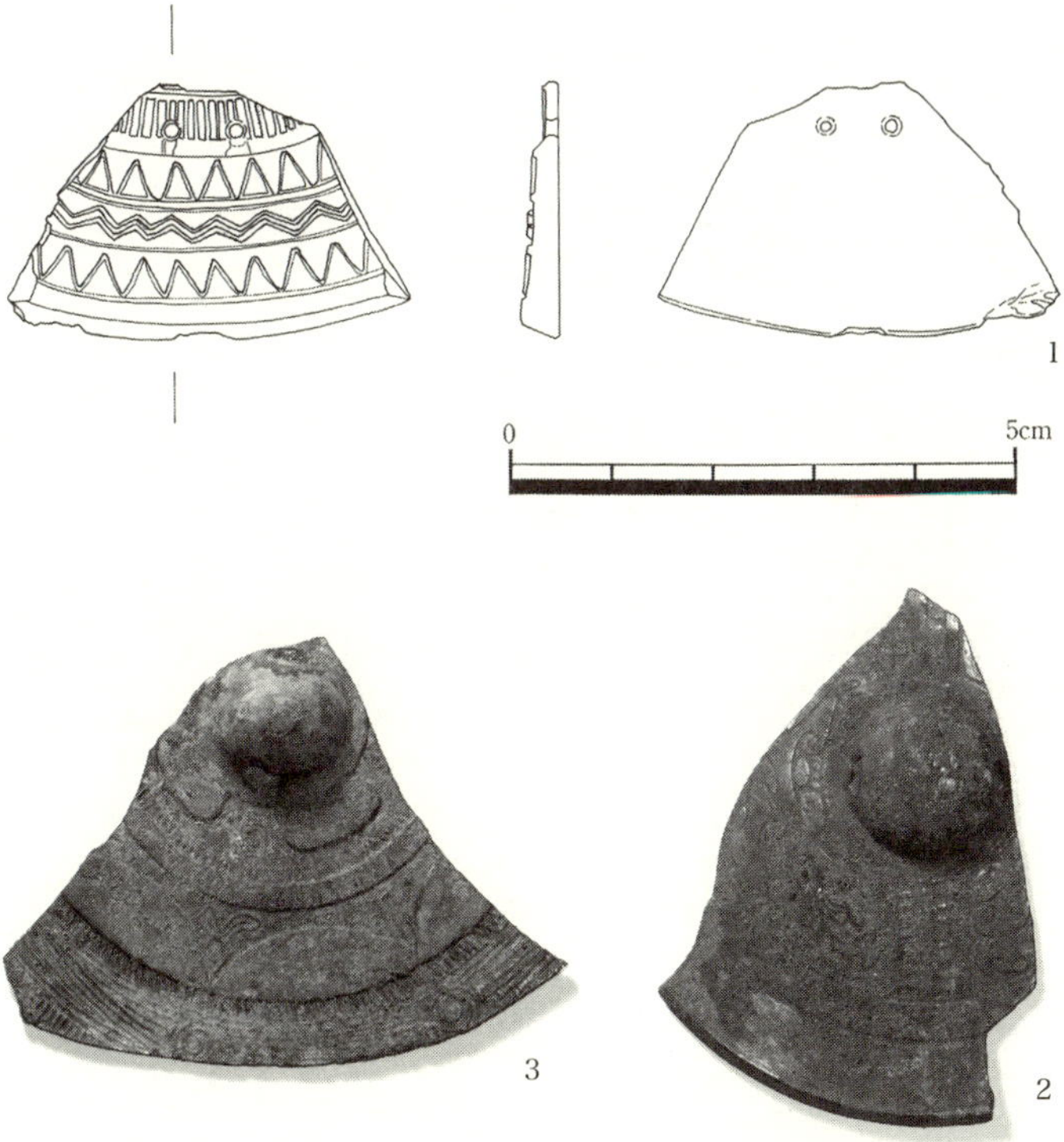

図9　破鏡の具体例（1：長崎県カラカミ遺跡、2：福岡県山鹿遺跡2号石棺、3：福岡県上所田遺跡石蓋土壙墓〔1：筆者実測・宮本一夫編2009『壱岐カラカミ遺跡II』九州大学大学院人文科学研究院考古学研究室、2・3：筆者撮影、いずれも九州大学大学院人文科学研究院考古学研究室蔵〕、縮尺不統一）

図10　井原ヤリミゾ遺跡6号木棺墓破砕副葬出土状況（前原市教育委員会2006『三雲・井原遺跡』）

破砕副葬は弥生時代後期中葉までのある段階で新たに出現したものとみられる。その後、破鏡や破砕副葬は弥生時代後期後半～終末期を通じて継続するが、それに対して、古墳時代になると完形鏡の副葬が一般化するという大きな変化が生じる。破砕副葬や破鏡も古墳時代前期に一部存在するが、古墳時代中期以降には殆どみられなくなることから、弥生時代の残存形態として古墳時代前期のうちに終了したものと考えられる。

このように、弥生時代後期から古墳時代にかけては、いわば「破鏡・破砕副葬から完形鏡へ」というように、出土する鏡式・鏡種や分布だけでなく、使用方法においても大きな変化が認められる。以下では、弥生時代後期前半から古墳時代初頭前後まで、時期を追って鏡の流通と使用のあり方について検討したい。

弥生時代後期前葉～中葉における後漢鏡の副葬事例

前章でみたように、紀元前一世紀後半の弥生時代中期後半に各種の前漢鏡が副葬された後、弥生時代後期になると、漢鏡の副葬事例が一時的にみられなくなることから、紀元前後から一世紀前半においては、前述のような大陸での混乱の影響を受けて流入・流通量が大幅に減少したものと考えられる。再び新たな中国鏡が副葬されるのは、弥生時代後期前半でも中頃に近い頃であり、出土する鏡式が漢鏡五期鏡を主体とすることから、紀元後一世紀後半～二世紀にかけての時期とみられる。中国鏡が出土したこの時期の代表的な遺跡として、佐賀県唐津市桜《さくら》馬場《のばば》遺跡、同神埼郡吉野《よしの》ヶ里《がり》町の三津《みつ》永田《ながた》遺跡・二塚山《ふたつかやま》遺跡、福岡県糸島市井原《いわら》鑓溝《やりみぞ》遺跡、同福岡市飯氏《いいじ》馬場《ばば》遺跡七号甕棺墓、同春日市立石遺跡などが挙げられる。

佐賀県桜馬場遺跡は、一九四四年に発見された甕棺墓地遺跡である。鏡や銅釧《どうくしろ》、巴《ともえ》形銅器などの副葬品が知られ、残された略測図や出土品をもとに甕棺の年代が想定されていたが（柳田一九八六、高橋徹一九九四）、二〇〇七年に再調査された結果、鏡が副葬されていた甕棺の実物が出土したことにより副葬時期の詳細が判明した。蒲原宏行や久住猛雄の検討の結果、後期前葉から中葉にかけての時期であり、従来想定されていた年代観と概ね一致することが確認されている（蒲原二〇〇九、久住二〇一五）。ここでは二面の方格規矩四神鏡と一面の四葉座内行花文鏡が出土しており、大型の後漢鏡を副葬する事例である（図11）。後の『魏志』倭人伝にいう「末盧国《まつらこく》」に連なる有力者の墓地と想定される。

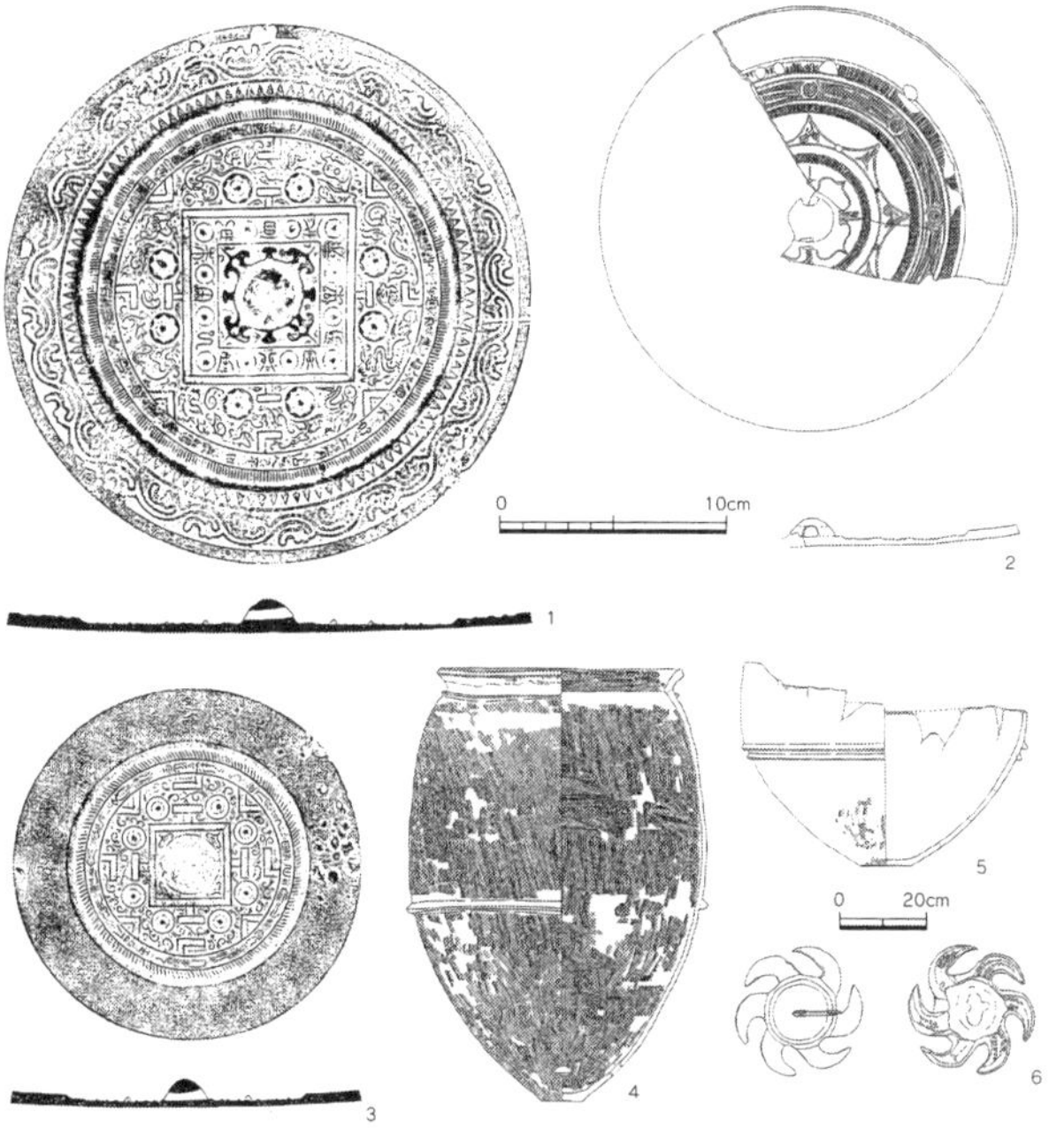

図11　佐賀県桜馬場遺跡出土鏡・甕棺（糸島市教育委員会2013『三雲・井原遺跡：総集編』所収の図を改変〔原図は唐津市教育委員会2011『桜馬場遺跡』〕）

北部九州における破砕副葬事例の出現

またこの時期に注目されるのは、前述の破砕副葬事例の出現である。佐賀県二塚山遺跡七六号甕棺墓では、異体字銘帯鏡を破砕した後、重ねて甕棺の目張り粘土の中に破片を封入していた。こうした事例などから、破砕副葬の初現地域が佐賀平野周辺である可能性が指摘されてきた（小山田一九九二、藤丸一九九三）。この破砕副葬は、後期後半以降には西日本から東海にかけての広い範囲で埋葬行為として行われるようになる。

ここで注目されるのが、糸島地域の井原鑓溝遺跡甕棺墓である。天明年間（一七八一～八八年）に出土したもので、前章でみた三雲南小路遺跡と同じく、青柳種信の『柳園古器略考』に出土した鏡の破片が記録されている。これまでの検討の結果、少なくとも二一面の方格規矩四神鏡（漢鏡四期）が副葬されたものとみられている（拓本からは一九面が復元されている〔江崎二〇一二〕）。共伴して出土したとされる巴形銅器などから、桜馬場遺跡とほぼ同時期の後期前半でも中頃に近い時期と考えられている（柳田一九八六、高橋徹一九九四）。中期後半の三雲南小路遺跡や、後述する平原《ひらばる》遺跡とともに、糸島地域における鏡の集中および多量副葬事例として知られる遺跡である。先に挙げた一〇七年の「倭国王帥升等」の倭国王に伊都国王を想定する見解があるが（西嶋一九九四・一九九九、柳田二〇〇二a）、井原鑓溝遺跡の甕棺墓は年代的にみてこの時期の伊都国王の墓地の最有力候補である。

ここで筆者が注目したいのは、井原鑓溝遺跡から出土した鏡が全て破片となっている点である。これは三雲南小路遺跡でも同様であり、土中に埋没していた環境下で割れた可能性も想定されるが、糸島地域では後期後半以降、木棺墓での破砕副葬が盛行し、また唐津平野などにも広がっていくことから、筆者はこの井原鑓溝遺跡の甕棺墓においても破砕副葬が行われていた可能性を想定する。その場合、佐賀平野に先行もしくはほぼ同時期に糸島地域で破砕副葬が行われたことも考えられる。いずれにしても、糸島地域は南に聳《そび》える脊振山麓《せふりさんろく》の三瀬峠を越えると佐賀平野につながっていることから、両地域の関係の中で北部九州において破砕副葬が広がったものとみられる。

福岡平野の漢鏡副葬事例と志賀島金印

福岡平野ではこの時期明瞭《めいりょう》な副葬事例が少なく、春日市立石遺跡の細線式獣帯鏡や、時期は少し降《くだ》るが同松添遺跡での方格規矩四神鏡・内行花文鏡の出土事例などが知られているが、いずれも出土状況が不明確である。他方でこの時期は、文献記録にも残る、五七年に「奴国」の王が後漢に遣使し、光武帝から印綬を賜与された頃に重なっている。この印綬は、前述のように福岡市志賀島から出土した「漢委奴国王」の金印（図12）である可能性が高いが（岡崎一九六八、高倉一九九五・二〇一八）、現状ではこのときに遣使を行った奴国王の墓は未発見であるものと考えられる。また志賀島の伝・金印出土地周辺では明確な遺構が見つかっておらず、志賀島に金印が残されていたことについては不明な点が多い。金印については漢代の駱駝《らくだ》形の鈕の上半分のデザインを改変して蛇鈕にしたとする指摘が行われている（大塚二〇〇八）。

ここで注目されるのは、中期後半では糸島地域が対外交渉の窓口としての比重が高かったとみられるのに対し、この五七年時点では奴国王が遣使の主体として史書に記録されている点である。実際には井原鑓溝遺跡で漢鏡の大量副葬の事例が存在するため、糸島地域（後の『魏志』倭人伝にいう「伊都国」）は、前一世紀頃と同様に対外交渉に大きな役割を果たしていたものとみられるが、両者の力関係のバランスが変わりつつあったことをうかがわせる。年代的にみて、この奴国王の五七年の遣使は、中国鏡の列島への流入再開の重要な契機の一つと想定されるこ

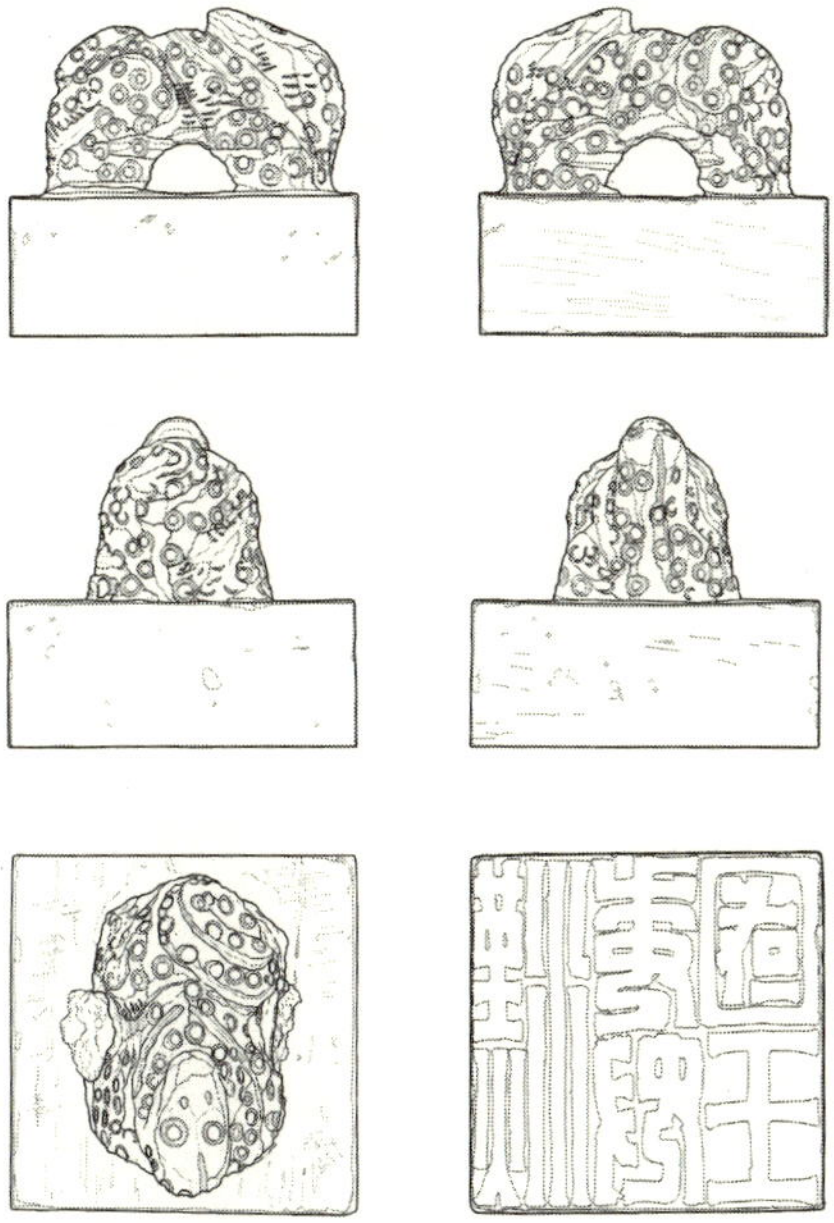

図12　福岡県志賀島出土「漢委奴国王」金印（ほぼ実大〔一辺約2.35cm〕、福岡市博物館編2015、原図は大塚2008）

とからも、光武帝から奴国王に対して金印が賜与されたことの意義は大きい。今後、この時期の王墓が発見されることにより、糸島地域や他地域との関係が具体的に明らかになることが期待される。

弥生時代後期の青銅器生産と弥生小形倭製鏡の出現

弥生時代後期になると、それ以前にも増して、福岡県春日市の須玖丘陵周辺での青銅器生産が活発化する。特に注目されるのは儀器として大型化した広形銅矛である。この広形銅矛は、須玖丘陵周辺を中心に生産され、対馬や四国西部まで広く流通している（下條一九八二）。各地域では埋納方法などが異なることから、儀器として各地域独自の裁量で使用されたものとみられる（武末一九八二、岩永一九九八）。この広形銅矛の分布域は福岡平野を中心として広範囲にわたるが、集団の祭祀に用いられる儀器である点で平等原理や集団の共同性を基本的な性格として持つ器物であり、政治的な統合などを意味するというよりは、共通の祭器を使用する地域がゆるやかに広がっていた、というのが実態に即している。この点は、近畿地域や東海地域を中心に盛行する大型の突線鈕式銅鐸についても同様である。

またこの弥生時代後期前半の時期に、前漢鏡の異体字銘帯鏡を模倣した鏡が出現する。これらは日本列島と朝鮮半島南部で出土しており、後漢王朝の周辺地域における模倣鏡と考えられている（高倉一九九〇）。初期の製品については分布の集中から製作地には大きく列島説と朝鮮半島南部説があるが、この鏡が出現した理由が列島への漢鏡流入の不足に求められることに加え、朝鮮半島南部の三韓地域では銅鏡の文化がその前後の時期も含めて在地的に根付くことがなかったとみられる点からも、北部九州で製作が開始された可能性が高く、その後継続的に生産されたものと考えられている（田尻二〇一二）。

この弥生時代小形倭製鏡（以下、弥生小形倭製鏡）は、石製鋳型で製作されており、面径七～一〇センチ前後の小型鏡である。文様もフリーハンドで描かれたものが殆どであり、漢鏡や古墳時代の倭製鏡の製作技術とは大きく異なっている（図13）。また全体で大きく三段階前後に編年されており、同じ鋳型を用いて複製した同一文様鏡（いわゆる同笵鏡）が多数存在している（高倉一九九〇、田尻二〇一二）。

これらの弥生小形倭製鏡は、須玖丘陵以外でも鋳型が出土していることから、当初は分散的な生産が行われていたとみられる。分布は北部九州を中心としており、一部は朝鮮半島南部の慶尚北道漁隠洞遺跡などで集中して出土している。朝鮮半島南部では慶尚南道の金海・釜山地域を中心に倭系遺物の出土が多いことから（井上主二〇一四）、弥生小形倭製鏡についても北部九州から持ち込まれた可能性が高い（田尻二〇一二）。またこれとは別に放射状線文をもつ鏡が少数ながら朝鮮半島で出土しており、これについては朝鮮半島製の可能性が指摘されている（南二〇一九）。

その後、弥生時代後期後半～終末期においては、須玖丘陵周辺での生産が行われるとともに、近畿地域でも土製鋳型により別途生産が行われるようになり、各種の中国鏡とは別に各地に流通した（田尻二〇一二）。これらは弥生時代終末期段階までには生産・流通が終了し、古墳時代の倭製鏡とは技術的に連続しない点が特徴である。

弥生小形倭製鏡は、漢鏡と同じように墓に副葬されるものもみられるが、集落の溝や住居などに廃棄される事例が多く、次に述べる破鏡に近い扱いを受けている場合が多かったようである。

図13　弥生時代小形倭製鏡の具体例（福岡市埋蔵文化財センター所蔵）

四　弥生時代後期後半：破鏡・破砕副葬の展開

破鏡はどのようにして出現したか

弥生時代後期後半は紀元後二世紀代を中心とするが、この時期には、中国鏡については完形鏡の副葬事例が減少し、多くは先に挙げた「破鏡」の形で出土するようになる（図9）。この時期は岡村編年の漢鏡六期～七期第一段階の鏡が製作された時期であるが、この時期の遺跡から出土する完形鏡の面数が少ないことから、再び流入量が減少したものと想定される。筆者は、弥生時代後期における列島の鏡文化を考える上では、この時期に特徴的にみられる「破鏡」をどのように理解するかが非常に重要な位置を占めると考えている。

この「破鏡」がいつ頃、どのようにして出現したのかについては不明な点が多い。鏡種として古いものは、前章で挙げた多鈕細文《たちゅうさいもん》鏡の事例が知られるものの、全体的にみれば後漢鏡片を加工したものが最も多い。古墳時代以降、あるいは魏晋鏡の流入以降は完形鏡副葬の事例が基本となるため、破鏡としての利用は弥生時代に流入した後漢鏡が主体であったといえる。

この破鏡の出現については、大きく次の三つの可能性が想定されている。すなわち、①漢鏡の分割、②破砕副葬時の破片の抜き取り、③鏡片の状態での舶載、である。

①の漢鏡の分割は、弥生時代後期における漢鏡の不足を補うために福岡平野周辺で漢鏡を分割し、それらが周辺地域に拡散したとする理解である（高倉一九七六）。これは前述の弥生小形倭製鏡についても同様の論理での説明がなされている。

②は、これまで知られている北部九州の破砕副葬の事例において、破片を接合しても完全な形に復元できず、欠損箇所が生じる場合が多いことから、破砕副葬の際に一部の破片が抜き取られ、それが破鏡として加工されたとするものである（藤丸一九九三）。

③は、列島内で完形鏡が分割されたのではなく、もとから破片の状態で列島に流入したものを加工した、とする説である（森貞一九八五、高橋徹一九九二）。

この三つの可能性を仮説として検証するための条件としては、完形鏡を分割したことの証拠という点が挙げられる。実際には、これまで発見されている破鏡の事例では、破鏡同士で、あるいは破砕副葬事例との間で同一個体として復元可能なものが殆ど知られていない。このため筆者は、いずれの可能性も存在するが、③の破片の形で列島にもたらされたものの比重が大きかったものと考えている（辻田二〇〇七）。

破鏡の形状はさまざまであるが、破片となった部位が周辺の外区片であるのか、内区片であるのか、といった違いによるものとみられる。その中でも、扇形あるいは半円形を呈するものが多いため、この二つの形態がある程度志向された可能性が高い。これらは穿孔が施されたり、破断面が研磨されたりした上で、長期にわたり使用された。赤色顔料（ベンガラ）が塗布されたものも多く、護符などとしての用途も想定される。

破鏡・破砕副葬出現の背景

こうした破鏡や破砕副葬がなぜ行われるようになったのかについても説明が難しい点が多い。例えば、神仙思想を描いた画文帯神獣鏡や三角縁神獣鏡においては破砕副葬事例が少ないことから、弥生時代終末期から古墳時代にかけて神仙思想の理解や浸透が進むと破砕副葬が行われなくなるという可能性が指摘されている（小山田一九九二）。ただ、弥生時代終末期に出土する画文帯神獣鏡の中にも破砕副葬した事例や破鏡の事例が一定数存在しており（例：兵庫県綾部《あやべ》山《やま》三九号墓・徳島県萩原《はぎわら》一号墓・奈良県ホケノ山古墳など）、また同じ神仙思想の主題を描いた画象鏡を破砕副葬する事例や破鏡の事例も存在することから、文様の理解の浸透度合いというだけでは説明が難しい。なお三角縁神獣鏡については一点だけ例外的に確実な破鏡の事例が知られている（福岡県老司《ろうじ》古墳出土：辻田二〇〇五）。古墳時代の鏡は三角縁神獣鏡に限らず基本的に完形鏡として使用されていることから、三角縁神獣鏡が「割らない鏡」であったというよりは、古墳時代になると鏡を割らなくなったものと考えられる。

この時期の漢鏡の流入は、奴国王や倭国王帥升等の遣使にみられるように、列島側から使いが送られて、鏡をもらい受けて持ち帰るという形態が一般的であったものと考えられる。この場合、③のように破片として列島にもたらされるという形で破鏡が出現した理由は、後漢王朝や楽浪郡などの供給側の事情により、完形鏡の入手が困難となり、鏡片しか入手できないような状況が出現したことが想定される。あるいは鏡片であってもそれを希求するという列島側の事情も大きかったのであろう。またこうした漢鏡の破片の加工と利用は朝鮮半島などでもみられ（円形に加工する事例が知られる）、東アジアの周辺地域における様相と考えることができる（森下二〇一六）。

そのように完形鏡が少なかった時期に、一方でその貴重な完形鏡を破砕副葬するというのは一見矛盾しているようにも思われるが、実際に弥生時代終末期には破砕副葬が広い範囲で一般的となっていることからすると、弥生時代後期後半以降、列島の広い範囲で「鏡を副葬する時には破砕するもの」とする思想や埋葬方法が拡散・共有されたことによるものと考えられる。この時期には、副葬する鉄器を折り曲げたり、墓地に供献する土器を破砕する儀礼などが広くみられることから、そうした同時期の破砕的行為全般との関連も想定される。このような点で、長期的に考えると、弥生時代後期後半〜終末期における破鏡と破砕副葬については、いずれもこの時期における大陸側・列島側の双方の事情に起因した一時的な現象といった理解が可能であろう。

漢鏡の流通と消費のあり方

弥生時代後期後半～終末期は、瀬戸内以東まで漢鏡の分布が大きく拡大する時期である。この時期の破鏡について、北部九州での分布を示したものが図14である（辻田二〇〇七）。破鏡は九州から東日本まで広く分布しているが、北部九州での出土が最も多く、東に行くほど少なくなることから、北部九州を起点として東方に拡散した可能性が高い。

完形後漢鏡は一部を除いて基本的に墓地での副葬事例に限定され、多くは破砕副葬である。中期後半と同様、面径には大小がある。破鏡や小形倭製鏡は墓での副葬事例も存在するが、大半は集落の溝や住居への廃棄例、あるいは包含層での出土例であることから、さまざまな形で儀礼的に廃棄されたものとみられる。その意味では、完形後漢鏡（大型・中型・小型）＞破鏡・小形倭製鏡の両者という序列化が顕著である（武末一九九〇）。

破鏡の出土状況については、例えば北部九州の中でも北九州市域周辺では墓への副葬が顕著であるのに対し、大分県大野川上流域の内陸山間部などでは住居への廃棄事例が主体であるなど、地域的な差異が明瞭である。瀬戸内以東では、副葬事例と集落での廃棄事例が相半ばしており、破鏡に対する多様な意味づけが想定される。弥生時代後期においては、このように北部九州も含めて各地における鏡の受容の仕方に差がある点が特徴である（平尾二〇〇七）。

またこの時期には完形鏡の破砕副葬事例の分布が拡大しており、東海地域などでも出土している（森岡一九九三、二〇〇六）。東部瀬戸内から中部地方までの分布をみたものが図15である（戸塚二〇一三）。これらの破砕副葬事例は、方格規矩四神鏡や四葉座内行花文鏡といった鏡式

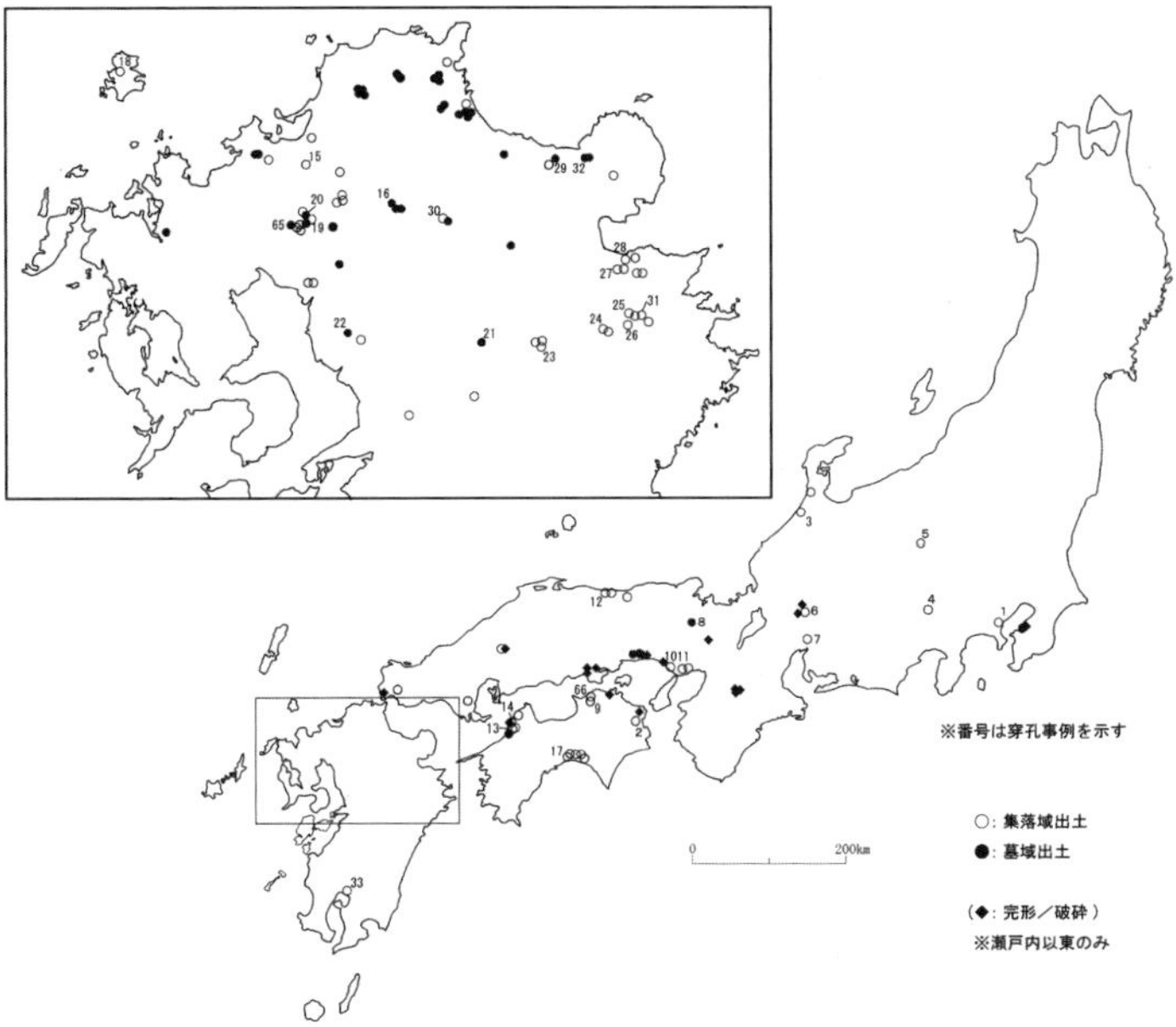

図14　弥生時代後期～終末期の破鏡の分布（辻田2007）

の他、終末期になると画文帯神獣鏡などについてもみられるようになる（例：徳島県萩原一号墓、兵庫県綾部山三九号墓）。実際の遺跡出土数やそこでの扱われ方という点では、画文帯神獣鏡の破砕副葬事例もこの時期に流入した他の鏡式と殆ど違いがない。このように出土数としては少ないものの、完形中国鏡（破砕副葬）の分布の東方への拡大という点が、弥生時代後期後半～終末期の特徴といえる。

五　弥生時代終末期前後の中国鏡の流入と流通：「水先案内モデル」の提唱

先にみたように、弥生時代後期～終末期と古墳時代の間では出土する鏡の種類や使用方法、また分布の傾向が大きく異なっていることから、この古墳時代初頭前後の時期に何かしらの変化が生じていたことが想定される。この問題を考えるために、ここではまず弥生時代後期後半～終末期にどのように鏡が日本列島に流入し、また流通していたのかについて考えてみたい。

従来の考え方とその背景

先にも述べたように、瀬戸内以東への漢鏡の流入については、小林行雄の伝世鏡論により、弥生時代における列島への流入と各地での在地的な伝世が想定され、それが古墳時代における近畿地域の中心化の前提と考えられてきた。ここで鏡の問題を検討する前に、他の器物や文化要素がそうした脈絡で理解できるのかどうかについて考えてみたい。

弥生時代後期に関しては、船載文物の瀬戸内以東への流入が全般的に少ないことが知られている（寺沢薫一九八五）。かつては弥生時代後期に近畿地域が鉄器の生産・流通の主導権を掌握したことが大型前方後円墳出現の基礎となったものと想定されていたが、鉄器研究の進展により、実際には弥生時代後期～古墳時代初頭前後においては鉄器の生産・流通の先進地域は北部九州であり、近畿地域を中心とした流通が行われるようになるのは古墳時代前期以降であるこ

図15　近畿周辺における漢鏡の分布（上：弥生時代後期後半、下：弥生時代終末期～古墳時代初頭〔いずれも戸塚2013を改変〕）

とがわかってきた（村上一九九八・二〇〇七、野島二〇〇九）。このように、鏡の問題を別にして考えた場合も、近畿地域の弥生時代後期以来の発展の所産や連続性という観点のみからでは近畿地域の中心化の説明は困難であり、そうした点との整合性も問われているのである。

また一方で注目されるのは弥生時代後期後半以降の日本海沿岸地域あるいは北近畿周辺における舶載の鉄製刀剣類の多さである。これらは大陸・楽浪郡などから直接もたらされたものか、北部九州などを経由してのものかといった点が問題であるが、こうした日本海沿岸地域で舶載の鉄製刀剣類が副葬される墳丘墓などでは鏡が出土しないという特徴がある。つまり、鉄製刀剣類と鏡がセットで大陸からもたらされたという形では説明できないのである。山陰地域では弥生時代後期〜終末期における鏡の出土が少なく、中国鏡のまとまった形での流入は古墳時代以降と考えられる（辻田二〇〇七、岩本二〇一四b）。

またこの時期には舶載のガラス製小玉（ビーズ）や石製の管玉などの玉類が楽浪郡などを窓口として列島に流入しているが、列島側では北部九州を窓口としながら各地に広く流通していることが指摘されている（谷澤二〇一四・二〇一五・二〇一九）。

以上のような点からみて、弥生時代後期〜終末期においては、鏡に限らず、どこかの地域が舶載文物を独占的に入手してそこから各地に政治的に分配された、といった理解が難しいことがわかる。これは、たとえていうなら古墳時代において想定されてきたような、近畿地域からの政治的な「配布」という図式を弥生時代以前に遡《さかのぼ》らせる考え方であるが（筆者はこれを「遡《そ》上《じょう》の論理」と呼んでいる）、そうした立場を採らない場合、では弥生時代後期後半〜終末期の鏡の流通形態をどのように考えるのか、また古墳時代の開始過程および近畿地域の中心化をどのように説明するのか、という点が問題となる。以下、この点について考えてみたい。

鏡の流通時期やその背景をどう考えるか

鏡から古墳時代開始期の中国鏡の流通とその変遷を考える上で問題になっているのは、先にも述べたように、文様から推定される製作年代と、最終的な副葬・廃棄年代との間に開きがあることをどのように説明するかという点である。これはこの両者の年代に開きがない場合、すなわち製作年代から廃棄年代までの間に時期差を長く見積もる必要がない場合、例えば日常的に使用される土器などについてはあまり問題とならないが、ここで扱っているような、弥生時代後期後半以降の中国からの舶載鏡のような器物の場合は、①鏡の製作年代、②列島への流入年代、③列島での流通年代、④副葬／廃棄の年代という四つの年代を分けて考える必要がある。

この問題が最も如実に表れているのが前期古墳から出土する内行花文鏡や方格規矩四神鏡といった各種の後漢鏡の鏡式の流入年代である。これらについて、上記の四つの年代を区別しない場合、①の文様から推定される製作年代のみを指標とすると、②③も①の製作年代とほぼイコールとして説明されることがある。これが伝世鏡論の論理である。しかし実際には、①②③④の年代の間に時間差が存在する場合が多い点に留意が必要である。

またあわせて、例えば「弥生時代終末期以前」と「古墳時代前期」との間では、鏡の流通の仕方が異なっていた可能性なども存在する（さらにこの時期の鏡については、「破鏡から完形鏡へ」といった問題も関わってくる）。具体的には、前者が北部九州を結節点とした流入・流通、後者が近畿地域を中心とした流入・流通といった可能性である。伝世鏡論の論理ではそうした一連の可能性が想定されていないため、古墳時代開始前後における鏡の流通の問題を考える上では、この①②③④の年代の区別と、例えば時期によって流通のメカニズムが異なっていた可能性の考慮という両者が欠かせないのである。

この点で注目されるのは、前期古墳から出土する破鏡の事例である。これらは北部九州から瀬戸内地域周辺での出土が多く、分布域が弥生時代後期のものと概ね重なっている。この点からすれば、古墳時代前期の破鏡出土事例については、弥生時代後期までに各地に流通していたものが、それぞれの地域で古墳時代前期に至るまで「伝世」され、最終的に廃棄されたものである可能性が高い（辻田二〇〇五・二〇〇七）。その点で、弥生時代から古墳時代にかけて各地で「伝世」された鏡の最有力候補として想定されるのは、これらの破鏡であるものと考えられる。

弥生時代終末期前後の画文帯神獣鏡の破砕副葬と破鏡

この問題に関連して議論の焦点となっているのが画文帯神獣鏡である。この時期に新たに出現する鏡式であるが、従来の通説的な理解では、古墳時代の三角縁神獣鏡に先行して、この時期に画文帯神獣鏡が近畿地域から「配布」され、それが古墳時代の鏡の「配布」に連続すると考えられてきた（岡村一九九〇・一九九九、福永一九九八b）。近畿地域が弥生時代終末期以前から中心化していたとする仮説において論拠の一つとして挙げられてきたものであるが、これらの画文帯神獣鏡の大半は前期古墳から出土するものであることから、弥生時代終末期段階においてすでに流入し、各地に配布されていたと考えることができるかどうかによって、近畿地域の中心性が発現した時期やその要因についての評価が変わってくる。前述のように、鉄器類や玉類において、弥生時代終末期以前には近畿地域の中心性はみられないとする近年の見解をふまえるならば、画文帯神獣鏡の解釈のみがやや突出している状況ともいえる。

この点で注目されるのは、弥生時代終末期～古墳時代初頭前後に近畿周辺で副葬された画文帯神獣鏡の事例である。具体的には、先にも挙げた徳島県萩原一号墓出土画文帯同向式神獣鏡、兵庫県綾部山三九号墓出土環状乳神獣鏡、そして奈良県ホケノ山古墳出土画文帯同向式神獣鏡と画文帯求心式四神四獣鏡である（図16）。またこの他に、九州では弥生時代終末期から古墳時代初頭前後に画文帯神獣鏡が出土しており、いずれも破鏡であるという特徴がある（例：福岡県外之隈《そとのくま》遺跡出土鏡、熊本県狩尾湯ノ口遺跡出土鏡など）。

これらのうち、近畿周辺の事例において共通するのは、古墳時代に典型的な竪穴《たてあな》式石槨《せっかく》でなく、それに先行するとみられる石囲い木槨と呼ばれる埋葬施設を採用していること、三角縁神獣鏡が含まれないこと、そしていずれも破砕副葬が行われているという点である（ホケノ山古墳の棺内出土事例は完形鏡副葬の可能性が高い）。

筆者は、弥生時代終末期に出土する画文帯神獣鏡では破鏡や破砕副葬の事例が多いのに対し、古墳時代になると完形鏡副葬が主体であること、また弥生時代における画文帯神獣鏡の副葬事例が非常に限定されていることなどから、前期古墳出土の画文帯神獣鏡の大半は、古墳時代初頭以降に近畿地域に流入したものと考えている（辻田二〇〇一・二〇〇七）。この問題を考える上で特に注目されるのは、ホケノ山古墳で破砕副葬された画文帯求心式四神四獣鏡である（図16）。上野祥史は、この鏡の簡略化された文様の特徴（3の半円上にみられる「*」状の文様）から、製作年代がもう一面の画文帯同向式神獣鏡などよりも新しく、また西晋代の神獣鏡よりも古いことを突き止め、製作年代を西暦二三〇年代から二五〇年代と絞り込んだ。この結果、少なくともホケノ山古墳の画文帯求心式四神四獣鏡の流入時期は三世紀第1四半期以前（弥生時代終末期の古相以前）には遡らないことが判明した（上野二〇〇八）。すなわち、弥生時代終末期前後までに流入したものは破砕副葬されたことを示しており、前期古墳出土の画文帯神獣鏡の多くは、文様構成が古いものでも破砕副葬されないことからすれば、後者についてはむしろ流入自体が古墳時代以降である可能性を示しているといえよう。

またこれらの弥生時代終末期の画文帯神獣鏡には、船載の玉類が共伴しないことが指摘されており（谷澤二〇一五）、その点も同様に、この時期に画文帯神獣鏡を含めた船載品の入手や流通の窓口が、ある特定の地域によって独占的に差配されていたとする説明が困難であることを傍証している。

以上から、画文帯神獣鏡については、少数の完形鏡が弥生時代終末段階に列島に流入して破砕副葬されているが、大半は古墳時代初頭以降に流入し、近畿地域を中心として流通したものと想定される。そしてこれは他の鏡式とほぼ同じ動向と考えられるのである。

図16　奈良県ホケノ山古墳出土鏡（1：画文帯同向式神獣鏡〔19.1cm〕、2・3：画文帯求心式四神四獣鏡、4〜10：四葉座内行花文鏡〔26.3cm〕〔奈良県立橿原考古学研究所編2008『ホケノ山古墳の研究』、奈良県立橿原考古学研究所蔵・提供〕、1とそれ以外の縮尺不統一）

なお上述の萩原一号墓出土の画文帯同向式神獣鏡は、伝・大同江面（楽浪郡域）出土鏡（慶応大学所蔵）と同一文様鏡（同型鏡）であることが指摘されている（西川寿一九九六）。弥生時代終末期における楽浪郡（あるいは帯方郡）からの画文帯神獣鏡の流入を示す資料である。

結節点としての北部九州と「水先案内モデル」

では実際のところ、この時期の鏡の流入・流通はどのように説明できるだろうか。筆者は、実態としての弥生時代後期〜終末期における遺跡での鏡の出土事例が、完形鏡（破砕副葬）と破鏡のいずれも北部九州が最も多く、東に行くほど少なくなるといった傾向を示している点から、弥生時代の鏡の流通は北部九州を起点とした東方への流通が基本であった可能性が高いものと考えている。具体的には、朝鮮半島の楽浪郡・帯方郡などで入手された鏡が、北部九州地域を結節点として各地へ拡散したものと考える。

この場合に、特に問題となる瀬戸内以東への拡散については、大きく以下の二つの可能性を想定する。一つは、瀬戸内以東の各地から人が集まり北部九州の諸集団から鏡を入手する場合であり（図17上）、もう一つは、瀬戸内以東の各地から派遣された人々が、北部九州の海人集団などを水先案内人として楽浪郡・帯方郡などに赴き鏡を入手した後、地元に鏡を持ち帰る場合である（図17下）。筆者はこれを「水先案内モデル」と呼称している（辻田二〇一四a）。近年弥生時代〜古墳時代にかけての海洋民の交易や広域交流という視点が注目されているが（武末二〇〇九、西川修二〇一八、石村二〇一七）、後漢鏡の流入・流通はこうした海洋民の動向とも関わる可能性があろう。また瀬戸内海沿岸地域と比べた場合の山陰・北陸での鏡の分布の少なさからみて、弥生時代後期後半〜終末期の完形鏡の多くは、日本海沿岸ルートではなく、瀬戸内海沿岸ルートで東伝したものとみられる。またこの時期の瀬戸内以東で完形鏡が破砕副葬される場合が多いのは、上記のような形で北部九州経由で拡散したことに理由が求められる。

完形後漢鏡については、こうした北部九州を結節点とする形での列島への流入、列島内での流通が基本であったものと考える。また破鏡についても列島への流入形態は基本的に同様と考えるが、列島内での各地への流通については、北部九州からの地理勾配《こうばい》がより明確であることから、隣り合った地域同士の間での交換などを通じて、北部九州から瀬戸内以東へとさらに広い範囲で拡散したものと考えることができる。

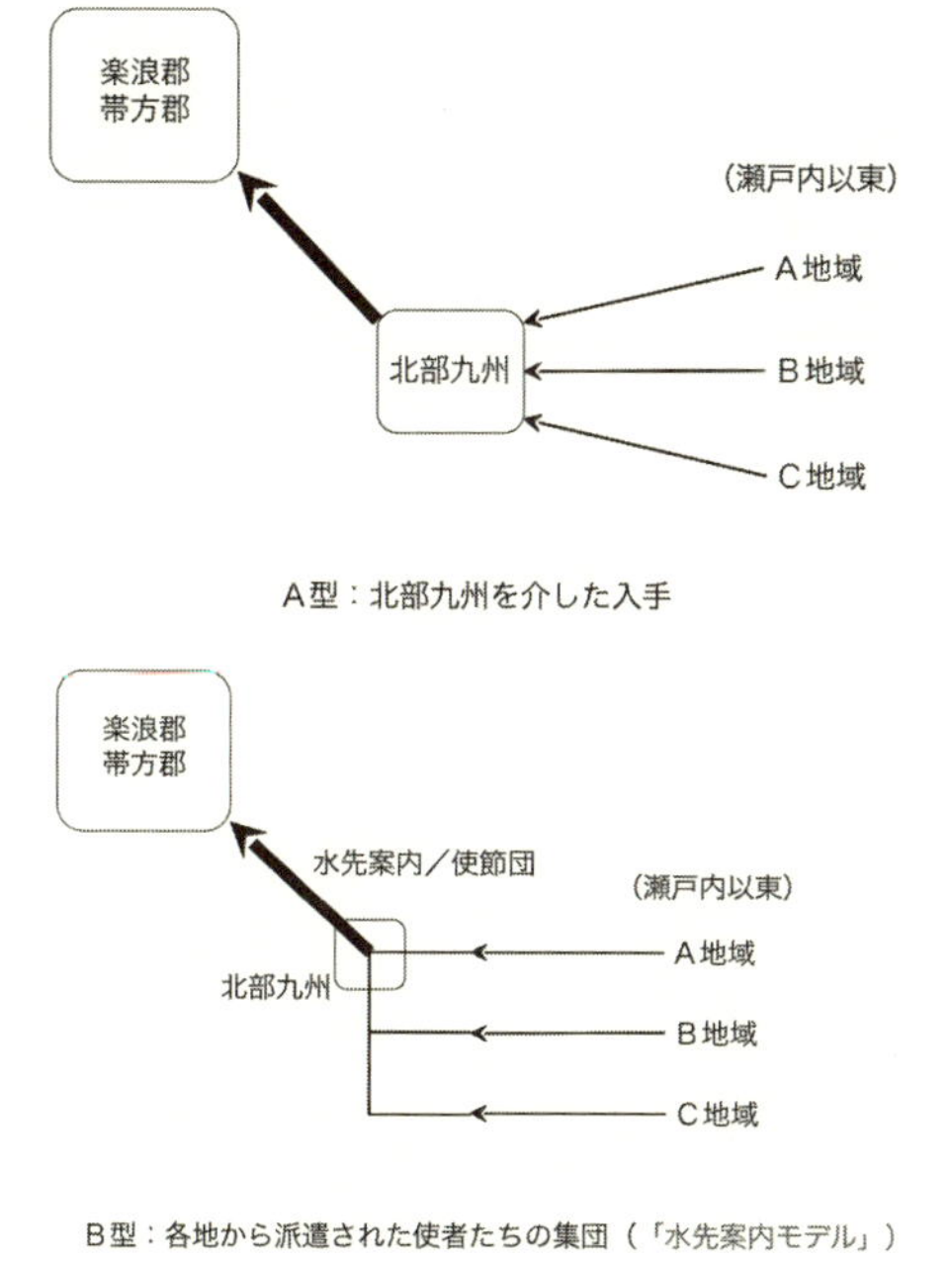

図17　北部九州を結節点とした鏡流入形態の模式図（筆者作成）

粗製鏡群の流通

こうした完形後漢鏡の瀬戸内以東への拡散が、北部九州を結節点として広く共通した動きとしてみられることを示す具体的な資料として、筆者が「粗製鏡群」と呼ぶ中国鏡の分布がある。ここでいう「粗製鏡群」とは、完形後漢鏡の中でも特に文様が不鮮明である一群である（図18）。これらについては、文様の不鮮明さを伝世鏡論で想定されたような「摩滅」とする考え方もあるが、表面の微細観察の結果により、実際には鋳造直後の「鋳肌」を残しており、いわば鋳造欠陥にもとづくものであることが明らかとされてきている（柳田二〇〇二b、清水克他二〇〇二、南二〇一九）。

具体例として、佐賀県中原遺跡出土鏡（方格規矩四神鏡）、福岡県井原ヤリミゾ遺跡出土鏡（方格規矩四神鏡）、同徳永川ノ上遺跡出土鏡（盤龍鏡）、山口県国森古墳出土鏡（異体字銘帯鏡）、岡山県矢藤治山《やとうじやま》墳丘墓出土鏡（内行花文鏡）、香川県鶴尾神社四号墳出土鏡（方格規矩四神鏡）、滋賀県小松古墳出土鏡（内行花文鏡）などが挙げられる。鏡式が限定されず、また弥生時代終末期〜古墳時代初頭前後に集中している（破砕副葬の事例が大半である）ことから、この時期に楽浪郡・帯方郡を経由して列島にもたらされたものが北部九州を起点として西日本各地にまで広く流通したことを示している。

図18　粗製鏡群の具体例（1：福岡県井原ヤリミゾ遺跡6号木棺墓・方格規矩四神鏡〔18.6cm〕、2：佐賀県中原遺跡ST13415・方格規矩四神鏡〔17.7cm〕〔1：伊都国歴史博物館蔵、2：佐賀県蔵、1は写真提供：伊都国歴史博物館、2は筆者撮影〕）

六　弥生時代後期後半〜終末期における地域間関係の具体像

広域的地域間交流の実態

以上のように、弥生時代後期〜終末期において は、画文帯神獣鏡なども含めて、特定地域が政治的中核となってそこから後漢鏡が政治的に贈与されたような動きを読み取ることは資料状況からみて困難であり、楽浪郡・帯方郡から北部九州、瀬戸内以東といった地域同士の広域交流が基層であったものと考えることができる。瀬戸内以東の弥生時代後期〜終末期において漢鏡の流入が顕著でなく、基本的に古墳時代初頭以降（もしくは「弥生時代終末期でも後半以降」）であるという見方については、近年多くの研究者によって同様の理解が提示されている（例：下垣二〇一三b、岩本二〇一四b、上野二〇一五a・二〇一八など）。こうした見方は、鉄器類や玉類といった他の器物の流通において、北部九州から瀬戸内以東へという流通状況が認められつつも、特定の中核地域が存在しないという理解とも親和的である。

また北部九州を結節点とした広域的な地域間交流のあり方という点では、朝鮮半島系土器の出土から想定される人の動きとも重なっている（久住二〇〇七、寺井二〇〇七：図19上）。そうした成果では、弥生時代終末期前半段階までは朝鮮半島から長崎県の壱岐および福岡県の糸島地域をつなぐ交流ルート（「原の辻《つじ》＝三雲」交易）が主体であり、そこから瀬戸内海沿岸ルートおよび日本海沿岸ルートで地域間の相互交流が広がっている（図19上）。先に文献史料の記録として検討した中国遼東地域の公孫氏政権と列島諸地域との関係や、「是後倭韓遂属帯方」「今使訳通所三十国」などの実態は、ここでみたように、列島の複数地域が、北部九州を結節点としながら楽浪郡・帯方郡や朝鮮半島南部地域と交流を持つようなあり方を背景としたものと考えるのが妥当であろう。その後、弥生時代終末期後半から古墳時代前期前葉にかけて、北部九州の交流窓口は博多湾となり、瀬戸内以東・日本海沿岸地域との交流がさらに活発化したものと想定されている（図19下）。

平原遺跡出土鏡群の位置づけ

ここまで、弥生時代後期後半～終末期における鏡の流通について、北部九州を「窓口」ないし「結節点」として考えてきた。その場合、北部九州の地域集団や上位層が、広域的な地域間関係の中でどのような位置を占めるのかという点が大きな問題となる。すなわち、北部九州地

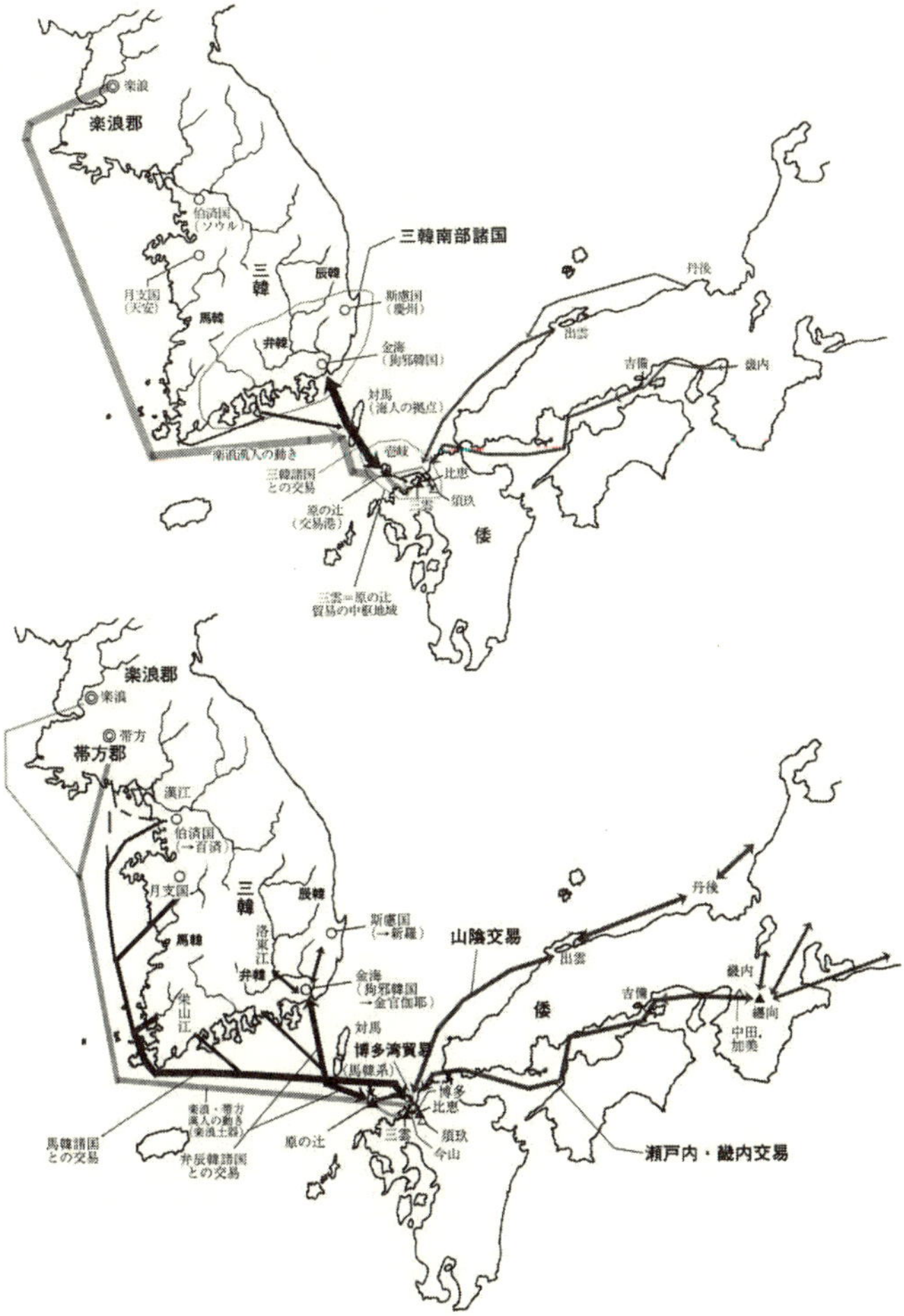

図19　「三雲－原の辻貿易」から「博多湾貿易」への移行（久住2007）
上：弥生時代後期～終末期古相（久住ⅠA期まで）
下：弥生時代終末期新相～古墳時代前期前葉（久住ⅠB～ⅡA期）

域が、あるいは北部九州の中の特定の地域集団が、他の地域集団に対してより優位な立場に立ってこうした鏡の流通を差配したのかどうか、といった問題である。

　この点を考える上で重要なのが、福岡県糸島市の平原遺跡一号墓である。平原一号墓では、一辺一四×一二メートルの方形周溝墓から、弥生時代の一つの遺構では最多となる四〇面の鏡が破砕副葬された状態で出土している（図20）。一号墓自体の築造年代あるいは鏡の副葬年代は、出土した鉄鏃《てつぞく》や土器の年代観からも弥生時代後期後半〜終末期にかけてと想定されている（柳田二〇〇〇、久住二〇一五）。いわば、二世紀末〜三世紀初頭前後において、列島の中で最も傑出した鏡の副葬事例である。平原一号墓の被葬者は、先に挙げたような広域的な地域間関係の中で、どのような存在として位置づけられるだろうか。

　出土した鏡は面径四六・五センチで同型の内行花文鏡五面（図21）、大型の内行花文鏡二面、方格規矩四神鏡三二面、虺龍文鏡《きりゅうもん》一面である。この中には、極大の内行花文鏡も含め、多数の同一文様鏡（同型鏡）が含まれており、大量生産された鏡の一部がまとまった形で副葬されている。

　これらは基本的に全て漢鏡であるが、特に方格規矩四神鏡については上記の「漢鏡五期鏡」と捉え、遺跡の年代も一世紀代と捉える見解（岡村一九九九）と、同型技法や文様の簡略化などから製作年代自体が二世紀代以降に下降するという見解（柳田二〇〇〇）の両者がある。また面径四六・五センチの内行花文鏡五面についても列島での製作を想定する見解（岡村一九九九、柳田二〇〇〇）と、鈕孔などの製作技術から舶載鏡である可能性を想定する見解（清水康二

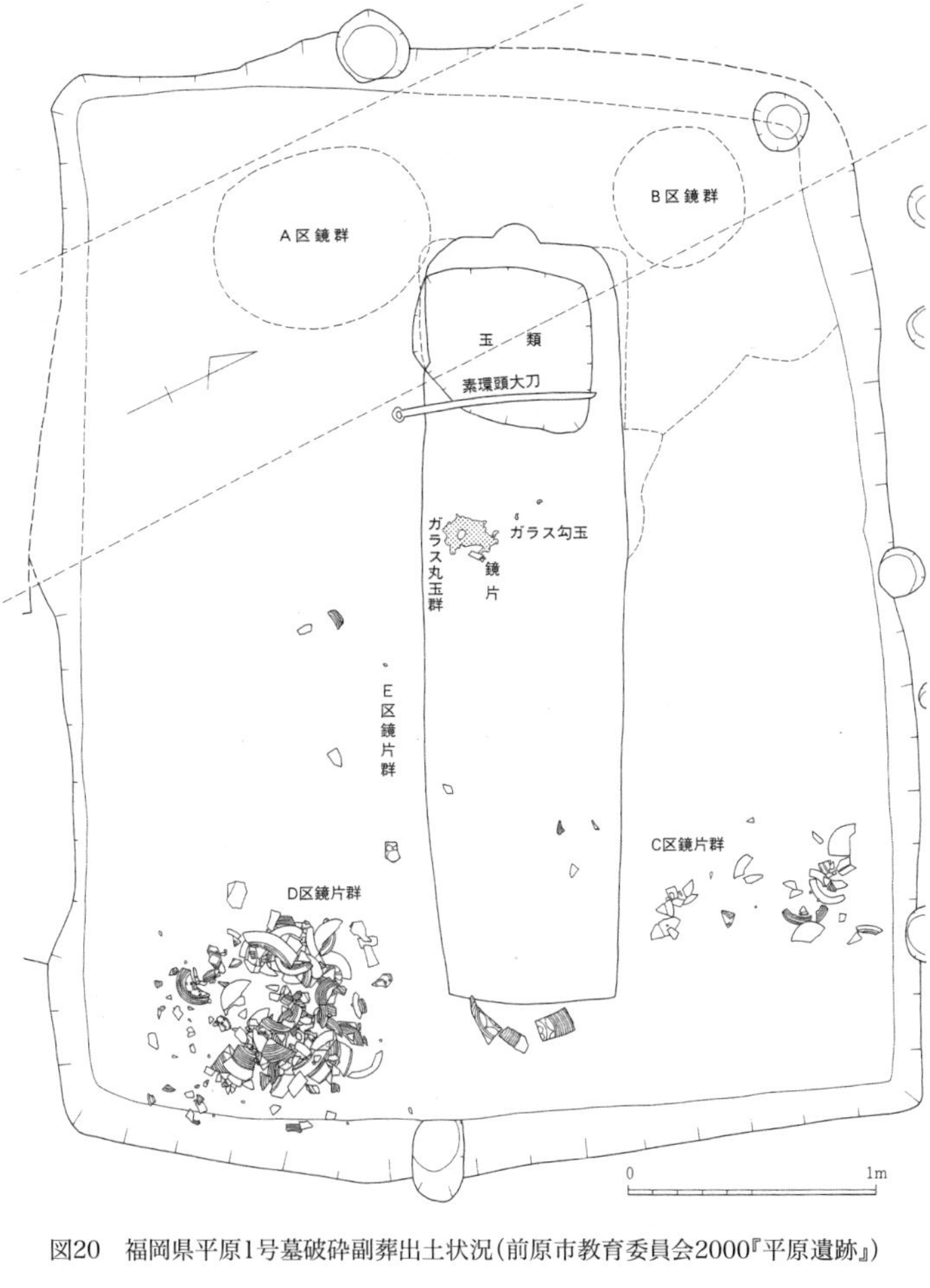

図20　福岡県平原1号墓破砕副葬出土状況（前原市教育委員会2000『平原遺跡』）

図21　福岡県平原1号墓・八葉座内行花文鏡（10号鏡・46.5cm〔前原市教育委員会2000『平原遺跡』〕、国〔文化庁〕保管、写真提供：伊都国歴史博物館）

〇〇〇、南二〇一九）の両者がある。筆者はそれぞれの後者の立場、すなわち基本的に四〇面全てが舶載鏡であり、方格規矩四神鏡の製作年代も同型技法や文様の簡略化といった点から、二世紀代でも新しい時期に製作されたものと考えている。製作技術の共通性や同型鏡の多さという点からは、楽浪郡を介した入手という可能性が最も高い。

　この場合に問題となるのは、平原一号墓の被葬者の政治的な立場という点である。言い換えれば、平原遺跡を中核とした、広域的な政治的同盟関係などが想定できるかどうかという問題である。この時期においては、北部九州の中でも、遠賀《おんが》川流域や周《す》防灘《おうなだ》沿岸地域などにおいて完形後漢鏡の副葬が行われており、北部九州内部での相互のつながりを想定することは可能である。

ただし、平原一号墓が副葬された鏡の面数やそこでの面径の大きさなどの点で傑出していることは間違いないのだが、例えば弥生時代中期後半にみられたような、同種の鏡の副葬面数や面径の大小による「序列化」といった傾向が認められない。また例えば平原遺跡出土鏡の同型鏡が各地に贈与されたような状況などはみられない。北部九州は大型墳丘墓が発達しない地域であるが、その点を差し引いても、平原一号墓の被葬者や地域集団が他地域より「上位」であると考えることは難しく、北部九州の内部も含め、各地の上位層とは並列的な状況と考えるのが妥当であろう。平原一号墓の築造以降に大型の墳丘墓や鏡の多量副葬が継続しない点もこの可能性が高いことを示唆するものと考える。

鏡の内容という点で楽浪郡側からみた場合は、平原一号墓の被葬者は対外的な代表者として位置づけられていたものと考えられるが、一方で列島内部での関係という点では、同列的な地域間関係の中での窓口役あるいは先に挙げた水先案内の調整役といった立場の被葬者像が浮かんでくる。二世紀代から三世紀代に「倭国」やその「盟主」としての「伊都国王」を想定する場合、考古資料が示す実態としては上記のようなあり方に近いものであったと考える。

漢代の諸侯の鏡：鏡架台と鉄鏡

この平原一号墓出土鏡の位置づけを考える上で注目されるのは、面径四六・五センチの極大の八葉座内行花文鏡五面である。これが中国鏡であるとするならば、同時代の東アジアや中国の中ではどのように位置づけられるのであろうか。

そのことを考える上で重要な資料がいくつか知られている。一つは、中国の河北省定州市の中山簡王劉焉《りゅうえん》の墓から出土した鏡である（河北省文化局文物工作隊一九六四）。この墓地は紀元後九〇年の造営とされ、面径三六センチの四葉座内行花文鏡と青銅製で壮麗な透かし彫りが施された高さ約四〇センチの鏡架台が出土している（図22）。一世紀末から二世紀にかけて、中国の諸侯王の墓でこうした大型の内行花文鏡が副葬されていることは、周辺地域の王への贈与という点で、弥生時代中期後半の三雲南小路遺跡でみられた彩画鏡などと同様に、中国王朝側の厚遇戦略という可能性を想定させるものである。また出土地不明であるが、兵庫県立考古博物館の加西分館として開館した古代鏡展示館に所蔵されている千石コレクションの中に面径四六・二センチの四葉座素文鏡がある（兵庫県立考古博物館二〇一七）。これについては縁部の断面や四葉座の形態から紀元前一世紀代の前漢鏡と想定されているが、シンプルな文様構成という点も含め、こうした超大型鏡が漢代の中国で製作されていたことを示す参考事例として挙げられよう。

中国の鏡との比較においてもう一つ重要なことは、上述の中山簡王劉焉の墓地では、他に面径二七センチの「鉄製」内行花文鏡が三面出土しているという点である。後漢代から東晋《とうしん》代にかけては、中国では青銅鏡とともに鉄鏡が数多く生産されたことが知られている。特に三世紀代は青銅鏡の生産が衰退したとみられることから、鉄鏡の重要性が増したものとみられている。魏の英雄、曹操の墓ではないかといわれている河南省安陽市西高穴二号墓では、大型の鉄鏡が副葬されており（河南省文物考古研究所二〇一一）、三国時代に大型の青銅鏡よりも鉄鏡の価値

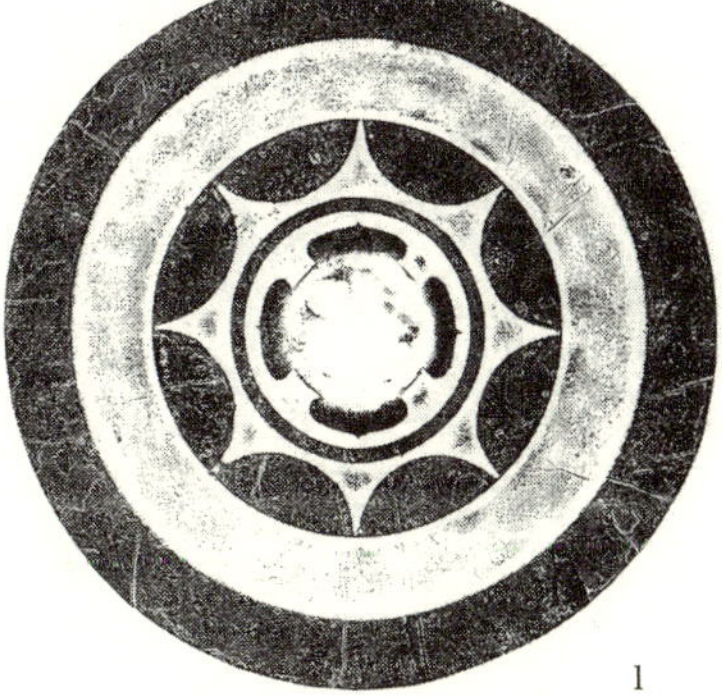

1

2

図22　中国河北省中山簡王劉焉墓出土遺物（1：四葉座内行花文鏡〔36.0cm〕、2：鏡架台〔1：『歴代銅鏡紋飾』河北美術出版社、1996年、2：河北省文化局文物工作隊1964〕、1・2の縮尺不統一）

が高かったことを示す具体例として注目される（第三章参照）。

では日本列島の弥生・古墳時代の遺跡からはどの程度鉄鏡が出土しているのだろうか。実際は、古墳時代の例が主体で一〇面前後であり、弥生時代の確実な遺跡出土事例は知られていない。その点からすれば、弥生時代には多数の青銅鏡が中国からもたらされているものの、当時の中国で高く価値づけられていた鉄鏡が殆ど入ってきていないことになり、それが東アジアにおける周辺地域としてのあり方を如実に示していると考えられる（上野二〇一二）。

また一方で、弥生小形倭製鏡の主な系列が内行花文鏡のデザインを採用していること、そして第三章でみるように、古墳時代前期の大型の倭製鏡において同様に内行花文鏡の文様構成が採用されていくことは、後漢代の東アジアにおける内行花文鏡重視という点を背景としている可能性が高い（辻田二〇〇七）。先に挙げた中国の鉄鏡の事例で内行花文鏡が多いのもこの点に起因している。平原一号墓の内行花文鏡は、後漢王朝の周辺地域の王への贈与という意味において、鉄鏡ではなく青銅鏡であるものの、極大の同型鏡を五面という扱いは、他地域と比べても破格の厚遇であったと考えられよう。逆にこの点からすれば、平原一号墓の被葬者については、列島の外部からの評価と列島の内部での評価の間に大きな「ずれ」があったと考えることができる。

弥生時代青銅器の終焉と鏡の流通形態の変化

ここまでみてきたように、漢鏡の大量保有・副葬という点のみをもって平原一号墓や糸島地域の集団を「上位」とした広域的政治体制などを想定することは困難である。これは、広形銅矛の生産が行われた福岡平野などについても同様である。これらの地域においてはそれぞれに在地的な集団の統合と社会の複雑化の過程が進行しており、また鉄器生産などにおける技術的先進地域で対外交流の結節点や「窓口」であったことは確実であるが、そのことと北部九州あるいは西日本規模での広域的な地域間の関係がこれらの地域を「上位」とするものであったかどうかは別の問題である。こうした点は瀬戸内以東や近畿地域についても同様であり、完形鏡破砕副葬の瀬戸内から東海にかけての散発的な拡散状況からみて、近畿周辺の特定の地域集団を中心とした鏡の分配体制や政治的秩序を描き出すことは難しい。

北部九州も近畿地域も、弥生時代後期において広形銅矛と突線鈕式銅鐸といった、集団的な祭祀に用いられる青銅祭器が「残存」した点で共通しており、それが政治的中心性の発現を部分的には抑制する作用を果たしたとみられる（岩永一九九八）。逆に、大型の墳丘墓が発達した岡山平野周辺・山陰地域・北近畿地域などにおいても墳丘墓で鏡が大量に副葬された形跡はない。近畿地域の弥生墓制も、後期段階では明瞭な階層化の様相は認められない（Mizoguchi 2013、藤井二〇一三）。弥生時代後期後半〜終末期までの実態としては、特定地域が例えば政治的中心として突出するような状況ではなく、糸島地域などを対外的な窓口としながら、緩やかな地域的連帯関係が取り結ばれていたと考えるのが穏当であろう。

弥生時代後期後半〜終末期で特徴的なのは、それまで各地で用いられていた弥生時代的青銅器の多くがほぼ一斉に廃棄されることである。北部九州では広形銅矛や破鏡・弥生小形倭製鏡が、近畿周辺から東海にかけては近畿式銅鐸や三遠式銅鐸といった大型の突線鈕式銅鐸が、それぞれに埋納されたり集落で廃棄されるなどして、地上から姿を消していったものとみられる。このうち破鏡や弥生小形倭製鏡については古墳時代前期に伝世される事例が一定数存在するが、広形銅矛・突線鈕式銅鐸などの列島産の弥生青銅器の多くは、弥生時代終末期までにはその役割を終えるかのように廃棄され、古墳時代には全く用いられていない。これについては、特に銅鐸に関して、大型青銅器を用いた集団的な農耕祭祀（いわゆる共同体祭祀）から、特定の有力者（集団）を顕彰する墳墓祭祀への転換という説明がなされてきたが（近藤義一九八三）、大型青銅器の廃棄が弥生時代終末期前後に短期間で進行していることと、それが起こっているのが北部九州から近畿・東海といった広域にわたる点からすれば、先にみた緩やかな地域的連帯関係の中で、一定の情報共有や共通理解の上で同時進行的に行われたものと考えられる。これが古墳時代開始直前の状況である。

小結：広域的地域間交流の活発化・流動化と「重心」の移動

以上に述べてきた問題が論点として集約されるのが、前方後円墳の出現過程である。古墳時代の大型前方後円墳に先行して西日本各地で前方後円形墳丘墓が出現しているが、特に岡山平野周辺を中心としたいわゆる「吉備《きび》」地域の墳丘墓が重要な役割を果たしたことが知られている。復元推定で全長八〇メートルの平坦な墳丘を持つ岡山県倉敷市の楯築《たてつき》墳丘墓では、鏡の副葬はみられないものの、大量の朱を用いた木槨墓、古墳時代の直弧文《ちょっこもん》の祖型となる文様を描いた弧帯石、前期古墳の円筒埴輪《はにわ》の祖型となる特殊器台などが用いられており、近畿地域における前方後円墳の起源地の一つと考えられてきた。また山陰地域の四隅突出型墳丘墓や東部瀬戸内周辺の竪穴式石槨などをはじめ、近畿の前方後円墳は各地域の諸要素が融合されたものとする理解が現在ではほぼ定説となっている（近藤義一九八三、寺沢薫二〇〇〇、北條二〇〇〇b）。また北部九州は、こうした前方後円墳の構成要素の中でも、副葬品の種類と組み合わせという点が想定されている。近畿地域には直接の系譜的連続性が認められないと考えられてきたが、奈良盆地東南部の大和《おおやまと》・柳本《やなぎもと》古墳群および周辺の大型古墳の立地の選択が、唐古《からこ》・鍵《かぎ》遺跡を基点とした弥生時代以来の方位観に由来する可能性が指摘されている（北條二〇一七）。

　こうした点からみて、弥生時代終末期前後においては、広域的な地域間交流と緩やかな地域的連帯が拡大し、また流動化が進行する中で、外来系器物の入手窓口としての北部九州から、次第に中・東部瀬戸内および人口が集中する近畿周辺へと地域間関係の「重心」が移っていったものとみられる。これは従来から指摘されているように、北部九州を窓口として入手される鉄素材などの流通と消費が瀬戸内以東でも拡大しつつあったことなどが要因として想定される。

　他方で、上述のような青銅器や鉄器の流通とは別に、いわゆる「吉備」系土器や山陰系・近畿系・東海系土器の各地への拡散状況などからみるかぎり、弥生時代終末期における地域間交流の方向性としては、北部九州から近畿・奈良盆地周辺へと向かうベクトルと、近畿周辺や東海、日本海沿岸地域から北部九州へと向かうベクトルの両者が並存していたものとみることができる（寺沢薫二〇〇〇、次山二〇〇七、久住二〇〇七、森本二〇一五）。この過程で、北部九州から瀬戸内・近畿は、各地の拠点的な集落を「結節点」としながら結びついていたものとみられる（Mizoguchi 2013）。この終末期の段階で、奈良盆地東南部に大規模集落である纒向《まきむく》遺跡が出現し、纒向石塚をはじめとした前方後円形墳丘墓が築造され始める。この時期はまだ人・ものの動きが奈良盆地に集中しておらず、具体的には古墳時代的な意味での中心性の発現は箸墓古墳の築造を契機とする。その点で、弥生時代終末期～古墳時代初頭前後は、古墳時代以降の中心性発現への過渡的様相と考えられる。

そうした地域間関係の広域化や流動化を促進した要因については、大陸において黄巾の乱から三国時代に至る政情不安と混乱を引き起こしたとされる気候の寒冷化に求める見解もある（北條二〇〇七a、松木二〇〇七a）。今後、詳細な基礎データの蓄積と検証が期待されるが、東日本においても、弥生時代終末期～古墳時代前期にかけて、集団の移動と土地の新規開拓が各地で広がることが指摘されており（若狭二〇〇七）、環境変動も重なるような時期であったと想定されることは重要であろう。

以上のように、弥生時代後期後半～終末期は、北部九州地域を対外交流の結節点としながら、広域的地域間交流の「重心」が瀬戸内以東に移行しつつある時期と捉えることができ、こうした動きを基礎としながら鏡の流入・流通が近畿地域を中心とする形で劇的に変化するのが古墳時代初頭前後の時期と考えられる。この点については箸墓古墳の出現とその築造時期の問題とあわせて、次章にて検討したい。

コラム2　同笵鏡論と伝世鏡論

　次章で古墳時代前期の鏡の問題を検討する前に、序章でも触れた小林行雄の同笵鏡論・伝世鏡論について説明したい。小林は戦前から戦後にかけて、弥生・古墳時代研究をリードした代表的考古学者の一人であり、特に戦後に発表された一連の古墳時代研究の成果は、研究史上の大きな画期となり、その後長く通説として影響力を持ち続けている。そしてこの小林説に対してどのような立場を採るかという点が、次章以降の古墳時代像を考える上でも大きな位置を占める。ここでは特に、古墳時代開始過程の説明とその年代、また古墳時代前期の時代像の問題に焦点を当てて紹介し、何が論点となってきたかという点を考えてみたい。

同笵鏡論　「同笵鏡」とは狭義では同じ鋳型で製作された鏡を指す。実際には、製作技術の厳密な推定が困難な場合も多いことから、広い意味でほぼ同じ大きさの同一文様鏡（この場合の「同一文様」は「類似」ではなく細部まで一致するもの）を指す用語として用いられてきた。いわば同一文様の複製鏡であり、ここでいう同笵鏡は主に三角縁神獣鏡の複製鏡を指している。

　三角縁神獣鏡については第三章で検討するが、縁部の断面が三角形をした神獣鏡で、序章でもみたように、「景初三年」や「正始元年」などの年号鏡があることから、これまで卑弥呼が魏王朝から下賜された「銅鏡百枚」の有力候補とされてきた鏡である。「舶載」「仿製」の二群に分けて考えられているが、「舶載」三角縁神獣鏡については、富岡謙蔵（一九二〇）による銘文の考証などにより、魏鏡の可能性が高いものと考えられていた。そしてこれらの三角縁神獣鏡には同一文様の鏡が多数存在することが梅原末治などにより指摘され、これらが広い意味での「同笵鏡」として認識されたのである。またこの三角縁神獣鏡が近畿周辺に集中的に分布することから、邪馬台国近畿説の根拠としても考えられていた。

小林は、当初これらの同笵鏡について、それらが副葬される古墳の年代の指標として考えた。その後、一九五三年に京都府椿井《つばい》大塚山《おおつかやま》古墳で三二面の三角縁神獣鏡が出土したことから、これをもとに同笵鏡の「分有関係」（図23）を図化して検討した結果として、各地から出土する同笵鏡は、この図の中心となる京都府椿井大塚山古墳の被葬者（あるいは第三者としての奈良盆地の大首長）が各地の首長に「配布」したものであるという理解に至る。すなわち、同笵鏡の分有関係は、単なる年代の指標ではなく、古墳時代の政治的関係を示すものとして説明されたのである。なお「仿製」三角縁神獣鏡については、出土面数の多さから分有関係図の中で大きな位置を占める大阪府紫金山古墳や福岡県一貴《いき》山《さん》銚子塚《ちょうしづか》古墳の被葬者などがその「配布」に大きな役割を果たしたことが想定されている。

伝世鏡論　そしてもう一つの伝世鏡論についてはすでに本文中で紹介しているが、今挙げた同笵鏡論と分かちがたく結びついた仮説である。研究史の初期において、古墳の年代の詳細が判明していなかった一九二〇年代までは、古墳から出土する漢鏡が年代の指標になるものと考えられ、例えば後漢鏡が出土する古墳の年代は後漢代まで遡る可能性が考えられていた。その後、香川県の石清《いわせ》尾《お》山《やま》古墳群（鶴尾神社四号墳）から出土した方格規矩四神鏡を観察した梅原末治は、文

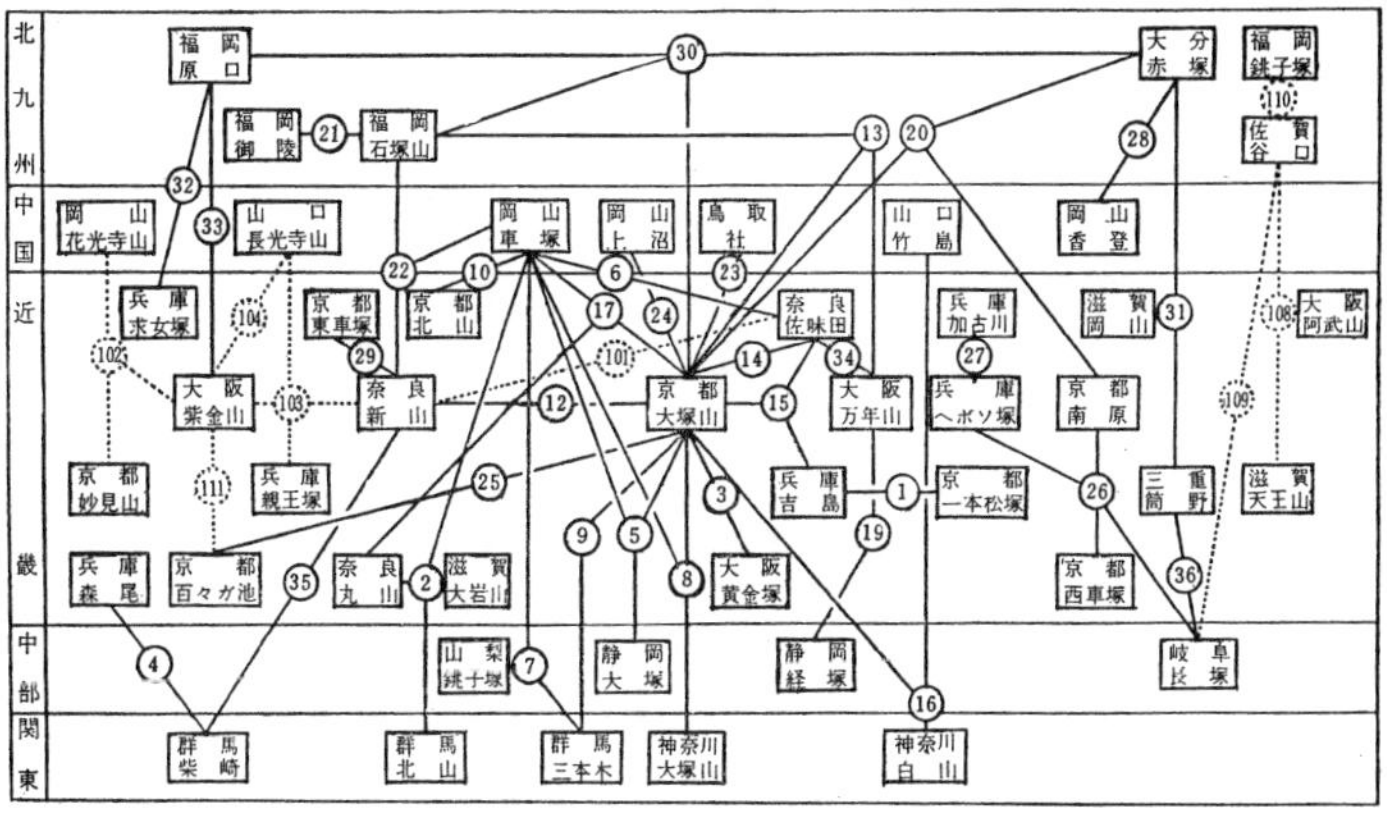

図23　同笵鏡分有関係図（小林行雄1961）

様が不鮮明であり、大きく二片に割れた上に穿孔が施された点に注目し、これが「手ずれ」によって文様が摩滅したものであり、補修された上で長期間使用されたものと考えた（図24）。この結果、古墳から出土した漢鏡は、製作年代と副葬年代との間に差があると考えられるようになった（梅原一九三三）。

こうした製作年代と副葬年代に差がある鏡は「伝世鏡」と呼ばれ、その背後に製作後の長期間の保有・使用が想定されている。小林は、自身が調査した大阪府紫金山古墳や福岡県一貴山銚子塚古墳（図49）において、副葬された後漢鏡の文様上に摩滅がみられ、また埋葬施設（竪穴式石槨）の中で他の三角縁神獣鏡などとは異なる位置から出土していたことから、これらの伝世鏡が、非常に丁重に扱われたものと捉えた。その上で小林は、これらの伝世鏡が、弥生時代以来各地で首長権の象徴として代々伝世されたものであるがゆえに特別な

図24　香川県鶴尾神社4号墳出土方格規矩四神鏡(18.2cm〔高松市教育委員会1983『鶴尾神社4号墳調査報告書』所収の拓本を改変〕)

扱いを受けたものであり、三角縁神獣鏡の配布により首長権が外的に承認されるようになった結果、役割を終えたこれらの伝世鏡が古墳に副葬されるようになったと説いた。小林はこれを「貴族の権威の形式の革新」＝「(男系)世襲制の確立」と捉え、「古墳の発生の歴史的意義」として説明したのである(小林行一九五五・一九六一)。小林は、三角縁神獣鏡の同笵鏡や腕輪形石製品などの検討をもとに、「大和政権」の勢力拡大過程としてこれ以降の歴史的展開を論じている。

同笵鏡論・伝世鏡論の影響　この同笵鏡論・伝世鏡論は、相互に密接に関連しながら、近畿地域を中心とした古墳時代の始まりと、各地域同士の政治的関係を体系的に説明する枠組みとして高く評価され、現在に至るまでつよい影響力を持ち続けている。鏡に直接関連した問題については次章以降で検討するが、弥生・古墳時代研究のその後に与えた影響という点について、簡潔に整理すると以下の三点が挙げられる。①親族関係の理解、②古墳時代開始の実年代観、③古墳時代開始の近畿主導説、である。

①について小林は、戦後に『日本書紀』の史料批判が進んだ結果、記紀に記された天皇で実在したと想定されるのが、崇神《すじん》天皇以降でかつ男系であるとする理解が当時の文献史学において有力となりつつあったことを受けて、古墳時代は父系社会であると捉えていた。そこから、上述のような「貴族の権威の形式の革新」を「男系」の「世襲制」の確立として説明したのである。

②については、この古墳時代男系・父系説とも関連するが、邪馬台国や卑弥呼の時代を古墳時代よりも古く考えるという点が挙げられる。小林は邪馬台国近畿説の立場であったが、古墳時代を父系社会と考える観点から、小林は卑弥呼の時代をより古く位置づけるとともに、同笵鏡の配布年代に関して仮説的計算にもとづき年代推定を行った結果として、古墳時代の開始年代を三世紀末前後と位置づけた。小林は戦前に墳丘形態の変遷を検討した時点では、古墳の出現年代を二五〇年前後と考えていたが（小林行一九三七）、戦後になって年代観を変更したことになる。このことは、卑弥呼の時代を「父系社会」としての古墳時代のイメージと切り離したことに起因する可能性が田中良之によって指摘されている（田中良二〇〇八）。小林は古墳時代開始の年代観変更後も、三角縁神獣鏡の列島への流入自体は二五〇年頃と想定していたが（小林一九六二）、その一方で古墳時代の開始までに最大五〇年前後の時間差を見積もっていたことになる。これにより、古墳時代前期は四世紀代とする年代観がその後長く定着することになる。またこのことは、近畿

地域の弥生時代中期・後期の実年代観を現在よりも新しく考える要因ともなり（田辺・佐原一九六六）、結果的に九州と近畿の弥生時代中・後期の年代観にその後長くずれが生じることになる。

③として挙げられるのが、近畿における大型前方後円墳出現に関する鏡の伝世論にもとづく近畿主導説という点である。小林自身も含め、邪馬台国近畿説とも結びつく形で古墳時代開始過程として論じられたのは、弥生時代後期の大型の銅鐸に象徴されるような「豊かな」近畿弥生社会が古墳時代の「畿内《きない》」へと発展したという図式であり、それを補強する形で提示されたのが伝世鏡論であった。小林は、弥生時代に「漢中期の鏡」がすでに流入しており、それが首長権継承の象徴として古墳時代まで伝世されたとする仮説により、近畿弥生社会の古墳時代へと続く潜在的優位性を想定し、その発展の必然的な帰結として近畿における古墳時代の始まりを説明したのである。古墳時代の歴史はその意味での「畿内古墳文化」が各地に伝播する過程として説明されている。

同笵鏡論・伝世鏡論に関する課題　以上のような論点は、その後約六〇年が経過し、二〇二〇年代にさしかかろうとする今日において、どのように議論されているだろうか。

まず①の親族関係については、一九八〇年代以降、出土人骨の形質人類学的・骨考古学的検討が進んだ結果、縄文時代から弥生時代以降、古墳時代の前半期までは父系でなく双系的なあり方（相続や婚姻が父系・母系のいずれかに限定されない形態）が基本であるとともに、父系化が進展するのが五世紀後半以降であることが指摘され、親族関係のイメージは大きく変化している（田中良一九九五・二〇〇八、清家二〇一〇）。

②の古墳時代開始の実年代観については、特に一九九〇年代以降における三角縁神獣鏡の編年研究の進展などにより、古墳時代の始まりを三世紀中頃とする年代観が定着した（福永他二〇〇三）。これは三角縁神獣鏡の紀年銘鏡を含む初期型式の年代と前方後円墳の出現年代に大きな差を想定する必要がないという理解によるものである。また近畿の弥生時代中期・後期の年代観についても、大阪府池上曽根《いけがみそね》遺跡の年輪年代測定の結果などをふまえ、北部九州などと大きな差がなくほぼ並行するものと理解されるようになってきている。弥生時代終末期・庄内《しょうない》式の年代については、放射性炭素年代測定のAMS年代をもとに二世紀前半代以前に遡らせる議論もみられるが（岸本二〇一四など）、北部九州出土の大陸・半島系遺物による交差年代にもとづき、二世紀末以降とする年代観で落ち着きつつあるのが現状である（久住二〇一五）。

③の近畿主導説については、本章でも述べたように、特に近畿の弥生時代の社会像をめぐって大きく二つに意見が分かれている。一つは、近畿主導説の延長上に位置するもので、古墳時代における中心―周辺関係的様相が、近畿における弥生時代社会の「発展」の到達点として、弥生時代のうちにすでに形成されていたとする理解である。溝口孝司はこれを「伝統的論理構造」と呼んでいる（溝口二〇〇〇）。

もう一つの意見は、弥生時代後期以前には近畿地域がその後の政治的中心となる素地が少なく、弥生時代終末期から古墳時代にかけて急速に中心性が高まり、いわば弥生時代とは不連続な形で古墳時代的な秩序が出現したとする見方である。本文中でもみたように、弥生時代の鉄器研究や墓制研究の成果によるならば、近畿の在地的文化伝統の中から発展的に出現した前方後円墳が

「畿内古墳文化」として各地に伝播した、といった見方が困難であることから、古墳時代的な広域秩序は弥生時代の発展の延長上ではなく、古墳時代に新たに始まったもの、とする見方が提示されている（北條・溝口・村上二〇〇〇）。先ほど挙げた溝口はこうした見方を「新論理構造」と呼んでいる。鏡の流通や消費の問題も、こうした論点と密接に関わっており、そうした観点から、次章以降で古墳時代の開始過程についてあらためて考えてみたい。

第三章　古墳時代の始まりと新たな鏡の出現——古墳時代前期（一）

一　三国・西晋から東晋代と古墳時代前期

本章から古墳時代について説明するが、古墳時代前期については大きく二つの章に分け、本章では古墳時代の開始過程とそこで新たに出現した鏡について、次章では鏡の流通・授受と葬送儀礼の問題について検討したい。

三国・西晋・東晋

第二章でも述べたように、古墳時代の始まりを示す大型前方後円墳は、三国時代の後半期に並行する時期に出現したものと考えられる。一部重複するが、その時期の補足も含めて、ここでは川本芳昭の整理（二〇〇五）にもとづき時代背景として説明したい。

魏・呉・蜀の三国が覇権を競った三国時代において、日本列島の動向と特に関わるのは華北の魏王朝である。二三四年の五丈原の戦いの最中、蜀の諸葛孔明《しょかつこうめい》が病没した後、魏の司馬懿《しばい》は二三八年に遼東の公孫淵《こうそんえん》を討伐した。この結果、公孫氏政権下で列島社会への窓口であった楽浪郡・帯方郡は魏に復することになった。卑弥呼が魏の都・洛陽に遣使したのはこの翌年の景初三年（二三九）であり、こうした半島の情勢の変化を情報として入手していたものと考えられている。この遣使時には魏から「親魏倭王」の金印紫綬とともに、「五尺刀二口」や「銅鏡百枚」などを賜与されている。その後、数次にわたり魏に遣使し（二四三年・二四七年）、また狗奴国《くなこく》との抗争に際して魏から黄幢《こうどう》を下賜されるなど、帯方郡を通じて交渉を行っている。卑弥呼は二四八年前後に死亡したものとみられ、径百余歩の墓が築かれたこと、またその跡を男王が継いだが国中が乱れたため、卑弥呼の宗女の台与《とよ》が女王となったと『魏志』倭人伝は記している。その後、泰始二年（二六六）にも倭からの遣使があったことが『晋書《しんじょ》』に記録されており、これは台与による遣使と考えられている。

この間、魏では司馬懿のクーデター（二四九年）により司馬氏が実権を握った。その孫の司馬炎が皇帝（武帝）となって西晋王朝が成立する（泰始元年・二六五）。上記の台与の遣使はこの翌年である。またこの直前の二六三年に蜀は魏に降伏し滅亡しており、江南の呉も二八〇年に西晋王朝に降伏し、ここに中国の再統一がなされた。

二九〇年に武帝が没して以後、西晋王朝内部は皇族同士の内乱により混乱し（八王の乱）、匈奴《きょうど》の後裔《こうえい》などの異民族による動乱（永嘉の乱）により三一六年に滅亡する。武帝の系譜は断絶するが、司馬懿の末裔である司馬睿《しばえい》が江南の貴族・豪族の支持を得て皇帝に即位し（元帝）、建康（現在の南京市）を首都として東晋王朝を樹立した。以後、中国では北方の異民族による王朝（北朝）と漢民族の後裔による王朝（南朝）が並存することから、この時代は魏晋南北朝時代と呼ばれる。東晋王朝は、四世紀代を通じて華北の回復を目指すが果たされず、四二〇年には宋《そう》王朝への禅譲により滅亡する。

朝鮮半島では、西晋王朝末期の混乱期に遼東地域に進出した高句麗の南下によって三一三年に楽浪郡・帯方郡が相次いで滅亡する。半島西部では漢城を中心とする百済《くだら》が、半島東南部では慶州を中心とした新羅が政体として出現し、南部の金官加耶《きんかんかや》をはじめとした加耶の諸地域とともに並立した。四世紀代の倭国については文献記録は少ないが、この時代の金石文の資料として、百済七支刀《しちしとう》の銘文から四世紀後半代には百済と倭国との間で同盟関係が結ばれたものと想定され、また高句麗の好太王碑文により、四世紀末から五世紀初頭に高句麗と百済・倭国が交戦したことが知られている。

東アジアの国際情勢と古墳時代前期の実年代

このように三・四世紀代は、後漢王朝末期から三国時代の混乱期を経て、西晋王朝により中国が再統一されるものの、北方の異民族の流入により再び混乱・分裂し、朝鮮半島も含めて各地で新たな政体が出現する動乱の時代である。古墳時代の始まり、すなわち大型前方後円墳の出現は三世紀中葉と考えられることから、上述の卑弥呼の遣使とも時間的な接点を持つものと想定される。そして後述するように、古墳時代前期前半が三世紀後半代に、前期後半が概ね四世紀代に並行するものと考えられる。前期末の実年代については考古資料上での定点がないが、古墳時代中期の年代観から逆算して、現状では四世紀末前後と考えることができる。

二　古墳時代前期の鏡の種類と変遷

古墳時代前期の鏡の多様性

弥生・古墳時代を通して、鏡の種類が最も多様化するのが本章と次章で述べる古墳時代前期である。また数量的にも古墳時代の中で最も割合が高く、古墳時代の鏡の生産・流通のピークということができる。具体的に出土するのは中国鏡と倭製鏡、そして三角縁神獣鏡であるが、三角縁神獣鏡はある種の規格性が高い一群であるのに対し、この時期の中国鏡と倭製鏡は種類も面径の大小も非常に多様である。ここではまず以下の検討に先立って、岡村秀典（一九九九・二〇一七）、車崎正彦（二〇〇二）、上野祥史（二〇〇九）などの整理をもとに、これらの概略を示しておきたい。

中国鏡：後漢鏡と三国西晋鏡

まず古墳時代前期の遺跡から出土する中国鏡については、後漢鏡と三国西晋鏡に区分することができる。後漢鏡は第二章でみた漢鏡五期〜漢鏡七期の諸鏡式であるが、前述のように、盤龍鏡や画象鏡、八鳳鏡といった、弥生時代後期の遺跡からは完形鏡で出土することが殆どない鏡式などが新たに副葬品として出現する。またさまざまな種類の画文帯神獣鏡が完形鏡として副葬されるようになる。

三国西晋鏡のうち、三国鏡は魏鏡・呉鏡を主体としており、魏鏡は後漢代の方格規矩四神鏡や浮彫式獣帯鏡などを復古再生した「創作模倣鏡」（上野二〇〇九）と呼ばれる一群である。この中には、「青龍三年」（二三五）銘方格規矩四神鏡や「景初四年」（二四〇）銘盤龍鏡なども含まれる。後述する三角縁神獣鏡も基本的にはこの華北の魏鏡・西晋鏡の系譜の中で考えられるが、それと前後して斜縁神獣鏡と呼ばれる鏡式が出現する（實盛二〇一六）。山東省から楽浪郡域などでの出土が知られ、徐州系とも呼ばれている（岡村二〇一七）。三国代の魏系統の鏡と西晋鏡とをあわせて「魏晋鏡」と呼ぶことも多い。これらの魏晋鏡では、三角縁神獣鏡も含め、同一文様鏡（同型鏡）が多数生産されている。また三国鏡では、他にも少数ながら呉の紀年銘鏡や江南地域周辺に特徴的な鏡式（銘文帯対置式神獣鏡など）が含まれており、これらについては後述する。

西晋代の鏡は、泰始年間（二六五〜二七四）の紀年銘神獣鏡などからみて、新たに後漢代の神獣鏡をはじめとした諸鏡式が復古再生されたようである。また、三国代以来の創作模倣鏡において変容や小型化が進んだ一群（方格T字鏡や内行花文鏡の小型鏡など）がみられる。この時期は、三角縁神獣鏡の一種として三角縁仏獣鏡が出現するなど、新たに仏教の意匠が後漢鏡の文様構成の中に組みこまれている。その脈絡で画文帯仏獣鏡や、仏像を組みこんだ八鳳鏡（仏像夔《き》鳳《ほう》鏡）などの鏡式も出現した。これらは五世紀代に同型鏡群の踏み返し原鏡として採用されている（第五章参照）。

以上のように、この時期には大枠としては銅鏡において新しいデザインが鏡式として生み出されることはなく、後漢代の鏡式を引き継ぐ形で復古再生と改変が行われ、変容が進んだものと考えられる。そしてその一方で、鉄鏡の生産が活発化したものとみられ、銅鏡生産としては次の東晋代も含めて衰退期であったものと考えられている（樋口一九七九、徐一九八四）。

三角縁神獣鏡

前章までにすでに言及しているように、古墳時代前期に出現し、この時期を代表する鏡式として用いられる一群で、約六〇〇面弱の出土例が知られている。一部は五世紀代以降に副葬された事例もあるが、基本的には古墳時代前期前半の遺跡から「舶載」三角縁神獣鏡とされてきた一群が、前期後半の遺跡からは主に「仿製」三角縁神獣鏡が出土する。製作地や製作年代について意見が分かれており、卑弥呼の遣使前後（「景初三年」「正始元年」）の紀年銘鏡が含まれることから、『魏志』倭人伝にいう「銅鏡百枚」の有力候補として考えられてきた一群である。この問題も含め、詳細については後述する。

前期倭製鏡

古墳時代前期に製作された倭製鏡を前期倭製鏡と呼んでいる。これは森下章司による倭製鏡全体を「前期」「中期前半」「中期後半～後期」の三段階に様式区分した編年案（森下一九九一・二〇〇二）にもとづくものであり、その第一段階に相当する。その後、下垣仁志・林正憲や筆者らにより個別の系列に関する検討が行われ、前期倭製鏡の中で大きく二段階もしくは三段階前後に区分する編年案が示されている（下垣二〇〇三a、林二〇〇〇・二〇〇二、辻田二〇〇七）。本章では大きく前期倭製鏡を古段階と新段階に区分し、古墳時代の倭製鏡生産に際して、どのようなモデルがどのように選択されたのか、またそれがどのような意義を持つのか、という点について考えてみたい。

前期古墳の編年と鏡の変遷

古墳時代前期において、鏡が出土するのは古墳・集落遺跡・祭祀遺跡などである。集落遺跡の出土鏡は小型の倭製鏡などに限定されており、福岡県沖ノ島遺跡などの祭祀遺跡を除くと、上記の鏡の大半は墳墓モニュメントとしての前期古墳から出土する。このため、どのような古墳にどのような鏡が副葬されるのか、それがどのような意義を持つのかという点が課題として設定される。またあわせて、古墳の年代の基準として鏡がどのように有効であるかという点が問題とされてきた。

現在、前期から後期まで広く適用可能な古墳の編年基準として最も利用されているのは、広瀬和雄による一〇期編年であり（広瀬一九九二）、このうちの一～四期を前期、中期を五～八期、後期を九・一〇期とする場合が多い（一瀬他二〇一一）。ここでもこの年代観を採りつつ、前期の一～四期について、鏡の年代観を部分的に修正したものが表5である。特に三角縁神獣鏡の組み合わせの違いが前期古墳の編年基準において有効と考えられており、その他の器物と組み合わせて大きく前期古墳を四期に区分する。前期前半（一期・二期）の年代的指標が「舶載」三角縁神獣鏡と前期倭製鏡古段階、前期後半（三期・四期）の指標が「仿製」三角縁神獣鏡と前期倭製鏡新段階となる。以下ではこの年代観をもとに検討を行う。

表5　古墳時代の時期区分と鏡の変遷

時期区分		三角縁神獣鏡・同型鏡群	倭製鏡	須恵器		近畿大型前方後円墳	各地の基準資料
前期	一期	船載Ⅰ・Ⅱ段階	前期古段階		250	箸墓・西殿塚・桜井茶臼山	黒塚・雪野山
	二期	船載Ⅲ段階				メスリ山・行燈山	寺戸大塚・東之宮
	三期	仿製Ⅰ-Ⅲ型式	前期新段階		300	佐紀陵山	紫金山・一貴山銚子塚
	四期	仿製Ⅳ・Ⅴ型式				津堂城山	和泉黄金塚・石山
中期	五期			(TG232)	400	上石津ミサンザイ・仲津山	丸隈山・行者塚
	六期		(中・後期一期)	TK73		墓山	造山・堂山
	七期			TK216		誉田御廟山	雲部車塚・七観
		同型鏡群拡散一段階	中・後期二期	ON46・TK208	450	大仙陵	五條猫塚・祇園大塚山・神前山1号
	八期	同型鏡群拡散二段階	中・後期三期	TK23		土師ニサンザイ・市野山	長持山・江田船山
				TK47		岡ミサンザイ	稲荷山礫槨・高井田山・山の神初葬
後期	九期	同型鏡群拡散三段階	中・後期四期	MT15・TK10	500	今城塚	断夫山・岩戸山・王塚
	十期			TK43・TK209		五条野丸山	こうもり塚・綿貫観音山

三　古墳時代初頭～前葉の完形中国鏡流入・流通形態の変革

古墳時代前期の鏡の分布と流通形態

前章の後半では、弥生時代後期後半～終末期においては特定の地域が中国鏡の流入・流通の中心となってそこから各地に「配布」されるような形態ではなく、北部九州を窓口としながら、緩やかな地域同士の連帯のもと、広域に中国鏡が流通するあり方を想定した。古墳時代の中国鏡の流通形態は、そうした弥生時代までのあり方とは大きく異なる形で出現する。こうした様相を具体的に示すのが、鏡の分布である。図25は、古墳時代前期前半における大型鏡の分布および「舶載」三角縁神獣鏡の分布範囲を示したものである。第一章でもみたように、鏡の面径は多様であるが、大きく小型（一四センチ以下）・中型（一四・一～一九センチ）・大型（一九・一～二五センチ）・超大型（二五・一センチ以上）に区分することが可

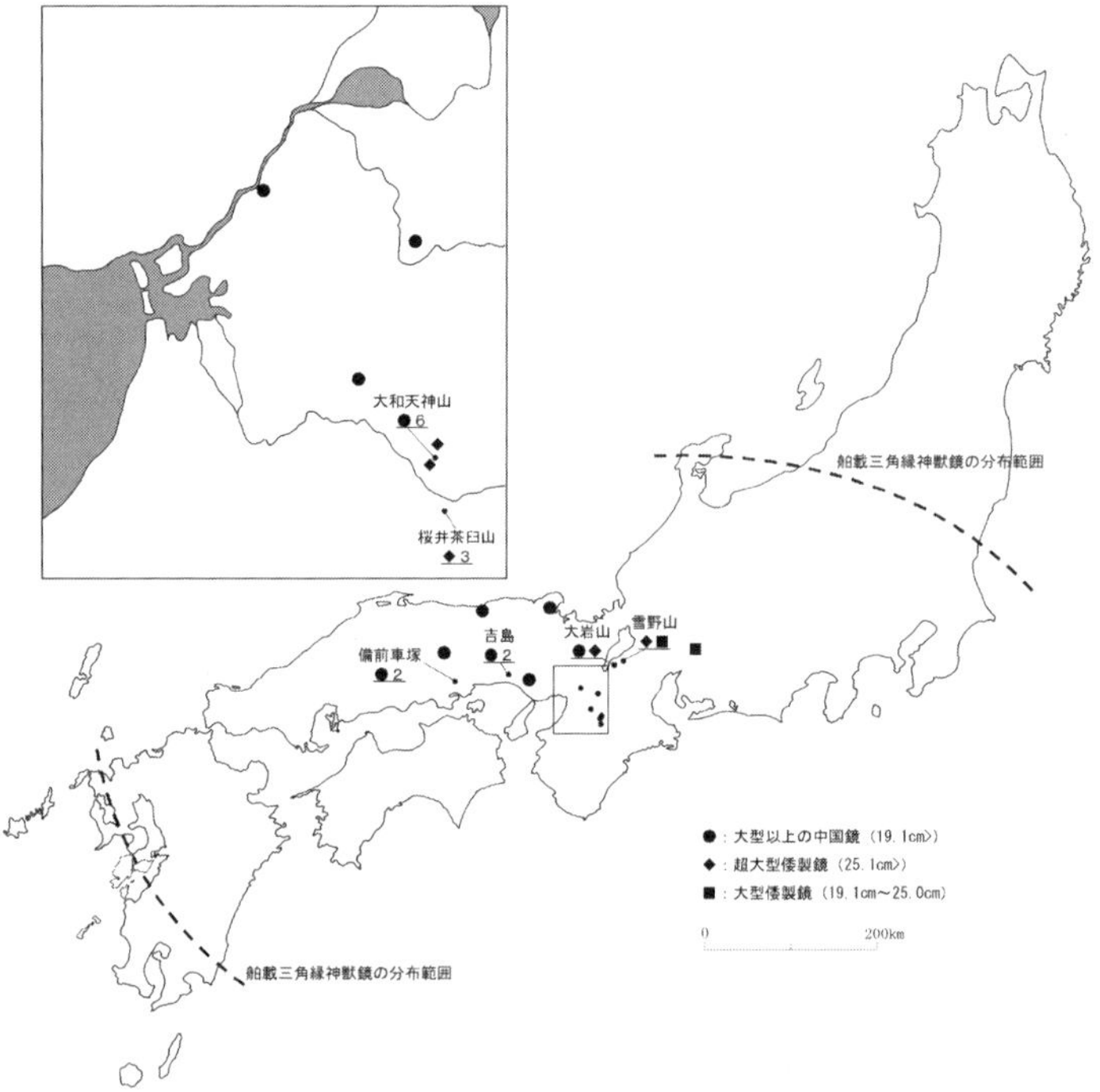

図25　古墳時代前期前半における大型鏡と三角縁神獣鏡の分布（辻田2007）

能である。この図は、古墳時代前期前半段階において、大型以上の中国鏡（●）および超大型・大型の倭製鏡（◆・■）が近畿周辺に集中していることを示している。他方で、舶載三角縁神獣鏡は九州南部から関東北部まで広い範囲に分布しており、大きく様相が異なる。また先の三角縁神獣鏡の同笵《どうはん》鏡分有関係図（図23）にみられるように、三角縁神獣鏡の出土量は近畿地域で最も多く、集中的な分布を示している。またこの舶載三角縁神獣鏡と同様の分布傾向を示すのが、小型の中国鏡および倭製鏡であり、これらは広域に拡散している。

以上の点を整理すると、次のように言い換えることができる。すなわち、古墳時代前期になると、以下のような新たな様相が出現する。

①ほぼ全ての鏡式・鏡種において、近畿地域が分布の中心となる
②大型・超大型の中国鏡・倭製鏡は近畿周辺に集中的に分布する
③逆に三角縁神獣鏡と小型の中国鏡・倭製鏡は近畿からの遠隔地まで広く分布する
④弥生時代終末期以前に含まれていなかった鏡式・鏡種が新たに出現する
⑤古墳での副葬形態において、完形鏡副葬が基本となる

⑤の副葬形態の変化は他の①～④とはやや性格が異なるが、時期としてはほぼ連動している。前章でみた破鏡は一部で前期後半まで用いられているが、前期末までにはみられなくなる。また破砕副葬は前期前半の早い段階で行われなくなることから、いずれも弥生時代的な使用方法の残存形態と考えることができる。

この五点が、古墳時代前期の鏡の分布を特徴づけるものであり、弥生時代後期～終末期までとは不連続なあり方を示している。このことから、古墳時代初頭前後において、中国鏡の流通形態が大きく変化したものと考えることができる。具体的には、それ以前とは異なり、近畿地域を中国鏡の流入の窓口とし、近畿地域を流通の中心とする形へと大きく転換したものと考え

られるのである。それを最も端的に示しているのが三角縁神獣鏡の出現である。

近畿地域の中心性発現の時期とその影響

こうした中国鏡流通形態の転換が起こった時期は、弥生時代後期から長期的な視点で考えた場合、古墳時代初頭前後にほぼ限定することが可能であり、分布傾向の劇的な変化という点で、短期間に急速に進行したものと考えることができる。この転換が起こった「古墳時代初頭」の実年代については、弥生時代終末期以前の遺跡からは三角縁神獣鏡や魏晋鏡が出土せず、これらの出土が古墳時代以降に限定されることから、上限は三世紀第2四半期のある段階と想定できる（森下一九九八b）。実際には、「三世紀中葉」以上に絞り込むことは困難であるが、中国鏡の流入の窓口が近畿地域に転換し、近畿地域を中心として流通するようになったのは、少なくともこの時期以降であることが確実である。

この時期の考古学的現象において最も特徴的であるのは、奈良盆地東南部における大型古墳群の出現である（図26・27）。そして箸墓古墳に隣接して纒向遺跡が営まれている。

この三世紀中葉は、先にみたように、魏が遼東の公孫氏を滅ぼして楽浪郡・帯方郡が魏に復した時期であり、またその直後に卑弥呼が魏に遣使して「親魏倭王」として認められた時期と重なる。纒向遺跡の造営や纒向石塚の築造などはこの時期以前からすでに始まっているが、箸墓古墳をはじめとした奈良盆地東南部での大型古墳の造営が三世紀中葉以降であることから、箸墓古墳の造営や纒向遺跡の展開と中国鏡の近畿地域への流入は一連の現象として考えること

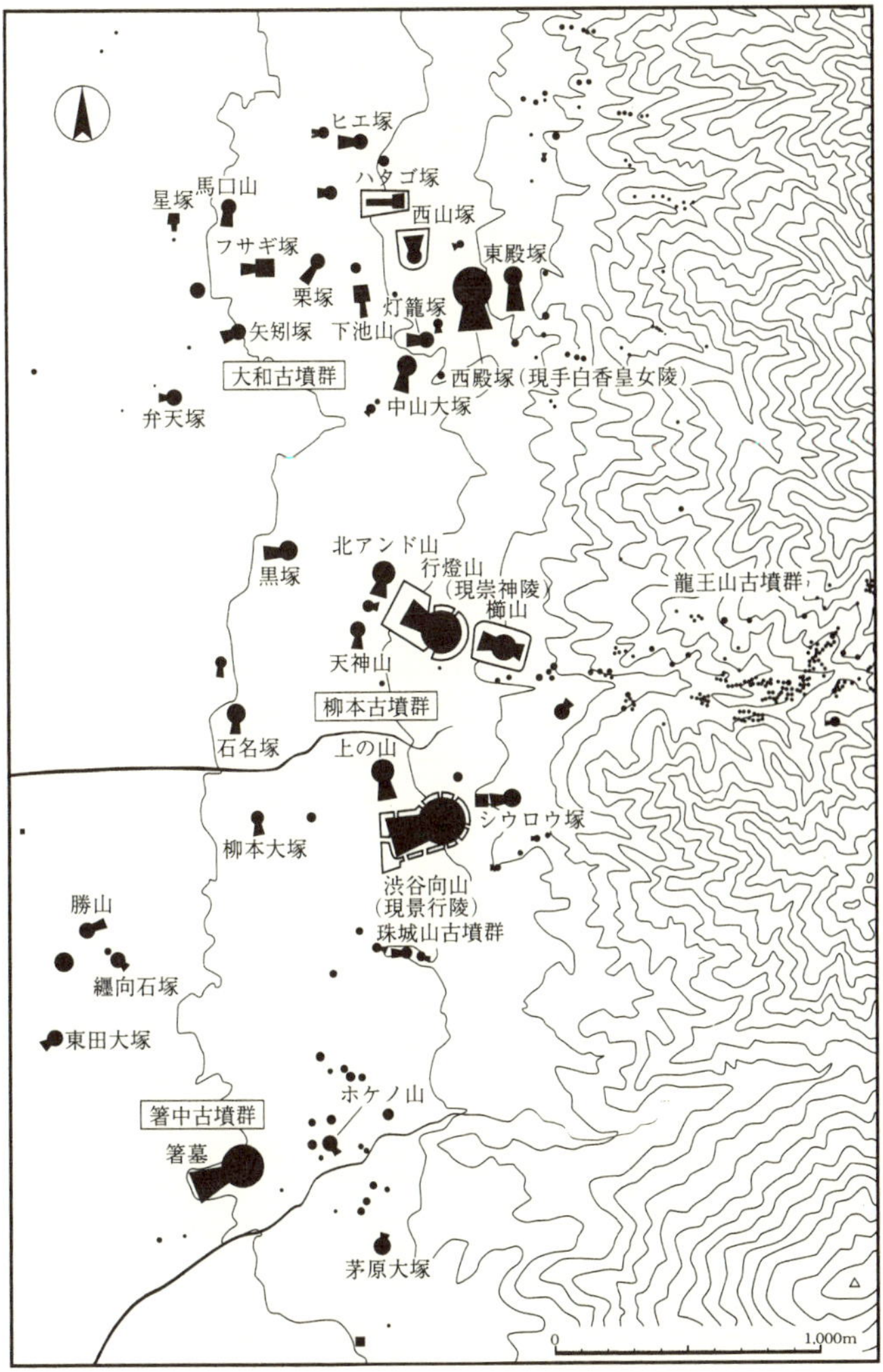

図26　奈良盆地東南部の大型古墳群(白石1999)

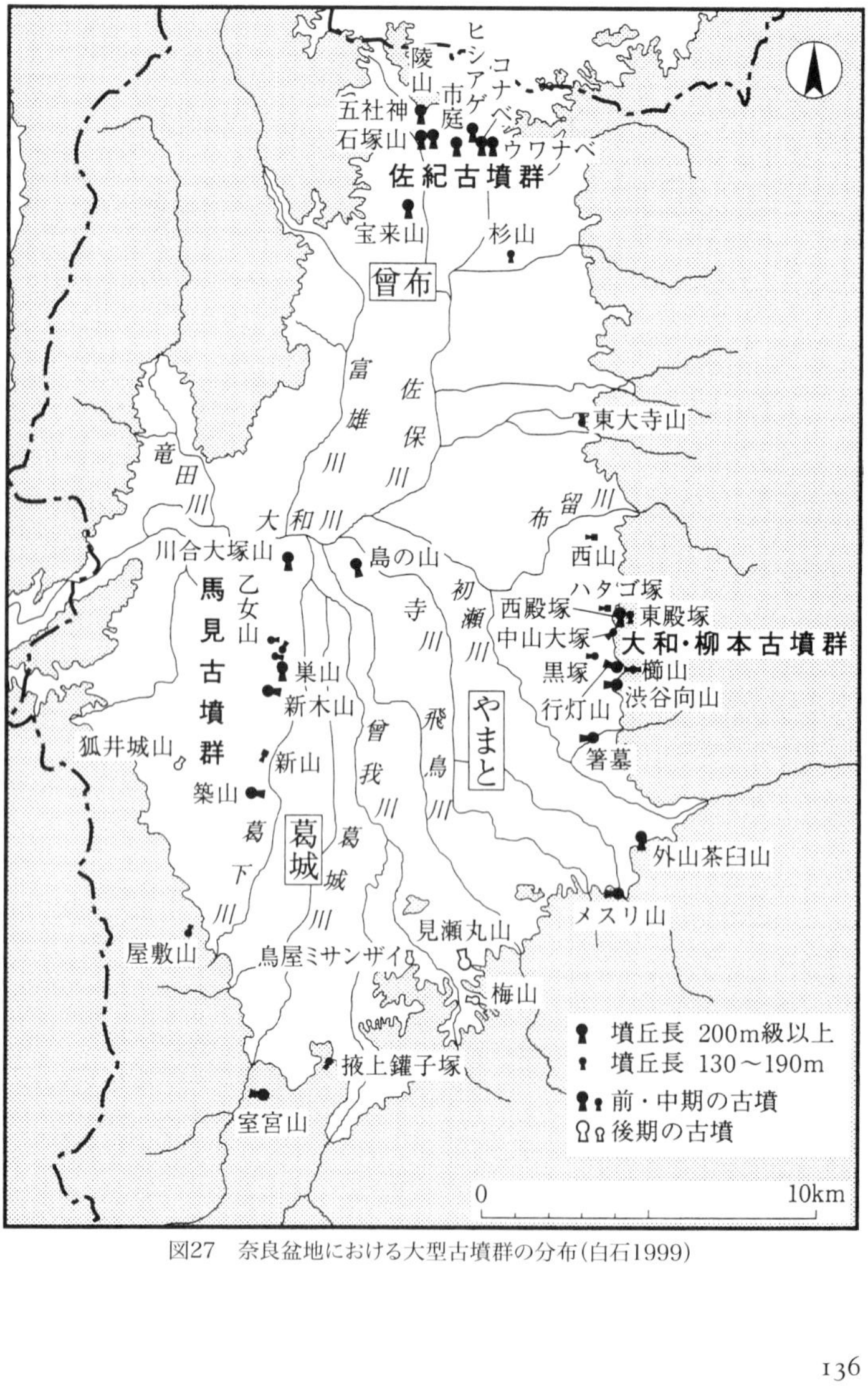

図27　奈良盆地における大型古墳群の分布(白石1999)

ができる。この点で、箸墓古墳の造営と前後して、近畿地域あるいは奈良盆地において急速に中心性が高まったことが想定される。鏡の流通が政治的な「配布」であったかどうかはともかくとして、少なくともそれによって、列島の各地域集団との結びつきもまた急速に広がっていったと考えられるのである。

箸墓古墳の年代については、土器の年代観にもとづき二七〇～二八〇年代とする意見もあるが（寺沢薫二〇〇〇・二〇〇五）、これについては、近接して造営されているホケノ山古墳の出土土器が箸墓古墳とほぼ同時期とする見解が提示されている点が注目される（奈良県立橿原考古学研究所二〇〇八）。前章でも述べたように、ホケノ山古墳から出土した画文帯求心式四獣鏡は製作年代が二三〇～二五〇年代に絞られ（上野二〇〇八）、弥生時代終末期～古墳時代初頭前後に破砕副葬されたとみられること、他の前期古墳と比較しても最古相に位置づけられることから、筆者は、箸墓古墳の築造時期は築造期間を長く見積もった場合でも、二五〇年代を前後する時期とみて大過ないと考える。この点で、近畿地域における中心性の発現時期は、二四〇年代から二五〇年代と考えることができる。

なお土器の付着炭化物の放射性炭素年代測定により遺跡の年代を推定する場合があるが、土器の付着炭化物が土器の製作・使用の年代を示すかどうかという問題とともに、放射性炭素年代測定法は、炭素14の半減期という点から数十年単位で誤差が発生する。そのため、年代の大まかな指標を得ることには適しているが、例えば箸墓古墳の年代のように数年～一〇年前後での精度が求められる議論においては方法としては不向きである。この問題については、考古学的な交差年代にもとづき可能性を絞り込む方法が有効であるが、それでも実年代については幅を持たせて考える必要があるというのが実情である。これは前述の魏の曹操墓に関しても同様のことが指摘されている（河南省文物考古研究所二〇一一）。

この時期における近畿地域の中心性発現を考える上で、それ以前と大きく異なる点として注目されるのは、内的要因ではなく外的要因として、この時期に大量の中国鏡および三角縁神獣鏡が奈良盆地周辺に流入したという事実である。このことは、三角縁神獣鏡の製作地がどこであっても、また三角縁神獣鏡が「銅鏡百枚」に含まれるかどうか、あるいはこれらの鏡が「銅鏡百枚」に関わるものであるかどうかにかかわらず、「分布・流通の中心が奈良盆地」である点において、この時期に新たに出現した現象ということができる。そして箸墓古墳の造営以後、奈良盆地周辺の中心性が急速に高まることからすれば、そうした中心性を促進した要因の一つとして、中国鏡や三角縁神獣鏡の奈良盆地への大量流入という点を考えることが可能である。いわば、この中国鏡流通形態の変革が、近畿地域がそれ以後長く政治的・文化的中心となる上での大きな契機となったものと考えられるのである。このことが持つ歴史的意義については、次章であらためて検討することにしたい。

仮に古墳時代初頭前後にそのような中国鏡の流入窓口の転換が認められるとした場合、ではその後、これらの中国鏡はどのように各地に流通するようになったのであろうか。先の分布図は、三角縁神獣鏡や小型鏡が列島の広い範囲に拡散する一方で、より大型の鏡は近畿周辺に流通が集中していたことを示しているが、こうした流通形態は、どのようにして可能になったのであろうか。この問題は、列島各地で弥生時代から古墳時代への転換がどのように進行したのか、また各地の地域社会はその後どのような変遷をたどるのか、という問題とも密接に関係している。

また上述の「銅鏡百枚」は、邪馬台国近畿説と三角縁神獣鏡の評価を考える上でこれまでも注目されてきた問題であるが、実際のところ、「銅鏡百枚」とはどのようなもので、三角縁神獣鏡は具体的にどのようにこの問題と関わっているのだろうか。

以上のような問題を考えるため、ここで節をあらためて、前期古墳から出土する鏡の内容について吟味したい。具体的には、この時期の中国鏡の内容・鏡式や、三角縁神獣鏡の製作地・製作年代の問題、また新たに出現した前期倭製鏡について検討し、時代の転換を促した鏡の実態について具体的に考えてみたい。古墳時代前期において列島の広い範囲で出現した地域間関係がどのようなものであったのかについては、次章にて検討を行う。

四　前期古墳出土中国鏡の実態について

後漢鏡と三国西晋鏡：魏晋鏡の多さ

一九九〇年代以降の研究の進展で重要な点の一つは、三世紀代以降の中国鏡についての認識が深まったことである。前期古墳から出土する中国鏡は、かつては「漢中期の鏡」や「伝世鏡」として一括《ひとくく》りに「古い中国鏡」と考えられていたものである。あるいはそのうちの文様が粗雑なものについては日本列島産の鏡（倭製鏡）と考えられていた。ところがそれらの中には、三国代以降に、後漢代の方格規矩四神鏡や獣帯鏡などを復古再生した模倣鏡（倣古鏡）が多数含まれていることが指摘された（車崎一九九九）。これは、中国の魏晋代の鏡の様相が明らかにされたことによるものである（徐一九八四）。これらは華北の魏王朝あるいは西晋王朝の系譜に連なる鏡（魏晋鏡）が主体であり、三世紀第２四半期以降に製作されたものであることが判明したのである（図28）。

先に述べたように、これらの魏晋鏡は弥生時代の遺跡からは出土しないため、魏・西晋王朝や帯方郡・楽浪郡への遣使の機会などを通じて、三世紀中葉以降に日本列島に入ってきたものと考えることができる。例えば大阪府の安満宮山《あまみややま》古墳は古墳時代前期初頭の築造とみられるが、ここからは「舶載」三角縁神獣鏡の初期型式が三面と、魏代の画文帯同向式神獣鏡一面、そして「青龍三年」銘方格規矩四神鏡一面が出土した。初期の三角縁神獣鏡と魏鏡のみで構成され、「銅鏡百枚」を考える上でも重要な共伴資料である（森田一九九八・一九九九）。また四世紀代については不明な点も多いが、楽浪郡・帯方郡および西晋王朝の滅亡により、中国鏡の舶載が断絶もしくは大幅に減少したものと考えられている。

いずれにしても、前期古墳から出土する中国鏡の中で、いわゆる「後漢鏡」として認定可能なものは、伝世鏡論の論理で考えられていたよりもかなり少なかったことになる。次に問題となるのは、そのようにして「後漢鏡」として認定されるものはどのような鏡であるのかという点である。

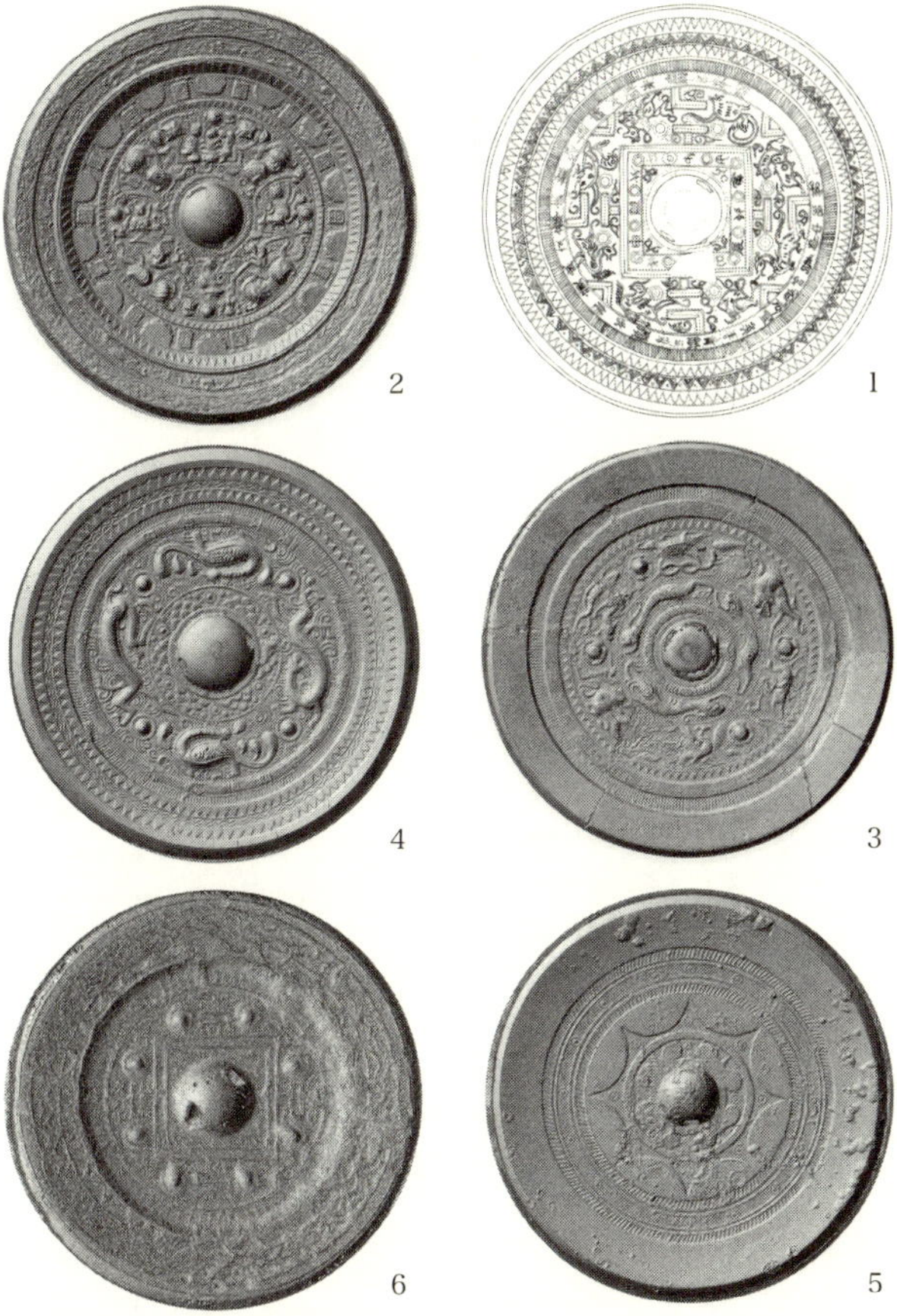

図28　前期古墳出土魏晋鏡の具体例（1：大阪府安満宮山古墳・「青龍三年」銘方格規矩四神鏡〔17.4cm〕、2：大阪府和泉黄金塚古墳・「景初三年」銘画文帯同向式神獣鏡〔23.3cm〕、3：兵庫県吉島古墳・浮彫式獣帯鏡〔23.0cm〕、4：群馬県前橋天神山古墳・二禽二獣鏡〔18.5cm〕、5：群馬県軍配山古墳・円圏珠文帯内行花文鏡〔16.0cm〕、6：徳島県巽山古墳・方格T字鏡〔9.3cm〕〔1：高槻市教育委員会2000『安満宮山古墳』より転載、2〜5：三次元2005、6：水野敏典編2010【以下水野編2010と記載、奈良県立橿原考古学研究所提供】、1：国（文化庁）所有、高槻市寄託、2〜6：東京国立博物館蔵〕）

後漢鏡の実態：踏み返し鏡か伝世鏡か

前期古墳出土中国鏡のうち、確実な魏晋鏡以外のものが文様からみて「後漢鏡」であったという場合に、これらは実際には後漢末から三国代にかけて製作された「踏み返し鏡」ではないかという意見がある（立木一九九四、南二〇一九）。「踏み返し鏡」とは、すでに存在している鏡を真土《まね》と呼ばれる鋳型に用いる土に押し当てて新たに鋳型を作り、それによって同じ鏡を複製生産するもので、「同型鏡」（同型技法）とも呼ばれる（逆に同じ鋳型を何度も使用して同じ鏡を大量生産したものを狭義で「同笵鏡」（同笵技法）という）。すなわち、前期古墳から出土した「後漢鏡」は、文様構成から一見古く見えても、実際に製作された年代は新しい（魏鏡に近い）のではないか、とする考え方である。特に、かつて「伝世鏡」の根拠とされた長期使用による「摩滅」が、表面の微細な観察の結果、実際には鋳造不良によるものであり、鋳造直後の状態を残しているものが多いこともわかってきている（柳田二〇〇二b、清水克他二〇〇二、南二〇一九）。少なくとも、前期古墳から出土する内行花文鏡や方格規矩四神鏡といった「漢鏡五期」の文様を持つ鏡については、そうした製作技術的な観点での検討が不可欠である。

ただしこの説についていては、踏み返し鏡の製作にあたり用いられた原鏡が含まれない、あるいは次章で検討する五世紀代以降の踏み返し鏡と比べ、前期古墳出土鏡の中で同一文様鏡があまりみられないことから慎重な意見が示されている（森下二〇一〇、下垣二〇一三b）。前期古墳出土中国鏡の中で、三角縁神獣鏡以外で同型鏡として現れるものは、その関連鏡群としての魏晋鏡が中心である。具体例として、青龍三年銘方格規矩四神鏡（三面）や景初四年銘盤龍鏡（二面）をはじめ、方格T字鏡と呼ばれる小型鏡で多数の同型鏡が確認されている（松浦一九九四、徳富二〇一七）。また奈良県久渡三号墳から出土した画文帯環状乳神獣鏡が大阪府和泉黄金塚古墳から出土した鏡と同型鏡であることが指摘されている（水野二〇一七）。これらは製作時点において大量生産のために同型技法が用いられた事例であり、ここでいう古い後漢鏡の踏み返し鏡とは意味が異なる。この点で、古い後漢鏡の踏み返し鏡が実際にどの程度存在するかが今後の課題といえる。

そうした問題を考える上で注目されるのが、奈良県大和天神山古墳から出土した鏡である。全長一一三メートルの前方後円墳であるが、埋葬主体部から二三面の鏡が出土しており、その大半が後漢鏡であった。南健太郎の観察によれば、これらの後漢鏡の多くは、文様が不鮮明ながら鋳造直後の状況をよく残しているという（南二〇一九）。この点からすれば、これらについては、踏み返し鏡の可能性を考えておく必要がある。また福岡県一貴山銚子塚古墳から「仿製」三角縁神獣鏡八面とともに出土した大型の四葉座内行花文鏡と鍍金方格規矩四神鏡も、外区文様の不鮮明さといった技術的特徴からそうした脈絡で製作された可能性がある資料である（図29）。

他方で、筆者はかつて「伝世鏡」として考えられていた鏡の中に、実際に製作年代が古く遡るものも一定数存在すると考えている。具体例として、大阪府紫金山古墳出土の方格規矩四神鏡がある（図30）。「伝世鏡論」の具体例として著名であるが、立木修は踏み返し鏡の可能性を

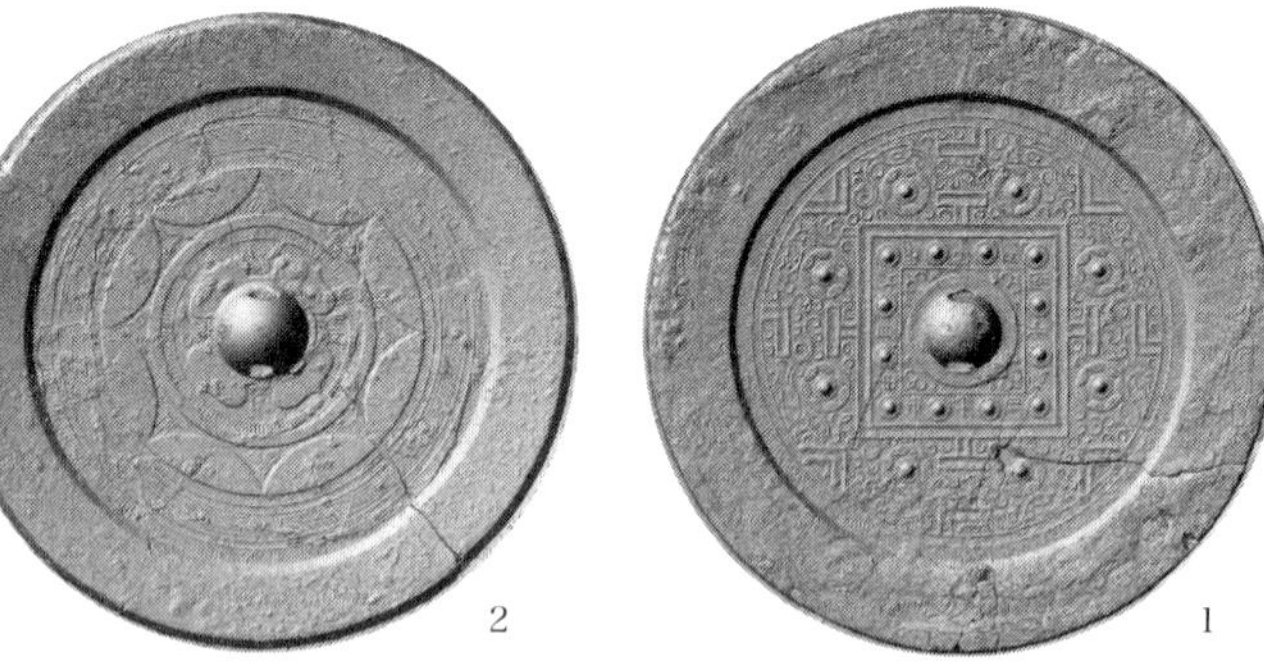

図29　福岡県一貴山銚子塚古墳出土鏡（1:鍍金方格規矩四神鏡〔21.2cm〕、2:四葉座内行花文鏡〔21.7cm〕、いずれも三次元2005, 京都大学総合博物館蔵）

指摘しており（立木一九九四）、一方で柳田康雄は王莽代の製作と捉えている（柳田二〇〇二ａ）。筆者は後者の立場を採るが、この鏡が製作技術の観点からみて、いわばきわめて質の高い優品である点にあらためて注目している。他にもそのように工芸品として非常に優れた鏡が、数は少ないながら、前期古墳出土の後漢鏡の中に一定数存在している。具体例として、ホケノ山古墳出土の画文帯同向式神獣鏡（図16）をはじめとする画文帯神獣鏡にそうした優品が多く見受けられる。

以上から、筆者は、前期古墳から出土した中国鏡の中には、①実際に製作年代が古い後漢鏡、②後漢末～三国代にかけて製作された踏み返し鏡、そして③魏晋代に製作された鏡（魏晋鏡）の三者が含まれると考えている。①と②の識別は困難であるが、③も含めてこれらが混在している、というのが実態に近いものと考えられるのである。この場合の前期古墳出土鏡で①の「後漢鏡で実際に製作年代が古いもの」についても、分布が近畿中心であることから、他の魏晋鏡などと同

図30　大阪府紫金山古墳出土方格規矩四神鏡（23.8cm〔阪口英毅編2005『紫金山古墳の研究』京都大学大学院文学研究科，京都大学考古学研究室保管〕）

様に、古墳時代初頭以降に近畿地域に流入したものとみられる。

三国代の呉の鏡

前期古墳出土鏡の中には、先述のように、後漢鏡や魏晋鏡以外にも、少数ながら呉の紀年銘鏡や江南地域周辺に特徴的な重列式神獣鏡や銘文帯対置式神獣鏡などがある。前者の例として兵庫県夢野丸山古墳出土鏡、後者の呉の紀年銘鏡の具体例として、山梨県鳥居原《とりいばら》狐塚《きつねづか》古墳出土の赤烏《せきう》元年（二三八）銘対置式神獣鏡（面径一二・五センチ）、兵庫県安《あ》倉《くら》高塚《たかつか》古墳出土の赤烏七年（二四四）銘対置式神獣鏡（面径一七・五センチ）などが知られている。二三八年以前の段階で呉と公孫氏が結んでいたとする記録があるが、公孫氏の滅亡が二三八年の八月であり、また赤烏元年の改元もその頃とされるため、少なくとも紀年銘鏡については公孫氏経由とは異なる経路で日本列島にもたらされたものと考えられる。可能性としては、呉と倭の直接交渉による入手（王一九九八）か、あるいは呉と魏の通交の中で魏に流入していた呉の紀年銘鏡が、魏あるいは西晋王朝と倭との交渉の過程で列島に持ち込まれた、といった二つが想定される（紀年銘以外の呉鏡については公孫氏経由の可能性も存在する）。

魏王朝が当時倭を「親魏倭王」として厚遇したのは、南方の呉に対する牽制《けんせい》の意味合いがつよかったことが想定されており（吉田一九九五）、魏・呉・倭の三地域の関係を考える上でもこれらの紀年銘鏡の位置づけは重要である。現状では前者の直接交渉説を積極的に示す証拠は少ないが、紀年銘鏡の示す年代が魏と倭の交渉の初期に限定されることから、後者の可能性も含めてあらためて注目される。今後の資料の増加を期待したい。

前期古墳出土後漢鏡の伝世はどこで行われたか

これらの前期古墳出土中国鏡のうち、特に後漢鏡がどこで伝世され、どのような来歴を経て前期古墳に副葬されたかについて、下垣仁志は大きく五つの立場として整理している。すなわち、A：リアルタイムで中四国以東の諸地域に流入し、当地で長期保有された後副葬された（岡村一九九九、岸本二〇一五など）、B：北部九州などの別地域にリアルタイムで流入し、当地で長期保有された後、中四国以東に移動して副葬された（柳田二〇〇二a・b）、C：北部九州などの別地域にリアルタイムで流入し、当地で長期保有された後、近畿地域に移動して諸地域に分配された（甘粕一九七一、大賀二〇一三）、D：列島外（中国ないし朝鮮半島北部）で長期保有された後、古墳時代開始期前後に中四国以東に流入した（辻田二〇〇七など）、E：古墳時代開始期前後に踏み返しや復古により列島外（ないし列島内）で製作され、中四国以東に流入した（立木一九九四、寺沢薫二〇〇五）、の五つの説である（下垣二〇一三b・二〇一八a）。筆者はD説となるが、下垣は、前期古墳出土の後漢鏡がDのような形で列島に入ってきたとするためには、大陸での伝世の証拠が必要であるがそれが不足しているとして、Cの立場を採っている。

ここまでみてきたように、前期古墳出土の中国鏡には、かつて考えられていた以上に魏晋鏡などが多く含まれていることからすれば、それらを一括して弥生時代以来の「伝世鏡」と捉えることはできない。それらの魏晋鏡以外についても、上述のように製作技術からみて製作年代が後漢代後半以降に下降するものが一定数存在すると考えた場合、これも古墳時代に流入したものが多く含まれると考えた方が整合的である。ではそのようにみた場合、確実に後漢鏡で文様構成が示す年代に製作された鏡（一四四頁の①）についてはどうか。これについて筆者は、盤龍鏡や画象鏡、画文帯神獣鏡などの大半が該当すると考えるが、それらは北部九州の弥生時代後期〜終末期において完形鏡あるいは破砕副葬の事例が殆ど存在しないことをどのように説明するかが問題であると考える。この点もふまえつつ、筆者はD説とされた、中国で伝世されたもの（＋E説のような鏡）が古墳時代になって列島に流入したという立場を採っている。

問題は、それらの後漢鏡がどのように大陸で伝世されていたと考えるのか、という点に集約される。これについて筆者は、後漢王朝やそれを継承した魏・西晋王朝の下で伝世された可能性が高いものと考えている。これは、第五章で検討する倭の五王の時代の同型鏡群の原鏡について考察する中で得た理解である（辻田二〇一八）。筆者は、後漢末〜三国西晋代に大陸で存在していた後漢鏡の優品は、大陸の市井であればどこでも入手可能であったような時代ではなく、王朝の膝下《ひざもと》で宝鏡として保管されていたものである可能性が高いのではないかと考えている。列島にもたらされた後漢鏡はその一部か、その一部をもとに複製された鏡と考えることができる。もし後者の複製という場合は、次章で検討する同型鏡群もそうであるように、本来の精緻な原鏡が発見されることは少ないため、複製された鏡のみが存在することになる。この点も含め、前期古墳から出土する後漢鏡の多くは、古墳時代初頭以降に、魏晋王朝との交渉の結果として新たに列島にもたらされたものとする仮説をあらためて提示しておきたい。

このように考えた場合、いわゆる卑弥呼の「銅鏡百枚」の候補の一つとして、ここで挙げた前期古墳出土の中国鏡の一部が含まれる可能性を想定することができる。この問題については、次節以降で三角縁神獣鏡と倭製鏡について検討した上で再度考えてみたい。

五　三角縁神獣鏡の製作地と製作年代をめぐる諸問題

三角縁神獣鏡の製作地論争①：技術や系譜はどこに求められるか

古墳時代に近畿を中心として新たに出現する代表的な鏡が三角縁神獣鏡である。三角縁神獣鏡をめぐる学説史と近年の研究動向についてはそれだけでまとまった書籍が刊行されているのでそちらを参照していただきたいが（福永他二〇〇三、下垣二〇一〇a）、ここでは製作地と製作年代について、現在何が問題とされているのかを整理したい。

すでに述べているように、三角縁神獣鏡は全体で約六〇〇面弱の事例が知られている。文様が精緻な一群が「舶載」三角縁神獣鏡、文様が粗雑化し変容が進んだ一群が「仿製」三角縁神獣鏡として区分されており、かつては前者を中国製、後者を日本列島製とみるのが一般的であった（図31・32）。特に「舶載」三角縁神獣鏡については、銘文の用字（「銅出徐州 師出洛陽」の「師」と「洛」がこの字体で用いられるのは魏の時代に限定される）や卑弥呼が魏に使いを送った「景初三年」（二三九）や翌年の「正始元年」（二四〇）といった紀年銘をもつ鏡の存在から、魏の時代に製作されたことが早く大正年間に富岡謙蔵によって指摘され（富岡一九二〇）、中国製説の有力な根拠とされてきた。以来、梅原末治や小林行雄の研究をはじめ、邪馬台国近畿説と結びつく形で、卑弥呼の「銅鏡百枚」の最有力候補として位置づけられてきたのである。また小林の同笵鏡論において、近畿地域を核とした政治秩序の形成を考える上での基本資料と位置づけられたことも前章でみた通りである。

小林行雄自身は同笵鏡論・伝世鏡論を提唱した後、三角縁神獣鏡については「舶載」「仿製」についての分類研究を進めた。この結果として、神獣像の配置の分類が示され、現在も継承されている（小林一九七六）。また西田守夫によって「舶載」三角縁神獣鏡の文様が各種の画文帯神獣鏡などに求められることが明らかにされ（西田一九七一）、近藤喬一（一九七三）によって「仿製」三角縁神獣鏡の系譜と変遷の大枠が整理された。その結果、「舶載」三角縁神獣鏡の系

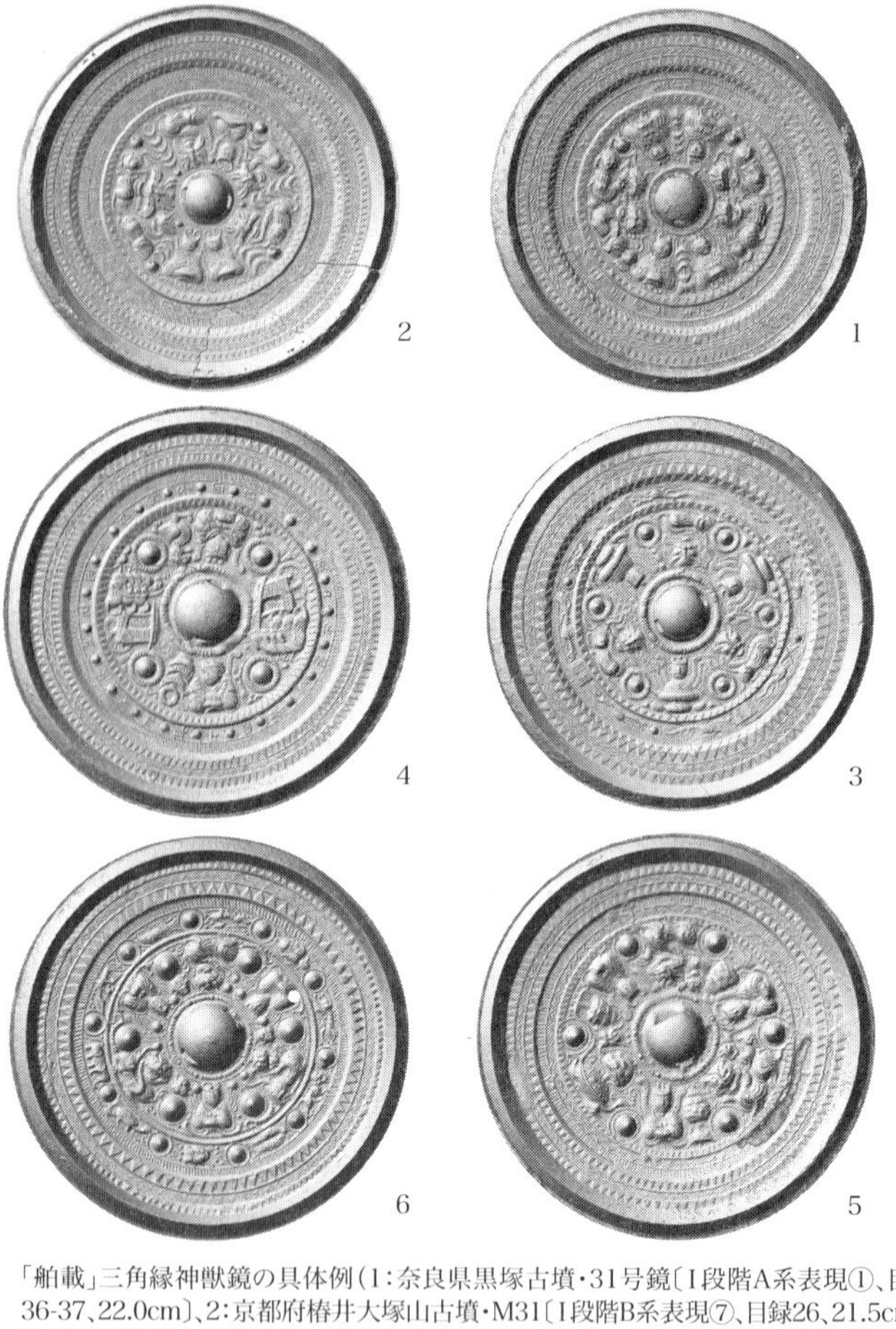

図31 「舶載」三角縁神獣鏡の具体例（1：奈良県黒塚古墳・31号鏡〔I段階A系表現①、目録36-37、22.0cm〕、2：京都府椿井大塚山古墳・M31〔I段階B系表現⑦、目録26、21.5cm〕、3：三重県筒野古墳〔II段階A系表現③、目録104、22.3cm〕、4：山梨県中道銚子塚古墳〔II段階B系表現⑧X、目録13, 22.1cm〕、5：鳥取県馬山4号墳〔III段階B系表現⑩、目録135、21.6cm〕、6：奈良県新山古墳〔III段階B系表現⑪、目録114、22.1cm〕、1～6：三次元2005、1：文化庁蔵・奈良県立橿原考古学研究所保管、2：京都大学総合博物館蔵、3～5：東京国立博物館蔵、6：宮内庁書陵部蔵）

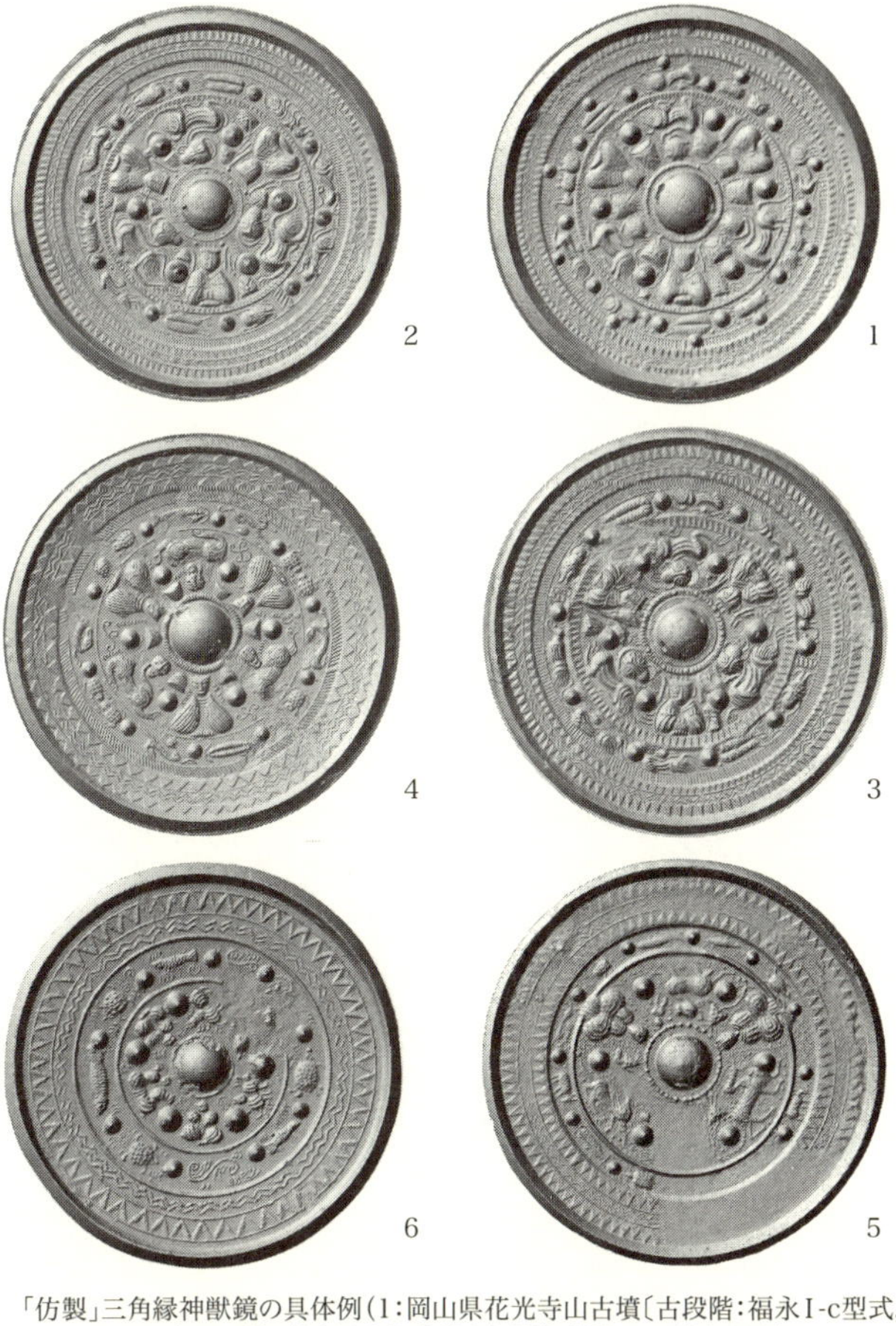

図32　「仿製」三角縁神獣鏡の具体例（1：岡山県花光寺山古墳〔古段階：福永Ⅰ-c型式，目録230、21.8cm〕、2：愛知県出川大塚古墳〔古段階：福永Ⅱ-a型式、目録213、22.1cm〕、3：福岡県一貴山銚子塚古墳〔中段階：福永Ⅱ-c型式、目録212、22.3cm〕、4：佐賀県谷口古墳西石室〔中段階：福永Ⅲ-a型式，目録234、21.6cm〕、5：福岡県沖ノ島18号遺跡〔新段階：福永Ⅳ-a型式、目録240、23.4cm〕、6：福岡県沖ノ島17号遺跡〔新段階：福永Ⅴ型式，目録253、20.0cm〕、1〜4：三次元2005、5・6：水野編2010、1・2・4：東京国立博物館蔵、3：京都大学総合博物館蔵，5・6：宗像大社蔵）

譜は中国製の各種神獣鏡に、「仿製」三角縁神獣鏡は「舶載」三角縁神獣鏡の新しい段階のものに由来することが明確となった。

他方で、三角縁神獣鏡は戦後から現在に至るまで、中国での確実な発掘調査による出土事例が知られていないことから、中国製説については早くから疑義が示されており、その結果として日本列島で製作されたとする説が提起されている（森浩一一九六二）。また二〇一四年に中国洛陽から三角縁神獣鏡が出土したという報告がなされたが、出土状況等が明確でなく、中国製説の新たな根拠となるには至っていない。

三角縁神獣鏡の製作地がどこであるとしても、その文様構成や技術の系譜が中国（あるいは中国の工人）に求められるという点については異論はない。問題は、中国でもどの地域に求められるかという点である。先述の銘文の用字を根拠とした魏鏡説がある一方で、一九八〇年代に中国の考古学者王仲殊によって提起されたのが、呉の渡来工人による日本列島製説である（王一九八一）。三角縁神獣鏡のもとになった各種の神獣鏡が呉の領域である江南地域を中心に出土していることから、三角縁神獣鏡の系譜は文様構成などからも呉の地域に求められるとした上で、呉の鏡工人が列島に渡来して製作したと主張したのである。また一九八六年に京都府福知山市の広峯《ひろみね》一五号墳から、「景初四年」（二四〇）の年号を刻んだ盤龍鏡が出土したことにより、この問題はさらに複雑な様相を示している。これは、当時の明帝が「景初三年」（二三九）の一月に崩御したことが同年の十二月に公表され、年が明けた一月を「後十二月」とした上で「正始元年」（二四〇）への改元が行われたため、本来は存在しないはずの「景初四年」

銘鏡の存在をどのように位置づけるかということが問題となっているものである。具体的には、改元のタイミングが遅かったことによる誤記か、製作地が洛陽でなかったことによるものか、といった可能性が想定されている（近藤喬一九八八）。

このように「船載」三角縁神獣鏡が大陸で出土しないながらも中国製であるとする観点から、列島向けに特別に鋳造されたものであるため、とする説明が行われるようになる（田中琢一九八五）。こうした考え方は「特鋳説」と呼ばれている。

その後一九九〇年代になってから、鏡の製作技術に注目した研究によって製作地に関する議論も大きく進展する。ここで注目されたのが、「長方形鈕孔」と「外周突線」という二つの特徴である（図33）。前者は、鏡の中央のつまみ（鈕）に設置された紐通しの孔《あな》が長方形で、一段高い位置に設置されるというものである。前漢代から後漢代では半円形もしくは円形のものが多いが、この時期、横長の長方形のものが出現する。第五章でもみるように、五世紀代以降は再び半円形もしくは円形が主体となるため、長方形の鈕孔は三世紀代にほぼ限定されることになる。また後者の外周突線は、外区の周囲に一条の突線が巡るものである。福永伸哉は、この両者を備えているものが、華北東部の山東省から渤海《ぼっかい》湾沿岸周辺におけるいわゆる魏晋鏡と三角縁神獣鏡にほぼ限定されることを突き止めた。逆に、先の呉の渡来工人説でも注目された江南地域周辺の鏡は鈕孔形態が正方形に近い方形のものが多く、技術的には異なる。以上から、三角縁神獣鏡の系譜は、華北の魏の領域に求められることが指摘されたのである（福永一九九一）。

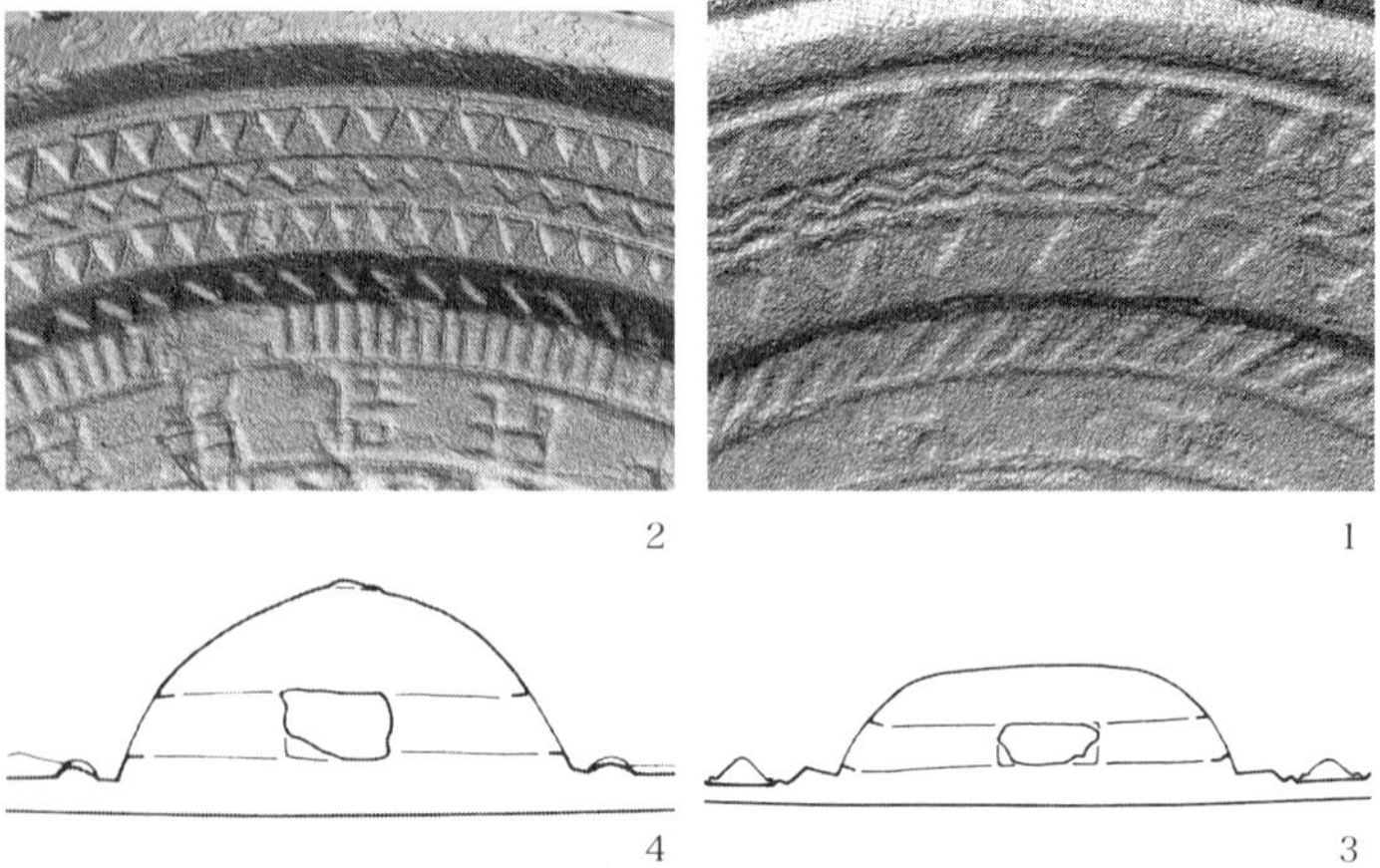

図33　外周突線と長方形鈕孔（1：島根県造山1号墳・方格規矩四神鏡，2：群馬県芝崎蟹沢古墳・「船載」三角縁神獣鏡、3：大阪府安満宮山古墳・「青龍三年」銘方格規矩四神鏡、4：大阪府安満宮山古墳・「船載」三角縁神獣鏡〔1・2：三次元2005、3・4：高槻市教育委員会2000『安満宮山古墳』、1・2：東京国立博物館蔵、3・4：国（文化庁）所有、高槻市寄託〕）

その後、魏晋鏡の研究が進展した結果、段差を持つ長方形鈕孔や外周突線は魏晋鏡の特徴として広く認められるようになった。また河北省から出土した魏晋の方格規矩鏡の銘文が静岡県磐田《いわた》市の松林山《しょうりんざん》古墳出土の三角縁神獣鏡（図34の1）と全く同じ銘文であることが判明するなど（福永・森下二〇〇〇）、一九九〇年代を通じて、「船載」三角縁神獣鏡の魏鏡説が有力視されるようになった。あるいは、製作地については限定できないとした場合も、少なくともその製作の系譜については中国の華北東部地域に求められるようになったのである。また中国各地で出土している神獣鏡の検討が進んだ結果、江南地域のみならず、華北東部

図34　魏晋鏡と共通する銘文をもつ三角縁神獣鏡（1：静岡県松林山古墳・「船載」三角縁神獣鏡〔目録101、21.3cm〕、2：福岡県一貴山銚子塚古墳・「仿製」三角縁神獣鏡〔目録233、21.2cm〕〔1・2：三次元2005、1：東京国立博物館蔵、2：京都大学総合博物館蔵〕）

においても画文帯同向式神獣鏡のような特徴的な神獣鏡が製作されていることが明らかにされたこともこの流れに棹《さお》さすものであった（上野二〇〇〇）。

三角縁神獣鏡の製作地論争②：「仿製」三角縁神獣鏡の位置づけをめぐって

以上のように、一九九〇年代までは、全て日本列島製とする説もみられる一方で、少なくとも「船載」三角縁神獣鏡の「系譜」は華北の魏の領域に求められること、また「仿製」三角縁神獣鏡は日本列島製であるというのが一般的な理解であった。ところがその後、魏晋鏡研究の成果にもとづき、「仿製」三角縁神獣鏡も含めて全て中国製（魏晋鏡の一部）であるとする説が提唱された。車崎正彦は、「仿製」三角縁神獣鏡の製作技術や文様が他の倭製鏡とは異なっており、また文様の特徴などからみても中国の工人が描いたとみた方が整合的であるとして、「船載」三角縁神獣鏡を魏鏡、「仿製」三角縁神獣鏡を西晋鏡として全て中国製とする説を提起した（車崎一九九九）。この説は当時大きな衝撃をもって受け止められたが、現在ではこの立場を支持する研究者も多く、むしろ主流派の一つとなっている。

この問題を考える上で重要な資料がある。図34の2に挙げた福岡県一貴山銚子塚古墳出土の「仿製」三角縁神獣鏡には以下のような銘文がある：「吾作明鏡甚獨保子宜孫富無訾奇」。この銘文は先に挙げた河北省の魏晋の方格規矩鏡や松林山古墳出土の「船載」三角縁神獣鏡と同じ内容の銘文であるが、漢字の字体の左右が反転しており、また元来は「獨奇」と記されていた「奇」の字だけが最後に移動されているという違いがある。この銘文について、以前は「仿製」三角縁神獣鏡を日本列島製と考える立場から、漢字の意味を解していない倭の工人が鏡の銘文を見たまま鋳型に彫り込んだ結果、字体が左右に反転し、また書き損じた「奇」の字も最後に挿入された、と説明されていた（田中琢一九八一、岡村一九九九）。これについて、先の車崎の魏晋鏡説では、字体は左右反転であるものの、倭製鏡でみられるような極端な文様化や変容は認められないことから、これは漢字を識《し》る中国の工人が直接彫り込んだものと説明している。この資料も全中国鏡説の論拠の一つとなったのである。

あわせて注目されているのが、同一文様鏡（いわゆる広義の「同笵鏡」）の製作技術である。特に一九八〇年代以降、これらがどのようにして作られたのかという点についての研究が盛んに行われてきた。多いものでは同一文様鏡が一〇面存在するものもあるが、それらに残された鋳造時の痕跡の検討や、実験考古学による再現実験などにより、同型技法や同笵技法の可能性が検討されている（例：八賀一九八四、藤丸一九九七、鈴木勉二〇一六）。またその後、二〇〇〇年代に入ると三次元計測の技術が発達し、断面形態や鏡自体に残された鋳造痕跡の観察などの研究が活発に行われるようになる（水野二〇〇六）。

そうした成果をふまえて、近年清水康二らにより「鋳型の再利用説」とも呼ぶべき考え方が提起されている。これは、三角縁神獣鏡の文様が違っていても、製品に残された鋳型の傷の痕跡などが共通するという点を根拠とするもので、同じ鋳型を再利用して別の文様を彫り込んだものと想定されている。こうした共通の傷が、「舶載」三角縁神獣鏡と「仿製」三角縁神獣鏡の間でも認められることから、同じ鋳型が再利用されている点で、両者は「同じ場所」で鋳造されたものとする。ここでは鋳型そのものが工人とともに移動することはないという点が前提とされており、この場合、「舶載」三角縁神獣鏡と「仿製」三角縁神獣鏡は、「全て中国」あるいは「全て日本列島」のいずれかで製作されたものと想定されている（清水康二〇一五a・b）。「仿製」三角縁神獣鏡は、いわゆる「倭製鏡」との間で文様や製作技術においてあまり共通性がないため、従来のように日本列島製と考える場合でも、工人の系譜は相互に異なると考えられていた。具体的には、倭製鏡の製作工人とは別に、「舶載」三角縁神獣鏡の工人が渡来して製作を行った、というイメージである。上述の「鋳型の再利用説」の立場では、鋳型そのものの持ち込みまで認められるかどうかが問題ということになる。

上記のような製作技術や文様の「共通性」を「連続性」として強調する場合は、「全て中国製」もしくは「全て日本列島製」といういずれかである可能性が高いことになり、概ねこの二案に集約された感もあるが、さらに別の問題も存在する。

三角縁神獣鏡の製作年代をめぐる問題

もう一つ問題となるのは、製作期間の長さという点である。「舶載」・「仿製」三角縁神獣鏡のいずれも、型式学的な分類・編年研究が進められた結果、それぞれ三〜五段階ずつの変遷が認められている。特に一九八九年以降、京都大学総合博物館で三角縁神獣鏡に関する企画展が開催され、三角縁神獣鏡の資料集成が行われるなど、基礎資料の整備が行われた。それと連動するように型式学的な研究が大きく進展し、分類・編年の大枠はほぼ固まっている（岸本一九八九・一九九五、新納一九九一、澤田一九九三、福永一九九四b、森下一九九八b、小山田二〇〇〇、岩本二〇〇三・二〇〇八、辻田二〇〇七、下垣二〇一〇a）。特筆すべきは、岸本直文による主像表現の分類と、新納泉による時間的変遷の指標となる属性の抽出であり、この両者を基礎として編年研究のみならず、生産体制の復元などが行われてきたのである。

問題はその実年代の幅であるが、全て中国製とする立場では、先の車崎のように、「舶載」三角縁神獣鏡を魏代、「仿製」三角縁神獣鏡を西晋代の作とみて、前者の製作を二〇年前後の短期間で理解する。これを「短期編年説」と呼んでいる。

その一方で、これまでの出土事例では、「舶載」三角縁神獣鏡は古墳時代前期前半の古墳から、「仿製」三角縁神獣鏡は前期後半の古墳から出土している。先にも述べたように、古墳時代中期の実年代を四世紀末から五世紀代と考えた場合、前期の実年代の長さは三世紀中葉から四世紀代の最大一五〇年ほどになる。この場合、三角縁神獣鏡の型式の変遷が概ね各地における古墳の築造時期の変遷と対応していること（森下一九九八ｂ）、また「仿製」三角縁神獣鏡の製作契機が四世紀初頭における西晋王朝の滅亡（および楽浪郡・帯方郡の滅亡）による工人の渡来に求められるという理解（福永一九九四ａ）などにもとづき、「舶載」三角縁神獣鏡の製作期間を五〇年前後とみて、「仿製」三角縁神獣鏡の製作年代を四世紀代とする年代観が提示されてきた。これを「長期編年説」と呼んでいる。

この両説では、三角縁神獣鏡の製作地や三世紀後半代の製作背景をめぐる理解が全く異なるため、「舶載」「仿製」それぞれの製作年代の問題と製作技術における共通性・連続性の両方を矛盾なく説明できる説が期待されるところである。

原材料からみた三角縁神獣鏡

こうした問題の解決に向けて、これまで自然科学的な手法によって原材料の分析が行われてきた。鏡にかぎらず、青銅器は銅・錫《すず》・鉛の合金であるため、このうちの鉛の同位体の比率を分析することによって産地推定が行われてきたのである。日本列島では、六世紀以前においては、青銅器の原料は基本的に朝鮮半島や大陸からの舶載原料に依存していたものと考えられている。特に一九八〇年代以降、馬淵久夫らを中心に行われた鉛同位体比分析のデータの蓄積により、前漢鏡と後漢鏡で鉛の産地が異なることなどが明らかにされてきた（馬淵・平尾一九八二・一九八三）。すなわち、前者は華北の、後者は華中から華南の鉛が用いられていると考えられている。列島の古墳時代の倭製鏡についても、主にこの後漢鏡と共通した華中から華南の鉛が用いられていることが知られている。三角縁神獣鏡については、広い意味では後漢鏡と同じ鉛であるが、データとしてはやや分散している。この結果、鉛同位体のデータからは中国製、日本列島製の両説が提起されており、意見の一致をみていない（新井二〇〇〇、馬淵二〇一八、大賀二〇一九）。

また二〇〇四年には、スプリング8と呼ばれる計測機器を用いて三角縁神獣鏡の原材料に含まれる微量元素の測定が行われた。泉屋博古館《せんおくはくこかん》が所蔵する他の中国鏡とあわせて計測が行われ、比較された結果、三角縁神獣鏡は倭製鏡とは異なり、魏晋鏡と同じ微量元素が認められた（泉屋博古館古代青銅鏡放射光蛍光分析研究会二〇〇四・二〇〇八）。すなわち、三角縁神獣鏡が魏晋鏡と同じ原料で製作されていた可能性が高いことが明らかになったのである。

これについてはもう一つ注目されることがある。それは、「舶載」三角縁神獣鏡と「仿製」三角縁神獣鏡の間で差があるかどうかという点である。データ自体では両者で分布に違いがみられ、後者が倭製鏡の分布域に含まれるものの、資料数が少ないこともあり、これが両者の製作地が異なるとまでいえるかどうかという点については現在でも研究者の間での共通理解には至っていない。

以上のように、三角縁神獣鏡については、製作地がどこであれ、大陸由来の原材料が用いられていると想定されることから、自然科学的な分析だけでは製作地を限定することはできず、考古学的な分析結果とあわせて考えていく必要がある。

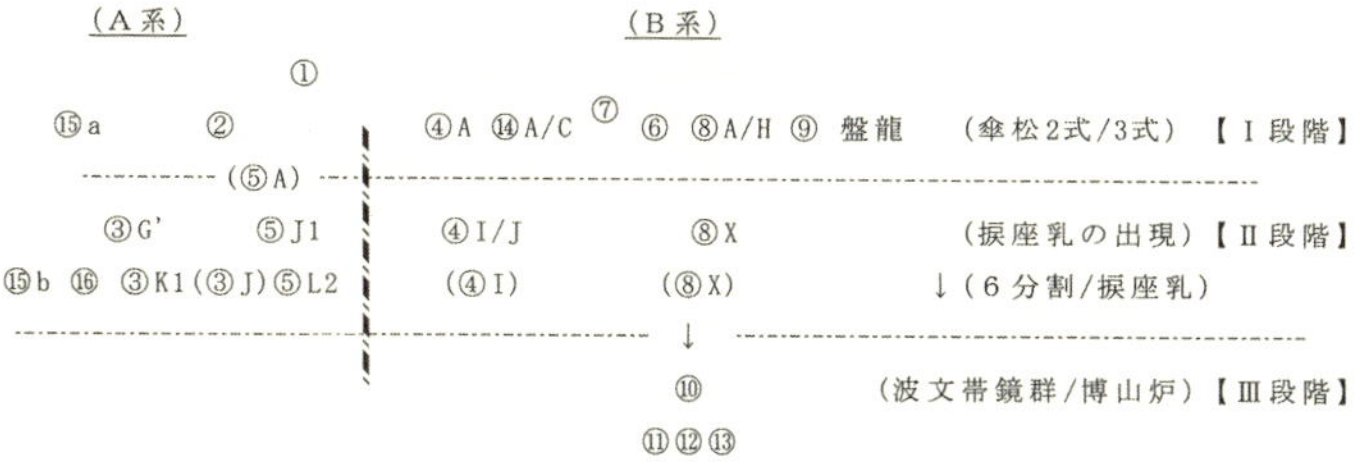

図35 「舶載」三角縁神獣鏡の編年（辻田2007）

三角縁神獣鏡の変遷をどのように説明するか

ここまで縷々《るる》三角縁神獣鏡をめぐる研究動向をみてきたが、ここで三角縁神獣鏡の製作地と製作年代について、筆者の意見を述べておきたい。筆者がこの問題を考える上で注目しているのは、「舶載」三角縁神獣鏡と「仿製」三角縁神獣鏡の間での、文様の変遷の違いという点である。具体的にいえば、まず「舶載」三角縁神獣鏡については、筆者は文様の変遷と古墳での共伴関係にもとづき、大きく二系統・三段階の変遷を想定しているが（図31・35：丸番号は岸本直文〔一九八九〕による主像表現の分類を示す）、各段階でそれぞれに新しい文様が導入されている。すなわち、最初のⅠ段階は画文帯同向式神獣鏡や対置式神獣鏡などを組み合わせて文様が生み出されている。また盤龍鏡や仏像表現など、多様な単位文様が取り込まれて多種の三角縁神獣鏡が創案されている。次のⅡ段階では、画象鏡の車馬文様や魏晋代の二禽二獣鏡《にきんにじゅう》などが、そしてⅢ段階では画象鏡の博山炉と呼ばれる香炉を模した文様などが導入されている。また各段階で駱駝や象といった実在の動物文が採用されている点も注目される。こうした仏像表現・車馬文様や駱駝・象といった動物文の存在は、製作工人がそれらを知り、描くことができる環境にあったことを示している。また生産の初期が最も文様構成においても多種多様であるが、新しい段階になるにつれて多様性が失われ、生産面数自体も減少する（辻田二〇〇七）。

これに対して、「仿製」三角縁神獣鏡については、福永伸哉によるⅠ型式～Ⅴ型式の五期区分の分類・編年案（福永一九九四ａ）にもとづき、文様構成の簡略化と共伴関係から、大きく［Ⅰ～Ⅲ型式］の「古・中段階」と［Ⅳ・Ⅴ型式］の「新段階」の前後二段階の変遷として捉えている（図32）。これらは「舶載」三角縁神獣鏡と異なり、基本的に各段階で新たな文様が導入されることがなく、それぞれの前段階の文様を模倣し、それが退化する過程として変遷が説明できる。この点で、「舶載」三角縁神獣鏡と「仿製」三角縁神獣鏡の間では、変遷のあり方そのものが大きく異なっているのである。

また出土古墳における共伴関係からみても、上記のように「舶載」「仿製」それぞれに三段階・二段階ほどの時期差があり、またこれらが副葬される古墳の築造年代の差とも概ね対応するため、「舶載」三角縁神獣鏡は最大五〇年程度の存続期間が想定される（森下一九九八ｂ）。この所説に関連して、岩本崇は三世紀後半代の西晋鏡を検討した結果として、「舶載」三角縁神獣鏡の存続幅が半世紀程度になるという長期編年説の立場を表明している（岩本二〇一七ａ・二〇一九）。また「仿製」三角縁神獣鏡については、存続期間や下限を決定することは難しいが、先のⅣ・Ⅴ型式は「前期後半～末」の指標でもあることから、少なくとも数世代ほどの存続幅が想定できる。

以上の点を論拠として、筆者は「船載」三角縁神獣鏡が出土する前期前半を三世紀後半代、「仿製」三角縁神獣鏡が出土する前期後半を四世紀代と考えている。そのようにみた場合、製作技術の系譜の共通性・連続性なども勘案した上で、これまで筆者は「船載」三角縁神獣鏡は広義の中国製、「仿製」三角縁神獣鏡は日本列島製と考えてきた。特に前者の「船載」三角縁神獣鏡については、後述するように、楽浪郡・帯方郡域での製作を想定したことがある（辻田二〇〇七）。「仿製」三角縁神獣鏡については、西晋王朝および楽浪郡・帯方郡が滅亡した四世紀初頭以後に列島で製作されるようになるという福永伸哉の説（一九九四ａ・二〇〇五ａ）を支持している。

「仿製」三角縁神獣鏡の文様と技術をどのように説明するか

製作地の問題を考える上で重要なのは、「仿製」三角縁神獣鏡の位置づけである。具体的には「仿製」三角縁神獣鏡を日本列島製と考える場合に考古学的証拠が存在するかどうかという点であるが、例えば同型技法ないし同笵技法による同一文様鏡の複製生産や、段差を持つ長方形鈕孔といった点は三角縁神獣鏡の間で共通するもので、倭製鏡とは異なる特徴である。先述の「鋳型の再利用」説においては、製作地が「船載」三角縁神獣鏡と「仿製」三角縁神獣鏡の間で異なることはないものと想定されているが、それを論拠として「全て日本列島製」と考えた場合にも、やはり倭製鏡との技術の違いをどう説明するかが問題となる。

ただ従来「仿製」三角縁神獣鏡を日本列島製と考えてきた論者の多くは、長方形鈕孔や同一文様鏡の複製生産といった「仿製」三角縁神獣鏡の技術的特徴は、「舶載」三角縁神獣鏡の製作者からの直接的な伝達によるものと考えている（福永一九九四a、辻田二〇〇七）。この点で筆者は、先の「鋳型の再利用」説がもし実際に想定可能である場合は、例えば鋳型も含めた工人の渡来という可能性を視野に入れる必要があるものと考える。鋳型が新規の製作でなく再利用されていたとすれば、そこには何かしらの理由あるいは必要性があったということになる。そのこと自体、鋳型の原材料や鋳型そのものがどこでも容易に入手あるいは準備可能ではなかったことを示している。この点では、「鋳型の再利用」という点にもとづいて、「舶載」と「仿製」の両者の製作地が同一であることを前提にすることはできないと考える。したがって問題となるのは、「仿製」三角縁神獣鏡が列島で製作されたとする考古学的証拠が具体的に存在するかどうか、という点であるが、この点については現状で資料が少ないことから、本書では結論を急がず、別の機会にあらためて考えてみたい。

また「仿製」三角縁神獣鏡については、もし「舶載」三角縁神獣鏡の最新段階との間に数十年程度のタイムラグがあるとすれば、それは大陸・列島で繰り返し行われている「復古再生」の一種である可能性もある。またそれ以降、「仿製」三角縁神獣鏡は文様が大幅に変容しても製作され続けている点からみて、いずれにしてもその製作には列島社会の側の事情・需要が大きく反映しているものと考えることができよう。文様が判読できないほどに変容したものであっても、「仿製」三角縁神獣鏡は列島社会の中で求められ続けたのである。

「銅鏡百枚」の候補

以上をふまえ、ここであらためて「銅鏡百枚」の候補と三角縁神獣鏡の製作地に関する筆者の考えを述べておきたい。まず「銅鏡百枚」の候補として、筆者は先に検討した、前期古墳から出土する中国鏡、中でも後漢鏡の優品・大型鏡を想定している。具体的には、四葉座内行花文鏡や方格規矩四神鏡、各種の画文帯神獣鏡（特に環状乳神獣鏡・同向式神獣鏡）などの大型鏡である。これ以外にも、紀年銘を有する魏鏡（「青龍三年」銘方格規矩四神鏡など）が含まれる可能性もあるが、それらも含めた中国鏡が第一候補として挙げられる。これらは、伝世鏡論の立場ではそもそも「銅鏡百枚」の候補から除外されているものであるが、古墳時代初頭以降における完形中国鏡の流入という観点からは、「銅鏡百枚」の条件を持つものである。そうした完形後漢鏡の優品を主体として、一部の魏鏡などを含んだいわば「混成鏡群」を「銅鏡百枚」の実態と考える。

「銅鏡百枚」は、これまで同一の鏡種・鏡式の集合と想定される場合が多く、そのため三角縁神獣鏡が最有力候補として位置づけられてきた。一方で、三角縁神獣鏡が「銅鏡百枚」かどうかという点を考える際によく問題とされるのは、「舶載」三角縁神獣鏡だけでも約四三〇面、全体で六〇〇面弱が存在するため、「百枚」を大きく超えているという点である。当然ながら、未調査の古墳などに眠っている資料を勘案すると、三角縁神獣鏡の本来の生産面数はこの数字をさらに大幅に上回る可能性がある。

この問題について、例えば全魏晋鏡説の車崎正彦は、二三九年に始まる倭による魏晋王朝の遣使が、その後二四三年・二四七年に行われていることから、「四年毎《ごと》の朝貢慣行」にもとづき行われた可能性を想定しつつ、「舶載」「仿製」の両者で二七八年までの計一一回の遣使機会を通じて列島にもたらされたものと論じ、全体で一一段階の変遷を想定している（車崎二〇〇五）。岡村秀典も、景初三年・正始元年段階での「銅鏡百枚」が全て「舶載」三角縁神獣鏡であることを想定しつつ、車崎の全魏晋鏡説・短期編年説を支持している（岡村一九九九・二〇一一a）。

筆者もまた、景初三年・正始元年以降の遣使機会を通じてさまざまな中国鏡が断続的に列島にもたらされたものと考えているが、毎回「百枚」単位であったのか、内容が同一であったかについては別の問題と考える。少なくとも現状では、「銅鏡百枚」について議論する際には、『魏志』倭人伝に記録された景初三年・正始元年の段階のものに限定して考えるのが穏当であろう。その場合、この段階での「銅鏡百枚」の中には、遣使年次を示す「景初三年」「正始元年」の紀年銘を持つ三角縁神獣鏡の初期型式や関連鏡群が含まれていても不思議ではない。ただそれらが含まれていたとしても一部であり、主体をなすのは完形後漢鏡の優品・大型鏡であるというのが筆者の理解である。

あわせて、例えば前期古墳から出土する他の各種魏晋鏡についても、全て王朝からの「下賜品」であったのかどうかという点が問題となる。具体的には、例えば遣使の機会を通じて、洛陽や楽浪郡・帯方郡などの周辺地域の市中に出回っていた鏡が別途入手され、持ち帰られた可能性も想定される。特に小型鏡などについては、そのような形で列島にもたらされたものが多く含まれると考えられる。前期古墳から出土する中国鏡には、そのような意味で、中国王朝から賜与されたものと、交易などを通じてもたらされたものの両者が混在しているものと想定される。

なお第二章でも触れたように、近年調査された中国河南省の曹操墓から鉄鏡が出土していることなどからも、同時期の中国においては、より上位に格付けされていたのは鉄鏡であったものとみられる。その意味では列島にこうした鉄鏡が流入した量の少ない点が注目される。また大分県日田市のダンワラ古墳から出土したとされる金銀の象嵌《ぞうがん》文様を施した鉄鏡（面径二一・三センチ、河野二〇一四）はこの時期に製作されたとみられる大型鏡で、曹操墓出土鏡と文様も類似していることが指摘された（二〇一九年九月六日付朝日新聞朝刊）。きわめて重要な資料であり、「銅鏡百枚」との関連についても注目されるところであるが、残念ながら出土状況が明確でないため、この時代の資料として扱うことには一定の留保が必要である。またダンワラ古墳鏡は「鉄鏡」であるので、「銅鏡百枚」とは別の鏡という捉え方もできるが、少なくとも、この鏡以外に古墳時代前期において広く鉄鏡が用いられた形跡はみられないことから、もし鉄鏡が他にも一定数流入していたとすれば、例えば未調査の大型前方後円墳などに集中的に副葬されている可能性がある。もしくは、流入数自体が本来少なかったのであれば、この時期の列島社会では、数が少ない鉄鏡よりも、大型の青銅鏡の方が重視された可能性も想定されよう。

これらの完形後漢鏡の優品や魏鏡の大型鏡などを「銅鏡百枚」の有力候補と考えるのは、次節で述べる倭製鏡の問題とも関連するが、これについては後述する。ではこのように考えた場合、三角縁神獣鏡の製作地はどのように説明できるだろうか。

三角縁神獣鏡の製作地とその背景

筆者は、「銅鏡百枚」の主体が後漢鏡の優品・大型鏡であると捉えた場合、また三角縁神獣鏡が「銅鏡百枚」の主体ではない可能性を考慮した場合、三角縁神獣鏡の主たる製作地の候補を洛陽周辺に限定する必要はないものと考えている。「景初三年」「正始元年」といった紀年銘鏡については洛陽周辺での製作の可能性や「銅鏡百枚」に含まれる可能性も想定されるが、それ以降の三角縁神獣鏡の大量生産については、洛陽以外の地域で行われた可能性も考えられる。官営工房を表す「尚方《しょうほう》」作の銘文が少ないこともこの点と関連する。

三角縁神獣鏡の製作地については、中国製説の場合は洛陽、日本列島製説の場合は近畿地域が主に想定されてきた。これに加え、第三の候補地として注目されるのが、朝鮮半島西北部の楽浪郡・帯方郡の領域である。また渤海湾沿岸も含めて考える場合もあり、広い意味では中国製説に含まれるが、洛陽などの魏晋王朝の中心部ではなく、その周辺地域で製作が行われたとするものである。

前章までに述べてきたように、二世紀代までは楽浪郡が列島社会に対する窓口であり、三世紀代に公孫氏が帯方郡を設置してからは、帯方郡が主な窓口となった。ただどちらも具体的な遺跡としての実態が明らかでないため、ここでは「楽浪郡・帯方郡域」として述べる。この楽浪郡・帯方郡域は、卑弥呼の遣使直前の二三八年に魏によって公孫氏が滅ぼされた後、魏に接収され魏の領域に復している。

この楽浪郡・帯方郡域については、これまで白崎昭一郎（一九八七）、宮崎市定（一九八七）、岸本直文（一九九三）、西川寿勝（二〇〇〇）といった研究者が製作地の候補地として挙げている。白崎・宮崎説は楽浪郡域出土鏡の銘文との共通性や景初四年銘鏡の存在などから想定するものであり、また西川説は、卑弥呼が魏から下賜された鏡を「宝飾鏡」と捉えつつ、三角縁神獣鏡はそれらの「宝飾鏡」をモデルとして楽浪郡域で製作された鏡と位置づけている。他に工人渡来説といった観点から、大和岩雄や寺沢薫は三角縁神獣鏡の初期のものが楽浪郡や帯方郡で製作された後、二四〇年代に工人が列島に渡来して列島で製作するようになった可能性を想定している（大和一九九八、寺沢薫二〇〇〇）。

前述のように、筆者も三角縁神獣鏡の製作地としてこの楽浪郡・帯方郡域を考えたことがある（辻田二〇〇七）。これは、ここでみた「銅鏡百枚」の候補と「仿製」三角縁神獣鏡の製作契機という二点の説明という点で、条件を満たす地域の一つとして想定するものである。筆者は「舶載」と「仿製」の両者を区分し、「舶載」三角縁神獣鏡の製作が半世紀程度の長期間継続したと考える立場であるが、そうした製作が行われた時代背景として、魏の呉に対する牽制という点を想定する。すなわち、魏にとっては、呉と密接な関係を有していた旧公孫氏政権の領域を奪回し、さらに進めて東方の倭国を厚遇することが、当時の国際情勢において重要な意味を持っていたと考えるのである（吉田一九九五）。この点は三角縁神獣鏡が全て中国鏡であってもあてはまる。問題は「仿製」三角縁神獣鏡の製作契機という点である。この時代、倭の遣使は洛陽まで派遣される場合も、常に楽浪郡・帯方郡域を結節点として経由していたが、楽浪郡・帯方郡の滅亡以後は、対外交流の主な舞台は朝鮮半島南部地域へと移っていった。こうした国際情勢の変遷の中で「舶載」三角縁神獣鏡が製作されるような候補地の一つとして挙げられるのが、楽浪郡・帯方郡域と考える。当初は魏王朝の意向を受けて楽浪郡・帯方郡域で列島向けの「舶載」三角縁神獣鏡が製作され、後にはその製作工人もしくはその後裔により「仿製」三角縁神獣鏡が製作されたという理解であり、これもまた広い意味では「特鋳説」の一つである。三角縁神獣鏡はこのような意味で、一貫して列島社会の側の必要性に応じて製作された鏡であったということができる。

ただ現状では製作地に関する仮説のいずれも、製品や鋳型などの直接的な考古学的証拠は殆どないことから、ここでみた楽浪郡・帯方郡域説についても、洛陽周辺や日本列島なども含めて複数存在する候補地の一つという状況を大きく超えるものではない。

三角縁神獣鏡の製作地に関する筆者の理解は以上のようなものであるが、いずれにしても、「景初三年」「正始元年」銘鏡の存在や前期古墳での出土のあり方から、卑弥呼の魏への遣使を契機として生産が行われた鏡であるという評価は、広く古墳時代研究者の間で共有されていることをあらためて確認しておきたい。

六　古墳時代の倭製鏡の変遷：モデルとその選択

ここまで、三角縁神獣鏡と「銅鏡百枚」に関する研究動向と筆者の見解について述べてきた。この「銅鏡百枚」とも密接に関係していると考えられるのが、古墳時代前期に列島で多数生産された倭製鏡である。これらは、中国鏡を手本としながら日本列島で製作された鏡であることから、どのような鏡がモデルとして選択されたのか、またそれをもとにどのような鏡を製作しようとしたのか、といった点が問題となる。こうした観点から、倭製鏡の成立と変遷について検討したい。

倭製鏡の種類と変遷

古墳時代の倭製鏡は、本章の第二節でも述べたように大きく三段階に区分されている（森下一九九一・二〇〇二）。このうち第一段階にあたる前期の倭製鏡は、生産面数や種類の多様性という点で、倭製鏡生産のピークであるということができる。なお一貫して倭製鏡の生産は基本的に青銅鏡のみであり、鉄鏡が模倣生産された可能性は低いとみられる。

倭製鏡については、かつては中国鏡の鏡式に一対一で対応するように「仿製（倭製）内行花文鏡」「仿製画文帯神獣鏡」といった表記がなされ、中国鏡の鏡式体系を引き写したものと考えられる場合も多かった。他方で倭製鏡独自の文様構成を持つものも多く、「中国鏡の模倣品」

と捉えるだけで説明できるのかどうかが問われるところである。

倭製鏡の場合は、そうした点も含め、中国鏡のように思想的背景が共有された「鏡式」として製作されたものではないと考えられることから、同一文様の系譜的連続性という点で「系列(系)」の語が用いられる。前期の倭製鏡には二〇前後の系列が存在することが知られているが(森下一九九一、下垣二〇〇三a)、ここではその中でも中心的な位置にある三つの系列に注目したい。すなわち、内行花文鏡系・方格規矩四神鏡系・鼉龍《だりゅう》鏡系である(図36)。これらは初期の製品に大型鏡が集中する点が共通する(新井一九九七)。

内行花文鏡系は、主に後漢代の四葉座内行花文鏡をモデルとするもので、大型鏡と小型鏡のいずれも製作されている。方格規矩四神鏡系は、こちらも後漢代の方格規矩四神鏡をモデルとしながら、他の鏡式の文様を取り込みつつ製作されている。方格規矩四神鏡系は中型鏡以上が中心で小型鏡はみられない。鼉龍鏡系は、後漢代の画文帯神獣鏡のうちのいくつか(画文帯環状乳神獣鏡や画文帯同向式神獣鏡など)を合成して新たに創出されたもので、これも中型以上のものを主体とする。この鼉龍鏡系の文様の一部を取り出して小型化したものが捩文《ねじもん》鏡系と呼ばれる一群であり、両者は同じ文様を基礎とした大型鏡と小型鏡という関係にある(車崎一九九三b)。この三つの系列について、前期倭製鏡の中心的系列群と呼んでいる。

前期の倭製鏡は、大きく古段階と新段階に区分することができるが、古段階ではこれらの三つの系列で大型・超大型の鏡が生産されるとともに、それと並行して小型鏡の生産が行われた。いわば大型鏡と小型鏡を作り分けたものとみられる(和田一九八六、車崎一九九三b)。新段階

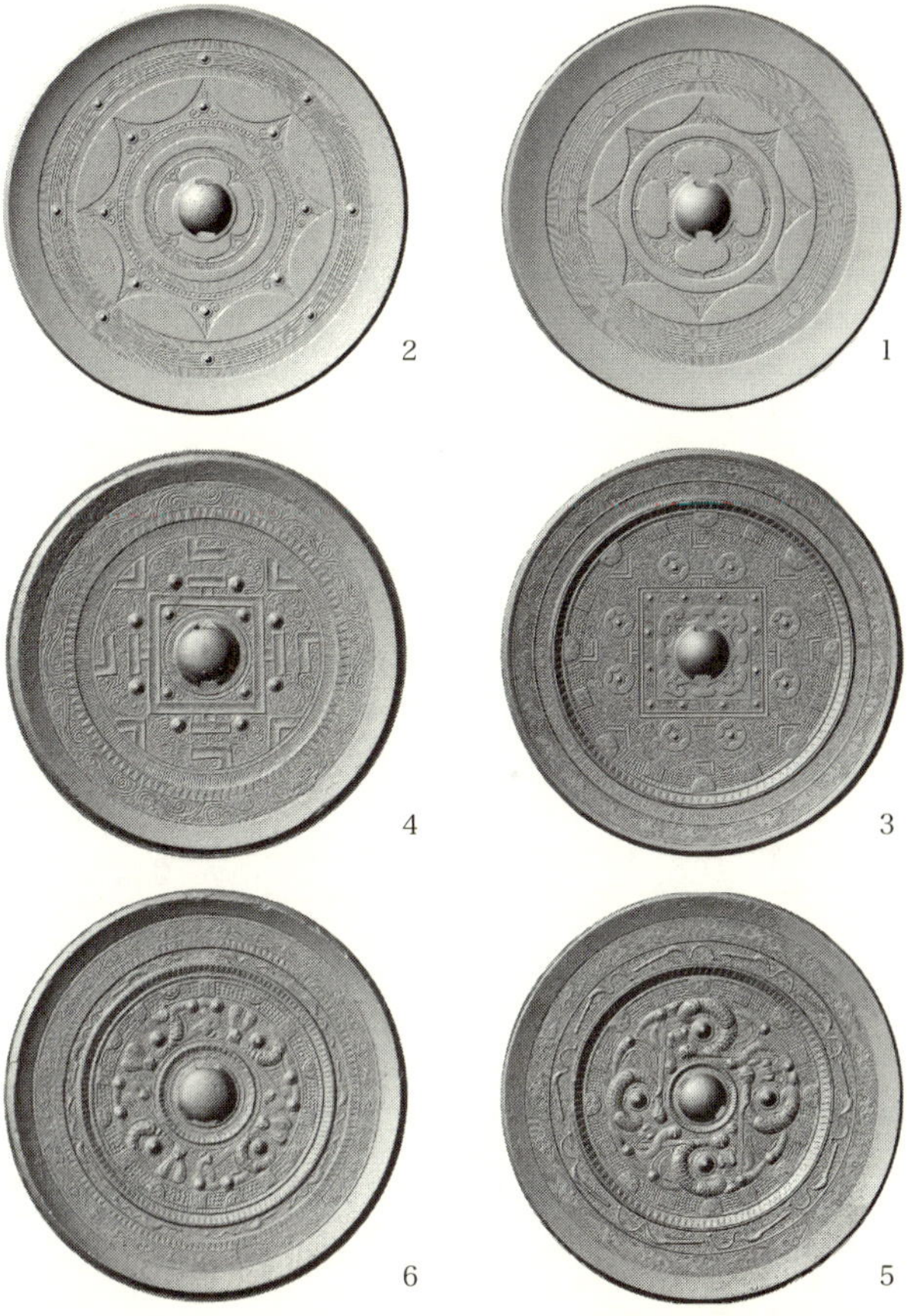

図36　前期倭製鏡の中心的系列群（1：奈良県下池山古墳・内行花文鏡系〔37.6cm〕、2：福岡県沖ノ島19号遺跡・内行花文鏡系〔24.8cm〕、3：奈良県新山古墳・方格規矩四神鏡系〔29.2cm〕、4：岡山県鶴山丸山古墳・方格規矩四神鏡系〔17.0cm〕、5：山口県柳井茶臼山古墳・鼉龍鏡系〔45.0cm〕、6：奈良県佐味田貝吹山古墳・鼉龍鏡系〔22.7cm〕〔1：奈良県立橿原考古学研究所編2008『下池山古墳の研究』、奈良県立橿原考古学研究所提供、2：水野編2010、3～6：三次元2005、1：奈良県立橿原考古学研究所附属博物館蔵、2：宗像大社蔵、3・6：宮内庁書陵部蔵、4・5：東京国立博物館蔵〕）

になると、中心的系列群から別の系列が枝分かれして出現したり、あるいはそれまでとは異なる別の中国鏡が新たにモデルとして参照されるなどして、さらに多様な系列が出現した。また中心的系列群の大型鏡の生産が次第に少なくなり、鏡に対する需要の増大に伴い主に小型鏡が大量生産されるようになった。その中で文様の変容が進行し、簡略化が進んだ段階で前期倭製鏡の生産は終了・再編されたものと考えられている（森下二〇〇二、下垣二〇〇三a、辻田二〇〇七）。

これらの倭製鏡については、異なる系列同士の間でも文様の共通性が高く、また製作技術も共通していることなどから、製作地に関しては各地に分散した多元的生産ではなく、特定の地域に限定された一元的生産であったものと考えられる（森下一九九一・二〇〇二）。現状では分布の中心である近畿地域において限定的に生産された可能性が最も高い。

ここで問題となるのは、なぜ前期倭製鏡の中心的な系列が内行花文鏡系・方格規矩四神鏡系・鼉龍鏡系などであったのか、またそれらはモデルとされた後漢代の四葉座内行花文鏡や方格規矩四神鏡、画文帯神獣鏡などと同じ意味を与えられて製作されたものであるのかどうか、そもそもこれらの鏡式がなぜ倭製鏡の中心的系列群のモデルとして選択されたのか、といった点である。以下、この問題を考えるにあたり、古墳時代の倭製鏡の出現過程について考えてみたい。

古墳時代初頭前後の小型の倭製鏡

上記の中心的系列群と呼ぶ一群は、古墳時代前期の前半段階から出現している。本章の第二節で述べた古墳時代前期を四期に区分する見方でいえば、一期の新しい段階までには出現したようである。したがって、古墳時代前期初頭段階の、完形後漢鏡や三角縁神獣鏡が近畿地域に大量に流入した頃から一〇年ないし二〇年といった一定の時間が経過しているものと考えられる。この間に、倭製鏡の超大型鏡の製作が企図され、モデルの選定が行われるに至ったとみられる。

そうした中心的系列群が出現する以前の古墳時代初頭前後に、小型の倭製鏡が製作されている（森下二〇〇二、脇山二〇一三、中井二〇一八b）。重圏文鏡系や珠文《しゅもん》鏡系と呼ばれる一群であり（図37）、特に前者は漢鏡七期鏡の上方《じょうほう》作系浮彫式獣帯鏡の文様などをもとに製作されたことが指摘されている（中井二〇一八b）。古墳時代初頭前後の近畿地域においては、この上方作系浮彫式獣帯鏡も含めて、新たに列島に流入した中国鏡が豊富に存在していたと考えられるが、大型鏡として存在していた三角縁神獣鏡とは別に、こうした小型鏡を大量生産することにより、列島各地で増加しつつあった鏡に対する需要に応《こた》えようとしたものと想定される。

近畿地域周辺では、弥生時代後期に大型の突線鈕式銅鐸の製作が行われており、また北部九州とは別系統の小形倭製鏡も製作されるなど、弥生時代以来、青銅器生産が盛んであった。これに対して、古墳時代の青銅器生産、特に銅鏡生産に際しては、以下でも述べるように、弥生時代とは異なる新たな製作技術や幾何学的知識が導入されており、この点で同じ近畿地域での生産であったとしても、弥生時代の青銅器生産との連続性は小さい。上記の重圏文鏡や珠文鏡

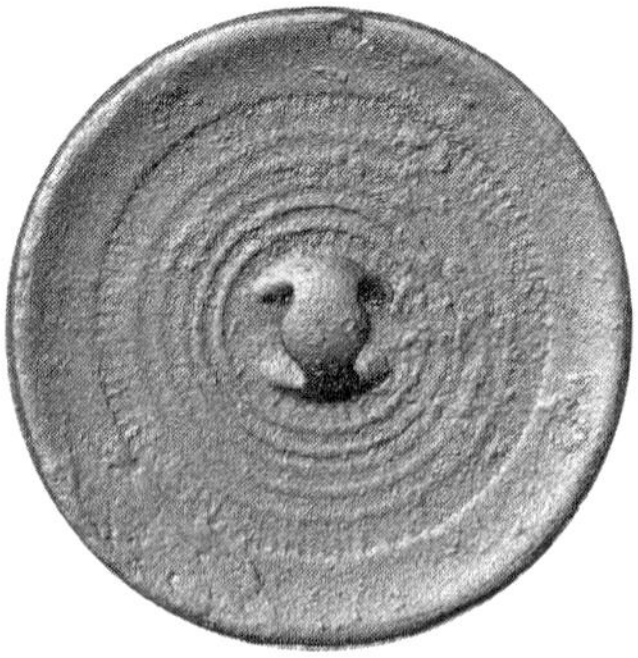

図37　重圏文鏡系の具体例（福岡県鬼首〔7.5cm〕〔水野編2010、東京国立博物館蔵〕）

も、古墳時代初頭段階で新たにもたらされた大陸系の技術や知識のもとで製作されたものと考えることができる。青銅器生産という点においても、古墳時代初頭前後に大きな画期と再編があったものとみられるのである。

中心的系列群の文様構成の「創出」

そうした古墳時代の初頭前後に小型鏡を試行錯誤的に製作する段階を経て、新たに製作されたと考えられるのが中心的系列群の大型鏡・超大型鏡である。内行花文鏡系・方格規矩四神鏡系・鼉龍鏡系のいずれにおいても、生産が始まった当初において面径二五・一センチ以上の超大型鏡が集中的に製作されており、それらが創出された段階で、一つの課題として面径の「極大化」が求められていたことがわかる。古墳時代の倭製鏡として現在知られている最大のものは、山口県柳《やな》井《い》茶臼山《ちゃうすやま》古墳出土の鼉龍鏡系で、面径四五センチである（図36）。これは、前章でみた福岡県平原遺跡の八葉座内行花文鏡の大きさ（面径四六・五センチ）に匹敵するものであり、当時の東アジアでも最大級の青銅鏡とみられる。

　文様構成についてみてみると、例えば内行花文鏡系の事例（図36：奈良県柳本大塚古墳・下池山古墳出土鏡）は、後漢代の四葉座内行花文鏡を比較的忠実に模倣したものであるが、それぞれ三九・七センチ、三七・六センチと面径が極大化されている。また滋賀県雪野山古墳出土内行花文鏡や福岡県沖ノ島十七号遺跡出土鏡（原田一九六一、図38）では、四葉座・八弧文が五葉座・十弧文へと改変されている。これは元来の中国鏡にはみられないものであり、倭製鏡生産に際しての改変である。これらの連弧文はコンパスを用いて正確に表現されているが、四分割・八分割が比較的容易に可能であるのに対し、雪野山鏡のような正確な五等分・一〇等分はコンパスと定規の組み合わせによる作図が必要であり、幾何学的知識の水準の高さという点で弥生時代以来の技術の延長上では説明できない。また施文《せもん》の技法や鋳造技術なども含め、弥生時代の青銅器生産から大幅な向上が認められることから、この段階で大陸系の技術者・知識人による技術移転が行われたものと考えられる。

　方格規矩四神鏡系では、例えば初期の事例である奈良県新山《しんやま》古墳出土鏡（図36）についてみると、内区外周から外区にかけて、画文帯神獣鏡にみられる界圏と菱雲文《りょううんもん》と呼ばれる菱形《ひしがた》の文様が導入されており、こちらも中国鏡にはない文様が生み出されている。内区文様は四神を忠実に模倣しているが、意味を解していないためか四神そのものの再現には至っていない。このように、初期の大型倭製鏡では、「文様の改変・変容」と「技術水準の高さ」という、一見す

図38　内行花文鏡系の文様レイアウト（福岡県沖ノ島17号遺跡出土鏡：原田1961）

ると相矛盾するような二つの側面が共存している点が特徴である。

鼉龍鏡系の「鼉龍」はワニに似た想像上の動物として名称に採用されたものであるが、内区文様をみると画文帯環状乳神獣鏡の内区の周囲をめぐる環状乳や神像などと、画文帯同向式神獣鏡の乳を取り巻く胴の長い獣像とを組み合わせて独特な文様に改変し、それを四箇所で繰り返していることがわかる。「単頭双胴」の神像と呼ばれることもあるが、丸顔に眉《まゆ》が上方に伸びた特徴的な顔に神像のような小ぶりの胴部と長い獣像が続いている。倭製鏡工人によって中国鏡の文様の一部が「パーツ」として切り取られ、それらを合成することで創出された文様であり、この点で中国鏡には存在しない鏡である。

これらの三系列の初期の超大型鏡に共通しているのは、技術的水準・幾何学的知識水準の高さと文様の改変・変容が同じ鏡に共存していること、そして面径の極大化という点である。すなわち、中国鏡の鏡式や文様構成（の一部）を基礎としながらも、それらを改変・合成することにより、「中国鏡には存在しない新たな鏡」を創出することが課題として目指されたものとみられる。面径の極大化もその一環であり、そうした意味ではこれらの倭製鏡は、モデルとなった中国鏡の単なる代用品ではなく、列島独自のものとして新たな意味を付与され、創出された一群と考えることができる。

中心的系列群の出現：モデルとその選択

次に問題としたいのは、これらの中心的系列群の超大型鏡の製作に際して、この三つが中心

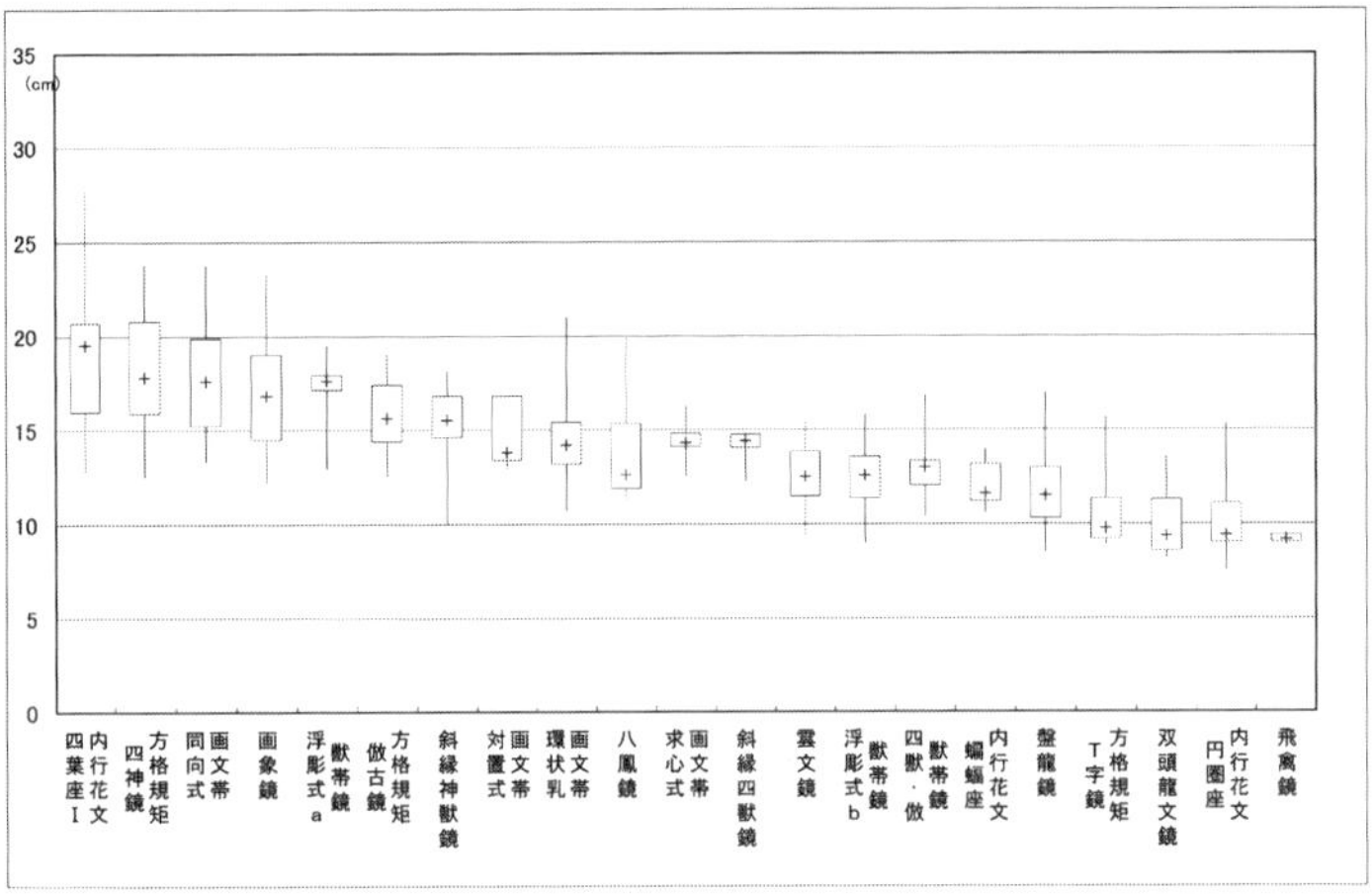

図39　前期古墳出土完形後漢鏡・魏晋鏡の面径比較（辻田2007）

的な系列として位置づけられた理由と、そのモデルとして選択されたのがなぜ四葉座内行花文鏡、方格規矩四神鏡や画文帯神獣鏡（環状乳・同向式神獣鏡）であったのかという点である。これらのモデルとなった鏡はどこから来たもので、そしてなぜこれらがモデルとして「選択」されたのであろうか。

結論から先に述べるならば、大きく二つの理由が想定される。まず第一に、これらのモデルとなった鏡式の面径が大きいことから、古墳時代初頭以降に近畿地域に流入した中国鏡の中でも、より大型の鏡が優先的にモデルとして採用された可能性が高い。そして第二の理由は、後漢～三国代の大陸におけるこれらの鏡式の位置づけの高さ、という点である（辻田二〇〇七）。

第一の点についてみたものが図39である。これは前期古墳出土の中国鏡について、鏡式別に面径の大きさを箱ひげ図で比較したものである。

最大が京都府椿井大塚山古墳出土の四葉座内行花文鏡（面径二七・八センチ）である。それに次ぐのが方格規矩四神鏡と画文帯同向式神獣鏡であることから、こうした面径の大きさの違いが採用の基準の一つであることがわかる。

これと関連して注目されるのが、奈良県大和天神山古墳の事例である。先にも挙げたように、ここでは二三面の鏡が出土しているが、大半が後漢鏡で三角縁神獣鏡が全く含まれていない。これらについては、倭製鏡のモデルとなった鏡が集中的に副葬ないし埋納された可能性が指摘されている（楠元一九九四）。この大和天神山古墳出土鏡群について面径の大きいものから順に並べ替えたものが表6である。ここでも四葉座内行花文鏡・方格規矩四神鏡が最上位に集中することが確認できる。

表6　大和天神山古墳出土鏡群の面径比較

番号	鏡式/系列名	面径
20	四葉座I内行花文鏡	23.8
1	方格規矩四神鏡	23.4
9	方格規矩四神鏡	20.8
4	四葉座I内行花文鏡	20.4
8	方格規矩四神鏡	20.3
3	四葉座I内行花文鏡	19.7
11	画象鏡	18.7
18	(倭)獣像鏡I系(下垣分類)	18.3
15	斜縁同向式系二神二獣鏡	17.4
5	斜縁同向式系二神二獣鏡	17.2
10	画象鏡	16.8
7	(倭)鳥頭四獣鏡系	16.7
14	環状乳神獣鏡	16.6
6	求心式神獣鏡	16.3
19	方格規矩四神鏡	16
16	方格規矩四神鏡	15.9
17	四葉座II内行花文鏡	15.4
22	(倭)人物鳥獣文鏡	15.1
21	方格規矩四神鏡	14
2	環状乳神獣鏡	13.8
23	浮彫式b獣帯鏡	13.6
13	(倭)四獣鏡	13.1
12	画文帯神獣鏡	12.9

第二の点は、これらの鏡式の位置づけである。前章でも述べたように、内行花文鏡は後漢代の大陸において上位に位置づけられていた鏡式であり、弥生時代の北部九州などでも広く用いられた鏡である。方格規矩四神鏡も同様であり、特に三世紀代にはこれらを復古再生した魏晋鏡が多数製作されることからも、この時期

に新たな価値づけが行われていたものとみられる。また画文帯同向式神獣鏡は、華北東部地域で二世紀後半〜三世紀前半に製作された鏡式と考えられ（上野二〇〇〇）、環状乳神獣鏡とあわせて、大型鏡で最新の鏡式の一つとしてモデルに採用されたものと考えられる。

これら以外にも前期古墳からはさまざまな中国鏡が出土しているが、前期前半代に倭製鏡のモデルとされた鏡式は非常に限られていた。前期後半になると盤龍鏡や斜縁神獣鏡など新たにモデルとして採用されるものもあるが、中には八鳳鏡や獣首《じゅうしゅ》鏡などのように、倭製鏡のモデルとしては殆ど採用されなかった鏡式もある。すなわち倭製鏡の製作は、中国鏡の鏡式体系を忠実に再現することを目的としたものではなかったとみられ、個別の鏡式に対して列島独自の意味が与えられつつ、そしてそれを基礎としながらも、新たな「倭製鏡の体系」の構築が目指されたものと考えられる。

中心的系列群のモデルをこのように考えた場合、先に検討した「銅鏡百枚」がこのモデルの選択という点に影響した可能性が想定される。すなわち、これらの四葉座内行花文鏡や方格規矩四神鏡、画文帯同向式神獣鏡などは、「銅鏡百枚」の候補として挙げた大型後漢鏡の優品という条件と一致しており、相互の関係が注目されるところである。

伝・行燈山古墳出土銅板

この問題を考える上で重要な資料が図40の銅板である。この銅板は、幕末に奈良県行燈山《あんどんやま》古墳の補修工事を行った際に周濠《しゅうごう》から出土したとされており、現物は行方不明ながら拓本が残されている。行燈山古墳は、古墳時代前期中葉に築かれた全長二四二メートルの前方後円墳で、奈良盆地東南部に築かれた初期の最上位層の墓の一つである。御覧いただいておわかりのように、内行花文鏡の主文様を中心に据えたものであり、内行花文鏡系の倭製鏡と同様の脈絡で考えることができる資料である。拓本によれば銅板自体の大きさは七〇×五三・八センチで、内行花文鏡に該当する外周の円の直径は四三・七センチである（今尾一九八八）。四葉座の特徴から前期前葉～中葉に製作されたものとみられ（清水康一九九四）、中心的系列群の中でも内行花文鏡系が最も高く格付けされていた可能性が高いことを示している。次章でもみるように、内行花文鏡系の大型倭製鏡は、特に奈良盆地の東南部周辺に集中しており（今尾一九九三、寺沢知一九九九、辻田二〇〇七）、近畿地域の最上位層の間で非常に重視された鏡であったことをうかがわせるものである。

中国鏡・倭製鏡・三角縁神獣鏡の間の関係

以上をふまえ、古墳時代前期における中国鏡・倭製鏡・三角縁神獣鏡の三者の関係を示したものが図41である。この図は、鏡の面径の違いや、次章で検討する古墳での副葬品としての組み合わせなどをもとに、この時期においてそれらがどのように位置づけられていたかを模式的に表している。

ここでは二つの点について確認したい。まず第一に、前期の倭製鏡は、古墳時代に列島にもたらされた中国鏡の中からモデルが選択され、それをもとに製作が行われている点である。加

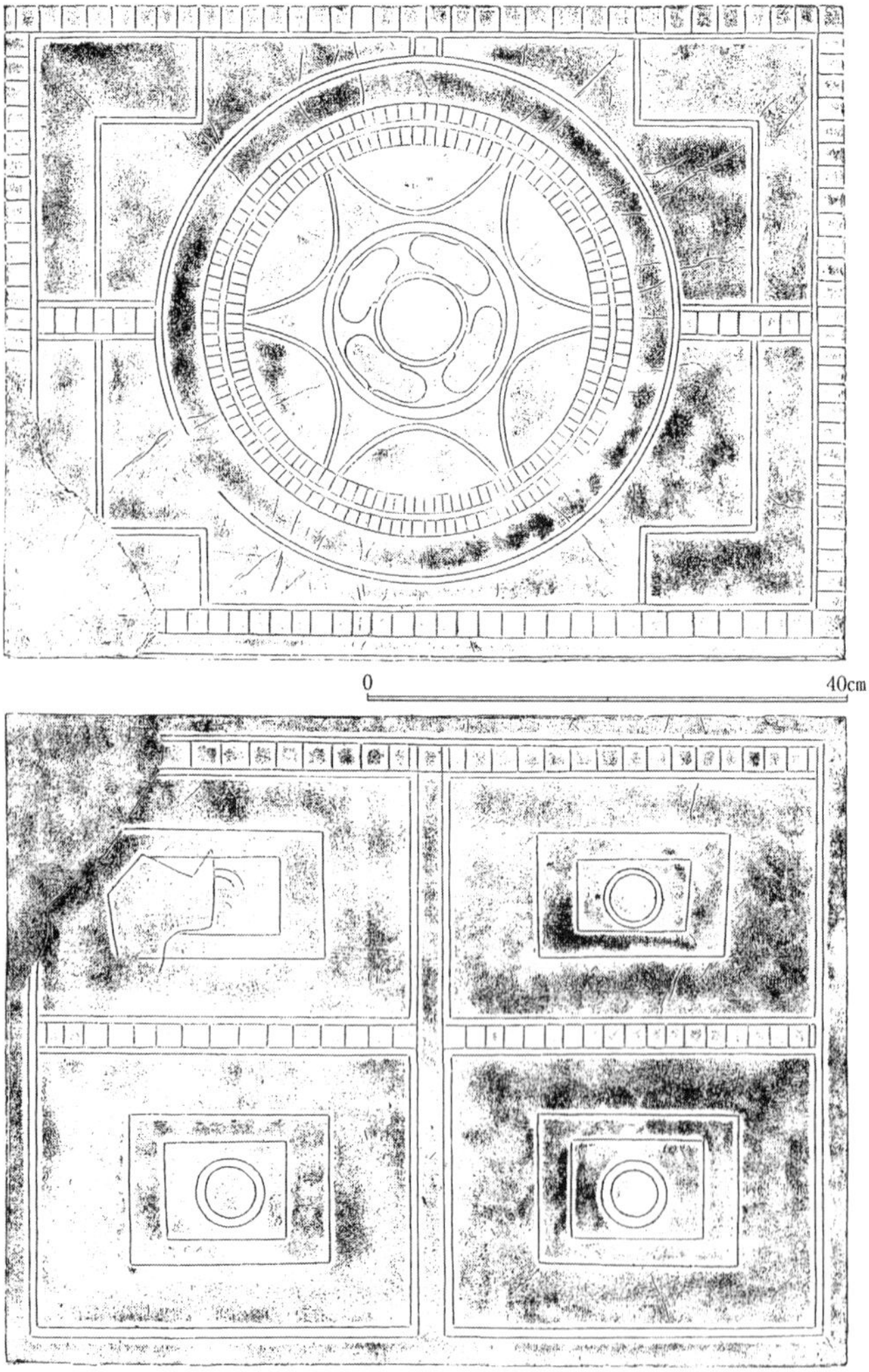

図40　伝・奈良県行燈山古墳出土銅板（今尾1988，奈良県立橿原考古学研究所蔵・提供）

えて、倭製鏡には超大型鏡から小型鏡までの大きさによる格付けがなされ、その最上位に内行花文鏡系が位置づけられたと考えられる。この場合の生産は、中国鏡の鏡式体系の忠実な再現ではなく、新たな体系の構築が目指されている点が特徴である。上述の伝・行燈山古墳出土銅板は、厳密には鏡ではないものの、この図の脈絡で最上位に位置づけられる器物である。

もう一つは、三角縁神獣鏡と倭製鏡の関係である。三角縁神獣鏡は面径という点では平均二二〜二三センチであるため、大きさの区分では大型鏡に属するが、倭製鏡の大型鏡とはイコールでなく、全く別の扱いがなされている。古墳での副葬事例からは中国鏡の小型鏡、倭製鏡では中型鏡などに近い位置づけとみられる。このように、倭製鏡と三角縁神獣鏡はいわば「車の両輪」として、相互に一方の存在を前提としながら使い分けがなされたものと考えることができる（辻田二〇〇七）。これらの相互の関係性は、三角縁神獣鏡の製作地が大陸であるか列島であるかという点にかかわらず、評価としては一定しているといえる（水澤二〇一九）。

この問題を考える上で示唆的なのが、奈良県桜井茶臼山《さくらいちゃうすやま》古墳と黒塚《くろつか》古墳の調査事例である。前者は全長二〇〇メートルの前方後円墳で王墓の可能性も想定されているが、二〇〇九年の主体部の再調査の結果、少なくとも八一面の鏡が副葬されていたものと想定されている（寺沢薫編二〇一一）。詳細については未報告ながら、従来から面径三〇センチ台の内行花文鏡系の超大型倭製鏡が複数面含まれていることが知られており（森浩一一九七四、今尾一九九三）、今回の調査でも八一面の中で三角縁神獣鏡は二六面で約三分の一であった。これに対して、全長一三〇メートルの前方後円墳である黒塚古墳では、三三面の三角縁神獣鏡と一面の画文帯神獣鏡

（面径一三・五センチ）が出土している。この事例からは、多数の三角縁神獣鏡よりも超大型の倭製鏡の方がより上位に位置づけられていたことがわかる。

このように、倭製鏡と三角縁神獣鏡とが別の種類の鏡として使い分けられていたと考えた場合、特に倭製鏡の中心的系列群のモデルが上述のように「選択」された上で、それらをもとにしながらも「中国鏡には存在しない鏡」を創出しようとしたことの意義があらためて重要に思われてくる。前期倭製鏡のモデルは船載鏡であるがゆえに数には限りがあった。その不足を補いながら、なおかつその価値づけを超えるものとして新たに創出したのが中心的系列群の超大型鏡であったと考えられるのである。

一点付言しておくと、先述のように大陸では三国代には鉄鏡が上位の鏡として用いられていた可能性が高いことに加え、西晋代の墓からは大型の内行花文鏡があまり見つかっていないことから（近藤喬一二〇〇三）、同時代の魏晋王朝との間には価値観の違いやずれが生じていた可能性もある。この点で、図41が示すような鏡の秩序は、東アジアの同時代の「標準」とはやや異なり、古墳時代前期の列島社会の上位層が求めた列島独自のあり方として理解するのが妥当と考える。

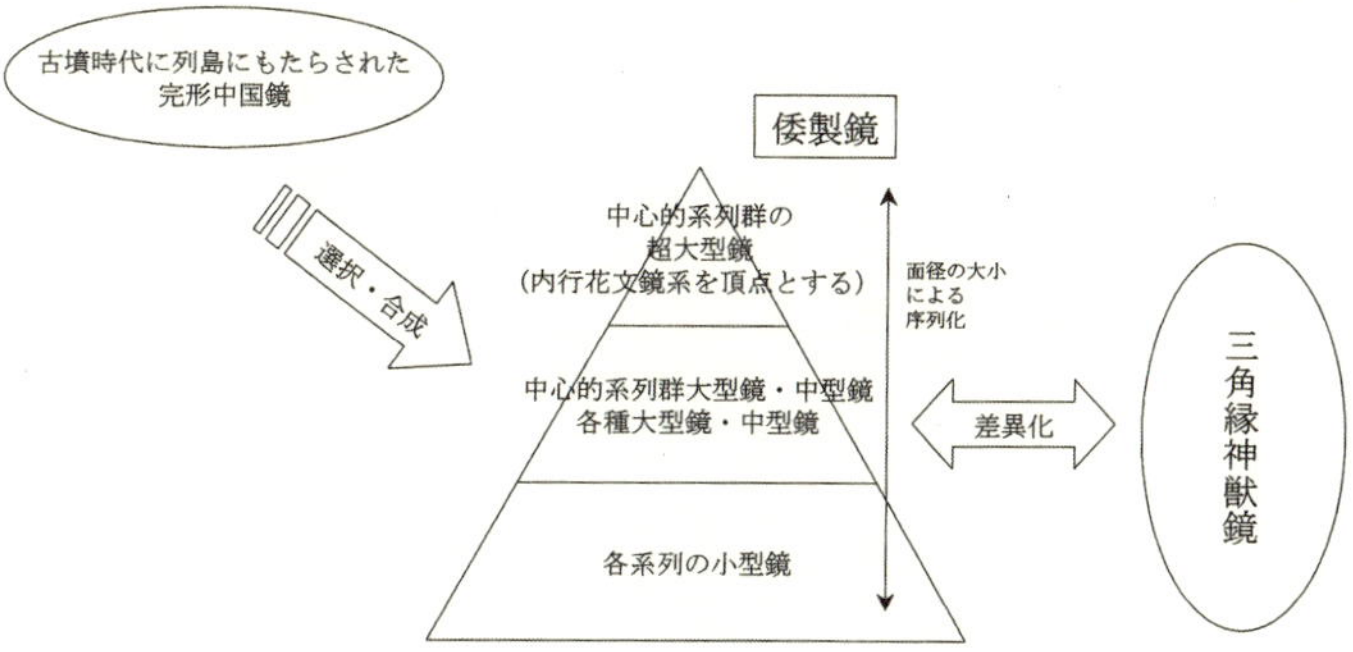

図41　古墳時代前期における鏡の差異化の論理（辻田2007）

七　古墳時代初頭前後における画期とその意義について

以上、弥生時代から古墳時代への変遷に際して、古墳時代初頭前後にいくつかの点で画期があることをみてきた。具体的には、完形中国鏡・三角縁神獣鏡が近畿地域にまとまった形で流入し、近畿地域を中心として流通するようになったこと、また古墳時代に新たにもたらされた幾何学的知識と製作技術により、大型倭製鏡の製作が行われるようになったことなどが挙げられる。

三角縁神獣鏡については製作地や製作年代の諸説を検討した。筆者はこれまで「舶載」三角縁神獣鏡の製作が長期にわたり、主に楽浪郡・帯方郡域で製作された可能性および「仿製」三角縁神獣鏡が列島で製作された可能性を考えているが、全中国鏡説や全日本列島製説も含め、可能性を限定するには至っていない。この点については一定の留保が必要であるものの、三角縁神獣鏡が古墳時代の開始とともに出現し、各種の中国鏡とともに近畿地域から各地に流通するようになった点が重要であることを確認した。

こうした古墳時代初頭前後を画期として出現するものは他にもある。古墳時代を画する時代区分の指標として従来挙げられてきたものとして、鏡の多量副葬指向・長大な割竹形木棺・墳丘の前方後円形という定型化とその巨大性という三点がある（近藤義一九八三）。都出比呂志が注目している埋葬施設の頭位方向が北を向く（北枕）という点も、古墳時代的な要素として新たに出現するものである（都出二〇〇五）。また箸墓古墳などにみられる大型モニュメントの造営に関する土木技術や設計・測量技術、あるいは墳丘規格の共有といった点も、弥生時代終末期以前とは一線を画するものである（北條一九八六、澤田二〇一七）。

これらに共通しているのは、古墳時代初頭前後に大陸の先進技術や幾何学的知識などがおそらく渡来系の知識人や技術者を介して直接近畿地域に新たに導入された結果であるという点である。こうした変化が生じたのが三世紀第2四半期後半以降と考えられる点で、卑弥呼の魏への遣使に伴い「銅鏡百枚」をはじめ大陸系の文物が列島にもたらされたことと連動した動きと考えることができよう。

さらに付け加えるならば、この時期に近畿地域が日本列島における広域物資流通の中心地域となった。少なくとも鏡については流通の中心となったことは確実であり、結果的にはこのことが古墳時代以降の地域間関係の形を大きく方向付けることになったものとみられる。

ここで章をあらためて、このようにして始まった古墳時代において、近畿を中心とした地域間関係の実態がどのようなものであったのかについて、鏡の流通という観点から考えてみたい。

第四章　古墳時代前期の鏡の流通と葬送儀礼——古墳時代前期（二）

前章では、古墳時代初頭前後における中国鏡流通形態の変革と、そこで出現した中国鏡や三角縁神獣鏡、そして倭製鏡といった新たな鏡の内容について検討を行った。本章では、それらの鏡がどのように列島各地に流通したかについて考えてみたい。

一　列島各地への銅鏡の流通：各地の上位層の世代交代と銅鏡の授受

古墳時代の鏡の分布とその変遷

まず最初に、あらためて古墳時代前期の鏡の分布について概観しておきたい。再び前章の図25を御覧いただきたいが、古墳時代になると、三角縁神獣鏡や中国鏡の多くの鏡式において、近畿地域が分布の中心となる。さらに、中国鏡や倭製鏡のより大型のものが近畿地域周辺に集中する。この点から、近畿地域から各地に鏡が流通したこと、また大型鏡・超大型鏡についてのは近畿地域周辺の上位層によっていわば独占されたこと、などが想定される。

もう一点ここで確認しておきたいのが、ここでいう鏡の分布は、殆どが古墳の副葬品としての出土事例だということである。すなわち前方後円墳や前方後方墳、円墳・方墳であり、これらが列島の広い範囲で築造されるようになることと連動しているのである。この点で、列島各地における古墳の出現と鏡の副葬開始は一連の現象と考えることができる。副葬品は鏡だけでなく、勾玉・管玉・小玉などの玉類や腕輪形石製品、刀剣・槍先《やりさき》・鏃《やじり》などの鉄製武器類、鉄製農工具類などさまざまな種類のものがある。これらの前期古墳と呼ばれる古墳の構成要素は列島規模で共通性が高いことから、古墳時代に急速にこの墓制が広がることをどう説明するかという点がこれまでもさまざまな形で問われてきた。

前期後半の大型鏡の分布を示したものが図42である。前期前半の分布傾向を引き継いでいるが、倭製鏡の大型鏡の分布がやや拡大している。また北部九州では福岡県沖ノ島に大型鏡の集中がみられる。瀬戸内海沿岸地域など、朝鮮半島南部から近畿地域に至る海上交通の要衝に大型鏡の分布が認められる。その他、東日本でも東海・関東を中心に、中国鏡・倭製鏡のいずれにおいても大型鏡が分布していることがわかる。これはこの時期に初めて出現する様相であり、これらの中国鏡もこの時期に流通した可能性が高い。倭製鏡の超大型鏡のうち、近畿以東で最も東に分布するのは静岡県磐田市の松林山古墳出土鏡（内行花文鏡系：面径二八・九センチ）である。「仿製」三角縁神獣鏡は九州や東日本など、近畿からの遠隔地で多く出土している。

このように、古墳時代前期の鏡の分布は一貫して近畿を中心としており、また大型鏡は近畿地域周辺に集中するが、前期後半になるとそれ以外のいくつかの地域でも大型鏡がみられるようになる。問題は、こうした分布がどのようにして形成されたのか、またその背景をどのように説明するか、という点である。

この問題については、従来から「『畿内』からの鏡の『配布』」という観点で説明がなされてきた。小林行雄の同笵《どうはん》鏡論・伝世鏡論がその代表例であり、その後現在に至るまでさまざまな形でこの見方は継承され続けている。この場合の「畿内」とは、近畿地域において形成された政治権力とその中枢を指しており、現在では「ヤマト王権」と呼ばれることも多い。筆者もこ

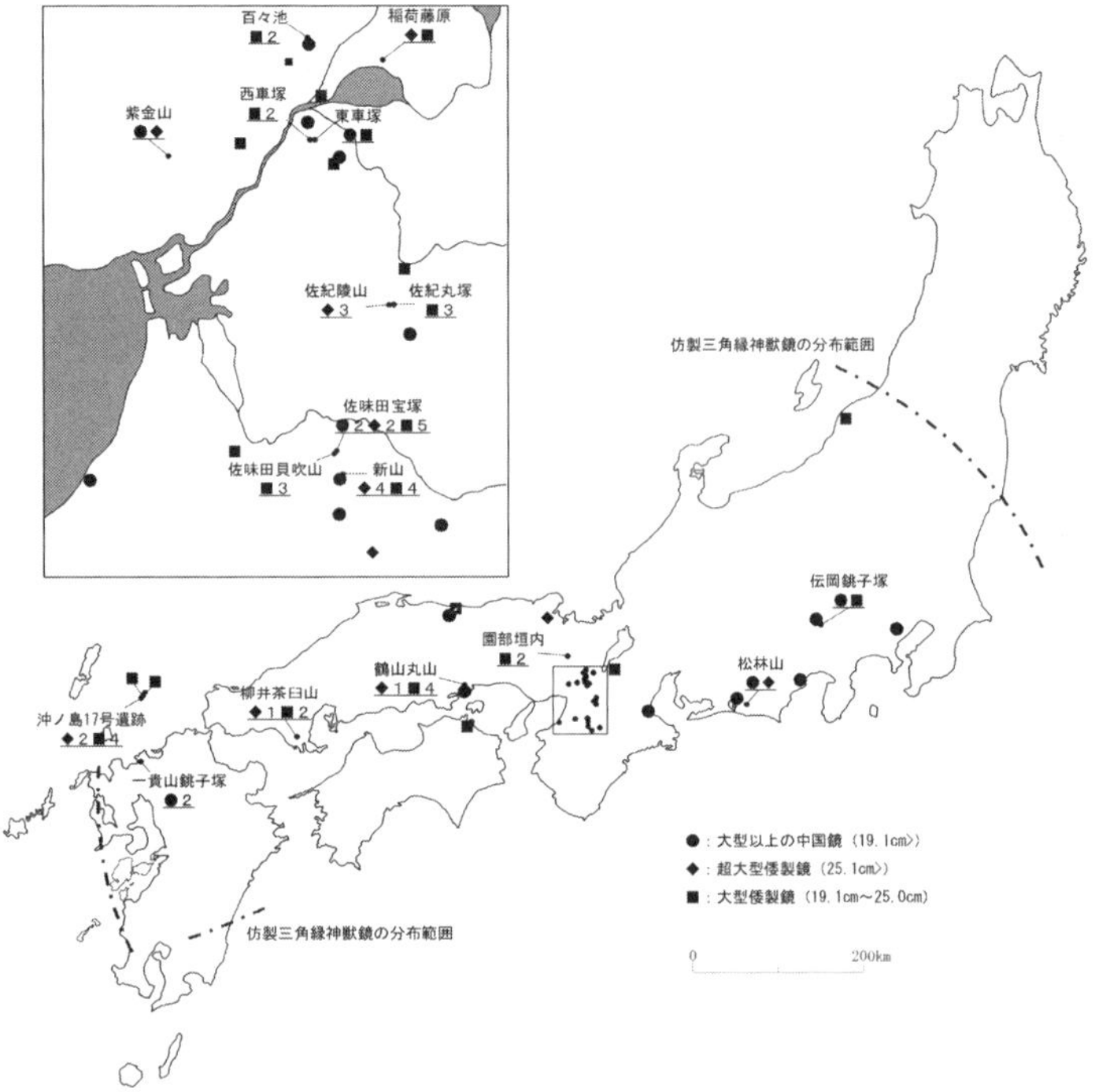

図42　古墳時代前期後半における大型鏡と三角縁神獣鏡の分布（辻田2007）

れまで「初期ヤマト政権」という用語で説明を行ってきた。ここで問題となるのは、そうした鏡の「配布」が実際にはどのようにして行われたのか、またそうした鏡の「配布」とされる現象の背後に、各地域に対する支配といった意味での政治性をどの程度想定できるか、といった点である。この点が、古墳時代前期の社会を「前方後円墳体制」や「初期国家」といった観点で説明できるかどうか、といった問題とも深く関わっている。

筆者はこうした説明とはやや異なる理解が可能であるものと考えているが、以下ではこの問題を考察するために、近畿から離れた地域でどのように鏡が出土しているのか、またどのように古墳の築造が行われていたのかについて検討したい。

列島各地における鏡の分布：北部九州と山口県域

ここでは、西日本で近畿からの遠隔地となる北部九州と山口県域という二つの地域を具体例として検討する。北部九州は、先にみたように、弥生時代終末期までの対外交流の窓口であり結節点であった地域である。この地域は古墳時代以降どのように移り変わったのであろうか。それともう一箇所、北部九州に隣接する本州西端の山口県域について検討し、近畿地域との関係について考えてみたい。

まず北部九州では、各地の沿岸部に前期古墳が多く、全体として三角縁神獣鏡の出土量が非常に多い（図43）。三角縁神獣鏡の初期型式（筆者の舶載Ⅰ・Ⅱ段階）のものを副葬する一期の古墳が多いが、二期になると減少したり、逆に三期以降新たに古墳が出現する地域がある。また近畿周辺で集中してみられた大型・超大型倭製鏡が後述する沖ノ島遺跡以外では出土しておらず、その点で近畿地域との違いが明瞭に表れている。

この地域では、博多湾沿岸の福岡平野に大規模集落である比恵《ひえ》・那珂《なか》遺跡群が位置しており、その一角に那珂《なか》八幡《はちまん》古墳など初期の前方後円墳が出現している。また鉄器生産遺跡である博多遺跡群、朝鮮半島との交易窓口（交易港）としての西新町《にしじんまち》遺跡など、「博多湾貿易」（久住二〇

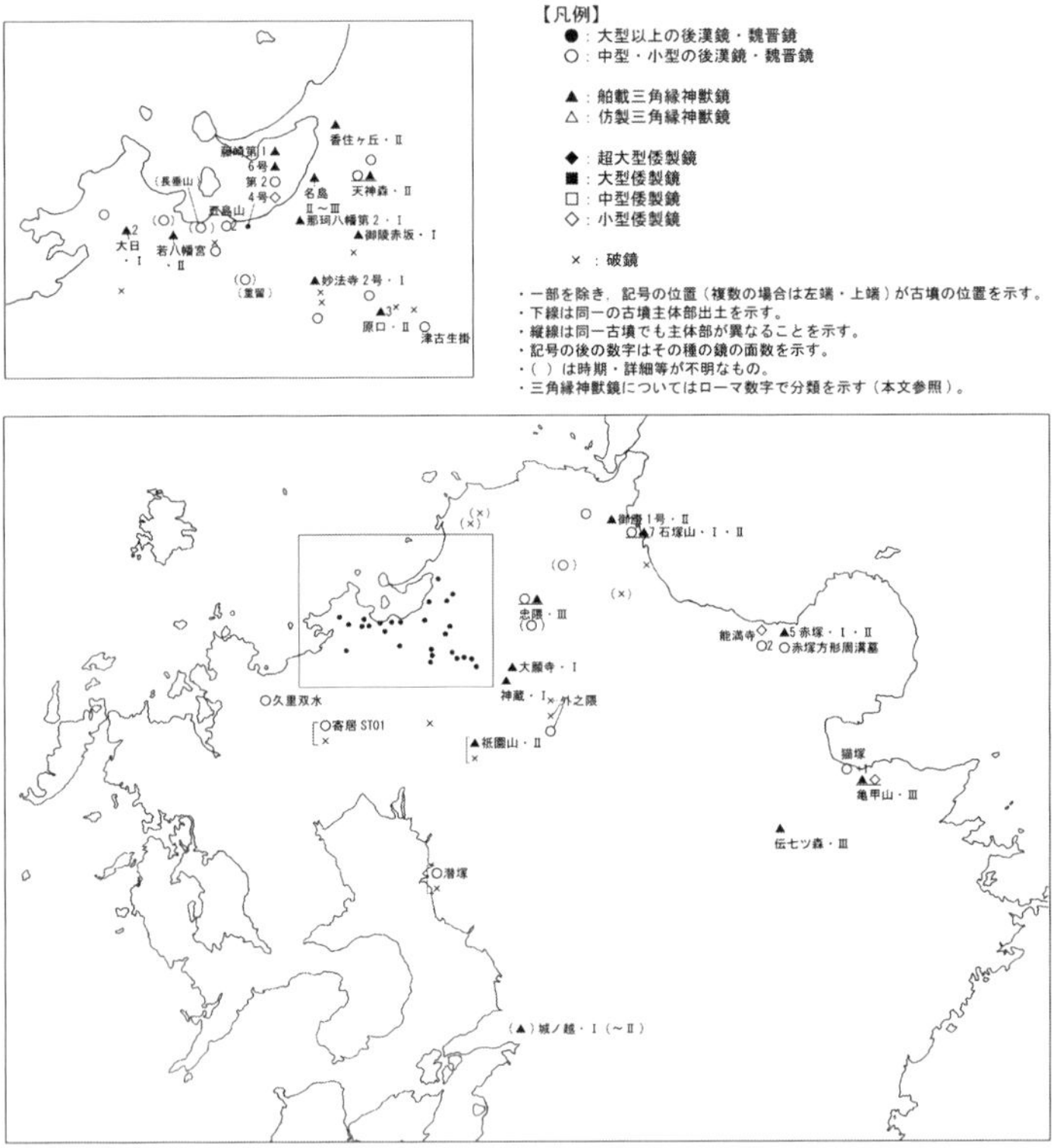

図43　北部九州における前期古墳出土鏡の分布（前期前半〔辻田2007〕）

○七）の窓口として栄えたことが知られる。特に福岡平野周辺は、近畿系土器をはじめ、山陰系・「吉備」系・東海系や朝鮮半島系など各地域の土器が出土する交流の結節点であった。他方、弥生時代終末期まで対外交流の窓口であった糸島地域周辺では、三雲遺跡などの集落が存続し多数の前方後円墳が築造されているが（西谷編二〇一二）、交流の窓口自体は糸島地域から福岡平野へと重心が移ったものと考えられている（久住二〇〇七）。これは、鏡の入手窓口が近畿地域へと転換した時期ともほぼ重なるものであり、連動した現象と考えられる。

北部九州では、前期前半に周防灘沿岸の石塚山古墳（全長一三〇メートルの前方後円墳）で舶載三角縁神獣鏡が一二面以上、前期後半には糸島地域西部の一貴山銚子塚古墳（全長一〇三メートルの前方後円墳）で二面の大型後漢鏡と八面の仿製三角縁神獣鏡が副葬されるなど、多数の三角縁神獣鏡を副葬する古墳が知られている。

その一方で、各地の古墳築造動向からみると、そうした大型古墳や鏡の多量副葬が継続しない場合が多いことからみて、どこか特定の地域集団が周辺地域を統括するようなあり方で卓越することがなく、各世代ごとに各地の地域集団が並立して競合しているような状況が想定される。例えば石塚山古墳は古墳時代前期前半段階において北部九州最大の古墳であるが、それがイコール北部九州全体の統括者・代表者などを示すわけではないということである。この時期における古墳の規模の差は相対的なものであることからも、各地域集団の統合の範囲は平野単位を大きく越えるものではなかったとみられる。

その後、前期末から中期にかけて博多湾沿岸地域では古墳の築造や集落数が減少し、他地域での古墳築造数が増加することから、この段階で地域間のネットワークが大きく再編されたものと考えられる。

このように、北部九州は前期古墳や三角縁神獣鏡の数という点では全国的にみても多い地域ではあるが、近畿地域と比較すると少なく、また古墳の規模も小さいこと、そして大型倭製鏡の出土が少ないことが特徴である。この点において北部九州地域は、古墳時代になると、近畿地域を「中心地域」とした場合の「周辺地域」へと転換していることがわかる。つまり、古墳時代初頭前後を境にして、列島の中での位置づけが大きく変化したものと考えられるのである。また北部九州においては、弥生時代後期の中頃からすでに瀬戸内系の土器の受容が始まっており、終末期から古墳時代前期にかけて近畿系土器の在地化が進むなど、比較的早い段階から在来の土器で新たなデザインを創出するような文化的な活力が失われていたことが指摘されている（岩永一九八九）。そうしたあり方を基礎としながら、流通・交易の面でも重心が瀬戸内以東に移るのが古墳時代であった。

古墳時代前期の北部九州では、「博多湾貿易」のような形での対外的交流窓口の機能は健在であったが、前期後半以降はそうした「博多湾貿易」も衰退しており（久住二〇〇七）、後述する沖ノ島遺跡での祭祀のあり方などからも、近畿地域と朝鮮半島との間での直接的交渉の比重が大きくなったものと考えられる。鉄器生産などにおいては技術や生産規模の卓越性が前期を通じて継続していたものとみられるが（村上恭二〇〇七・二〇一九）、そうした鉄器の流通についてもまた、この前期以降、近畿地域を中心としたものへと大きく転換した（野島二〇〇九）。鉄素材の流通・交易などについても、前期を通じて近畿主導型のそれへと再編されていったものと考えられる。

また山口県域でも北部九州と同様に沿岸地域に多く古墳が築造されているが、島嶼部や岬の

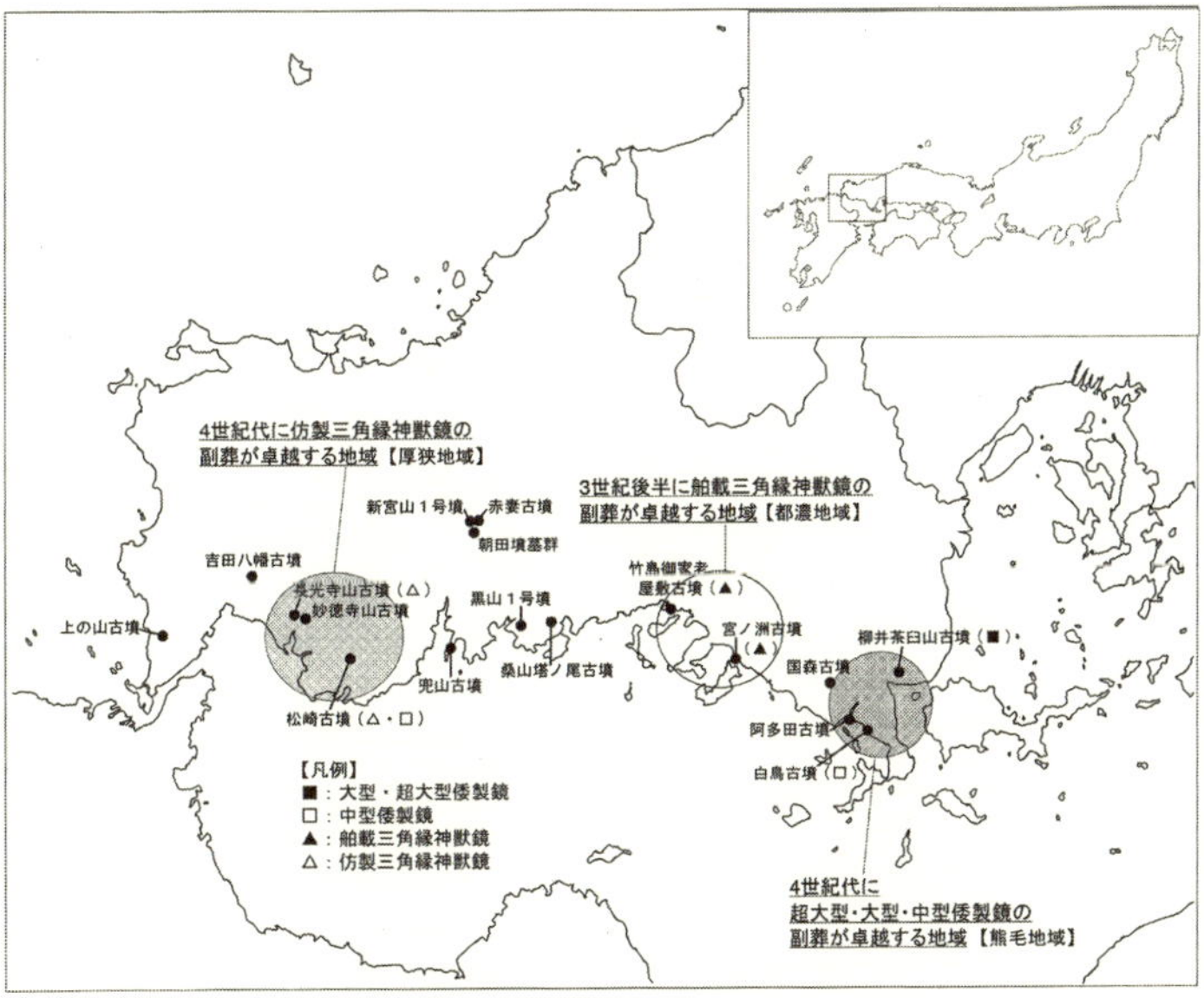

図44　山口県域における古墳出土鏡の分布（辻田2007）

山頂に築かれる場合も多く、海上交通との関係などが想定される（図44）。鏡の分布が集中する地域として、東から順に熊毛地域、都濃《つの》地域、厚狭《あさ》地域の三つの地域が挙げられるが、ここで興味深いのは、これらの地域の間で鏡が古墳に副葬される時期や、鏡の内容が異なっている点である。すなわち、前期前半には都濃地域で「舶載」三角縁神獣鏡を副葬する古墳が築かれる。その後、前期後半になると「仿製」三角縁神獣鏡が西部の厚狭地域で多く副葬されるのに対し、東部の熊毛地域では大型・超大型倭製鏡が集中する。このような三つの地域的様相の違いは、各地域集団の近畿地域とのつながり方の違い（あるいはつながりがつよかった時期の違い）を示している。特に前期後半で大型・超大型倭製鏡が集中する熊毛地域は、前章でみた最大の鼉龍鏡系（面径四五センチ）を副葬する柳井茶臼山古墳（全長九〇メートルの前方後円墳）が築造されることなどから、瀬戸内海沿岸地域の航路上の要衝として、前期後半には他の二地域よりも重視されたことがうかがわれる。

このように、近畿地域との関係の違いが鏡の内容や古墳の規模と連動するような状況は全国的にも広く認められる。一方で、逆に古墳の規模が大きくとも鏡の副葬が少ない場合もあり、こうした関係が一律ではないことも示している。また古墳の築造は各地域での耕地開発などと結びついていることが群馬県の榛名《はるな》山麓周辺や東海地域をはじめとした東日本各地の様相をもとに指摘されており（若狭二〇〇七、北條二〇〇七ａ）、各地で他地域系統の土器が受容されるあり方などからみて、この時期は人・ものの移動が非常に広範囲に展開した大交流の時代であったことが想定される。その中で、古墳時代初頭前後を画期として、物資流通をはじめとした地域間関係が近畿を中心とする形で展開するようになることが弥生時代との大きな違いということができる。

列島各地における鏡の分布：近畿地域周辺

では、従来から「畿内」とされてきた古墳時代の近畿地域、特に奈良盆地と大阪平野周辺、淀川《よどがわ》流域などは、鏡の分布と古墳の築造動向からみた場合、地域社会としてどのようなあり方を示しているだろうか。いわば近畿地域を一括りにして理解できるのかどうか、という問題である。

近畿地域では、奈良盆地東南部の大和・柳本古墳群とその周辺において、全長二〇〇～三〇〇メートル級の大型前方後円墳を含む多数の古墳が営まれる。纒向遺跡はその中核とされるが、集落の居住域の実態については不明な点も多い。箸墓古墳やホケノ山古墳以降の前期古墳においては、三三面の三角縁神獣鏡が出土した黒塚古墳や、完形後漢鏡が多数副葬された大和天神山古墳、そして少なくとも八一面の鏡の出土が確認された桜井茶臼山古墳など、近畿地域の最上位層の墓域に相応《ふさわ》しい内容の古墳が集中している（図26・27）。その後前期後半代になると、大和・柳本古墳群での築造は減少し、奈良盆地北部の佐紀盾列《さきたてなみ》古墳群および西部の馬見古墳群で大型古墳の築造が開始される。超大型の倭製鏡が出土した佐紀陵山《さきみささぎやま》古墳（全長二〇七メートルの前方後円墳）など、大規模古墳は佐紀盾列古墳群に集中する。

こうした大型古墳群の変遷については、五世紀代の百舌鳥・古市古墳群への変遷も含め、（A）各古墳群の背後に別の政治勢力の存在を想定し、政治権力の中枢がそうした政治勢力の間で交替・移動したと考えるのか、（B）政治権力の中枢自体は奈良盆地東南部周辺で継続しながら、墓域のみが移動したと考えるのかによって説明が変わってくる。考古学では（A）の立場を採る研究者が多く（例：白石一九九九、福永二〇〇五a）、文献史学では『古事記』や『日本書紀』（記紀）に記された王宮の場所の大半が一貫して奈良盆地にみられることを論拠として（B）の立場を採る研究者が多い（例：吉村武二〇〇六、古市二〇一一・二〇一三）。近藤義郎（一九八三）や下垣仁志（二〇〇五a）、筆者（二〇〇七）などは（B）の立場に立っている。

これは、大型古墳群の位置が移動しても、鏡の生産や政治的な枠組み自体において連続性が認められる点をより重視したものである。

大阪平野や淀川流域をはじめ、近畿地域では各地で多くの前期古墳が築造されているが、例えば京都府南部の木津川流域では、三角縁神獣鏡を多数副葬したことで著名な椿井大塚山古墳（全長一七五メートルの前方後円墳）が知られ、また桂川《かつらがわ》流域の向日《むこう》丘陵周辺では前期初頭から後半に至る全長一〇〇メートル級の前方後円墳の継続的な築造が認められる。ここでは三角縁神獣鏡などの副葬鏡の実態が明らかになっており、近畿地域における古墳編年の基準資料とされてきた。

近畿地域で特徴的なのは、こうした大規模前方後円墳が奈良盆地を中心として集中的に築造されていること、またそれらの古墳において多数の鏡がまとまった形で副葬される場合があること、超大型倭製鏡が多く出土していること、などである。大型古墳群の集中という点からは、この時期の政治権力の中枢は奈良盆地にあったものと想定される。鏡の多量副葬・分布の中心という点からも、少なくとも前期前半の時点では奈良盆地東南部がその中核地域と目される。

倭製鏡をはじめ、各種の副葬品の製作が奈良盆地東南部で集中的に行われていたかどうかについては不明である。倭製鏡については近畿地域での生産が想定されているが、大阪府吹田市の垂水《たるみ》遺跡で超大型倭製鏡（復元径二七・八センチで方格規矩四神鏡系か鼉龍鏡系のいずれか）の「破砕され、溶解された途上の鏡」とされる破片が見つかっており（吹田市教育委員会二〇〇五）、これが鋳造に関わるものであるとすれば、奈良盆地の外部で青銅器の一部が製作されていた可能性もある。また鉄器については奈良盆地の纏向遺跡をはじめとして各地で生産が行われているが、前述のように北部九州の博多遺跡群でも弥生時代後期～終末期以来の生産が継続しており、この時期に博多遺跡群の技術が広く拡散したことが指摘されている（村上恭二〇一九）。腕輪形石製品については、石川県加賀市の片山津上野《かたやまづうわの》遺跡や同白山市浜竹松B遺跡など、北陸西部で製作遺跡が知られている（河村二〇一〇）。こうした点から、列島製と想定される各種の副葬品あるいは交換財の一部については、奈良盆地外で製作されたものが近畿地域に集約された後、各地へと流通した可能性も想定される。

そのように考えた場合に問題となるのは、そうした物財の流通を可能とした奈良盆地における政治権力がどのようなものであったかという点であり、またそれが近畿地域全体の統合体であったかどうかという点である。後者については、例えば箸墓古墳と京都府五塚原《いつかはら》古墳・元稲荷古墳との間で墳丘規格が共有されていること（和田晴一九八一、北條一九八六）などから、奈良盆地を核として、近畿地域周辺の各地域集団が相互に緩やかに結合していたような状況を想定することが可能である。また奈良盆地東南部の大規模古墳群は在地の集団だけでの造営は困難であり、近畿周辺あるいはそれより広い範囲から人が集まってきて造営に参加したものと想定される。纏向遺跡周辺で山陰・瀬戸内・北陸・東海など、各地の系統の土器が出土していることはそれを傍証するものであろう。

そうした奈良盆地を結節点とした人・ものの動きを媒介として、近畿地域から列島各地にさまざまな種類の物資が拡散していったものとみられる。鏡はその代表例の一つといえる。ではこうした近畿地域を中心とした鏡の流通は、実際にはどのようにして行われたのであろうか。

鏡の流通における「下向型」と「参向型」

従来、古墳時代の鏡の流通形態については、大きく二つの見方が提示されてきた。一つは、近畿から各地に使者が派遣され、鏡が配布されるとする「下向型」であり、もう一つは各地域の側から近畿に赴き、鏡を入手した後に地元に持ち帰るという「参向型」である。

小林行雄は、「畿内」からの三角縁神獣鏡の「配布」について、中央から地方への「使臣」の派遣によるものと説明していた（小林行一九五九）。また川西宏幸は、前期の三角縁神獣鏡を小林と同様に「下向型」と捉える一方で、中期の同型鏡群（第五章参照）については、銘文刀剣に記載された内容などをもとに「参向型」の所産とみた（川西二〇〇〇）。小林の鏡配布論は三角縁神獣鏡を基礎とするものであり、この点で前期の鏡の流通については「下向型」のイメージがつよかったことがわかる。

これらの三角縁神獣鏡の配布論に関して大きな論拠とされたのは、第二章コラム2でもみた「同笵鏡の分有関係」である。小林は、椿井大塚山古墳における三角縁神獣鏡の大量副葬の事例をもとに、同笵鏡の配布者として椿井大塚山古墳の被葬者（あるいは第三者としての大和の大首長）を捉えた。また「同笵鏡」によってそれを共有する古墳（の被葬者）同士が直線で結びつけられ、相互に一定の政治的関係が存在することが想定された。その上で、鏡種により東日本や西日本に偏るものがあることから、それぞれの地域への重点的な「配布」が行われたものとみたのである（小林行一九六一）。小林は、その背後に「使臣」の派遣を想定していたことになる。

ただ、こうした同笵鏡が集中する古墳の被葬者を同笵鏡の配布者とする仮説の論理については、早くから内藤晃などによって問題点が指摘されている（内藤一九六〇）。すなわち、「同笵鏡」自体は、「同一文様鏡」が複数存在する場合でも「同一文様鏡」であるにすぎず、それらが複数の古墳から別個に出土した場合に、その古墳の被葬者同士の間に直接の関係があるとはかぎらないため、両者は別の問題として考えなければならない。そのように考えるならば、椿井大塚山古墳の被葬者が「配布した後に手元に残った鏡を副葬した」という可能性以外に、椿井大塚山古墳の被葬者自身が多量の三角縁神獣鏡を「配布された」可能性も想定され得るのである。この点は、実際に一九九七〜九八年に奈良県天理市黒塚古墳から三三面の三角縁神獣鏡が出土したことにより、いわば実証された形となった（岡村一九九九）。小林と同様の方法で三角縁神獣鏡の同笵鏡分有関係図を作成すると、椿井大塚山古墳と黒塚古墳の二つの核ができる が（前述の桜井茶臼山古墳の二六面も含めれば三つの核）、未調査で三角縁神獣鏡が多量に副葬される古墳が多数存在することを考慮すると、それらの古墳の被葬者は「配布者」ではなく「被配布者」と考えるのが妥当であろう。

このように、三角縁神獣鏡の同笵鏡分有関係をもとに、特定の古墳の被葬者を「配布者」と位置づける点については棄却されたが、三角縁神獣鏡が近畿地域から「配布」されたものという論理自体はその後も継承されている。こうした政治的な「配布」論の枠組みを提示したという点こそが、同笵鏡論の学史的意義であると筆者は考えている。

以上のような点をふまえつつ、近年では上記のように、「下向型」か「参向型」か、といった問題が問われるようになった。具体的には、前述の川西が三角縁神獣鏡を「下向型」として説明した後、下垣仁志が、前期の倭製鏡について、同種の鏡群が離れた地域でまとまって分布する現象や、新古の副葬品が各々良好なセット関係をなす埋葬施設が存在することなどをもとに、それらの鏡は「各埋葬施設における葬送の際にもたらされたものではなく、畿内王権によって何らかの契機にまとめて配布された」ものと想定した上で、「倭製鏡の諸地域への流通方式は、直接的なものではなく、畿内中枢部で受領したのち持ち帰るものであった」という観点から、「参向型」の可能性が高いことを主張した（下垣二〇〇三b）。

また森下章司も、三角縁神獣鏡の同笵鏡分有関係において、列島の東西にまたがって分有関係を持つ同笵鏡の組み合わせがいくつも認められることから、「〔下垣が指摘する〕『参向型』こそ、この時代における器物の授受のあり方として基本的なものであった可能性を考える」としている（森下二〇〇五b）。

筆者もこうした下垣や森下の見解をふまえ、前期における鏡の流通形態が基本的には「参向型」であったものと考えている（辻田二〇〇六・二〇〇七）。この場合、列島の各地から鏡を求めて人が集まったと考えることになるが、なぜ人々はそのように鏡を求めたのであろうか。こうした理解が妥当かどうかについて、その背景という観点から考えてみたい。

古墳時代前期の親族関係と世代間継承の原理

上記の森下は、三角縁神獣鏡の変遷が前期古墳の年代的変遷の指標となることから、三角縁神獣鏡の授受の機会においては、「一代一授」的な傾向があったことを想定している（森下二〇〇五b）。つまり、新たに古墳が築造されるごとに新たな鏡（製作年代が新しい鏡、もしくは製作年代は古くとも新たに入手された鏡）が副葬されていると考えられる。

またあわせてもう一つのパターンとして、同じ地域の中で連続的に築かれた複数の古墳で、同じ型式・製作時期の鏡が出土する場合があることから、同一集団内で世代を超えて継承されるあり方が想定されており（弥生時代から古墳時代への伝世でなく、古墳時代における鏡の伝世を指す）、森下はこちらも同様に古墳時代に広く認められる現象と指摘している（森下一九九八a）。

筆者も森下がいうように、ある地域内で古墳が連続的に築造される場合に、古墳の時期差と鏡の組み合わせの時期差が連動する場合が多いことから、各地の集団がいわば古墳被葬者の世代交代、いわゆる「代替わり」ごとに新たに鏡を入手・副葬するあり方が基本であったものと考えている。ではなぜ、鏡の入手や副葬はこうした古墳被葬者の世代交代の進展に伴い行われる場合が多かったのであろうか。

第二章でもみたように、小林行雄は、三角縁神獣鏡の配布により「首長権が外的に承認」されるようになったと捉え、それを「（男系）世襲制の確立」と説明した。ただこの場合に、首長権が「世襲」的に継承されるようになったのであれば、生まれながらにして首長権が保証されるのであるから、その後に三角縁神獣鏡が継続的に配布される必要はないはずである。ところが、実際には各世代ごとに鏡が入手・副葬されていることからすれば、この時期の首長権は世襲的なものではない場合が多かったとみるのが妥当である。つまり、首長権の世代間継承が不安定だったからこそ、鏡の入手による「外的承認」が必要とされたと考えられるのである。この点の重要性については、内藤晃（一九五九）や都出比呂志（一九七〇）、近藤義郎（一九八三）などによって早くから指摘されている。問題は、この時代の世代間継承や親族関係がどのようなものであったのかという点である。

この時代の古墳の被葬者については、上記のように「首長」と呼ばれることが多いが、例えば一つの古墳に対して一人の被葬者というあり方はどちらかといえば少なく、一古墳に複数の埋葬施設があったり、また一つの埋葬施設に複数の被葬者を埋葬する場合も多い。ではどのような人々が葬られていたのか。第二章コラム2でもみたように、古墳時代はかつては父系社会と考えられていたが、田中良之らによる出土人骨の形質人類学的・骨考古学的な検討の結果、縄文時代から弥生時代、そして古墳時代の前半期（五世紀前半代まで）においては、財の継承や婚姻関係は、父系でも母系でもない「双系」が基本であり、大陸・朝鮮半島の影響を受けて父系化が広く進展するのは五世紀後半以降であることが明らかにされている（田中良一九九五・二〇〇八、清家二〇一〇）。

双系的親族関係の場合は、主たる被葬者が男性・女性のいずれかに限定されないため、前期古墳の被葬者は男性六割・女性四割と女性被葬者の比率が高いことが知られる。そしてその場合に、同じ古墳や埋葬施設に葬られる被葬者同士の関係が例えば「夫婦」などになるのは六世紀以降であり、それ以前は男女であっても親子もしくはキョウダイなどの血縁関係にもとづく「親族集団」が埋葬の基本的な単位であった（田中前掲）。

全体的な傾向からすると、前期古墳の場合、一つの古墳に大型埋葬施設がつくられ、一人の被葬者が埋葬される事例は、奈良盆地や各地のより規模が大きな前方後円墳に多く、より階層的に上位の被葬者が想定される。近畿周辺以外の地域の前方後円墳や小規模古墳、あるいは共同墓地的な石棺群などの場合においては、同一墳丘における複数の埋葬施設、あるいは一つの埋葬施設への複数人の埋葬などが多くみられる。また時期が降るにつれ、大規模前方後円墳でも複数埋葬施設を持つ事例が増加する傾向がある。

以上の点で、前期古墳の被葬者については、広い意味では「個人」というよりも、個人を含む有力な親族集団を代表者としたあり方を想定することができ、その中で被葬者が一人に絞り込まれる場合もあったとみた方が実情に即している。そうした観点から、ここでは古墳の被葬者について「上位層」と呼びたい。一つの古墳に複数の埋葬施設が存在して、それぞれから複数の人骨が出土する事例（例：福岡市老司古墳）などについては、地域社会において代表者となる「世帯」が絞り込まれていない（代表者となる「世帯」が複数存在しながら同一の古墳に埋葬される）ことを示すものと考えられている（田中良二〇〇八）。

またもう一つのパターンである鏡の伝世現象は、同じ集団の中で世代を超えて鏡が継承されるものであった。森下も鏡の保有の主体は地域の集団であるものと想定しており（森下一九九九八a）、上述の親族関係の視点と重なっている。すなわち、鏡の入手・保有は各地の地域集団によって行われ、その代表者としての上位層の墓（古墳）に副葬されたものと考えることができる。

ここで注目されるのは、双系的な親族関係においては、財の継承や婚姻関係が男系・女系のどちらにも限定されないため、世代間の継承が非常に不安定であるという点である。すなわち、首長権も含めた継承の権利を持つ候補者の範囲が広いことにより、誰が集団の代表者となってもおかしくない状況が生じる。『魏志』倭人伝の一節に、卑弥呼の死後に男王が跡を継いだが国中が収まらず、宗女の台与が女王となってようやく収まったとあるのは、まさにこうした継承の不安定さを具体的に示している。

鏡の流通という点について地域社会の側から考えると、各地の古墳に埋葬される上位層が、鏡の入手・使用・消費（副葬）の基本単位であった。そうしたあり方を基礎としながら、列島各地で上位層の代替わりなどを契機として、新たな鏡の入手が必要とされたものとみられる。前の世代の上位層が入手した鏡は基本的にその代で古墳に副葬されるため、新たな古墳の築造に伴い新たな鏡が入手されるということが繰り返されたものと想定される。先に挙げた「参向型」の理解においては、各地域社会の側が鏡を求めて近畿地域ないしは奈良盆地周辺に集まることが想定されているが、その要因をつきつめていえば、こうした双系的親族関係を背景とした上位層の世代間継承の不安定さに求められる。つまり、新たに集団の代表者となった上位層は、地域社会の中での集団構成員との関係において、また他の集団との関係において、自らの立場を正当化するために、新たな鏡の入手およびモニュメントとしての古墳の築造を必要としたものと考えられるのである。そこに生じていたのは、各地の地域集団同士の間での鏡や古墳の築造をめぐる競合関係と、それらの鏡を供給する側となった近畿地域の求心性という点である。

近畿地域の中心性の発現

以上のような点を背景としながら、列島各地の地域集団および上位層が古墳を築造し鏡を副葬した、というのが古墳時代前期の特徴である。この点で、この時期に日本列島の広い範囲で古墳が造営され始めた、また造営され続けた原動力は、列島各地における上位層同士の競合関係と、上位層の世代交代の進展に伴う新たな鏡の入手および新たな古墳の築造という点に求められる。では、そうした鏡を供給した近畿地域とは、地域社会の側からすればどのような存在だったのであろうか。

本書の冒頭で、なぜ近畿地域が古墳時代の地域間関係において政治的・文化的中心となったかという点を課題として挙げたが、筆者は、古墳時代になって鏡が奈良盆地に大量に流入したことが近畿地域の中心化の大きな契機であったと考える。そのような形で「中心化」した近畿地域のあり方を指して、ここでは「近畿地域の政治権力」と呼称する。

纒向遺跡の造営を含め、弥生時代終末期において交流の「重心」が近畿地域に移りつつあったからこそ、そこに中国鏡がもたらされることになったものと考えられるが、重要なのは、奈良益地を中心とした鏡の流通（「配布」）が弥生時代終末期以前に遡ってすでに存在していたと捉えるのではなく、古墳時代初頭以降の完形中国鏡・三角縁神獣鏡の流通や大型古墳群の造営を起点として、中心的なあり方自体が急速に発展した、と捉える点である。すなわち、列島各地の地域集団からの鏡の需要と近畿地域からの鏡の供給の相互作用の結果として、「中心－周辺関係」的様相が出現したとする見方である。もしこの時期に近畿地域への鏡の大量流入がなければこうした中心性が発現しなかった、あるいは少なくともこれ以降長期にわたり継続することはなかった可能性もある。この点において、中国鏡や三角縁神獣鏡の「授受」が近畿地域と各地の集団とを結びつける鍵となっていたものと考えられるのである。

古墳時代前期威信財システム：求心型競合関係モデル

古墳時代の地域間関係は、古墳の形と規模の違いにもとづく相互の身分秩序の承認であると考えられてきた（都出一九九一）。これは言い換えれば、近畿地域を中心とする広域的な政治秩序であるが、それを近畿地域主導型の政治的支配とみるか、あるいは列島各地の地域社会の側の戦略や論理をどの程度重視するかで説明が異なってくる。筆者は後者の地域社会の論理をより重視する立場であるが、いずれにしても、上述のような鏡の授受においては、生産・流通を差配する「中央」としての近畿地域の側の戦略と、地域社会における上位層の世代交代の進展に伴う鏡の入手の必要性という両者の相互作用が、結果として広域秩序の再生産をもたらしたものと考えられる。

ここでいう鏡の授受は、次のような特徴を持つ。すなわち、①その入手・使用・消費が上位層に独占されていること、②各世代ごとの入手・使用・消費というあり方が社会的再生産のプロセスに分かちがたく埋め込まれていること、の二点である。この二点を特徴として特定の器物の授受によって社会の上位層同士の関係が維持・再生産されるあり方については、人類学のモデルでいう「威信財システム」の観点で理解することができる。威信財システムは、階層化が進んだ首長制社会の上位層同士が広域で政治的な同盟関係を取り結ぶ際に現れる政治形態と考えられている（本章コラム3参照）。筆者はこのモデルを参照しながら、考古資料にもとづき古墳時代前期の広域秩序をモデル化し、これを「古墳時代前期威信財システム／求心型競合関係モデル」と呼んでいる（図45）。

このモデルでは、広域秩序の再生産という点において、「中央」の側の論理や戦略とともに、列島各地の「地域社会」の側の論理がより重要な役割を果たしている。この場合の「中央」の側の論理・戦略とは、例えば前掲の図41のような鏡の秩序を、列島各地の上位層に対して適用しようとしたものとして理解することができる。ただし、それはあくまでいわば「中央」の側の希望や期待を示したものであり、各地の古墳副葬鏡における面数や面径の違いが、近畿地域による「政治的支配関係」などを直接示しているわけではない。ここでいう広域秩序は、各地の地域集団との間での鏡の授受に媒介されることによってのみ結果的に維持・再生産されるものであり、例えば七世紀末から八世紀以降の時代の政治的支配（坂上二〇一一）などとは質的に大きく異なっている。筆者はこうしたあり方こそが、従来想定されてきた古墳時代前期にお

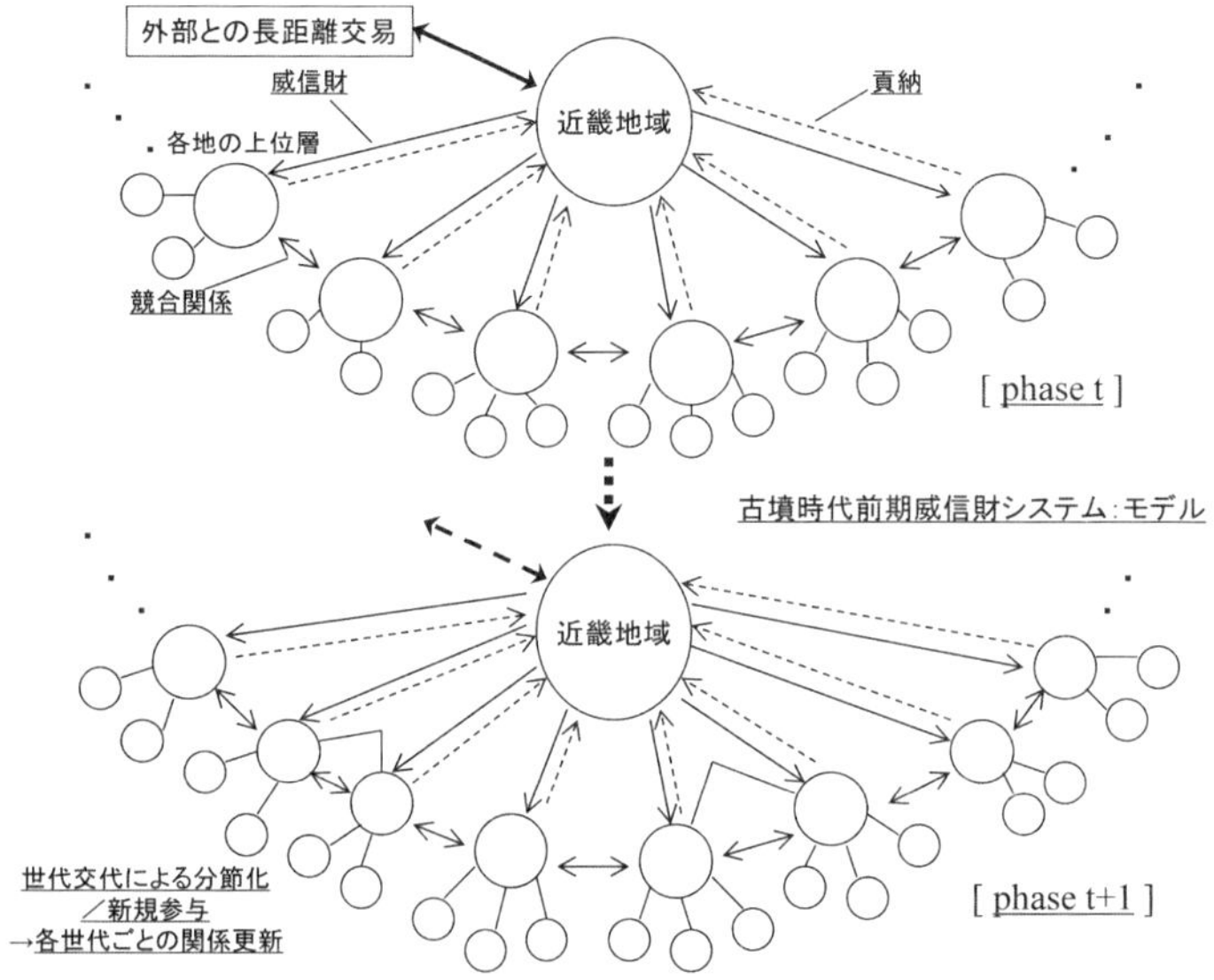

図45　古墳時代前期威信財システム／求心型競合関係モデル

ける「中央」と「地方」との「政治的関係」の実態であると考えている。

鏡の授受については、近畿の「中央」における上位層の代替わりの機会に行われた可能性が指摘されている（下垣二〇一一）。筆者もそれに賛同するが、鏡の授受が「中央」と「地方」の広域秩序を表しながら、それが維持され続けたのは、そうした機会を通じて鏡を入手する必要性が、各地の地域社会の側に恒常的に存在していた点にあることを強調したい。

こうした鏡の授受は各地の上位層の世代交代・代替わりと集団の再生産に深く結びついているため、それを媒介として示されたのは、そのときどきの「世代」において、近畿の上位層を中心としたネットワークに参加しているかどうかという点であった。世代間継承が不安定であったことを示す根拠として、鏡の授受が継続的に行われずに古墳の築造が継続しない場合や、新規にネットワークに参加して新たに古墳が造営されるような場合が広く認められる。このネットワークに参加しない集団も地域によって存在したであろう。

前期古墳は、古墳時代の中期や後期と比べて、埋葬施設や副葬品の構成なども含め、地域間での共通性が高い点が特徴である。その一方で、炊飯様式や住居の形態などは、西日本と東日本で異なるなど弥生時代以来の地域性が継続しており（都出一九八九、杉井一九九九）、共通性が高いのは古墳の築造に関わる要素に集中しているともいえる。このようにみた場合、列島各地での古墳の築造数の多さやその継続性は、各地の地域社会の側が共通の墳墓様式を積極的に採用したことに起因しており、いわば同じフォーマットに即してその規模や壮麗さを競い合った結果とみなされる（辻田二〇一二ａ）。

この点では、筆者の考え方は、近畿地域の中心性発現のプロセスやメカニズムの理解は異なるものの、かつて近藤義郎が「大和部族連合」を中心として、共通の祭祀を共有しながら列島各地の部族と広域の部族連合を形成したとする説明（近藤義一九八三）に近いものと考えることができる。これは、古墳時代を基本的に国家成立の前段階として捉える点についても共通する。筆者の見方は、「『畿内』からの鏡の『配布』」とその背後に想定されていたような、「大和政権の勢力拡大過程」（小林行一九六一）といった説明とは異なり（むしろ地域間関係のベクトルの理解は逆で）、列島各地の地域集団が鏡などを求めて奈良盆地周辺に集い、自らの事情で各地で古墳を築造するようなあり方である。そして各地の上位層の世代交代が進行してこの関係が維持される中で、結果的に近畿地域の求心性が増大していった、というのがこのモデルの骨子である。

またここでいう「競合」は、緩やかな横並びの状態での共存といった意味合いで用いており、コンフリクトや戦争といった理解とは異なる点を申し添えておきたい。イメージとしてはむしろ平和的な共存・共生に近いものであり、それがこの時代の地域間関係の特質と考えている。

「参向型一類」と古墳築造の背景

先に述べたように、川西宏幸が当初提唱した「参向型」は、古墳時代中期における銘文刀剣にみられるような、列島各地の上位層が中央に上番・奉仕したその見返りに鏡を入手するというあり方であった（川西二〇〇〇）。前期における鏡の授受はこれとはやや性格を異にしているとみられ、同じ参向型でも区別して考えることができる。この点をふまえ、筆者は前期の鏡の授受を「参向型一類」、中期のそれを「参向型二類」と分類している。後者については次章で検討するが、前者の参向型一類については次のようなものと考えている。すなわち、「列島各地の上位層の代替わりや中央政権の最高首長（パラマウント・チーフ）の代替わりなどの諸契機に伴い、各地域から中央へ参向し、その結果として威信財を各地に持ち帰るというパターン」で、「近畿地域における大型モニュメントの築造・儀礼への参画やそれに関わる人的・物的資源の供与および技術伝習といった側面を伴う」というものである（辻田二〇一五・二〇一八）。わかりやすくいえば、列島各地から奈良盆地周辺の大型古墳群造営に参加し、その見返りとして鏡をはじめとしたさまざまな文物をもらい受け、各地に持ち帰るというあり方である。

こうした前期における鏡の授受の実態を考える上で問題となるのは、各地域集団の側が鏡を入手する際の交換財はどのようなものであるのかという点である。

威信財の贈与は、基本的には貢納物に対する見返りである。この点で、鏡の入手を求めて各地の地域集団の側が持ち込んだ、あるいは貢納したものとして考えられるのは、例えば労働力としての人員、各地のさまざまな特産物、米をはじめとした食物などである。

労働力としての人員は、奈良盆地東南部の大型古墳群造営にあたって、在地の人民だけでは造営が困難とみられる点からも、各地から人員が派遣されたことが想定される。これは、『後漢書』東夷伝の一節にある、一〇七年の「倭国王帥升等」の遣使時に「生口百六十人」が献上されたとする記事とも呼応する（その後、卑弥呼や台与も魏晋王朝に生口を献上している）。生口とは捕虜や奴隷などを指すが、ともかくもそこで献上されたのは人であり、古墳時代においては労働人員としての側面も大きかったものとみられる。

二番目の特産物については、後の律令国家の時代に各地から貢納された主に食物や布織物などの有機質が想定されるが、これらは考古資料としては遺存しにくいため証明は難しい。逆に考古資料として残りやすい石製品・金属製品・木製品、あるいはその原材料となった石材・金属素材・木材などが近畿地域に貢納された可能性がある。

もう一つの「米」については、近年北條芳隆によって、弥生時代以来の基本的な交換財として「稲束」が想定されている点が注目される。これは奈良県の唐古・鍵遺跡で実物が発見されており、約七〇本の稲を束ねた一握りの稲束を単位として交換財となっていたものと考えられている(北條二〇一四)。こうした稲束や各地から貢納された特産物は、奈良盆地での大型古墳群造営に際して、それに参加した人員への労働報酬として支払われた可能性が高い。北條はこうしたあり方から、大型前方後円墳の造営は、人類学でいうところのポトラッチに近いものと想定している(北條二〇一九)。ポトラッチとは、北米大陸の太平洋岸北西部の先住民族において、さまざまな財が儀礼の機会などを通じて破壊されたり消費されたりしながら、儀礼の参加者の側に大盤振る舞いという形で贈与される行為を指す。そしてそうした行為を通じて儀礼の主催者は自身の権威を誇示し、維持するというものである。

大型古墳造営を、そうした財の集約とその消費の場と捉えれば、各地から人が集まりそこで古墳造営に参加することの意義を理解することが可能となる。すなわち、各地から使者と人員が派遣され貢納などが行われつつ、そうした古墳造営に参加することにより、見返りとして鏡を入手したという考え方である。上記の「参向型一類」とは、そうした形で各地の地域集団が奈良盆地周辺における大型古墳群の造営に参加し、鏡を入手するあり方に近いものと考える。こうした使者の派遣、生口や特産物の献上により見返りとして鏡などを入手する、というあり方は、一〇七年の倭国王帥升等の後漢への遣使をはじめ、三世紀における卑弥呼の魏王朝への遣使に至るまで、中国王朝に向けて行われたことと同じ方法が、列島内で近畿地域に向けての遣使という形で再現されたことを示している。

また古墳造営は、大型の墳墓モニュメントというだけでなく、大規模土木工事という側面もあった。奈良盆地とその周辺では大型前方後円墳の築造を可能にするような新たな土木設計技術の導入や土地の開拓が行われており、灌漑《かんがい》用水路の開発などを含め、耕地開発や農業生産という意味での先進地域でもあった。こうした大型古墳の造営や古墳築造によって示される広域のネットワークへの参加の結果として、先進的な技術が各地の耕地開発や農業生産へと供与・還元されたものと考えられる。耕地開発と古墳造営が密接に結びついていることは特に東日本で顕著に示されており（若狭二〇〇七、北條二〇〇七a・b）、この点でも、古墳の築造という形で広域のネットワークに参加することについて、地域社会の側にもメリットがあったのであろう。

「参向型一類」と交通・二次的分配の問題

こうした参向型の授受が成立するためには、各地から奈良盆地周辺までの交通が重要である。古代の律令制下の道路や近世に街道が設置された時代においても、遠隔地の移動とそこでの労働参加は容易ではなかったはずである。古墳時代においてはそうしたことが可能であったのだろうか。

先にみたような、各地における外来系土器の受容という点からすれば、実際に人の移動が長距離にわたっていたことは確実である。ここでもう一点注目されるのは、この弥生時代後期〜古墳時代前期においては、船舶による海上交通での移動がより重視されていたと考えられる点である。論拠となるのは、前期古墳の立地が沿岸地域で航海ルート上の要衝やランドマークに位置している場合が多いこと、また次章でもみるように、馬の導入とあわせて内陸交通路の整備が行われるのが古墳時代中期以降であること（諫早二〇一九）、などである。古墳時代において海洋民の活動が広域にわたることもこの傍証の一つとなろう（西川修二〇一八、石村二〇一七、魚津二〇一七）。もちろん近畿地域周辺では弥生時代以前からの内陸ルートも存在していたと考えられることから、近畿地域の周辺とその遠隔地とでは交通事情が異なっていたことは十分に想定される。こうした海上交通の重要性という点は、弥生時代後期後半〜終末期においてみた「水先案内モデル」などともつながるものであり、古墳時代にそのベクトルが近畿地域に向かう形へと転換したものと考えることができる。瀬戸内以東の各地域の集団にとっては、北部九州や朝鮮半島に使者を派遣して先進文物を入手するより、近畿地域に赴く方がアクセスなどの条件が容易である場合も多かったであろう。この点で、近畿地域が地理的に本州の中央に位置していたことが、その後の時代にも大きく影響したものとみられる。

またもう一つ問題となるのは、ここでいう前期段階の鏡の授受が、全て参向型（一類）として説明できるのか、一部に「近畿からの下向型」のような授受が想定できるのかどうか、という点である。特に九州や関東以北などの遠隔地まで含めて全て参向型の授受であるのか、また地域内での二次的な授受（田中琢一九九一ａ）がなかったのかどうか、という点である。「近畿からの下向型」についてイメージされるのは、各地の古墳造営に当たって近畿から技術指導者などが派遣されたと想定される場合であり、例えば近畿との共通性が高い埋葬施設や埴輪の導入、あるいは共通した墳丘規格の採用（澤田二〇一七）がみられる事例などである。これは各地の大型古墳の一部で確実に存在するが、実際には各地の古墳造営において、近畿的な古墳造営技術がそのままコピーして移植されるような事例は少数であり、在地的な技術に変換されて造営されているものが大多数である。これらは個別の事情によるところが大きいとみられ、全国的な傾向として一般化することは難しい。その場合も、地域社会の側が招請して技術指導が行われることが多かったと想定される点で、いずれにしても人の動きとしては「近畿から各地へ」といった拡散型よりも、「列島各地から近畿へ」という求心型のベクトルの比重が大きかったものと考えることができる。

　またこの問題を考える上で重要なのは、各地域の小規模古墳やその周辺地域の古墳などでの鏡の副葬事例である。こうした事例については、それらの被葬者や地域集団が近畿に直接赴いて入手した場合の他にも、地域内での二次的分配、あるいは近畿からの下向型による贈与の両者の可能性も想定される。また例えば福岡平野東部では、半径約三キロメートル圏内でほぼ同時期に全長三〇～四〇メートル規模の複数の前方後円墳が築造され、同時期の三角縁神獣鏡を副葬するという事例が知られるが（福岡市の名島《なじま》古墳・香住ヶ丘《かすみがおか》古墳・天神森古墳）、これらは同一の地域集団ないしは複数の同列的な地域集団の間で同種の鏡が「共有」されたものである可能性が高い。実際のところは、参向型一類のような授受の形態を基本としながら、個々の事情によって地域内での二次的な分配や共有、あるいは近畿からの下向型が行われる場合もあり、それらが並存していた、というのが考古学的データの実態に即した解釈のように思われる。

ただし重要なのは、先にも述べたように、特に「地域内での二次的分配」を想定する場合でも、例えば全長数十～一〇〇メートル規模の古墳の被葬者などを「地域」の代表者として説明できるのは、分布からみても平野単位ほどの範囲に限定される場合が大半だという点である。この時期の集落においては、大規模古墳＝大規模集落というような関係や一つの古墳＝一つの集落といった図式がみられず、地域集団のあり方自体が流動的であったこととも関連する。その意味でも、平野単位あるいは平野内にも複数の地域集団が並存しながら、相互に競合していたというのが実態に近いと考えられる。

小結：古墳時代前期の鏡の授受とその背景

以上、古墳時代前期における鏡の授受とその背景についてやや詳しく述べてきた。従来「『畿内』からの鏡の『配布』」と考えられてきたものが、実際には各地域社会の側が求心的に近畿地域に鏡を求めるという逆の図式であったものと捉え、その背景として双系的親族関係を基礎とした世代間継承の不安定さ（田中良一九九五・二〇〇八）という点を想定した。古墳時代初頭前後を境にして、地域間の関係が物資流通などの点で近畿地域を中心とする形に大きく再編されるとともに、古墳造営や鏡の授受などが社会の再生産の中に分かちがたく埋め込まれたあり方へと大きく転換したものと考えられるのである。

ここまで、そうしたあり方を鏡の授受という観点から説明してきた。ここで節をあらため、再び鏡の問題に立ち戻り、この時代にそれらの鏡がどのように用いられていたのか、またそこで用いられた鏡の文様などにどのような意味が与えられていたのかといった点について、前期後半以降における対外交渉の変遷の問題とともに考えてみたい。

二　古墳時代前期の鏡の使用方法と思想

前期古墳の埋葬施設と葬送儀礼

ここまで、古墳時代前期において、鏡と古墳の築造が非常に深く結びついていることを論じてきた。では古墳においては鏡はどのように副葬されていたのであろうか。そのことについて考える前に、ここで前期古墳の埋葬施設と葬送儀礼について述べておきたい。

奈良盆地における初期の大型前方後円墳では、主に「割竹形木棺」と呼ばれる長大なコウヤマキ製の丸太を刳《く》り抜いた木棺と、その周囲に割石を積んで木棺を覆う「竪穴式石槨」と呼ばれる埋葬施設を後円部や前方部に構築するものが多い。元々は弥生時代後期の中・東部瀬戸内で出現した埋葬施設であり、それが古墳時代初頭前後に近畿地域で長大化する形で大型前方後円墳に採用されたものと考えられている（近藤義一九八三）。木棺には割竹形木棺以外にも舟形木棺・箱形木棺などがある。また木棺の周囲全体を割石ではなく分厚い粘土で覆ったものを「粘土槨」と呼ぶ。木棺のみを直接埋葬するものを「木棺直葬」と呼んでいる。これらは割竹形木棺の長さによる格付けや、また竪穴式石槨＞粘土槨＞木棺直葬の順で階層的な序列が想定されている（和田晴二〇一四）。これ以外にも、特に近畿周辺以外の地域では、弥生時代以来の箱式石棺を用いる事例も多く、また九州や関東など近畿からの遠隔地では竪穴式石槨を用いる事例が少ないなど、こうした階層性が列島全域で貫徹されるというよりは、地域の事情に即した形で個別に採用が行われていたようである。

竪穴式石槨の場合は、まず墳丘頂部に大きな墓壙《ぼこう》を掘削し、粘土などで棺台を設置した後、棺身を据え付ける。木棺を割石による石槨で囲んだ後、大型の板石数枚を天井石として用いて石槨上面をふさぐ。最後に全体を分厚い粘土で覆い、墓壙全体を埋め戻すといった作業が行われる（図46）。こうした一連の工程が葬送儀礼として行われ、その中で遺体の安置や副葬品の配置、赤色顔料の散布や塗布などが行われた。そのため、副葬品の出土位置の違いは、副葬品に与えられた意味の違いや葬送儀礼におけるタイミングの違いなどを示すと考えられる（今尾一九八四）。もし未盗掘の古墳であれば、埋葬施設や人骨・副葬品の出土状況などをもとにそうした葬送儀礼の過程を具体的に復元することも期待される。

こうした初期の前期古墳の埋葬施設で特に注目されるのは、厳重な遺体の保護という点である（和田晴二〇一四）。上記のように埋め戻された墓壙の上に円筒埴輪や形象埴輪が並べられる事例も多く、埋葬された空間がその後に周囲から隔絶される場合もあった。また複数の埋葬施設が設置される場合や、地域によっては箱式石棺などで追葬が行われる場合もあり、各地の上位層の事情に合わせた形で葬送儀礼が行われたものとみられる。

前期後半になると、奈良盆地周辺の最上位層の間では、木棺の代わりに大型の組合式《くみあわせしき》石棺が新たに創出され、最上位の埋葬施設として位置づけられた。これが中期には長持形《ながもちがた》石棺と呼ば

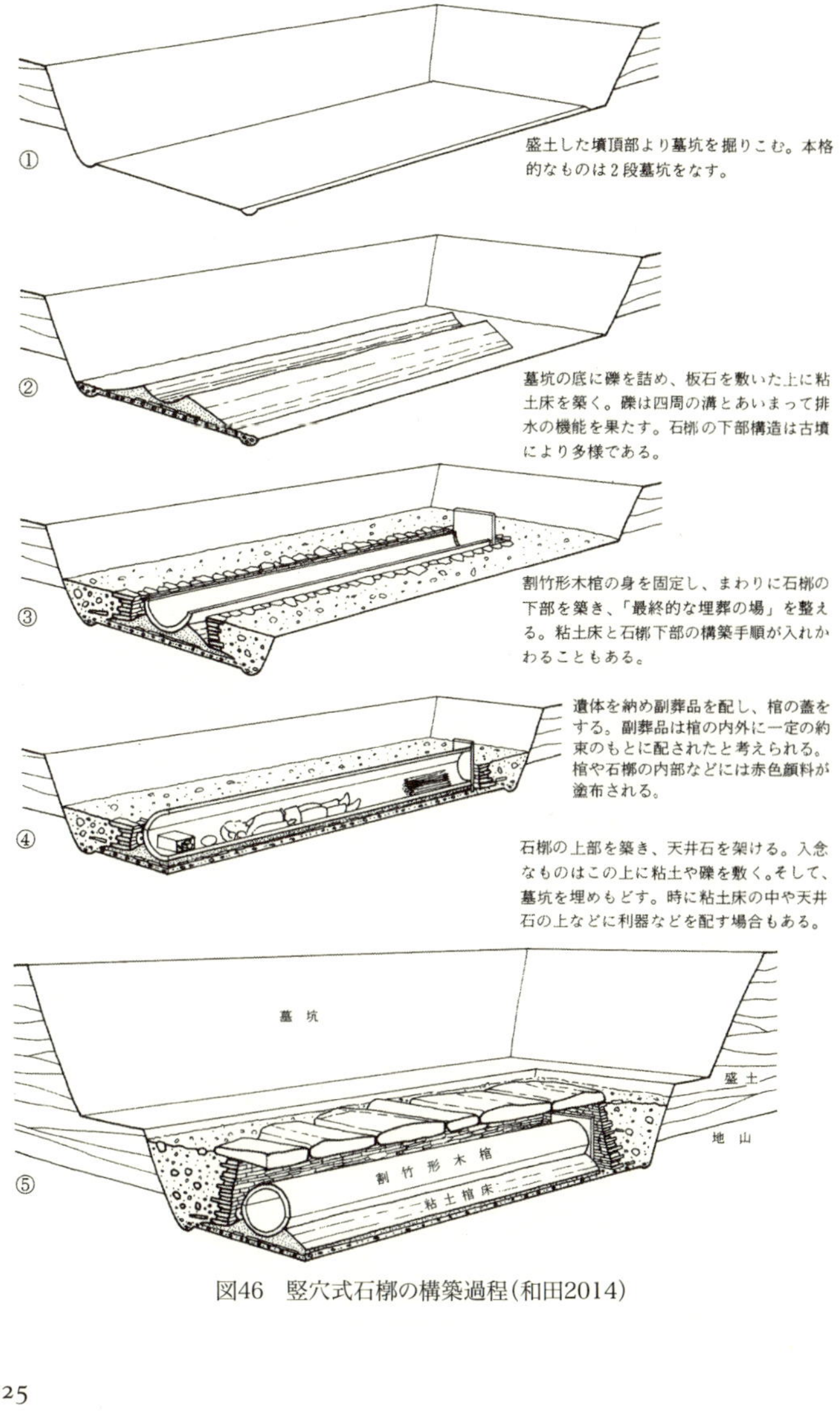
①
盛土した墳頂部より墓坑を掘りこむ。本格的なものは2段墓坑をなす。
②
墓坑の底に礫を詰め、板石を敷いた上に粘土床を築く。礫は四周の溝とあいまって排水の機能を果たす。石槨の下部構造は古墳により多様である。
③
割竹形木棺の身を固定し、まわりに石槨の下部を築き、「最終的な埋葬の場」を整える。粘土床と石槨下部の構築手順が入れかわることもある。
④
遺体を納め副葬品を配し、棺の蓋をする。副葬品は棺の内外に一定の約束のもとに配されたと考えられる。棺や石槨の内部などには赤色顔料が塗布される。

石槨の上部を築き、天井石を架ける。入念なものはこの上に粘土や礫を敷く。そして、墓坑を埋めもどす。時に粘土床の中や天井石の上などに利器などを配す場合もある。
⑤
墓坑
盛土
地山
割竹形木棺
粘土棺床

図46　竪穴式石槨の構築過程（和田2014）

れる棺として定着することになる。

こうした前期古墳の葬送儀礼において、副葬品の主要な品目の一つとして用いられたのが他ならぬ鏡である。第二・三章では、弥生時代から古墳時代にかけて、鏡の種類の変遷とともに「破鏡・破砕副葬から完形鏡へ」という変遷が認められることを述べたが、葬送儀礼においてはそうした違いはどのように表れているだろうか。

古墳時代前期の鏡の副葬方法

前期古墳の鏡は、基本的に完形鏡として副葬される事例が大半である。ただ後で述べるように、古墳時代の初期においては、弥生時代の副葬形態が継続する形で、一部の古墳で破砕副葬が認められる。これらは前期前半のうちに行われなくなるようである。この意味で、鏡の副葬方法においても古墳時代前期初頭〜前半に弥生時代からの転換点が見出《みいだ》される。

上に述べたような古墳時代的な埋葬施設や葬送儀礼は、弥生時代終末期の近畿地域周辺に系譜をたどることはできず、副葬品の品目は北部九州、埋葬施設や円筒埴輪などの祖型は中・東部瀬戸内というように、各地域のさまざまな要素が融合されて生み出されたものと考えられている（寺沢薫二〇〇〇）。この意味で、初期の前方後円墳における葬送儀礼やその舞台装置としての埋葬施設をはじめとした古墳の「道具立て」は、古墳時代初頭前後に奈良盆地周辺で大型前方後円墳の築造に際して新たに創出されたものと考えられる。この点で、最初の巨大前方後円墳である箸墓古墳の葬送儀礼がどのようなものであったかが重要であることは論を俟《ま》たないが、残念ながらこれについては現状では不明といわざるを得ない。

その一方で、特に戦後に発掘調査が行われたいくつかの古墳では、未盗掘であったために鏡の出土状況から副葬当時の配列の仕方が復元できる事例が知られている。例えば小林行雄の同笵鏡論で著名な京都府椿井大塚山古墳は、一九五三年に当時の国鉄の鉄道改良工事の際に偶然長大な竪穴式石槨が発見され、三角縁神獣鏡三二面を含む三六面以上の鏡が出土した。この際、聞き取り調査と一部残存した鏡の出土状況により、石槨の壁体に沿って三角縁神獣鏡が立て並べられていたことが想定されていたが、発見直後に遺物が持ち出されたため鏡全体の正確な位置関係は不明であった。その後、一九九七～九九年にかけて、奈良県立橿原《かしはら》考古学研究所などにより奈良県天理市の黒塚古墳の調査が行われた結果、竪穴式石槨の壁体に沿って、特に木棺の外側で頭位方向を囲むようにして三三面の三角縁神獣鏡が配置されており、木棺の内部からは被葬者の頭部近くの仕切り板周辺とおぼしき位置に中国製の画文帯神獣鏡一面が立てかけられていたことが明らかとなった（図47：奈良県立橿原考古学研究所編二〇一八）。黒塚古墳の調査成果をふまえるならば、椿井大塚山古墳でもほぼ同様の出土状況であったことが想定できる。

また一九九〇年前後に大阪大学考古学研究室が調査した滋賀県雪野山古墳では、舟形木棺の内部で長軸方向にそれぞれ仕切り板があり、五面の鏡が出土した（図48）。このうち、二面が超大型の倭製鏡（内行花文鏡系・鼉龍鏡系）で、三面が「舶載」三角縁神獣鏡であった。鏡は、内行花文鏡系の倭製鏡が被葬者の頭部付近に置かれた他、残り四面が二面ずつ頭位方向と足位方向のそれぞれの仕切り板に立てかけられていたものと考えられている（福永・杉井編一九九

六、佐々木二〇〇四b）。

こうした事例は他にも多く見つかっており、いくつか共通した特徴が指摘できる。一つは、三角縁神獣鏡が木棺の外側（かつ石槨の内部）に配置される事例や、木棺の中に副葬する場合は足の方に置く場合が多いことである（森浩一一九七八、菅谷一九八〇、今尾一九八四、藤田一九九三、福永一九九五、岩本二〇〇四）。この出土状況が示しているのは、「三角縁神獣鏡は竪穴式石槨であれば木棺の外に置く」あるいは「木棺の中に置く場合は足の方に置く」といった、葬送儀礼を行う際のある種の「約束事」（規範）のようなものの存在である。近畿周辺の長大な竪穴式石槨の場合、木棺の中には少数の鏡と玉類などのみを副葬し、それ以外の多くの鉄製武器や農工具類などは「棺外」の狭い空間に副葬する事例が多く（寺沢知一九七九）、こうした木棺の「棺内」と「棺外」に副葬品を分けて配置する方法がより階層的には上位の儀礼方式であっ

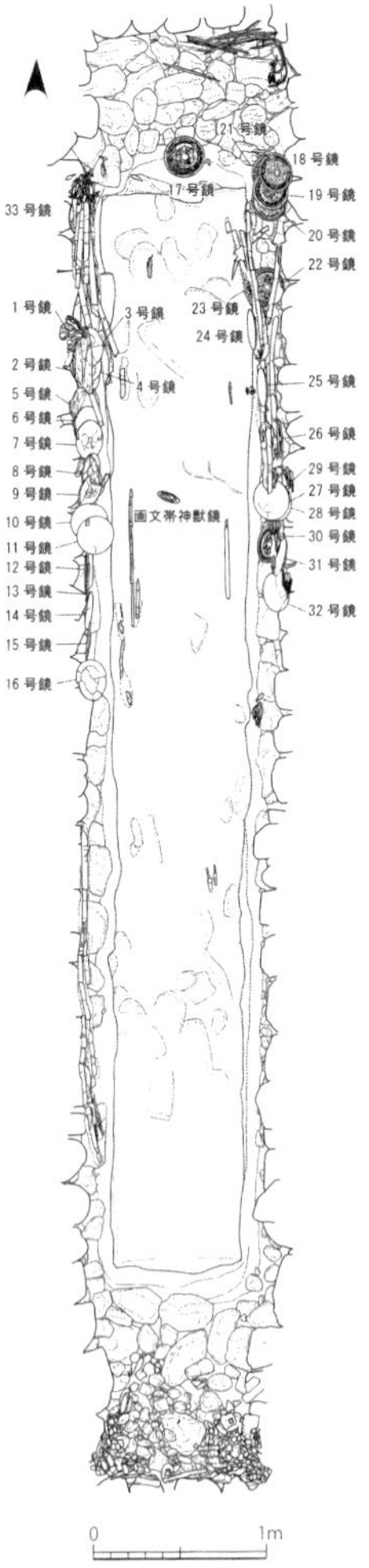

図47　奈良県黒塚古墳遺物出土状況（奈良県立橿原考古学研究所2018）

た（逆に全ての副葬品を棺内に配置するのは階層的に下位の葬送儀礼として位置づけられる）。こうした副葬品の配置方法が、おそらく古墳時代前期の奈良盆地において新たに創出された葬送儀礼の一部であったものと想定される。それがいつの段階であるのかは不明であるが、先に挙げた三基の前方後円墳は全て「一期」の「新相」であり、その段階までには少なくとも近畿地域周辺では共有されつつあったものと考えられる。また鏡を棺内と棺外に置き分け、三角縁神獣鏡を棺外に置く事例が、前期後半（三期）の大阪府紫金山古墳や前期末（四期）の大阪府和泉《いずみ》黄金塚《こがねづか》古墳などでも知られており、近畿地域ではそうした葬送儀礼が前期後半以降も継承されたものとみられる。

この他にも鏡の特徴的な副葬方法として、「魚の鱗《うろこ》のように木棺の中で円形に重ねながら配列する」事例（奈良県大和天神山古墳や同佐味田宝塚古墳など）や、竪穴式石槨の外側に小さな割石積みの空間（「小石室《しようせきしつ》」）を設けて、その中に超大型の内行花文鏡系倭製鏡を埋置する事例（奈良県下池山古墳・同柳本大塚古墳）などが知られている。特に後者は奈良盆地の東南部に集中しており、前章でもみたように、この種の鏡が最上位に位置づけられていたこととも関連するものであろう。

葬送儀礼の各地への広がりと鏡

こうした奈良盆地で創出された古墳での葬送儀礼の方式は、副葬品とともに列島各地へと広がっていった。こうした葬送儀礼を考える上では、埋葬施設のような「ハードウェア」と葬送

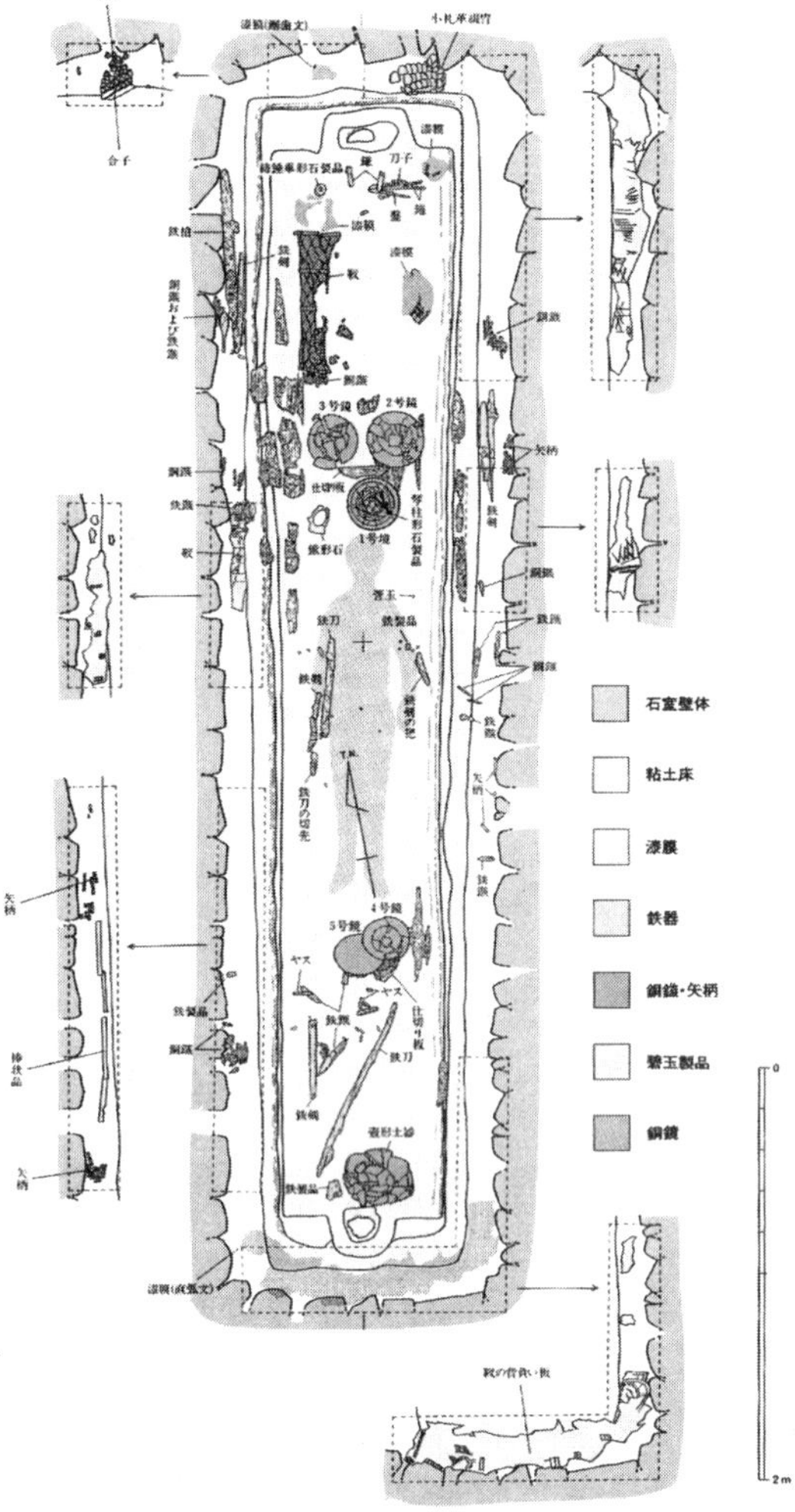

図48　滋賀県雪野山古墳遺物出土状況(佐々木2004b)

儀礼の過程や副葬品の配置方法などの「ソフトウェア」を分けて考えるのが有効である（土生田一九九八）。例えば九州や山陰、中部・関東など近畿からの遠隔地において、これらのハードウェアとソフトウェアがいわばセットになって採用される事例は存在するものの少数派である。そうした事例は、おそらく近畿地域との非常に密接なつながりによるものであろう。

これは、先に述べた「参向型一類」による鏡の授受という点とも関わる問題である。列島各地において鏡が副葬される場合に、奈良盆地における上位層の葬送儀礼の規範がどの程度取り入れられているかは、そうした上位層同士のつながりや、授受のあり方がどのようなものであったかを示しているといえる。例えば、伝世鏡論で著名な福岡県一貴山銚子塚古墳は前期後半（三期新相）の前方後円墳であるが、やや幅広で長さが短い竪穴式石槨の中に、近畿地域の初期の石棺に類した箱形の組合式木棺を納めたとみられ、その棺外の両側面から「仿製」三角縁神獣鏡が四面ずつ計八面、棺外の頭位方向の位置から中国製の大型内行花文鏡・方格規矩四神鏡が一面ずつ出土した（図49：小林行他一九五二、辻田二〇一〇）。埋葬施設が近畿周辺の木棺のコピーそのものかどうかの判断は難しいが、鏡の配置も含め、近畿地域との結びつきの中で生み出されたものであることは間違いない。

それ以外の多くの事例では、在地的に変容した木棺や粘土槨、あるいは在来の箱式石棺などにおいて、鏡が複数ある場合も遺体の傍らに一括して副葬される場合が多い。例えば九州では箱式石棺などが在地的な埋葬施設の代表例であるが、そうした埋葬施設の棺内に一面のみ副葬するような事例などでは、鏡の授受に際して近畿の葬送儀礼に参加したり、直接・間接に見聞

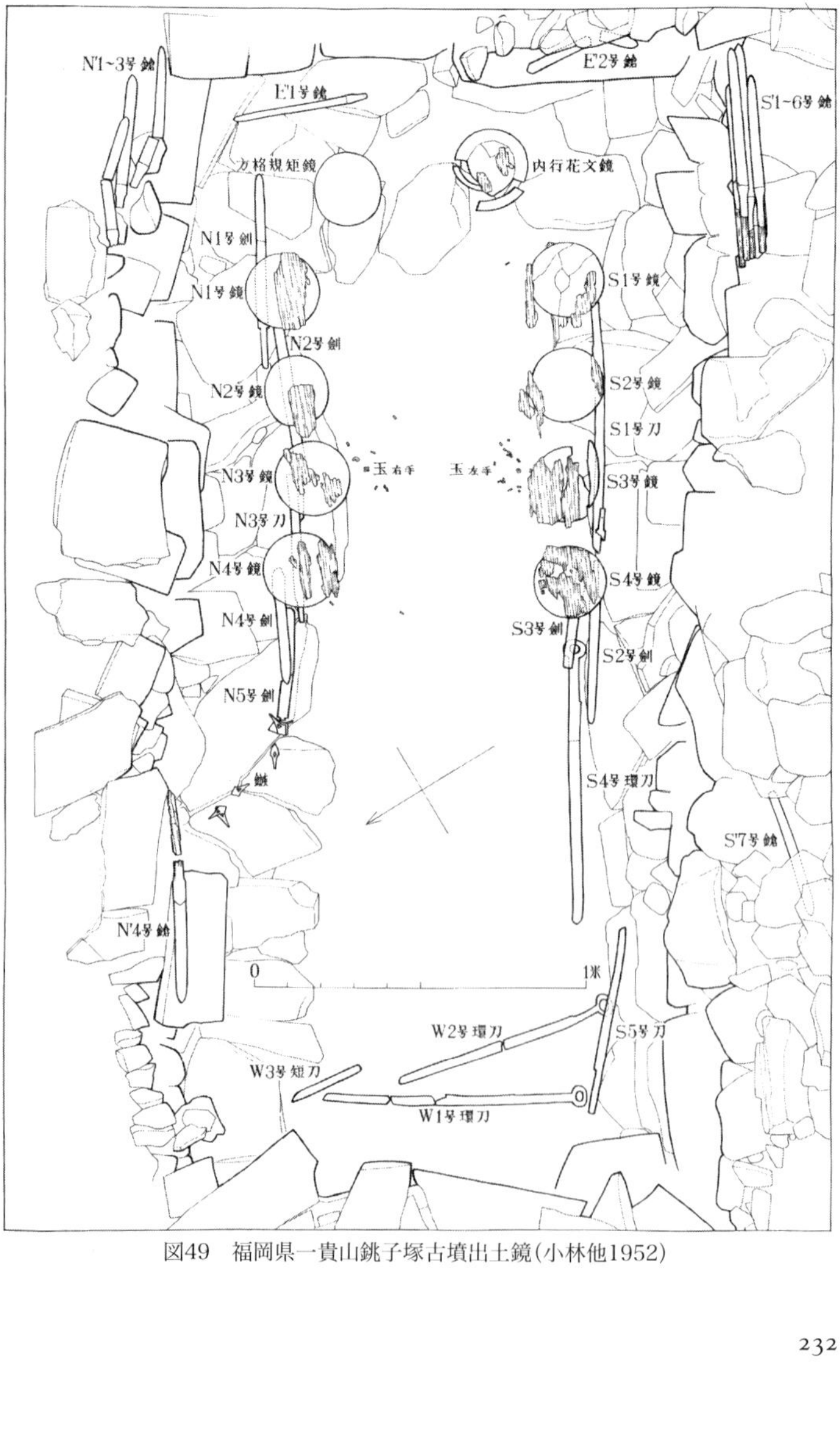

図49　福岡県一貴山銚子塚古墳出土鏡(小林他1952)

していても、それを採り入れて表現する場合・しなかった場合・できなかった場合などがあったものと考えられる。すなわち、地域によっては、ハードウェアなどの道具立てや副葬品の種類・量が近畿地域周辺とは異なるが故に、近畿で創出された葬送儀礼とその規範を知っていたとしても、それを実現できる場合とできない場合の両方があったとみられるのである。

列島各地における古墳の造営と葬送儀礼の実践は、そのような意味で、近畿地域の忠実な再現などが「押しつけ」として求められたものではなく、地域の側の事情に即して柔軟に対応することが緩やかに許容された、いわば自由度が高いものであったと理解できよう。

葬送儀礼における鏡の意味

こうした鏡の副葬に際しては、木棺の外において木棺を囲むように配置されたり、あるいは仕切り板に立てかけて副葬するなど、遺体に鏡を向けることにより何らかの効果を得ることが目指されたような事例が多く認められる。また被葬者の頭位周辺に置く事例が最も多いことは、被葬者の身体と鏡とが密接に結びついていたことを示している（光本二〇〇六）。これは玉類についても同様であり、装身具として副葬される場合と被葬者周辺にまとめて配置される場合の両方の形態があったことが指摘されている（谷澤二〇一六）。そこから推測される鏡に付与された意味は、先にみた埋葬施設の厳重な保護という点からも、第一義的には被葬者の遺体の保護にあったものと考えられよう（和田晴二〇一四、森下二〇一六）。「辟邪《へきじゃ》」という用語で表現されることも多いが、この時代に、埋葬施設および被葬者周辺で赤色顔料の水銀朱やベンガラ（酸化鉄）を散布・塗布するのも同様の意味が込められていたものとみられる。

ここで問題となるのは、なぜ鏡にこのような「辟邪」や遺体保護という意味や役割が期待されたのかという点である。この点について、東晋の時代に中国で書かれた『抱朴子《ほうぼくし》』などをもとに、神仙思想や道教との関連が想定されることもあるが、三角縁神獣鏡が「神獣鏡」であるならば、そこに描かれた西王母や東王公などの神仙思想あるいはそれへの理解がこうした葬送儀礼に結びついているのだろうか。また三角縁神獣鏡については、近年「魔鏡」としての機能も想定されている（村上隆二〇一四）。

鏡の文様という点では、例えばこの時代には三角縁仏獣鏡が存在しており、そのことによって初期の仏像表現は三世紀後半にはすでに日本列島で出現していたという言い方ができる。しかし、周知のように、仏教の教義も含めてこの時期に仏教が伝来したとは理解されていない。神仙思想や道教についても、日本列島で受容され、在地化するのは七世紀以降と考えられている（和田萃一九七八）。この問題に関連して、「画文帯神獣鏡から三角縁神獣鏡へ」という観点から弥生時代終末期における卑弥呼の「鬼道」を神仙思想と捉え、それが古墳時代に連続するという見方が提示されているが（福永一九九九a・b）、神獣鏡の存在イコール神仙思想の浸透といえるかどうかは別の問題である。また画文帯神獣鏡や三角縁神獣鏡のまとまった形での近畿地域への流入やそれらの葬送儀礼での使用が古墳時代初頭以降と考えられることからも、卑弥呼の「鬼道」も含めたそれ以前の列島社会の信仰や思想は、基本的に在地的なものと考えることができる。これは、卑弥呼について、「見えない神聖王」としての性格がつよかったと想定されることとも重なっている（石母田一九七一、大林一九七七、吉田一九九五）。

また前章でもみたような北枕の思想をはじめ、古墳時代初頭前後に出現する新たな要素などからみて、この時期に大陸の思想が断片的に伝わっていたことは想定可能であるが、神仙思想の体系的な受容や影響といった理解とはやや開きがある。これは、後述する倭製鏡の文様に描かれた世界観とも関係する。

鏡の副葬方法という点では、後漢代から魏晋南北朝時代の中国では完形鏡の副葬が基本であった（杉本・菅谷一九七八、中村一九九九）。列島の古墳時代で完形鏡副葬が基本となるのは、弥生時代的な破砕副葬から、こうした大陸的な「破砕しない」副葬方法へと転換したと考えるのが穏当であろう。

桜井茶臼山古墳における鏡の副葬方法

この問題を考える上で注目されるのが、奈良県桜井茶臼山古墳における鏡の出土状況である。これまでも述べてきたように、ここでは二〇〇九年の主体部の再調査によって、少なくとも八一面分と復元される多量の鏡の破片が出土している。問題は、これが盗掘時などに破壊された結果であるのか、もしくは破砕副葬であるのか、という点である。正式な調査報告書が未刊行であるため、あくまでも現時点での意見に過ぎないが、この問題については大きく二つの重要なポイントがあると考えている。

一つは、この古墳では盗掘が行われていることから、もし盗掘時に割れていない鏡が存在していて全て持ち去られているとした場合でも、それ以外の鏡が、埋没時に土圧で割れていたり、あるいは盗掘者が踏み荒らした結果として割れてしまったもの（盗掘者によって取り残されたもの）と考えてよいのかどうかという点である。

もう一つは、それとは別の問題として、前章でも述べたように、戦後に行われた調査資料の中には面径三〇センチ台の超大型倭製鏡（内行花文鏡系）の破片が含まれているが、これらの中には破断面が摩滅しているものがあり、「破鏡」と考えられる点である（今尾一九九二）。今尾文昭は、この破片が主体部の木棺周辺から出土していることから、元来この状態で副葬されていたものと推測するとともに、他の鏡についても破砕副葬されていた可能性を指摘している（今尾二〇一六）。

先にみたように、桜井茶臼山古墳は一期の新相に位置づけられ、黒塚古墳や雪野山古墳とほぼ同時期である。もし桜井茶臼山古墳の出土状況を破砕副葬の事例（破鏡を含む）と考えた場合、桜井茶臼山古墳のような全長二〇〇メートル級の前方後円墳では弥生時代的な破砕副葬が行われつつ、一方で黒塚古墳や雪野山古墳などでは新たな儀礼方式が採用されて完形鏡副葬が行われたことになる。また三角縁神獣鏡は基本的に破砕副葬事例が知られていない鏡であるが、桜井茶臼山古墳から出土した二六面の三角縁神獣鏡の破片は破砕副葬であるのかどうかといった点も問題となる。

桜井茶臼山古墳出土鏡の中に超大型倭製鏡の破鏡が含まれていることと、箸墓古墳とほぼ同時期のホケノ山古墳でも破砕副葬が行われていることからすれば、例えば奈良盆地東南部の初期の大型前方後円墳では弥生時代以来の破砕副葬儀礼が行われつつ、一方で三角縁神獣鏡の多量副葬に際して新たな儀礼方式が創出されていた、という可能性も存在する。これについては正式報告をふまえてあらためて検討したいが、いずれにしてもこうした前期前半の時期をいわば過渡期としながら破砕副葬が行われなくなり、完形鏡副葬が主流となっていったと考えられるのである。

倭製鏡に描かれた文様と世界観

ここで少し視点を変えて、古墳時代前期の鏡の使用に際して、中国鏡に描かれた文様の意味などがどのように影響を与えていたのかという問題について、倭製鏡に描かれた文様という点から考えてみたい。倭製鏡には、中国鏡に描かれた神仙思想や神話世界がどのような形で描き出されているのだろうか。

前章でもみたように、古墳時代前期には、大型の中国鏡をモデルとしながら、「中国鏡には存在しない新たな鏡」として、極大の倭製鏡が創出されている。またそれと並行して小型鏡の大量生産を行うことで、大きさによる格付けを行うことが志向された。モデルの選択に際しては、四葉座内行花文鏡をはじめ、より大型のものが優先的に採用され、中国鏡の鏡式体系とは異なる新たな体系を創出するものであった。

こうした前期の倭製鏡では、人の造形をした神像の表現が少ないことが特徴である（森下二〇一六）。このことを端的に示すのが鼉龍鏡系であり、画文帯神獣鏡の文様をモデルとして組み合わせながら、それとは全く異なる神像状の表現を生み出していた。これらにおいては、西王母や東王公などの神仙をそれとして描く、忠実に再現するという志向性を明らかに欠いているのである。

その後、前期後半になると、生産面数の増加とともに系列の数が増加し、画文帯対置式神獣鏡や斜縁神獣鏡といった鏡式の文様構成を模倣した倭製鏡が出現する。例えば図50右の京都府庵寺山《あんでらやま》古墳出土の倭製鏡（筆者は「対置神獣文鏡系」と呼んでいる）は、一見すると画文帯対置式神獣鏡などに近い構図のように思われるが、神像状表現の頭部や胴部は鼉龍鏡系など前期前半以来の文様表現で描いている。また奈良県衛門戸《よもんど》丸塚《まるづか》古墳出土鏡（陵一六七・図50左）では、乳の近くに細長い獣像状の表現を挿入する。またこの両者でみられる棒状表現を口にくわえた獣像表現は三角縁神獣鏡に由来する可能性が高い。このように、一見画文帯対置式神獣鏡の忠実模倣に見えるが、他の鏡種から文様を借用して「パーツ」として組みこんで製作されており、神仙思想や神話世界の再現・表現というよりも、独自の文様構成の創出が優先されているのである。

また大阪府紫金山古墳出土の勾玉文帯神獣文鏡は、面径三五・九センチの超大型鏡であるが、外区に勾玉状の文様を配することから「勾玉文鏡」とも呼ばれる倭製鏡である。この鏡は、内区と外区の割付に関しては、神獣鏡でなく浮彫式獣帯鏡の一種をモデルとしており、その中に方格規矩四神鏡系の単位文様や、神獣鏡や画象鏡から借用したとみられる神像状表現を配列して製作されている（中井二〇一八ａ）。この鏡においても、中国鏡の神獣鏡に描かれた神話世界

図50　対置神獣文鏡系の具体例（1：京都府庵寺山古墳〔16.7cm〕，2：奈良県衛門戸丸塚古墳〔22.1cm〕〔1：荒川他1998、2：三次元2005、1：宇治市教育委員会蔵、2：宮内庁書陵部蔵〕）

や構成・表現とは大きな隔たりがある。

こうした倭製鏡に描かれた文様において通底しているのは、その内容を理解していたかどうかは別の問題として、元来の中国鏡に描かれている神話世界の表現を換骨奪胎し、独自の文様として描き出そうとする志向性である（田中琢一九七九）。この点は前期前半の段階から一貫しており、まさに前期倭製鏡の特徴ともいえる点である。また葬送儀礼などにおいても大陸の影響が大きかったとみられる前期前半の方が倭製鏡の文様の「創出」志向がつよく認められるのに対し、むしろ大陸の影響が小さくなった前期後半の方が神獣鏡をモデルとして「模倣」しているとみられる点も、前期前半代における神仙思想の影響をあまり過大に評価できない理由の一つである。筆者は、まさにこの逆のパターンでない点が重要と考える。

倭製鏡の独自の文様世界①：直弧文鏡

そうした倭製鏡の独特の世界観を代表するのが、直弧文鏡と家屋文鏡《かおくもん》と呼ばれる鏡である。直弧文とは直線と弧線を組み合わせた列島独自の文様である。弥生時代後期の中部瀬戸内（いわゆる「吉備」地域）の墳丘墓では、後の円筒埴輪の祖型となった特殊器台と呼ばれる土器が立て並べられているが、これらに施された弧帯文《こたいもん》と呼ばれる文様が型式変化して直弧文になったものと考えられている（近藤義・春成一九六七）。この文様は、古墳時代の代表的な呪術《じゅじゅつ》的文様として、柄《つか》などの刀剣装具や貝製腕輪、石棺や形象埴輪を飾る文様としてその後も長く用いられた。この直弧文を主文様として用いた鏡は直弧文鏡と呼ばれており、奈良県新山古墳から三面の出土が知られている（図51）。このうちの二面はいわゆる内行花文鏡系にみられる四葉座と連弧文をもち、四葉座の特徴から前期中頃～後半の作と考えられている（清水康一九九四）。

また奈良県佐紀陵山古墳は、奈良盆地北部の佐紀盾列古墳群の中で盗掘によって埋葬施設や副葬品の内容が知られている全長二〇七メートルの巨大前方後円墳であるが、後円部の竪穴式石槨から出土した遺物の中に超大型の倭製鏡が三面含まれている。内訳は内行花文鏡系一面と方格規矩四神鏡系二面で、このうち内行花文鏡系の超大型鏡の外区には直弧文が施されている（図52）。この鏡も前期中頃の作と想定されるが、現在知られている前期倭製鏡の中でも最も複雑な文様を施した資料の一つであり、面径や出土古墳からみても、この時期の列島の中で最上位に格付けされていたのがこの種の超大型倭製鏡であったことがわかる。

蛇足ながら、この鏡の内区の周囲には「擬銘帯」と呼ばれる、本来漢字の銘文であったものが文様化して描かれたものがある。前期の倭製鏡には、この「擬銘帯」をもつものが多くみら

図51　奈良県新山古墳出土直弧文鏡（28.0cm〔三次元2005，宮内庁書陵部蔵〕）

れる。当時の倭製鏡製作者が漢字を読む・書くことができたかどうかは不明であるが、前期倭製鏡では確実に漢字の銘文を有するものは存在しない。倭製鏡に漢字の銘文が刻み込まれた事例は、次章以降で検討する五世紀代の「火竟」銘獣像鏡や六世紀初頭の隅田八幡神社人物画象鏡以外は知られていない。

倭製鏡の独自の文様世界②：家屋文鏡

この時期において独特の文様を持った倭製鏡として知られるもう一つの代表例が家屋文鏡と呼ばれる鏡である（図53）。奈良県佐味田宝塚古墳から出土したもので、中心の方形区画の周囲に四棟の建物が描かれており、このような形で建物を描く中国鏡は知られていないことから、倭人独自の世界観を示す例として著名である。ここでは、先行研究をふまえて本鏡の図像を読み解いた車崎正彦の解説（二〇〇七）をもとに、

図52　奈良県佐紀陵山古墳出土内行花文鏡系（34.3cm〔三次元2005，宮内庁書陵部蔵〕）

本鏡の図像の意義について考えてみたい。

本鏡は、内区外周から外区にかけての「枠」の部分については、いわゆる鼉龍鏡系と同一であり、いわば内区の部分のみ建物の図像などを描くことで独自の文様構成を創出している。そうした内区外周・外区文様の特徴から想定される製作年代は前期中頃〜後半である。

車崎の解説に従い、ここでは図53の正面下の建物から時計回りにA〜D棟と呼ぶ。A棟は入母屋造《いりもやづくり》屋根の竪穴住居、左のB棟は切妻造屋根で二階屋式の高床倉庫、上のC棟は入母屋造屋根の二階屋式建物で「高殿」、右のD棟は入母屋造屋根の平屋式建物で「庁《マツリゴトドノ》」と考えられている。A・B・D棟の上には時間を象徴する鶏がおり、屋根の上にいるのは夜を過ごすためであることから、これらの建物は夜の世界、神の世界を示すという。A棟

図53　奈良県佐味田宝塚古墳出土家屋文鏡（22.9cm〔三次元2005，宮内庁書陵部蔵〕）

とC棟の左手には権威の象徴である「蓋《きぬがさ》」状の表現が描かれている。このうち、A棟の竪穴住居に類似した文様が奈良県東大寺山古墳から出土した鉄刀の青銅製柄頭《つかがしら》として鋳造されており、竪穴住居それ自体が上位層の生活空間として重視されていたことを物語っている（佐原二〇〇三）。

全体として、「神の宅《オオヤケ》」の「景観イメージの図像化」であり、「最も際立つ建物四棟は、宅の諸機能すなわち居住（室）、財務（倉）、祭事（殿）、政事（庁）、それぞれの象徴的な表現で、宅の景観イメージを凝縮して極て明示的に際立たせる頗《すこぶ》る巧妙な仕掛け」と車崎は解釈している（車崎二〇〇七：一八六頁）。

またC棟とD棟の間およびA棟とB棟の間には、神像状表現が描かれていることがこれまでも知られていたが、その周囲が点と点を直線で結んだ方形プランとして表されたものであることがX線撮影した画像によって新たに確認された。報告した加藤一郎は、倭製鏡にみられる一般的な神像状表現であるとともに、方形の平面プランが壇や閉鎖的な構造物である可能性を指摘している（進村他二〇一七）。

このように、家屋文鏡が描いているのは、室・倉・殿・庁といった建物群であるとみられ、いわゆる「首長居館（居宅）」を想起させるものであることから、前期の奈良盆地における上位層のあり方を考える上で極めて重要である。この鏡に描かれた神像状表現は、その意味で最上位層・「首長」・「王」といった存在に関わるものとして描かれている可能性もある。車崎はこうした家屋文鏡の「文様を読む」ことを通じて、それが倭人独自の世界観の産物であること、またそこから三・四世紀の倭人社会に中国の思想の浸透を想定することが困難であることを論じている。

古墳時代前期の鏡の意味と前期倭製鏡の変遷

以上、前期古墳の葬送儀礼と倭製鏡に描かれた文様を素材としながら、古墳時代前期において鏡に付与された意味について考えてきた。葬送儀礼から読み取ることができるのは、いわゆる「辟邪」や「遺体保護」といった意味と役割であり、倭製鏡に描かれた文様からは、中国鏡の思想・神話世界を換骨奪胎しながら改変し、独自の文様世界として描き出すあり方であった。

前章で倭製鏡の中心的系列群の出現において、技術的水準の高さと文様の変容とが共存していることを指摘したが、もう一つ注目したいのは、中国的な新来の技術や思想が多少なりとも影響を与えたと考えられるのが古墳時代前期初頭～前葉の段階にほぼ限定される点である。

古墳時代の初期において、多数の中国鏡とともに様々な知識や技術がもたらされたとみられ、大型倭製鏡の創出なども行われているが、製作技術の水準や文様の複雑さ・精巧さという点でのピークは前期倭製鏡生産の初期から中頃までにあった。前期後半以降は倭製鏡の系列や生産面数も増加し、小型鏡の大量生産が行われるようになるが、その後は新たな文様が生み出されることが殆どなく、いわば形骸《けいがい》化の一途をたどる。そして小型化・変容が続く中で倭製鏡の生産は終了し、中期的な倭製鏡の生産へと再編されたものと考えられている（森下一九九一・二〇〇二）。

つまり、古墳時代の初期段階において中国的な鏡の用い方や思想、製作技術などが一定程度影響を与えた後、特に前期中頃から後半にかけては、列島独自の世界観を重視する方向性がより顕著になっていったものと考えられるのである。これは以下でもみるように、前期後半の四世紀代において、大陸との交流や大陸系文物の流入が大幅に減少したこととも関連するものとみられる。こうした点において、特に前期後半以降は、中国における思想や鏡文化とは大きく異なる方向に分岐したということができる。もし当時の大陸の知識人が列島の鏡文化を見たら、おそらくそのあまりの違いに驚き、中国鏡の知識でもって倭製鏡の独自の文様世界を理解することは困難だったであろう。このように、古墳時代前期の鏡は、中国鏡・倭製鏡を問わず、中国鏡の思想や文様の世界とは大きく異なる独自の意味を付与され、用いられたものと考えられる。

三　対朝鮮半島交渉の変遷と沖ノ島における鏡の奉献

楽浪郡・帯方郡滅亡後の対外交渉と列島社会の変遷

ここまで古墳時代前期における鏡の変遷や授受のあり方、また葬送儀礼における用い方やそこでの意味といった問題について検討を行ってきた。ここで本文の流れを元に戻し、鏡の生産・流通の観点から古墳時代前期後半〜前期末の列島社会について考えてみたい。

第三章などでも述べたように、前期後半代は、「仿製」三角縁神獣鏡が出現する時期であり、実年代は西晋王朝や楽浪郡・帯方郡が滅亡した四世紀代に該当すると考えられる。この時期は、いくつかの点で前期前半と比べて変化が生じている。それらを列挙すれば以下のような点がある。

①奈良盆地における大型古墳群造営地の移動：大和・柳本古墳群から佐紀盾列古墳群へ
②博多湾貿易の衰退・纒向遺跡の終焉
③半島南部におけるいわゆる倭系遺物の増加
④百済との通交（七支刀）
⑤高句麗との交戦（好太王碑文）

①は、奈良盆地北部における佐紀盾列古墳群の出現であり、大和・柳本古墳群では行燈山古

墳・渋谷向山《しぶたにむかいやま》古墳といった古墳を最後に巨大前方後円墳の築造が終了し、佐紀盾列古墳群で全長二〇〇メートル級の前方後円墳の築造が継続的に行われるようになる。また盆地西部でも馬見古墳群の造営が始まり、先に挙げた直弧文鏡や家屋文鏡が出土した新山古墳や佐味田宝塚古墳をはじめとした全長一〇〇メートル級の前方後円墳が築かれている。

②はそれとも関連するが、大和・柳本古墳群に隣接した纒向遺跡において前期後半になると遺構数が減少し、中心的な集落域は別の地域に移動したものと考えられている。またそれと同じ時期に、北部九州の対外交流の窓口であった比恵・那珂遺跡群や西新町遺跡も遺構数が減少し、前期末までに「博多湾貿易」は終了している。これは広域の交易ネットワークが再編されていく動きとみられ（久住二〇〇七）、後述する沖ノ島祭祀の始まりとも関連するものと考えられる。

③は特に前期後半以降の半島南部地域と列島社会とのつながりを示すもので、特に韓国慶尚南道の金海地域を拠点とした「金官加耶」をはじめとする加耶諸地域との交渉が顕著となる。良洞里古墳群や大成洞古墳群などでは、巴形銅器や銅鏃、鏃形石製品などの倭系遺物が多数出土しており、鉄素材の交易などを通じて半島南部地域と近畿地域の政治権力とが密接なつながりを持っていたことを示している（福永一九九八a、高久二〇〇四、朴二〇〇七、井上主二〇一四）。特に前期後半は朝鮮半島系の甲冑《かっちゅう》を祖型として列島でも革綴短甲《かわとじたんこう》と呼ばれる武具類の生産が始まっている（橋本一九九八）。

④は③のような半島南部地域との交流の活発化と並行して、半島西部で出現した百済が「倭

国」と同盟関係を結んだと想定されるものである。石上神宮《いそのかみ》に伝世された七支刀の銘文には東晋の年号「泰（太）和四年」（三六九年）とともに、百済王が倭王のために製作し贈与する旨が刻まれている（吉田二〇〇一、濱田二〇〇五）。また『日本書紀』では「七枝刀《ななつさやのたち》」とともに「七《なな》子鏡《つこのかがみ》」が倭王に贈られたことが記されており、七支刀はこの「七枝刀」にあたるものと考えられている。一方の「七子鏡」について、樋口隆康は武寧王陵などでもみられる同型鏡をその候補としたが（樋口一九七二）、同型鏡群は五世紀代の鏡であり年代的に合致しない。小林行雄は金象嵌《きんぞうがん》を施した鉄鏡などをその候補として挙げている（小林行一九六五）。

⑤は④とも関連するが、四世紀末から五世紀初頭にかけて、高句麗の南下により圧迫を受けた百済と、その百済を軍事的に支援した倭国の両軍が高句麗と交戦し、倭国が大敗したことについての記録である（鈴木靖一九八四・二〇一二）。列島では前期末から中期初頭にあたり、大阪平野で百舌鳥・古市古墳群の造営が始まっている時期にほぼ並行するとみられる。

上記の①〜⑤が示すように、四世紀初頭に西晋王朝とその出先機関としての楽浪郡・帯方郡が滅亡した後は、列島社会との対外交流の舞台は主に半島南部地域へと移っていった。西晋王朝滅亡後の大陸では銅鏡生産が衰退したと考えられているが（樋口一九七九・一九八三）、そうした事情にもよりつつ、この時期においては中国鏡の列島への流入が大きく減少したものと考えられている（川西二〇〇四）。すなわち、そうした対外交流の中で鏡が占める比重は大幅に小さくなり、半島南部の鉄素材などが主たる交易品となったとみられる。前節までにみた前期後半における列島の鏡の独自色は、そうした問題とも密接に関係している。

また鏡の問題に関連していえば、この時期の朝鮮半島では鏡の存在は稀少《きしよう》であり、基本的には鉄製武器・武具が主体の文化であった。その中で、いくつかの鏡が半島の東南部で出土しており、その中には方格T字鏡と呼ばれる、西晋代の作と想定される小型の中国鏡がある。このうち、金官加耶地域の良洞里四四一号墳から出土している方格T字鏡は、対岸の北部九州で同型鏡が出土している（福岡県糸島市東真方《ひがしまかた》C一号墳出土鏡）。方格T字鏡は北部九州に分布が集中している鏡であるが、この半島南部出土鏡については、他の倭系遺物とともに近畿地域から贈与されたか、九州の上位層から贈与されたかのいずれかである可能性が高い（上野二〇〇四、下垣二〇一一）。

このように、前期後半に東アジアの国際情勢が大きく変動する中で、列島の鏡文化は中国的な鏡文化から大きく変容して独自の展開を見せることになった。このような状況の中で、列島内部においては、各地における前方後円墳の造営とともに、各種の中国鏡・三角縁神獣鏡・倭製鏡の授受が行われ、大量の鏡が消費され続けていたのである。

沖ノ島における鏡の奉献

こうした朝鮮半島との交流が活発化した前期後半～前期末の時点で生じた新たな動向としてさらにあと二点を挙げることができる。一つは北部九州における初期横穴式石室の出現である。他の地域に先駆けて、前期末の段階において、佐賀県唐津市の谷口古墳、福岡市老司古墳・鋤崎《すきざき》古墳などの前方後円墳の主体部に横穴式石室が導入されており、系譜自体は百済地域に求められている（小田一九八〇）。特に中期以降は、北部九州では独自に初期横穴式石室が発展し、西日本の一部に拡散していくことになる（土生田一九九八、重藤一九九九）。

もう一点が、玄界灘に浮かぶ沖ノ島での祭祀の始まりである。二〇一七年に世界遺産に正式登録された沖ノ島は、九州と朝鮮半島の中間に位置し、古墳時代以降継続して祭祀が行われた場である。特に古墳時代前期末前後～中期にかけて、島の南麓に集中する巨岩群の中で、北辺に位置する「I号巨岩」付近で「岩上祭祀」と呼ばれる祭祀が営まれた。これは、巨岩上およびその周辺で前期～中期にかけての古墳の副葬品と共通した器物が「奉献」されたもので、代表的な遺物として銅鏡・腕輪形石製品・玉類・滑石製模造品などがある（小田二〇一二）。

この時期の鏡は十六号・十七号・十八号・十九号遺跡で主に出土しているが、特に十七号遺跡では二一面の鏡が集積された状態で出土している（図54）。その内訳は、中国鏡二面、「仿製」三角縁神獣鏡三面、倭製鏡一六面である。「仿製」三角縁神獣鏡は最新段階のものが含まれ、また倭製鏡も前期中頃のものからやや新しいものまで幅広く「奉献」されている。特に注目されるのは、十八号・十九号遺跡出土鏡も含め、大型・超大型の倭製鏡が多数出土している点である。この時期の北部九州あるいは玄界灘沿岸地域においては、面径一九センチを超える大型倭製鏡は殆ど出土せず、超大型鏡に至っては現状では皆無であることから、この時期における沖ノ島への鏡の「奉献」は北部九州における在地の鏡の秩序とは分けて考える必要がある。

また沖ノ島の祭祀には、特に五世紀代以降は対岸の福岡県宗像《むなかた》地域の在地勢力が関わったものとみられるが、前期後半段階では近畿系の粘土槨が用いられた東郷高塚古墳（全長六四メートルの前方後円墳）が目立つのみで、盗掘を受けていることもあり在地勢力の関与の実態については不明確である。以上からみて、沖ノ島から出土したこれらの大型・超大型倭製鏡は、近畿地域の政治権力が直接持ち込み、まとめて「奉献」したと考えるのが妥当であろう（辻田二〇〇七）。先に、前期後半における大型倭製鏡の分布が、瀬戸内海沿岸から北部九州・朝鮮半島に至る航海ルート上にみられることを述べたが（図42参照）、沖ノ島は北部九州・玄界灘沿岸から朝鮮半島東南部に向かうルート上の要衝に位置している。上記のような半島南部地域との交流の活発化に伴い、近畿地域の直接的・主導的関与により新たに祭祀が始められたものと考えられるのである。

前期における鏡文化の「衰退」と「終焉」：威信財システムの「更新」

今述べた沖ノ島における大量の鏡の「奉献」と同様の現象が近畿地域周辺でもみられる。例えば奈良県佐味田宝塚古墳や岡山県鶴山丸山古墳などが挙げられるが、沖ノ島十七号遺跡などとほぼ同じ「四期」の段階に、いずれも超大型倭製鏡を含む二〇〜三〇面前後の大量の鏡を副葬している。この「四期」にあたる古墳時代前期末は、前期倭製鏡の生産もほぼ終了しつつあった時期とみられ、ここで副葬された鏡はいずれもより古い時期に製作された後、いずこかで保管・継承されてきたものを多く含んでいる。この「四期」段階においては、こうした数十面単位ではなくとも、一面や数面といった面数の鏡が各地の古墳で副葬される事例が多い。そして次の中期段階となる「五期」以降においては、鏡の副葬数が大幅に減少する。すなわち、

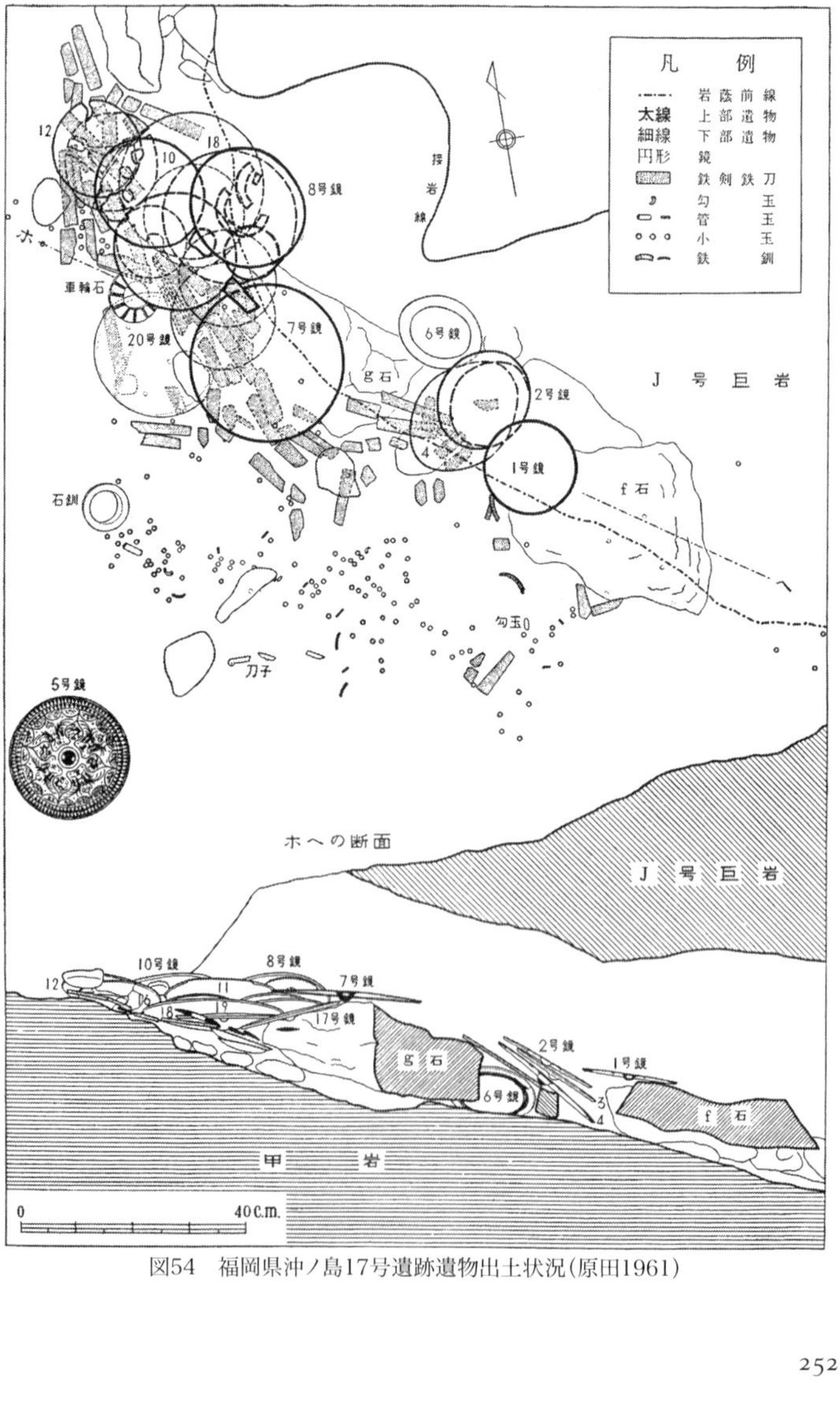

図54　福岡県沖ノ島17号遺跡遺物出土状況(原田1961)

この前期末の段階は鏡の副葬が一時的に終了する時期ともいえるのである。

なぜこの時期に鏡の副葬が終了するのであろうか。これについては、次章でも検討するように、この前期末～中期にかけては鉄製武器・武具類が大量生産され、また古墳に大量に副葬された時代であることから、いわば鏡そのものが役割を終えつつあった時代とみることができる。そのような時代の変わり目において役割を失いつつあった鏡を保有していた各地の上位層が、古墳に副葬する形でいわば「廃棄」したものと考えることができる。

ではなぜこの時期に鏡がその役割を終えることになったのであろうか。本章では、前方後円墳の造営や各地における社会的再生産、近畿地域と列島各地との政治的同盟関係を取り結ぶ存在として鏡を捉え、それを古墳時代前期威信財システムと呼んだ。これに関連して、河野一隆は、こうした威信財システムにおいては、ある威信財の生産・流通量が増大して飽和状態になるとその価値が失われ、別の威信財へと切り替えることが必要になると論じている。河野はこれを「威信財システムの更新」と呼んだが（河野一九九八）、この意味で前期末から中期初頭にかけて生じているのは、いわば「鏡から鉄製武器・武具類へ」という意味での「威信財システムの更新」と考えることができる（辻田二〇〇六）。すなわち、前期を通じて鏡が各地に行き渡った結果、その価値が失われてさまざまな社会関係を媒介することができなくなった、あるいは他の器物（ここでは鉄製武器・武具類）に依存する方がより有効な時代に変わった、とする考え方である。

鏡自体の問題としては、まず四世紀代を通じて中国鏡の流入が大幅に減少した結果として、そもそも外部依存財であった中国鏡や三角縁神獣鏡は入手窓口としての近畿地域周辺でのストックや流通量は減少する一方であったと考えられる。また倭製鏡の生産は継続していたが、前期後半以降は鏡の需要の増大に伴い生産面数が増加し、また系列の種類も多様化したものの、面径が小型化して小型鏡の大量生産という形になり、あわせてその過程で文様の簡略化が著しく進行した。いわば小型の粗製濫造品が乱発されることによりインフレが生ずるようなものであり、結果としてそれぞれの鏡が持つ価値は減少していったと考えられるのである。

　そのような鏡自体の変遷とあわせて、先にみたような国際情勢の変動において、朝鮮半島との交渉の増大や高句麗との交戦・敗戦は非常に大きな影響を与えたものとみられ、結果として、鉄製武器・武具類のような軍事的性格のつよい器物の生産・流通が主体となる時代へと変わっていった。これが次章でみる古墳時代中期であり、いわゆる「倭の五王の時代」である。

　そうした時代の転換の中で、古墳時代前期までの鏡の文化は一時的に終了したものとみられるが、倭の五王の時代の中頃に再び鏡は登場することになる。これについては章をあらためて検討したい。

コラム3　威信財システムとはなにか

フリードマンとローランズの「威信財システム」モデル　日本列島では、序章でも述べたように、古墳時代を国家前段階の「部族連合」と捉えるか、「初期国家」と捉えるかといった議論がある。そうした議論をふまえ、弥生時代と古墳時代を考える上で「首長制社会」とともに注目されるのが、「威信財システム」という考え方である。

「威信財（prestige goods）」は、元来経済人類学で用いられた概念であり、階層化が進展した首長制社会において、社会の上位階層の人々（上位層）が贈与・交換を通じてその地位を確認し、また相互の関係を取り結ぶ上で重要な役割を果たす物財を指す。日本の考古学では、各時代の貴重品や外来の品、あるいはいわゆる「ステイタス・シンボル」に相当する器物が広く威信財として位置づけられる場合があるが、筆者はそれとは少し異なる定義が可能であると考えている。

人類学者のジョナサン・フリードマンとマイケル・ローランズらは、先に挙げた新進化主義のモデルと、構造主義以降の経済人類学の成果（構造マルクス主義人類学とも呼ばれる：山崎編訳一九八〇）をふまえ、社会進化のモデルとして次のようなあり方を想定した（Friedman and Rowlands 1977）。すなわち、部族システム・「アジア的」国家・威信財システム・領域国家／都市国家・帝国の五つを設定し、世界各地の事例にもとづき、その進化のあり方を説明するものである。以下、少し長くなるが概要を説明しよう。

両氏のモデルによれば、部族システムは、単系の出自集団であるリニージや、それらが複数まとまり共通の祖先をもつと認識する氏族（クラン）などの親族関係にもとづき婚姻や交換が行われる社会である。親族集団同士は婚姻関係や贈与交換を通じて相互に結びつくが、その中から有力な親族集団（リニージやクラン）が出現し、首長を含む上位層を構成するようになるものと考えられている。

親族集団同士がそのような形で序列化されると、より上位の親族集団と婚姻関係を取り結ぶことができるかどうか、あるいはより上位の親族集団と血縁的に近いか遠いかによって社会の中での階層的な位置づけが規定されるようになる。こうしたあり方を通じて、有力な単系出自集団との血縁的な近接度が社会全体を覆い、階層的に序列化される社会について、両氏は「アジア的」国家と呼んでいる。これは先の新進化主義のモデルでいう首長制社会に相当する。

このようにして生じた「首長」と一般構成員との関係においては、「首長」が社会の中での地位を維持するために、婚姻関係とともに、一般構成員に対して様々な儀礼の場で大盤振る舞いによる「贈与」を行い、気前の良さを示す必要がある。一般構成員は首長に対して「貢納」を行うが、それが儀礼の場で「再分配」されることにより、相互の関係が維持される。

そのような形で各地で首長を中心に社会の統合が進展すると、各地の首長などの上位層が相互に交流を持ち、各地のセンター同士の間で様々な器物の贈与・交換を行うことにより広域で政治的な同盟関係を結んだり、その関係を確認する、といったことが行われるようになる。こうしたあり方を、両氏は「威信財システム」として定義した。威信財は、いわばこのような社会的・政治的な関係において、様々な形で上位層の間で贈与・交換され、そして消費される器物ということができる。

このような形で取り結ばれた広域の関係は、その後、威信財の生産が各地で行われるようになると、各地の中心地が独自に経済的に発展することによって変容する。中心地の発達の仕方によっては、独立的な都市国家として発展し、中心地同士が競合する場合もあれば、特定の中心地を核として中央集権的に編成される領域国家のような形で発展していく場合もあった。そしてそれらは最終的に、政治的あるいは軍事的に「帝国」として統合される、という説明がなされている。

このモデルは、「アジア的」国家がハワイの首長制社会や中国の商代、威信財システムはトンガの首長制社会や中国の西周代、領域国家／都市国家はメソポタミアの初期王朝時代や中国の東周時代（春秋戦国時代）、帝国がメソポタミアのアッカド帝国や秦漢帝国などを例として通時的な社会進化のメカニズムを図式化したものである。この意味で、威信財システムは、首長制社会が広域に展開する際に、上位層同士の間で政治的関係が取り結ばれるあり方を考える上で有効なモデルの一つとして考えられてきたのである。

ただし、このモデルはあくまでも各地の民族事例や歴史的事例をもとに理念的に組み立てられたものであり、世界のどの地域でもこのような歴史的プロセスが起こるとはかぎらない。フリードマンとローランズは、このモデルを「後成説モデル（epigenetic model）」と呼び、社会進化は環境条件などにより大枠として方向付けられるものの、その後の実際の社会進化のあり方はそのときどきの社会的・歴史的条件の下での実際の人間集団の活動によって変わってくる、と論じている。

威信財システムの条件と特質　以上のように、威信財システムは、国家成立の前段階の、複雑化しつつある階層化社会を論ずる際に有効なモデルの一つである。威信財は多くの場合、外来の長距離交易によってもたらされたものとされるが、この点が「威信財」の必要条件であるかというと必ずしもそうではない。本文中でも述べたように、筆者は威信財システム成立の条件として、次の二点を重視している（辻田二〇〇六・二〇〇七）。すなわち、①「威信財」の入手・使用・消費が上位層に独占されていること、②「威信財」の入手・使用・消費のサイクルが社会的再生産のプロセスに不可分に埋め込まれていること、の二点である。この場合の威信財とは、必ずしも生存に直接結びつくものではなくとも、こうした社会関係の維持には不可欠な財として位置づけられる。外来の稀少品が威信財というよりは、「威信財システムに組みこまれて運用されたものが威信財」という理解である。

威信財システムにおいて、上位層同士の関係を円滑に保ち、また各地域社会内部での社会的再生産が安定的に行われるためには、こうした威信財が常に上位層を通じて安定的に供給され、また消費されることが前提条件となる。このことは、裏返せば威信財の流通や消費が安定的に行われなくなると、社会的再生産自体が支障を来す（場合によっては政治支配システムが崩壊する可能性もある）ということでもあり、この点において威信財システムは不安定で流動的な側面を有するということができる（Kristiansen 1991、Hedeager 1992）。

日本考古学における具体例

日本考古学では、弥生・古墳時代の社会を考える上でこの威信財システムのモデルが有効であることが指摘されてきた。例えば穴沢咊光は、本章でも述べた三角縁神獣鏡の「配布」を威信財システムの観点から説明しており、先駆的な研究事例として高く評価されている（穴沢一九八五・一九九五）。また弥生時代中期の北部九州についても、楽浪郡との交渉を通じて威信財システムが出現する一方、後期にはその状況が崩壊するとしている（穴沢一九九五）。中村慎一も、北部九州弥生時代中期における階層化の進展について、威信財概念をもとに説明している（中村一九九五）。また古墳時代前期をより広い意味で威信財システムとして位置づける研究もみられる（Barnes 2007、Mizoguchi 2013）。

上述のように、威信財システムは財の流通に依存するがゆえに不安定な側面を持つが、これについては、威信財の「枯渇」による不安定性を強調する立場（岩永二〇一〇）や威信財が「飽和」すると別の威信財への切り替えや威信財システムの「更新」が行われることを重視する立場（河野一九九八）、あるいは社会の階層化は威信財システムに依存するあり方からいかに「脱却」するかに力点を置く立場（石村二〇〇四）などがある。

また下垣仁志は、古墳時代前期社会を国家形成という観点で説明する中で、例えば古墳時代の鏡などを「威信財」といった用語で説明することについては、多様な意味を持つ器物を一つの機能に限定する説明として批判的に捉えている（下垣二〇一〇b・二〇一八a）。下垣の説明自体は首長制社会や威信財の授受といった理解そのものとは親和的なようであり、このモデルの有効性を一方で示しているともいえよう。

第五章　倭の五王の時代における鏡の政治利用——古墳時代中期

一　東晋から宋・斉の時代——倭の五王の時代

本章では古墳時代中期について、倭の五王の中国南朝遣使に焦点を当てて検討する。そしてそこで新たに、あるいは再び出現する鏡のあり方をもとに、この時期における東アジアにおける地域間関係について考えてみたい。

東晋から宋王朝へ

第三・四章では三・四世紀の列島社会について検討し、それが三国時代から北方民族の流入による西晋王朝の滅亡、東晋王朝の時代に並行すること、また朝鮮半島でも高句麗の南下に伴い百済・新羅・加耶諸地域の情勢が流動的であったことについてみてきた。本章で検討する五世紀の初め頃は、東晋王朝が華北の回復を目指して領域を拡大する時期であり、四一〇年には山東半島の南燕《なんえん》を滅ぼした。このときの将軍劉裕《りゅうゆう》が東晋皇帝の恭帝から禅譲を受け、四二〇年に宋王朝が成立した（川本二〇〇五）。宋王朝は五世紀前半は山東半島を回復し、三代皇帝文帝の時代は「元嘉《げんか》の治」とも呼ばれ安定していたが、華北を統一した北魏との間での戦争が繰り返される中、その末期には政情不安に陥る。その後は後継者争い・皇帝親族の殺害などが続き短期間で皇帝が交替する非常に不安定な情勢が続く。そうした中、宋の将軍蕭道成《しょうどうせい》が順帝から禅譲を受けて四七九年に斉《せい》王朝が成立した。しかしこの斉王朝も長くは続かず、五〇二年に梁《りょう》王朝へと交代する。このように五世紀代の中国では、華北の北魏が比較的安定していたのに対し、特に南朝はこうした「禅譲革命」による王朝交代と短期間での皇帝位の変遷が特徴として認められる（川本二〇〇五、前之園二〇一三）。

こうした大陸での南北朝の並立に対して、朝鮮半島では高句麗・百済・新羅と加耶諸地域が競合し、特に高句麗と百済がそれぞれ南朝・北朝へと遣使した。新羅は中国への単独遣使は六世紀まで行っておらず、五世紀前半代は高句麗と結んでいたが、五世紀後半以後は百済との連携をつよめつつ高句麗の南下に対抗する動きを示した。百済は四七五年に高句麗により首都漢城を奪われ一時的に滅亡するが、新たに熊津《ゆうしん》（現在の公州市）を王都として復興する。『日本書紀』によれば、四七九年に倭国に滞在しており王として擁立された東城王の半島への護送に際して、筑紫《つくし》の軍士五〇〇人が動員されたという（雄略紀）。この場合の「筑紫」は九州地域を指しており、このときにかぎらず、九州からは多くの地域集団が半島への軍事行動や兵士の派遣という形で動員されたものとみられる。また熊津遷都の影響で百済は半島南部へ勢力を拡大し、新羅との間に挟まれた加耶諸地域はそのせめぎあいの中で地域集団が分立していた。このうち、大加耶と呼ばれる勢力の王が四七九年に斉王朝に遣使したことが知られている。また五世紀末から六世紀前葉にかけて、全羅南道の栄山江流域周辺では一四基の前方後円墳が築かれており、その被葬者像が問題となっている（朝鮮学会編二〇〇二、朴二〇〇七、高田二〇一九）。

この時代、朝鮮半島・日本列島も含めた東アジア世界においては、南朝・北朝を中心とした秩序が築かれ、その中で朝鮮半島の諸政体や倭国は中国王朝に遣使した。特に倭国が使いを送った南朝では府官制と呼ばれる秩序が形成されていた。これは、各地の王が中国皇帝から将軍号などの官爵を授与されることにより将軍府を開き、そこに自らの臣下を府官として任命する制度を指す（鈴木一九八四・一九八五）。このため、朝鮮半島の諸政体と倭国は、より格の高い将軍号を求めて中国王朝に遣使しつつ、相互に競合したのである。いわゆる倭の五王の南朝遣使もこうした脈絡の中で位置づけられる。

倭の五王の南朝遣使

『宋書』などに記された倭の五王の遣使は全体で一〇回前後を数える。前後と書くのは、実際に遣使が行われたかどうかに関して意見が分かれているものがあるためである。確実視されているのは、四二一年・四二五年・四三〇年・四三八年・四四三年・四五一年・四六〇年・四六二年・四七七〜四七八年である。これ以外に宋王朝成立前の四一三年の遣使や斉王朝が成立した四七九年の遣使の可能性がこれまでも議論されている（坂元一九七八・一九八一、鈴木一九八五、川本二〇〇五、森二〇一〇、田中史二〇一三、河内二〇一八）。この時代についての研究は文献史学の分野での蓄積が厚く、ここではそれらを参照しながらいくつかの論点を確認したい。ひとつは、遣使の目的・契機であり、もうひとつはなぜこの期間に始まり、この期間に終了したのか、という点である。

まず遣使の目的は、四世紀後半以来百済と同盟を結んだ倭国が、高句麗と対抗する形で将軍号の除正を求めた、という点が挙げられる。「除正」とは、「正式な除授」のことであり、「除授」とは南朝側が古い官職を除き新しい官職を授けることを指す（坂元一九七八）。このため、宋王朝の成立直後の四二一年以降、定期的に遣使を行いながら、将軍号の除正を求めている。いくつかの場合は、倭の五王の側での代替わりに伴い、新たに即位した場合に遣使するという「即位遣使」として行われた。四三八年は珍の、四四三年は済《せい》の、四六二年は興の即位遣使と考えられている（坂元一九七八）。

その始まりについては、四一三年の遣使の有無が論点となっている。これは、倭国が高句麗と共同で入貢したように記されているため、当時の国際情勢としてあり得たかどうかが問われているものである（坂元一九八一）。またその終わりについては、宋王朝から斉王朝への王朝交代直後の遣使が実際に行われたかどうかという問題である。

倭の五王の遣使の開始と終了は、中国の権威を求めた時代から、そこより離脱する時代への転換として説明されることもあるが、国際情勢の変動により、南朝の都である建康まで百済・山東半島経由で行くことができたのがこの時期に限られていたことが指摘されている（川本一九八八）。特に北魏により山東半島が奪われた五世紀半ば以降は、倭国から建康までの渡航自体が難しかったものとみられ、それが五世紀後半以降に遣使が減少あるいは停止したことの要因の一つであったと考えられている。

表7　中国史書における倭の五王(田中史生2013を改変)

西暦	内容	出典	備考
413	①是歳，高句麗・倭国及び西南夷の銅頭大師，並びに宝物を献ず．	『晋書』安帝紀	遣使の有無について複数の見解がある
	②晋の安帝の時，倭王讃有り．使を遣わし朝貢す．	『南史』倭国伝	
	③晋の安帝の時，倭王賛有り．	『梁書』倭伝	
421	④詔して曰く，「倭讃萬里貢を修む．遠誠宜しく甄すべく，除授を賜う可し」と．	『宋書』倭国伝	讃による劉宋建国の祝賀遣使
	⑤二月乙丑，《中略》倭国，使を遣わし朝貢す．	『南史』宋本紀	
425	⑥讃又司馬曹達を遣わし，表を奉りて方物を献ず．	『宋書』倭国伝	讃の遣使
430	⑦(春正月)是月，倭国王，使を遣わし方物を献ず．	『宋書』文帝紀	讃の遣使
438	⑧讃死して弟珍立つ．使を遣わして貢献す．自ら使持節，都督倭・百済・新羅・任那・秦韓・慕韓六国諸軍事・安東大将軍・倭国王と称し，表して除正せられんことを求む．詔して安東将軍・倭国王に除す．珍又倭隋等十三人を平西・征虜・冠軍・輔国将軍号に除正せられんことを求む．詔して並びに聴す．	『宋書』倭国伝	珍の即位遣使
	⑨(夏四月)己巳，倭国王珍を以て安東将軍と為す．《中略》是歳，武都王・阿南国・高麗国・倭国・扶南国・林邑国並びに使を遣わし方物を献ず．	『宋書』文帝紀	
443	⑩倭国王済，使を遣わし奉献す．復以て安東将軍・倭国王と為す．	『宋書』倭国伝	済の即位遣使
	⑪是歳，河西国・高麗国・百済国・倭国，並びに使を遣わし方物を献ず．	『宋書』文帝紀	
451	⑫使持節，都督倭・新羅・任那・加羅・秦韓・慕韓六国諸軍事を加え，安東将軍は故の如し．並びに上る所の二十三人を軍・郡に除す．	『宋書』倭国伝	安東大将軍への進号について複数の見解がある
	⑬秋七月甲辰，安東将軍倭王倭済，号を安東大将軍に進む．	『宋書』文帝紀	
460	⑭(十二月)丁未，倭国，使を遣わし方物を献ず．	『宋書』孝武帝紀	済の遣使
462	⑮済死す．世子興，使を遣わし貢献す．世祖の大明六年，詔して曰く，「倭王世子興，奕世，忠を戴ね，外海に藩と作る．化を稟け境を寧んじ，恭しく貢職を修む．新たに辺業を嗣ぐ．宜しく爵号を授け，安東将軍，倭国王とすべし」と．	『宋書』倭国伝	興の即位遣使
	⑯(三月)壬寅，倭国王世子興を以て安東将軍と為す．	『宋書』孝武帝紀	
477	⑰冬十一月己酉，倭国，使を遣わして方物を献ず．	『宋書』順帝紀	
478	⑱興死して弟武立つ．自ら使持節，都督倭・百済・新羅・任那・加羅・秦韓・慕韓七国諸軍事，安東大将軍，倭国王と称す．順帝の昇明二年，使を遣わし上表して曰く，《中略》詔して武を使持節，都督倭・新羅・任那・加羅・秦韓・慕韓六国諸軍事，安東大将軍，倭王に除す．	『宋書』倭国伝	二度ではなく一度の遣使とする見解がある(廣瀬2014)
	⑲五月戊午，倭国王武，使を遣わし方物を献ず．武を以て安東大将軍と為す．	『宋書』順帝紀	
479	⑳新除の使持節，都督倭・新羅・任那・加羅・秦韓六国諸軍事，安東大将軍を進め，倭王武の号を鎮東大将軍と為す．	『南斉書』倭国伝	遣使の有無について複数の見解がある
502	㉑鎮東大将軍倭王武，号を征東将軍に進む．	『梁書』武帝紀	「武」という点から遣使がないという見解が有力視されている

※本表は田中史生氏(2013)の表1(p.238)にもとづいて作成し，「備考」のみ辻田が追記したものである。

倭の五王の時代の国際関係と列島社会

五世紀代の倭の南朝への遣使記事をまとめたものが表7である。倭国が中国に使いを送っていたのは西晋代の三世紀後半であり、その後中国史書に登場するまで一世紀以上の期間がある。この間、国際情勢も列島社会も大きく変容した。

倭の五王の時代において、南朝から東アジアの各政体の王に対して与えられた将軍号の序列は、一貫して高句麗＞百済＞倭国の順であった（坂元一九七八）。その中で、倭王は自らの配下も含めた形で将軍号の除正を南朝に求めて遣使した。その中で特に注目されるのは、四三八年と四五一年の遣使である。前者では、倭王珍の「安東将軍」だけでなく、「倭隋等十三人」が「平西・征虜・冠軍・輔国将軍」に除正されており、しかも「安東将軍」と他の将軍号は南朝の秩序ではあまり差がない。このことは、倭王の権力が配下と比べて突出したものではないという南朝側の認識を示している。また後者の四五一年では、倭王済以外に「軍郡二十三人」（軍郡は将軍・郡太守号の略）が除正されている。このときに倭王の将軍号が「安東大将軍」に進号したかどうかについて意見が分かれているが、この遣使時には、配下の二三名も含めた将軍号の除正が行われたことがわかる。つまり、列島内の倭王を中心とした秩序を南朝の権威により正当化することが期待されたのである。こうしたあり方は、南朝の制度に依存した秩序という点から、「府官制的秩序」と呼ばれる（鈴木一九八五、森二〇一〇）。

また四七七～四七八年の倭王武の遣使では（この遣使は一回の遣使である可能性が指摘されている［廣瀬二〇一四］）、倭王武が「安東大将軍」に除正されただけでなく、自ら「使持節、都督倭・百済・新羅・任那・加羅・秦韓・慕韓七国諸軍事」を名乗ったが、百済は認められず、「六国諸軍事」となった。すなわち、実態がそうであったかどうかは全く別の問題として、倭王は列島内の秩序だけでなく、百済まで含めた朝鮮半島諸地域に対する自らの政治的立場の正当化を南朝の権威に求めたのである。

「治天下大王」と「人制」

倭王は中国南朝に対して自ら「倭国王」と称し、朝鮮半島との政治的な関係において優位な立場に立つことを目指した。そこでは周辺地域の王としての姿勢がうかがわれるが、一方で五世紀後半の時期で注目されるのが、列島内部での自称の出現である。埼玉県稲荷山《いなりやま》古墳出土の鉄剣と熊本県江田船山古墳出土の大刀に刻まれた銘文には、「治天下大王」として「ワカタケル」の名が記されている。五世紀中葉の築造と想定される千葉県稲荷台一号墳出土の鉄剣には「王賜」とする銘文が刻まれているが、それと相前後する時期に「大王」あるいは「治天下大王」といった称号が生み出されたものと考えられるのである。

稲荷山鉄剣の「辛亥年」は四七一年に、ワカタケル大王は倭王武に比定されるが、列島外部向けと内部向けでは自称が異なっている。すなわち、列島内部に向けては「治天下大王」を自称し、突出した政治権力の主体であることを主張しているのである。「倭国王」が元来中国王朝に「名づけ」られた称号であるのに対し、「治天下大王」は自らの「名乗り」による称号である。文化人類学では、民族集団のアイデンティティを考える際に、「名づけ」と「名乗り」

の区別が重要であることが指摘されている（内堀一九八九）。五世紀代においては、この「名づけ」と「名乗り」の両者の「ずれ」が列島社会のアイデンティティのあり方を示している（辻田二〇〇六）。また倭王武の上表文では、倭王が東は五五国、西は六六国、海北の九五国を平定したことを述べており、東西一二一国は後の『国造本紀《こくぞうほんぎ》』などで知られる国 造《くにのみやつこ》の数（約一二〇国）とほぼ一致する点が注目されている（吉村二〇一〇）。

またこの二つの鉄剣・大刀の銘文には、刀剣を製作させた主体が「治天下大王」であるワカタケル大王に仕えたことやその由来が記されているが、それぞれ「杖刀人《じょうとうじん》」「奉事典曹人」とする職掌がみられ、前者は軍事的、後者は文官的な職掌を表すものと考えられている。このことは、九州や関東の地方豪族（の子弟など）が、中央に出仕して一定の役職のもとで大王に仕えたことを示している。こうした「〜人」とする形での中央への奉仕のあり方は「人制《ひとせい》」と呼ばれており、五世紀後半に出現したものと考えられている（吉村一九九三）。

このように、五世紀代の列島社会は、東アジアの国際的な緊張関係の中、南朝への遣使を通じて府官制的秩序の適用を目指す一方で、人制のような形での中央と地域集団という構図が現れた時代ということができる。この時期に、日本列島では再び積極的に鏡が用いられるようになるのである。

二　古墳時代中期の鏡の種類と変遷

中国鏡：同型鏡群と鉄鏡

倭の五王の時代に用いられた鏡には、大きく中国鏡と倭製鏡がある。この時期の中国鏡の生産については実態が不明であり、大陸では東晋以来青銅鏡生産が衰退していたものと考えられている（樋口一九八三、徐一九八四）。その一方で鉄鏡の生産・流通が行われており（潮見一九九一、桃崎二〇〇五）、これらが墓地から出土している。列島からもごく少数ながら出土例がある。

倭の五王が南朝に遣使した五世紀代において、それ以前の時代と同様に大陸から鏡を含めた多数の文物がもたらされたと想定されるが、実際のところは確実な大陸系文物の出土事例は少ない。その中で、南朝に由来する考古資料の有力候補として考えられてきたのが、同型鏡群と呼ばれる鏡である。製作地については諸説あるが、後述するように筆者は南朝製と考えており、ひとまず中国鏡として扱っておく。これらの同型鏡群は中期中葉（五世紀中葉）前後に日本列島で出現し、六世紀代まで副葬が行われる。

中・後期倭製鏡

古墳時代の倭製鏡については、前述のように森下章司が大きく「前期」「前期末～中期前半」「中期後半～後期」の三期に区分しており、倭製鏡研究の分野では共通理解として定着している（森下一九九一・二〇〇二）。前期倭製鏡の生産が終了した後、前期末〜中期前半になると新たな系列の倭製鏡が生産されるようになる。代表的なものが、森下が「斜縁四獣鏡B系」と呼ぶ系列であるが、前期と比べて生産量が少なく、鏡の生産自体は低調であったものと考えられている。これに対し、中期後半〜後期にかけて、上記の同型鏡群が出現するのと相前後して倭製鏡生産が再び活発に行われるようになる。

筆者はこれをふまえ、後二者をあわせて「中・後期倭製鏡」としてまとめ、それを一期〜四期に区分している（辻田二〇一八）。これは、森下の「前期末〜中期前半」を「一期」、「中期後半〜後期」を「二期〜四期」として細分するもので、森下編年にもとづく部分的な修正案である。

以上をふまえて古墳編年と対比したものが第三章の表5である。広瀬和雄による古墳編年の一〇期区分（広瀬一九九二）でいえば、古墳時代中期が五期〜八期、後期が九期・一〇期にあたるが、同型鏡群はこのうちの七期後半段階で出現する。またこれとほぼ並行する中・後期倭製鏡の「二期」以降に倭製鏡の生産・流通量が増加する。

このことは、別の言い方をすれば、古墳時代中期前半は鏡の生産や流通が減少していたのに対し、中期中頃から中国鏡・倭製鏡ともに大幅に増加することを示している。なぜこの中期中頃以降、鏡が再び大量に用いられるようになるのであろうか。以下では時代背景も含めてこの問題について考えてみたい。

三　巨大古墳と技術革新の時代――銅鏡から武器・武具へ

百舌鳥・古市古墳群の時代

五世紀の時代は、考古学的現象でいえば、百舌鳥・古市古墳群に代表される「巨大古墳の世紀」であり、また技術革新の時代でもある。

前者は、前期まで奈良盆地の東南部や北部に築かれていた各時期の最大規模の古墳が大阪平野の百舌鳥・古市古墳に築かれるようになることにより特徴づけられる（白石一九九九、図55・56）。そのピークとなるのが、五世紀中葉に築造されたと考えられる大阪府大仙陵古墳である。近年では、航空レーザー測量の成果により、従来の全長四八六メートルを大きく超え、五二五メートル以上と推定されている（徳田二〇一八）。大仙陵古墳の築造を境に五世紀後半以降は古墳の大きさは縮小するが、これ以降も大王墓と推定される大型古墳は二〇〇メートル規模のものが築造されている。

後者の技術革新の時代は、主に朝鮮半島からの渡来人によりさまざまな新しい技術がもたらされたことによるものであり、須恵器生産や鉄器生産、また金属工芸品の製作・加工技術などの分野で大きな変化がみられる（花田二〇〇二、亀田二〇〇八）。また馬の出現により、内陸交通路が整備され、軍事的な利用も拡大した（諫早二〇一九）。あわせて、朝鮮半島からもたらされた竈《かまど》などの炊飯様式が各地で定着するなど、生活様式の面でも大きな転換があった時代であ

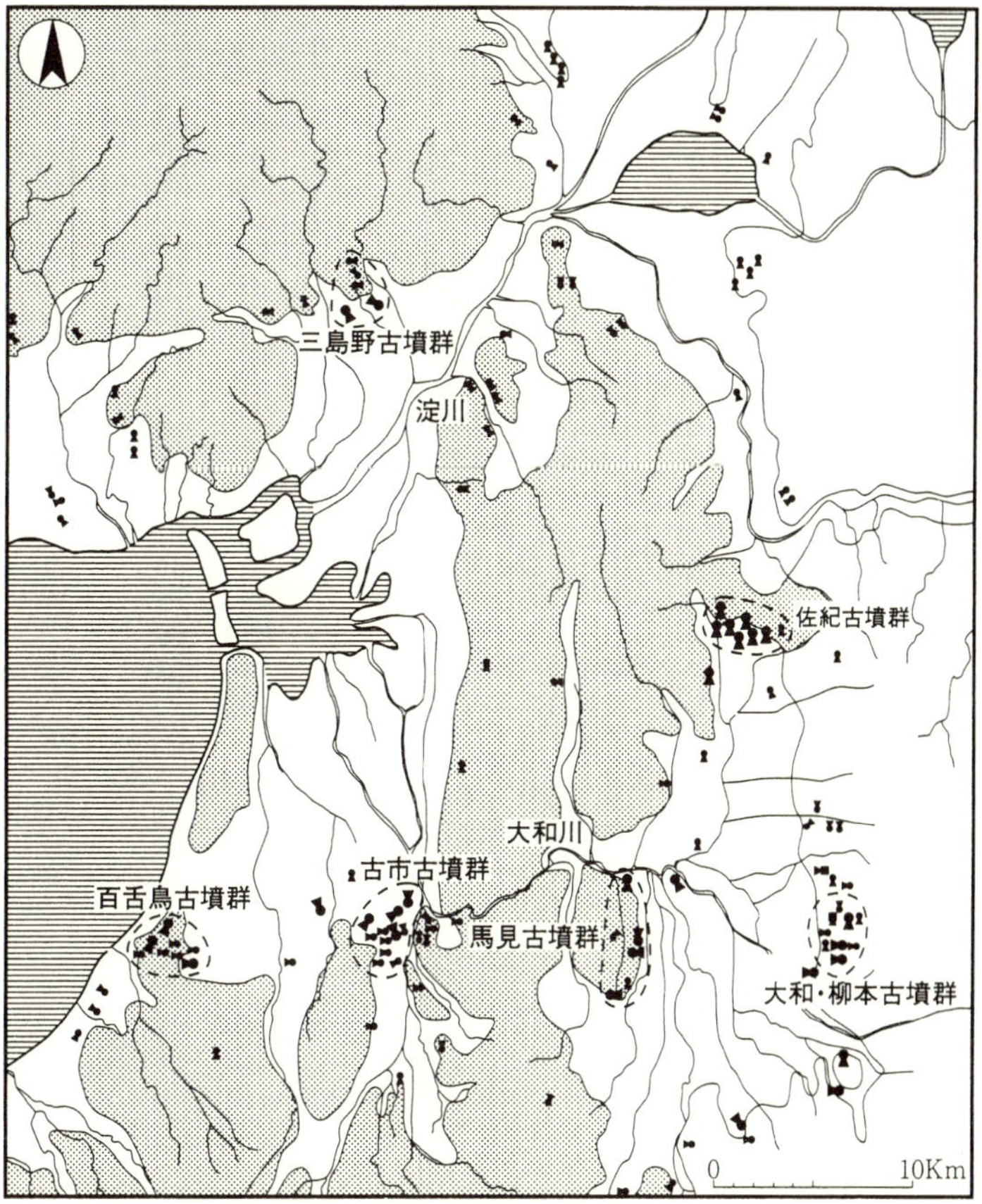

図55　近畿地域における大型古墳群の分布(白石1999)

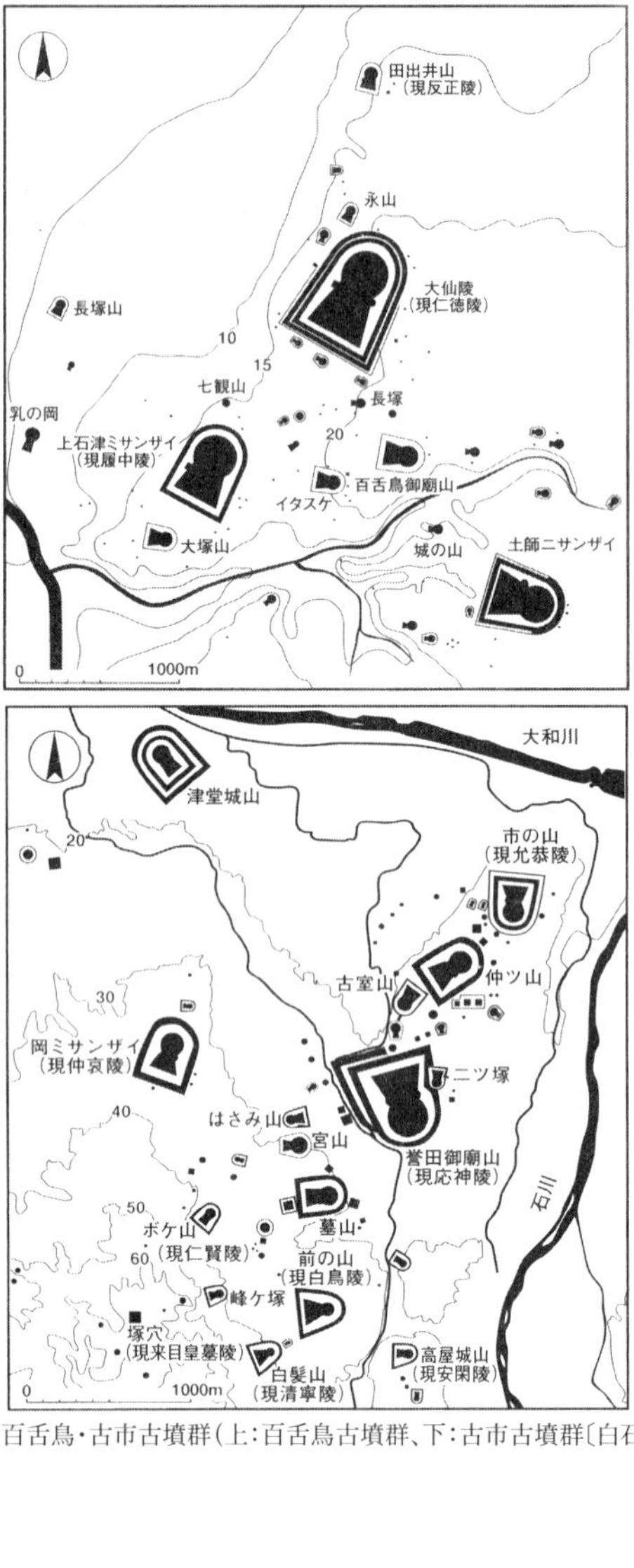

図56　百舌鳥・古市古墳群（上：百舌鳥古墳群、下：古市古墳群〔白石1999〕）

る（杉井一九九九、田中史二〇〇五・二〇一九）。

銅鏡から武器・武具へ——陪冢での多量副葬

　上記のような巨大古墳・技術革新とともに古墳時代中期を最も特徴づけるのは、鉄製武器・武具を中心とした軍事色のつよい副葬品の増加という点である。帯金《おびがね》式甲冑と呼ばれる鉄板を革紐や後には鋲《びょう》で綴じ合わせた武具が大量生産され、各地の古墳から出土するようになる（阪口二〇二一・二〇一九、滝沢二〇一五、川畑二〇一五）。五世紀前半〜中頃には金銅板を用いて装飾性を高めた武具も出現し、大仙陵古墳や千葉県祇園大塚山《ぎおんおおつかやま》古墳などの上位層の墓から出土していることから、そうした武具類においても階層的な秩序が志向されたものと考えられている（古谷二〇一三、橋本二〇一三）。また五世紀半ば以降は馬具類の普及とともに、小札甲《こざねよろい》と呼ばれる鉄製武具が出現し、これが上位層の甲として定着していった（内山二〇〇九、鈴木二〇一七）。鉄製武器類についても、五世紀代に大量生産志向が認められる（松木二〇〇七b、菊地二〇一〇、豊島二〇一〇）。

　これらは五世紀代の列島社会が軍事的性格をつよめたことを一面で物語っているが、それが軍事編制や常備軍といった軍事組織に直結するかどうかについては議論がある。この時期の大型古墳群では、巨大な前方後円墳の周囲に陪冢《ばいちょう》と呼ばれる小型の方墳などが築かれ、そこに例えば一〇領といった数の鉄製武具類が納められる場合がある。これについて、個々の武具に対応するような軍事編制の存在を想定するか（田中晋一九九三a・二〇〇一、藤田二〇〇六）、あるいはこれらはあくまでも古墳への副葬品であるという観点から、いわば富の消費という観点で説明するか（松木一九九四）によって、この時代の軍事組織の理解は異なってくる（西川・田中二〇一〇）。

いずれにしても、特に五世紀前半の時期、すなわち倭の五王の時代の前半期は、前期のように鏡などを重視していた時代から鉄製武器・武具を重視する時代へと転換しており、鏡が古墳の副葬品に占める比重は大幅に少なくなっていた。その背景としては、前章でみたような、「威信財システムの更新」や朝鮮半島での高句麗との交戦（敗戦）などが想定される。こうした鉄製武器・武具を基調としながら展開したのが古墳時代中期であるということができる。

倭の五王の時代の前半期における鏡

五世紀前半において南朝への遣使が行われていることからすれば、三世紀の段階と同じように大量の中国鏡がもたらされていても不思議ではない。しかし、実際には五世紀前半の列島は上記のように武器・武具の時代であり、鏡の副葬はあるものの、どちらかといえば少数派であった。この時代の中国において銅鏡生産が活発でなかったということが影響している可能性もあるが、新たな種類の鏡が五世紀前半に急速に増加するような様相はみられない。

その中で注目されるのが、大阪府の百舌鳥大塚山《もずおおつかやま》古墳から出土した鉄鏡である。百舌鳥大塚山古墳は全長約一七〇メートルの前方後円墳で、五世紀初頭～前葉の築造が想定されている。ここからは鉄鏡（面径一四・五センチ）が出土しており、倭の五王の遣使により新たに大陸からもたらされた鏡の可能性がある。ただ古墳の年代からは倭の五王の遣使よりも先行する可能性もあるため、その場合はそれ以前に列島に流入していたものが百舌鳥古墳群の大規模古墳に副葬された事例という点で、この時期の上位層の副葬鏡を理解する上で重要な資料である。また鉄鏡については、五世紀中頃の新羅の王陵である皇南大塚南墳から魏晋代の方格規矩鏡（面径一五・五センチ）が、北墳から鉄鏡（面径一四・七センチ）が出土している。あわせて列島産と考えられる硬玉製の勾玉《まがたま》が出土していることから、朴天秀《パクチョンス》は鏡とともに列島からもたらされた可能性を指摘している（朴二〇〇七）。この時期の新羅も含めた朝鮮半島においては、銅鏡・鉄鏡は在地の文化伝統にはみられないものであるため、筆者もこの二面の鏡は倭王から贈与された可能性が高いと考えている（辻田二〇一八）。大阪府誉田《こんだ》丸山《まるやま》古墳から出土した、金銅製鞍《くら》金具などの新羅産とされる精巧な金工品は、そうした倭王・新羅王の相互交流の一端を示している。また次章でもみるように、分布からみてこの時期に中国東北部や朝鮮半島を経由して列島に中国鏡がもたらされた可能性は低く、この時期の半島出土の鏡は列島から搬入されたものが大半であったものと考えられる。

これ以外の列島各地の古墳で最も多いのは、前期以来用いられた、いわば「古い鏡」の副葬事例である。上位層では例えば京都府久《く》津川車塚《つかわくるまづか》古墳で中期前半の倭製鏡とともに三角縁神獣鏡が副葬されていた。奈良県室宮山《むろみややま》古墳でも、多数の船載鏡とともに三角縁神獣鏡が出土している。福岡県月岡《つきのおか》古墳では、中国製の画象鏡とともに、中期前半の倭製鏡が副葬されていた。この他、列島各地の小規模古墳などでも前期倭製鏡のうち、捩文鏡系などの小型の倭製鏡の副葬事例が多くみられる（下垣二〇一六）。

これらの「古い鏡」は、中期以前の前期段階に各地にもたらされ、在地で伝世された場合と、中期前半段階において近畿地域の政治権力との間で新たに授受が行われた場合の両者が想定される。先の中期前半に三角縁神獣鏡が副葬される事例についても意見が分かれているが、例えば奈良盆地の東南部勢力のもとで継承された鏡がこの時期に各地の有力者に贈与された可能性が指摘されている（田中晋一九九三b）。六世紀代の倭製鏡において三角縁神獣鏡の文様が用いられた事例が存在することが指摘されていることからも（加藤二〇一五）、前期の鏡の一部は前期以来の近畿地域の政治権力のもとで管理・継承されていた可能性が高い（辻田二〇一四a）。その意味で、中期前半は中国鏡の流入や新たな倭製鏡の生産などは低調である一方で、「古い鏡」の授受を通じて、前代以来の権威に依存していた状況を読み取ることができよう。

また五世紀前半の時期において新たに生産された倭製鏡の代表例が前述の「斜縁四獣鏡B系」と呼ばれる一群であるが、この鏡のモデルとしては中国製の斜縁四獣鏡もしくは前期倭製鏡の斜縁四獣鏡A系などが想定される。ここにおいてもいわば「古い鏡」が持ち出されており、鉄製武器・武具の時代において、なお前期以来の鏡が求められていたことを示している。このような中で五世紀の中頃に出現するのが、同型鏡群と呼ばれる一群の鏡である。

四　同型鏡群の製作地をめぐる諸問題

同型鏡群の種類と特徴

ここでいう同型鏡群とは、主に後漢代〜西晋代の鏡を原鏡として踏み返し、大量生産された複製鏡を指す。このため同じ文様を持つコピーの鏡が複数存在する。その点で三角縁神獣鏡と共通する点が多いが、三角縁神獣鏡の場合は、文様構成自体が各種神獣鏡などに由来しつつも新たに創出されたものであるのに対し、同型鏡群の場合は別に存在していたであろう中国鏡をそのまま（あるいは一部を改変しながら）複製したものであり、独自の要素があまりみられないという違いがある。

同型鏡群は、これまで川西宏幸（二〇〇四）や森下章司（二〇一一a）らによって集成が行われてきた。筆者もそれに新たな資料を追加し、現在では表8に示すような資料が知られている。二〇一八年時点では「二八種一三四面」としていたが、単独資料の追加（佐賀県島田塚古墳出土方格規矩四神鏡、静岡県石ノ形古墳出土画象鏡）を含めると「三〇種一三六面」となり、それ以外の関連資料も含めて、以下では全体で「約三〇種約一四〇面」としておきたい。代表的な鏡種を原鏡の年代が古いものから順に掲げたものが図57・58である。

踏み返し鏡製作に際して用いられた原鏡は、第二・三章でみた岡村秀典の漢鏡編年でいう漢鏡五期〜七期の鏡が主体で、一部西晋代のものが含まれる。前者は細線式獣帯鏡・浮彫式獣帯鏡・画象鏡・画文帯神獣鏡などであり、後者は画文帯仏獣鏡や八鳳鏡（仏像夔《き》鳳《ほう》鏡）など、仏像表現を持つものがある。以下約三〇種の同型鏡群については、鏡式名にアルファベットをつけて呼称する。

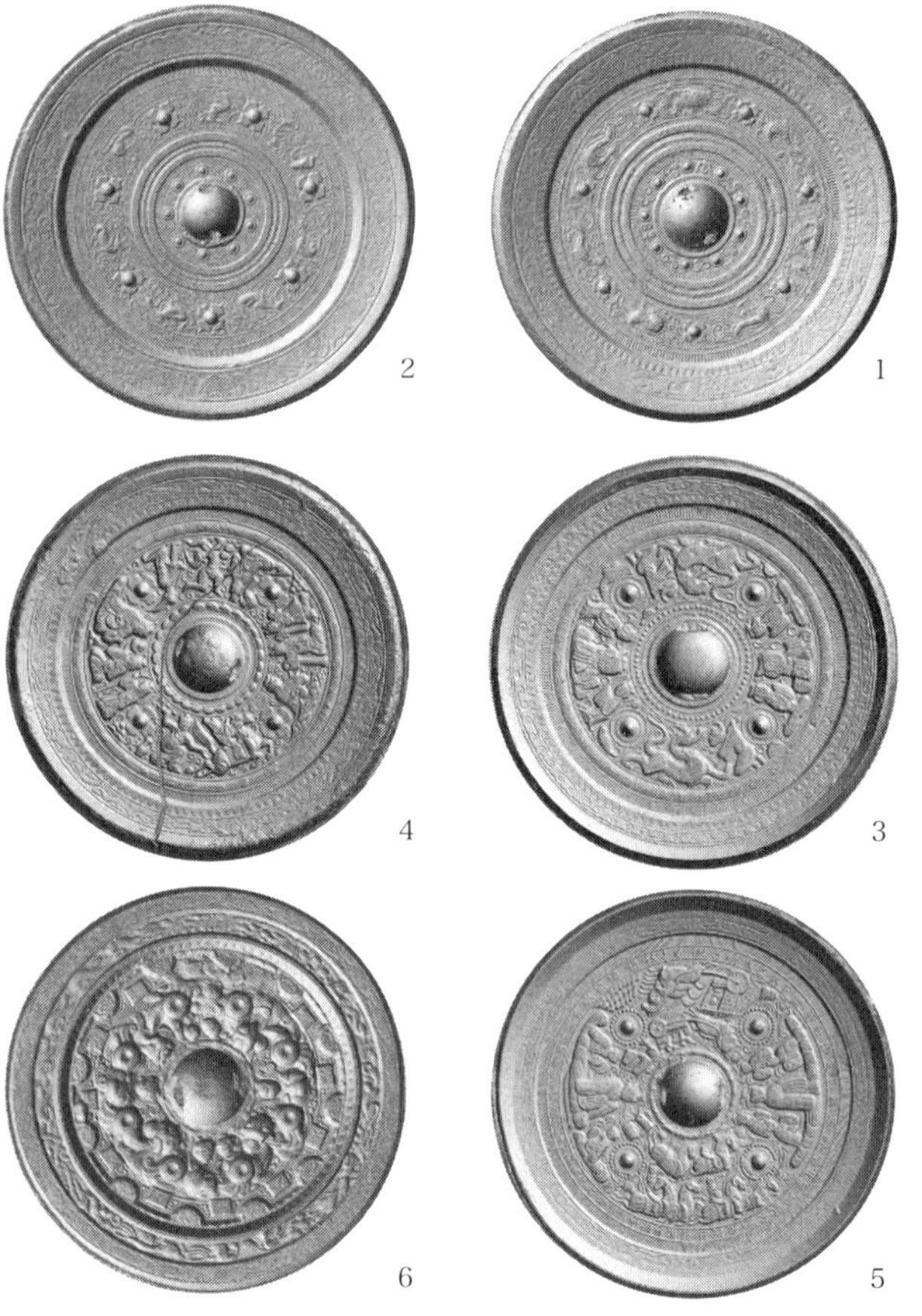

図57　同型鏡群の具体例①（1：熊本県江田船山古墳・浮彫式獣帯鏡C〔17.6cm〕、2：奈良県新沢173号墳・浮彫式獣帯鏡E〔20.3cm〕、3：岡山県築山古墳・神人龍虎画象鏡A〔20.3cm〕、4：東京都亀塚古墳・神人歌舞画象鏡〔20.8cm〕、5：熊本県江田船山古墳・神人車馬画象鏡〔22.1cm〕、6：熊本県江田船山古墳・画文帯環状乳神獣鏡A〔14.8cm〕〔1・2・4〜6：三次元2005、3：水野編2010、1・3〜6：東京国立博物館蔵、2：奈良県立橿原考古学研究所附属博物館蔵〕）

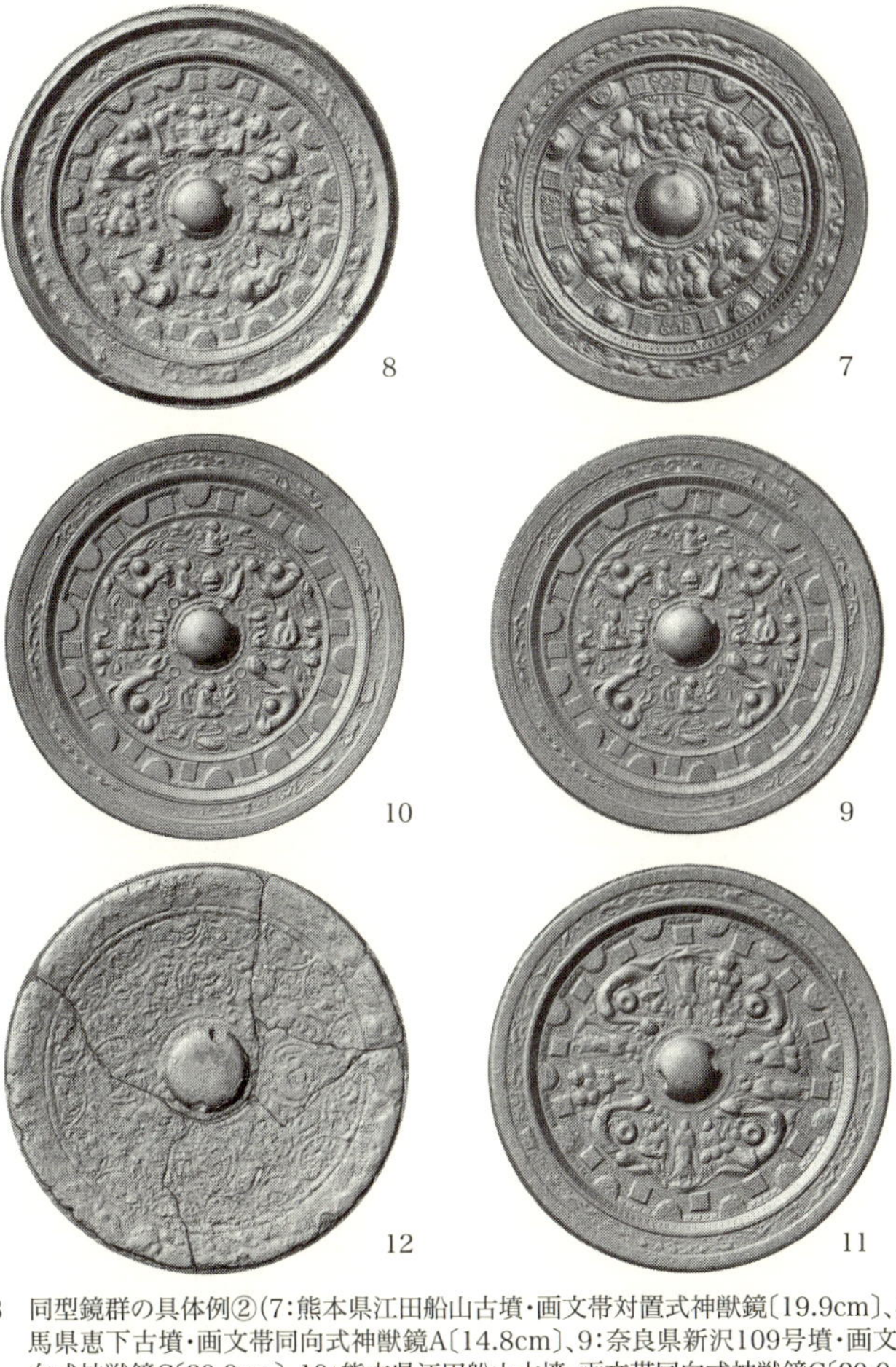

図58　同型鏡群の具体例②(7:熊本県江田船山古墳・画文帯対置式神獣鏡〔19.9cm〕、8:群馬県恵下古墳・画文帯同向式神獣鏡A〔14.8cm〕、9:奈良県新沢109号墳・画文帯同向式神獣鏡C〔20.9cm〕、10:熊本県江田船山古墳・画文帯同向式神獣鏡C〔20.9cm〕、11:岡山県王墓山古墳・画文帯仏獣鏡A〔21.5cm〕、12:兵庫県奥山大塚古墳・八鳳鏡〔18.9cm〕〔7〜12:三次元2005、7・8・10〜12:東京国立博物館蔵、9:奈良県立橿原考古学研究所附属博物館蔵〕)

図59　日本列島における同型鏡群の分布（辻田2018）

　これらの同型鏡群は、その九割以上が日本列島で出土しており、七面が朝鮮半島から出土している。列島での分布は近畿・九州・関東に集中しながら各地に広がっている（図59）。

　出現の年代は中期中葉・五世紀中頃で、五世紀後半に流通のピークがある。その後、六世紀前半および後半まで副葬事例が認められる。

　これらで特徴的なのは、面径が大型のものが多いことと鏡式の偏りという点である。面径は、一

表8　同型鏡群一覧

鏡式名	面径	番号	県名・国名	出土遺跡	分布図番号
方格規矩四神鏡A	17.8	1	韓国	武寧王陵	韓国S
	—	2	—	出土地不明・鏡研搨本	——
方格規矩四神鏡B	16.5	—	佐賀	島田塚古墳	97
細線式獣帯鏡A	約22.3	1	大阪	桜塚古墳群	38
		2	大阪	土室石塚古墳	40
		3	奈良	今井1号墳	56
		4	奈良	伝・大安寺古墳	50
		5	福岡	伝・八女市吉田	75
		6	福岡	勝浦峯ノ畑古墳	70
		7	大分	日隈1号墳	85
細線式獣帯鏡B	23.5	1	大阪	伝・仁徳陵古墳(ボストン美術館蔵)	—
	—	2	—	出土地不明・鏡研搨本	—
細線式獣帯鏡C	20.6	—	岐阜	南出口(城塚)古墳	23
細線式獣帯鏡D	18.1	—	韓国	武寧王陵	韓国S
細線式獣帯鏡E	23.6	—	愛媛	樹之本古墳	69
浮彫式獣帯鏡A	約17.5	1	韓国	斗洛里32号墳	韓国R
		2	韓国	伝・慶尚南道	—
		3	愛知	笹原古墳	26
		4	三重	木ノ下古墳	28
		5	奈良	藤ノ木古墳	52
		6	福岡	沖ノ島21号遺跡	73
		7	福岡	沖ノ島21号遺跡(推定)	73
		8	熊本	国越古墳	82
		9	宮崎	伝・持田1号墳	86
		10	宮崎	伝・持田古墳群	90
		11	宮崎	伝・新田原山ノ坊古墳群A	93
		12	宮崎	伝・新田原山ノ坊古墳群B	94
浮彫式獣帯鏡B	約23	1	韓国	武寧王陵	韓国S
		2	群馬	綿貫観音山古墳	8
		3	滋賀	三上山下(推定・甲山)A	33
		4	滋賀	三上山下(推定・甲山)B	33
浮彫式獣帯鏡C	17.8	—	熊本	江田船山古墳	80
浮彫式獣帯鏡D	20.6	—	奈良	伝・大和	—
浮彫式獣帯鏡E	20.3	—	奈良	新沢173号墳	55
盤龍鏡	破片	1	福岡	沖ノ島7号遺跡	71
	11.6	2	福岡	沖ノ島8号遺跡	72
神人龍虎画象鏡A	約20.5	1	京都	鏡塚古墳	35
		2	大阪	高井田山古墳	44
		3	奈良	米山古墳(愛宕山古墳)	57
		4	岡山	築山古墳	62
		5	福岡	伝・馬ヶ岳古墳	77
神人龍虎画象鏡B	18.2	—	静岡	石ノ形古墳	96
		1	埼玉	伝・秋山古墳群	11
		2	東京	亀塚古墳・第2主体部	16
		3	福井	西塚古墳	18

鏡式名	面径	番号	県名・国名	出土遺跡	分布図番号
神人歌舞画象鏡	約20.3	4	京都	トヅカ古墳	37
		5	大阪	伝・長持山古墳	45
		6	大阪	郡川西塚古墳(伝八尾市郡川)	41
		7	大阪	伝・八尾市郡川	43
		8	岡山	朱千駄古墳	60
		9	福岡	番塚古墳	76
		10	——	出土地不明・根津美術館蔵A	——
		11	——	出土地不明・根津美術館蔵B	——
		12	——	出土地不明	——
神人車馬画象鏡	約22.2	1	京都	トヅカ古墳	37
		2	福岡	伝・京都郡(仲津郡)	78
		3	熊本	江田船山古墳	80
神獣車馬画象鏡	20.1	—	大分	鑑堂古墳	84
画文帯環状乳神獣鏡A	約14.8	1	奈良	吉備塚古墳	51
		2	宮崎	持田20号墳	87
		3	熊本	迎平6号墳	81
		4	熊本	江田船山古墳	80
		5	香川	津頭西古墳	67
		6	岡山	西郷免(古墳?)	64
		7	福岡	山の神古墳	74
		8	熊本	国越古墳	82
		9	栃木	伝・野木神社周辺古墳	6
		10	北朝鮮	出土地不明(伝・開城)	韓国T
画文帯環状乳神獣鏡B	約15.3	1	群馬	観音塚古墳	7
		2	埼玉	稲荷山古墳	12
		3	千葉	大多喜台古墳	13
		4	三重	波切塚原古墳	32
		5	福岡	伝・京都郡(仲津郡)	79
		6	宮崎	伝・新田原山ノ坊古墳群	92
画文帯環状乳神獣鏡C	約21	1	京都	伝・八幡市内里	36
		2	奈良	藤ノ木古墳	52
		3	奈良	伝・都祁村白石古墳	58
		4	岡山	釜ヶ原瓢箪式塚古墳	63
		5	宮崎	油津古墳	95
		6	——	出土地不明	——
		7	奈良	伝・金ヶ崎(等彌神社蔵)	53
画文帯環状乳神獣鏡D	14.8	—	大阪	青松塚古墳	39
鍍金求心式神獣鏡	11.7	—	熊本	才園古墳	83
画文帯対置式神獣鏡	約20.2	1	兵庫	よせわ1号墳	48
		2	愛媛	金子山古墳	68
		3	熊本	江田船山古墳	80
		4	——	出土地不明	——
画文帯同向式神獣鏡A	約14.8	1	群馬	恵下古墳	9
		2	——	出土地不明・韓国梨花女子大所蔵	——
		1	——	出土地不明・旧ブリング氏蔵鏡	——
		2	愛知	大須二子山古墳	25

鏡式名	面径	番号	県名・国名	出土遺跡	分布図番号
画文帯同向式神獣鏡B	約19.4	3	石川	狐山古墳	17
		4	──	出土地不明	──
		5	──	渡邉正氣氏拓本鏡	──
		6	宮崎	伝・持田古墳群	91
画文帯同向式神獣鏡C	約21	1	群馬	古海原前1号墳	10
		2	栃木	雀宮牛塚古墳	5
		3	静岡	奥ノ原古墳	24
		4	愛知	亀山2号墳	27
		5	福井	丸山塚古墳	19
		6	三重	井田川茶臼山古墳A	29
		7	三重	神前山古墳A	30
		8	三重	神前山古墳B	30
		9	大阪	郡川東塚古墳	42
		10	奈良	新沢109号墳	54
		11	兵庫	勝福寺古墳	46
		12	福岡	勝浦峯ノ畑古墳A	70
		13	福岡	勝浦峯ノ畑古墳B	70
		14	福岡	沖ノ島21号遺跡(推定)	73
		15	熊本	江田船山古墳	80
		16	宮崎	持田25号墳	89
		17	──	出土地不明・黒川古文化研究所所蔵鏡	──
		18	──	出土地不明・五島美術館所蔵鏡	──
		19	長野	伝・飯田市下川路	22
		20	三重	井田川茶臼山古墳B	29
		21	三重	伝・神島	31
		22	兵庫	里古墳	49
		23	岡山	牛文茶臼山古墳	61
		24	広島	酒屋高塚古墳	66
		25	宮崎	持田24号墳	88
		26	──	出土地不明・奈良国立博物館所蔵鏡	──
		27	三重	神前山古墳C	30
		28	京都	天塚古墳	34
画文帯仏獣鏡A	約21.5	1	千葉	鶴巻塚古墳	15
		2	愛知	大須二子山古墳	25
		3	岡山	王墓山古墳	65
		4	──	出土地不明・北京故宮博物院所蔵鏡	──
画文帯仏獣鏡B	約30.4(23.5)	1	千葉	祇園大塚山古墳	14
	約23.6	2	長野	伝・御猿堂古墳	21
	約23.6	3	福井	国分古墳	20
	約23.6	4	大阪	旧金剛輪寺蔵鏡	──
	約23.6	5	──	出土地不明・キヨソーネ・コレクション鏡	──
	約33.6(23.5)	6	──	出土地不明・旧ベルリン民俗博物館所蔵鏡	──
	23.5	7	──	出土地不明・古鏡今照	──
八鳳鏡	18.9	1	兵庫	奥山大塚古墳	47
	18.9	2	──	出土地不明	──

九・一センチ以上の大型鏡が全体の七割を占めており（表9－1・2）、明らかに大型鏡が主体である。最大の同型鏡は、原鏡では二四センチ前後の画文帯仏獣鏡Bで、さらに外区を拡大して面径を三〇センチ以上に大型化したものが知られている（図64・65）。また文様という点では、後漢代のものに集中しており、また上野祥史による神獣鏡の作鏡系譜の分析（上野二〇〇〇・二〇〇七）をふまえるならば、華北東部に製作の系譜が求められる鏡式（画文帯同向式神獣鏡など）が多く含まれていることがわかる。このことは、いわば倭人社会でもよく知られた、あるいは倭人社会において好まれそうな鏡式が多いことを示している。逆に、南朝の都である建康が位置した長江流域で呉の時代に製作された銘文帯神獣鏡などは殆ど含まれていない。

またこの約三〇種の同型鏡群では、それぞれに多数の同一文様鏡・複製鏡が製作されている。少ないものでは一、二面のものも多いが、多いものでは画文帯環状乳神獣鏡Aの一〇面をはじめ、浮彫式獣帯鏡A・神人歌舞画象鏡の一二面などがある。さらに最多の画文帯同向式神獣鏡Cでは二八面もの同型鏡が知られており、同型鏡群の中でも突出している。前期の三角縁神獣鏡でも最大一〇面前後であり、それと比べても異例の多さである。

問題は、このような同型鏡群が、なぜ五世紀中頃に突然出現したのか、また列島に分布が集中する点も含め、その生産の背景をどのように説明できるのかという点である。

同型鏡群の製作地諸説

同型鏡群について、倭の五王による南朝への遣使時に賜与された鏡と考えたのは小林行雄で

表9-1　同型鏡群の種類と大きさ

鏡式名	面径	面数
方格規矩四神鏡A	17.8	2
方格規矩四神鏡B	16.5	1
細線式獣帯鏡A	22.3	7
細線式獣帯鏡B	24	2
細線式獣帯鏡C	20.6	1
細線式獣帯鏡D	18.1	1
細線式獣帯鏡E	23.6	1
浮彫式獣帯鏡A	17.5	12
浮彫式獣帯鏡B	23.2	4
浮彫式獣帯鏡C	17.8	1
浮彫式獣帯鏡D	20.6	1
浮彫式獣帯鏡E	20.3	1
盤龍鏡	11.6	2
神人龍虎画象鏡A	20.5	5
神人龍虎画象鏡B	18.2	1
神人歌舞画象鏡	20.3	12
神人車馬画象鏡	22.2	3
神獣車馬画象鏡	20.1	1
画文帯環状乳神獣鏡A	14.8	10
画文帯環状乳神獣鏡B	15.3	6
画文帯環状乳神獣鏡C	21	7
画文帯環状乳神獣鏡D	14.8	1
求心式神獣鏡	11.7	1
画文帯対置式神獣鏡	20.2	4
画文帯同向式神獣鏡A	14.8	2
画文帯同向式神獣鏡B	19.4	6
画文帯同向式神獣鏡C	21	28
画文帯仏獣鏡A	21.5	4
画文帯仏獣鏡B	23.6	7
八鳳鏡	18.8	2
	合計	136

※面径は平均

表9-2　同型鏡群の面径の序列

鏡式名	面径	面数	
画文帯仏獣鏡B	24.2	7	
細線式獣帯鏡B	24	2	
細線式獣帯鏡E	23.6	1	
細線式獣帯鏡A	23.3	7	
浮彫式獣帯鏡B	23.2	4	
神人車馬画象鏡	22.5	3	
画文帯仏獣鏡A	22.1	4	
画文帯環状乳神獣鏡C	21.9	7	
画文帯同向式神獣鏡C	21.2	28	
画文帯対置式神獣鏡	20.8	4	
神人龍虎画象鏡A	20.7	5	
神人歌舞画象鏡	20.7	12	
浮彫式獣帯鏡D	20.6	1	
細線式獣帯鏡C	20.6	1	
浮彫式獣帯鏡E	20.3	1	
神獣車馬画象鏡	20.1	1	
画文帯同向式神獣鏡B	19.6	6	小計94
八鳳鏡	18.9	2	
神人龍虎画象鏡B	18.2	1	
細線式獣帯鏡D	18.1	1	
浮彫式獣帯鏡A	18.1	12	
方格規矩四神鏡A	17.8	2	
浮彫式獣帯鏡C	17.8	1	
方格規矩四神鏡B	16.5	1	
画文帯環状乳神獣鏡B	15.6	6	
画文帯環状乳神獣鏡A	15.5	10	
画文帯同向式神獣鏡A	14.9	2	
画文帯環状乳神獣鏡D	14.8	1	
求心式神獣鏡	11.7	1	
盤龍鏡	11.6	2	小計42
	合計	136	

※面径は現存の各鏡種の同型鏡中最大のもの

ある（小林一九六一・一九六二・一九六六）。小林は、同型鏡群が前期の三角縁神獣鏡とは別に多数存在することに注目し、その政治的意義を倭の五王の時代の脈絡で捉え、近畿地域から各地に配布されたものと考えたのである。

樋口隆康はこれらが九州地域に多く出土することから、当初は九州地域と南朝との交流の所産と考えていた（樋口一九六〇）。その後、前章でもみたように、百済の武寧王陵から出土した同型鏡について、これらが中国南朝で製作されたものであり、かつ百済経由で列島にもたらされたものと捉えた。その上で、『日本書紀』神功紀に記された、百済から倭王に贈与されたという「七子鏡」の可能性を指摘している（樋口一九七二）。この「七子鏡」は「七支刀」とともに贈られたものと考えられるため年代が異なることについてはすでに述べた通りである。

田中琢は先に挙げた同型鏡群の外区拡大資料について、中国製の原鏡をもとに列島で踏み返す際に面径を拡大したものと想定した（田中一九七九）。またこれらの踏み返し鏡は中国では確実な出土事例がないことから、原鏡が中国製であっても一部の踏み返しは列島で行われた可能性が指摘されている（粉川・清水一九九一）。また百済・武寧王陵から出土した同型鏡群の存在から百済製説も提起されている（西川二〇〇八）。さらに製作地が南朝であったとする場合も、直接列島にもたらされたのか、あるいは百済などの朝鮮半島経由でもたらされたのかという点について意見が分かれる。

その後、川西宏幸が同型鏡群の製作技術について体系的な研究を行い、その結果として全ての同型鏡が中国南朝製である可能性が高いことを論じている（川西二〇〇〇・二〇〇四）。川西は、踏み返しによる複製が繰り返し行われると、鋳型の収縮により面径が数ミリ程度小さくなることと、踏み返しの際に原鏡を鋳型から取り外すとき、鋳型の一部が剝離《はくり》するため、その部分が製品上に傷として残ることに注目し、面径の収縮と傷の増加という観点から踏み返しの新旧の「世代差」を示した。これは八賀晋（一九八四）や清水康二ら（粉川・清水一九九一）の視点・方法を継承・発展させたものであるが、この点については、その後三次元レーザー計測のデータにもとづき検証が進められている（水野他二〇〇八、初村二〇一八、図60）。この結果、列島から出土した同型鏡群の中には踏み返しの原鏡が殆ど含まれていないことが指摘され、列島での踏み返し生産の可能性が低いことが明らかにされたのである。

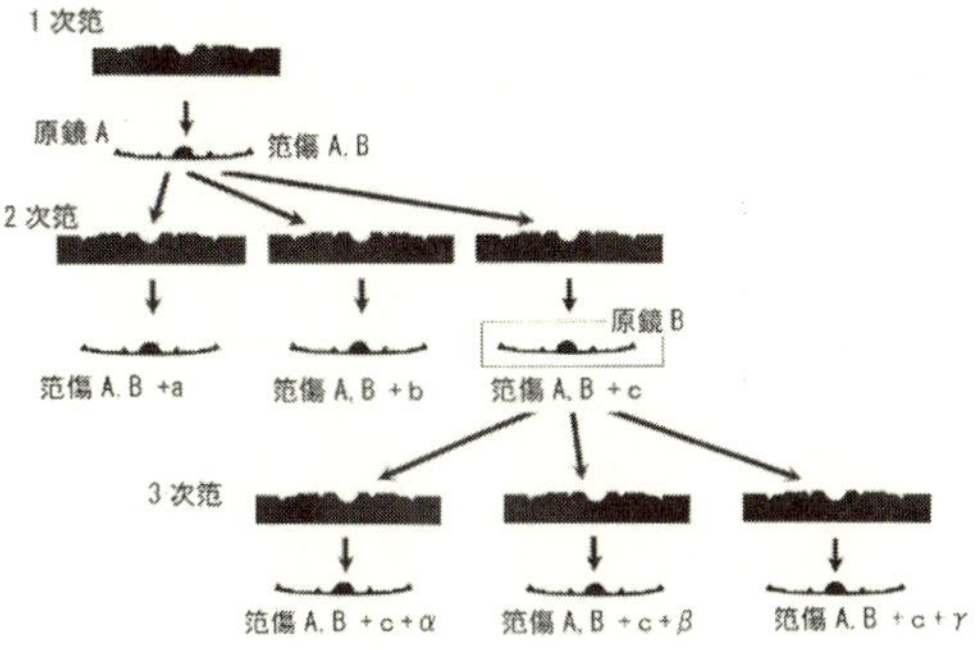

図60　踏み返し技法（同型技法）の模式図（水野2012）

あわせて川西は、画文帯仏獣鏡Aの資料の中に北京の故宮博物院が所蔵する鏡（図61）があり、中国出土の可能性が高いこと、またこの鏡が踏み返しの世代としてやや古く遡るとみられることから、これらが中国南朝で製作された可能性が高いことを指摘している。そして、これらの踏み返し原鏡は、南朝においても貴重であったため、輸出に供されることが少なかったと説明した。その上で川西は、南朝から賜与された契機として、倭王の配

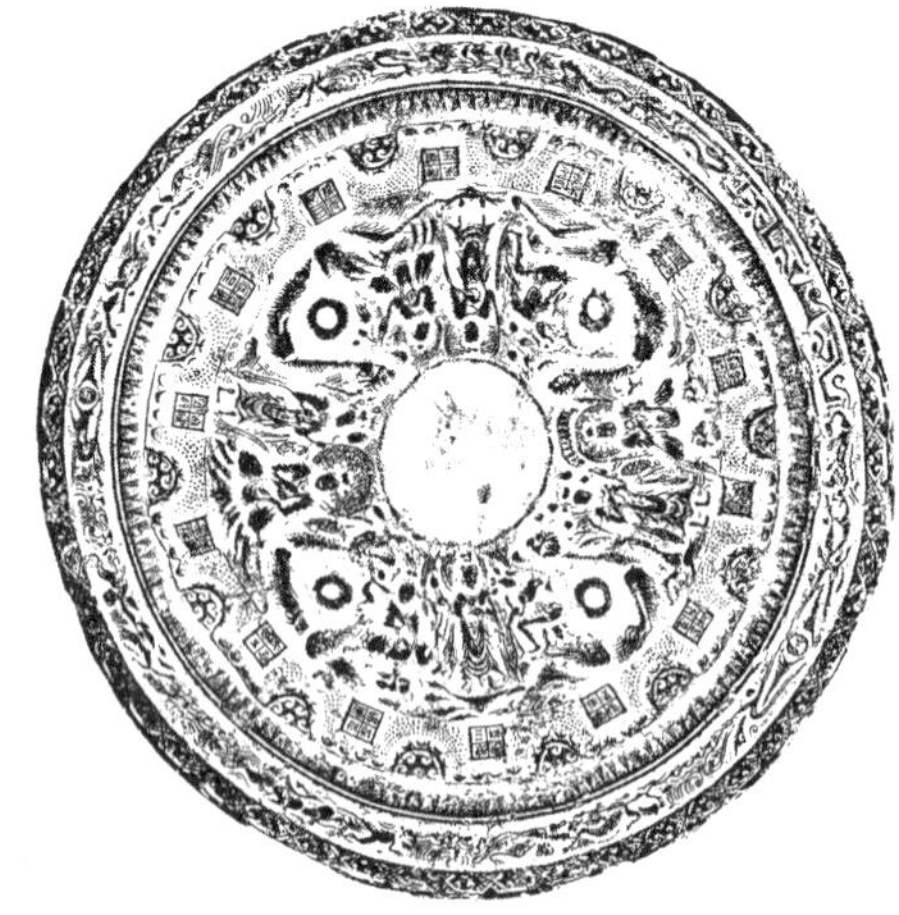

図61　北京故宮博物院蔵画文帯仏獣鏡A（郭玉海1996）

下も含めた将軍号除正という点で外交上大きな成果が上がった、珍の四三八年もしくは済の四五一年の遣使の両者を可能性として挙げている。

この川西説は、技術的特徴の悉皆《しっかい》的な観察にもとづくものであることから、多くの鏡研究者の間で支持されている（車崎二〇〇二、上野二〇〇四、岡村二〇一一a、森下二〇一一a）。また岡村秀典は、上記のような外区拡大の事例が初期の隋唐鏡にみられることを指摘し、これらが中国鏡の技術系譜の中で説明可能であることを明らかにしている。

以上のような研究史において、三角縁神獣鏡とは異なり、同型鏡群については、小林行雄以来の中国・南朝製説がほぼ定説化しつつあるのが現状である。

同型鏡群の鈕孔製作技術

筆者も基本的に川西説を支持しながら、技術的観点から検討を行っている。踏み返し技法による複製鏡の製作では、上述のように踏み返しが繰り返されて「踏み返しの世代」が新しくなるにつれて、面径の収縮や傷の増加がみられ、また少しずつ文様が不鮮明になる。そのため、新しい世代の不鮮明な踏み返し鏡については、列島で製作された可能性が想定されてきた。

この作業仮説が正しいかどうかは、踏み返しの世代が古い場合と新しい場合で製作技術が異なるのか、また鏡種ごとにそうした点に違いがあるのかについて観察すれば確認することができる。この点で筆者が注目したのが、鈕孔《ちゅうこう》の製作技術である。踏み返し技法による複製鏡の生産では、鈕孔を製作するためには必ず鋳型に土製の棒状の中子《なかご》を設置せねばならないため、この技術が踏み返しの世代間で共通するのか、また鏡種を横断して共通するのかどうかについて検討することにより、一部で製作地が異なる場合があるのかどうかについて検証が可能となると考えたのである。この点を確認するため、筆者もこれまで同型鏡群の実見観察を行ってきた。

その結果、同型鏡群の鈕孔形態・技術についてはいくつかの特徴が確認できた。すなわち、①鈕孔の底辺が鈕座面と一致する（秦一九九四）、②「鈕孔痕跡」の存在：踏み返しに際して原鏡の鈕孔が痕跡として鋳型・製品に転写して残される（柳田二〇〇二b）、③非常に大型の鈕孔がみられる（幅が7〜8ミリ以上のものが大半であり、大きいものでは高さ・幅ともに一〇ミリ以上）、④中子の形状が楕円形もしくは円形である（鈕孔の見た目は半円形を呈するものが多い）、⑤鋳型に鈕孔の中子を設置する際に段を彫り込まない、の五点である（図62）。

この五つの特徴については、同型鏡群の踏み返しの世代の違いや鏡種の違いを横断して広く共通することが確認できた。つまり、特定の鏡種や踏み返しの世代が新しい一部の製品で鈕孔製作技術が異なる、といったあり方は認められないのである。またこれらのうち、少なくとも

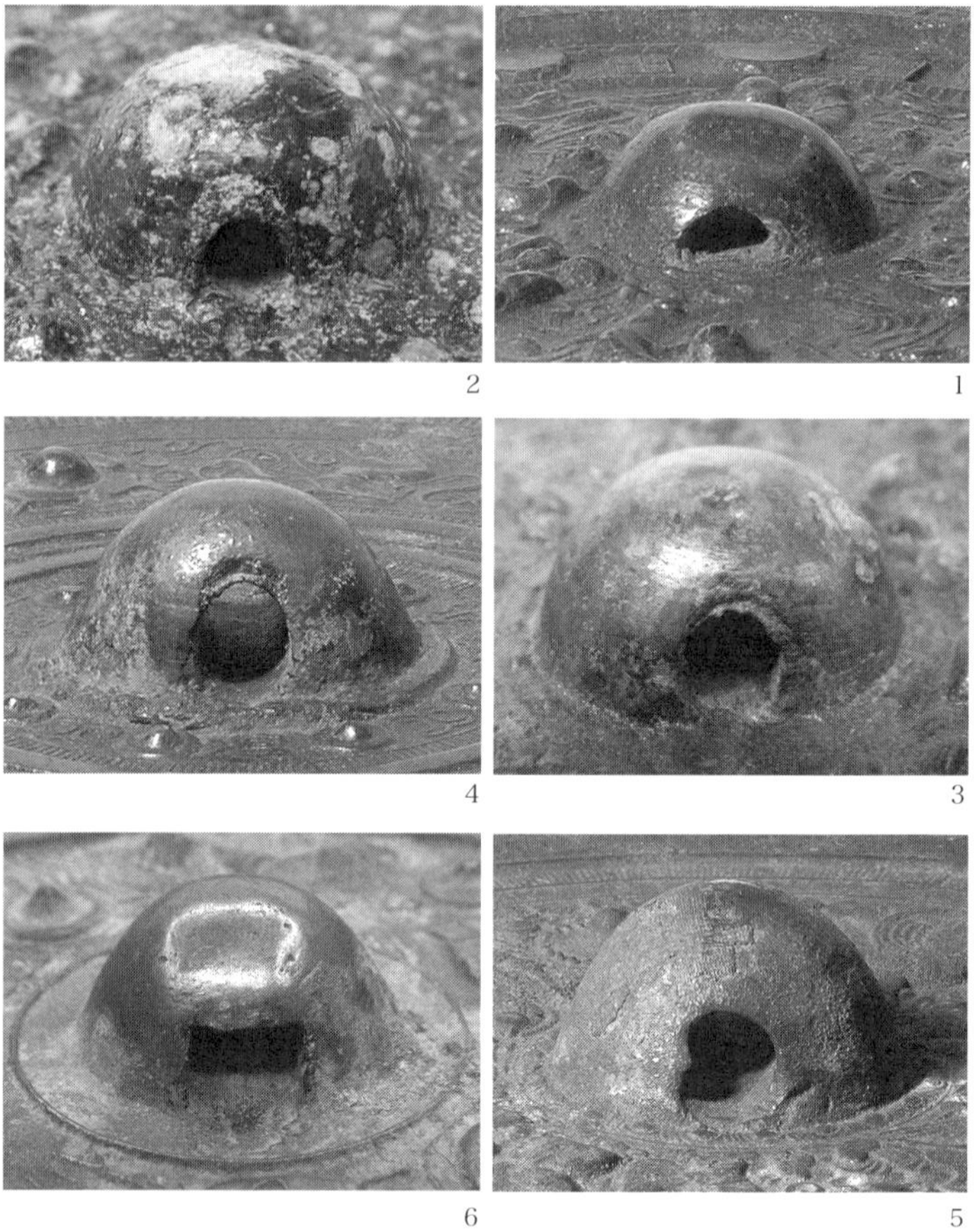

図62　同型鏡群・倭製鏡の鈕孔形態（1：奈良県新沢109号墳・画文帯同向式神獣鏡C、2・3：三重県井田川茶臼山古墳・画文帯同向式神獣鏡C〔B鏡とA鏡〕、4：奈良県新沢173号墳・浮彫式獣帯鏡E、5：京都府トヅカ古墳・神人車馬画象鏡、6：宮崎県持田25号墳・（倭）「火竟」銘四獣鏡〔いずれも筆者撮影、1・4：奈良県立橿原考古学研究所附属博物館蔵、2・3：三重県埋蔵文化財センター蔵、5：京都国立博物館蔵、6：耕三寺博物館蔵〕）

②③④は倭製鏡とは異なる特徴であった（この時期の倭製鏡の鈕孔は図62-6のように円形ではなく長方形である）。以上から、先に挙げた同型鏡群の約三〇種約一四〇面については、製作地としても全て同一である可能性が高く、かつその技術系譜は倭製鏡とは別のものと考えた（辻田二〇一八）。

なお同型鏡群の最も明快な認定基準は、五世紀代以降の遺跡から出土した中国鏡で「同一文様鏡が存在すること」であるが、それに加えて上記のような技術的特徴を確認することにより、同一文様鏡が存在しない場合でも同型鏡と認定することが可能になる場合がある。一面のみの資料で同型鏡群に含まれているものは、そうした特徴を有する鏡である。

同型鏡群の外区改変事例

こうした点に加えてもう一点注目される技術的特徴がある。同型鏡群は、上述のように踏返し原鏡をそのままの形で複製するものが多いが、一部で原鏡を「改変」するものがある。大きく五種類あり、A：鈕の大型化、B：外区改変、C：文様付加、D：文様改変（文様帯を銘文に改変するなど）、E：鍍金《ときん》などが挙げられる。このうち特に注目したいのが、Bの外区改変事例である。以下、具体例をもとに説明したい。

図63に挙げた鏡は、旧金剛輪寺所蔵の画文帯仏獣鏡Bである。画文帯同向式神獣鏡の文様構成をもとにしながら、西王母や東王公といった神仙の図像を立像・座像の仏像表現に置き換えたものである。原鏡は西晋代の後半～末に製作されたものと考えられている（水野一九五〇、

図63　旧金剛輪寺所蔵 画文帯仏獣鏡B（24.2cm〔筆者撮影・実測、京都国立博物館蔵〕）

上野二〇一三）。面径は二四・二センチで同型鏡群の中でも最大であり、最も上位に格付けされた鏡とみられる。

　図64は、千葉県祇園大塚山古墳から出土した画文帯仏獣鏡Bで、周囲に無文の外区を付加して全体の大きさを拡大したものである（面径三〇・四センチ）。この鏡では鈕も大型化されており、それにより原鏡に存在した鈕の周囲の文様の一部が欠落している。

　図65は、旧ベルリン民俗博物館所蔵の画文帯仏獣鏡Bで、戦前に梅原末治が調査した後現物が所在不明となっており、拓本のみが残されている。面径は一尺一寸一分（約三三・六センチ）とされている。

図64　千葉県祇園大塚山古墳出土 画文帯仏獣鏡B（30.4cm〔三次元2005、宮内庁書陵部蔵〕）

この鏡は、先の祇園大塚山鏡と同様に外区を付加して面径を拡大しているだけでなく、その部分に文様を追加している。拓本のため何を描いているのか不明であるが、詳細に観察を行った結果、大きく三つの文様単位が繰り返されていることが判明した。文様単位AとBは龍のような獣像を描いたものとみられ、概ね左右対称である。文様単位Cは植物状の文様を描いているようにみえるが、これらが不規則に配置されているのである。このA・B・Cの文様単位は場所が違っても大きさや形状が共通するため、これらはス

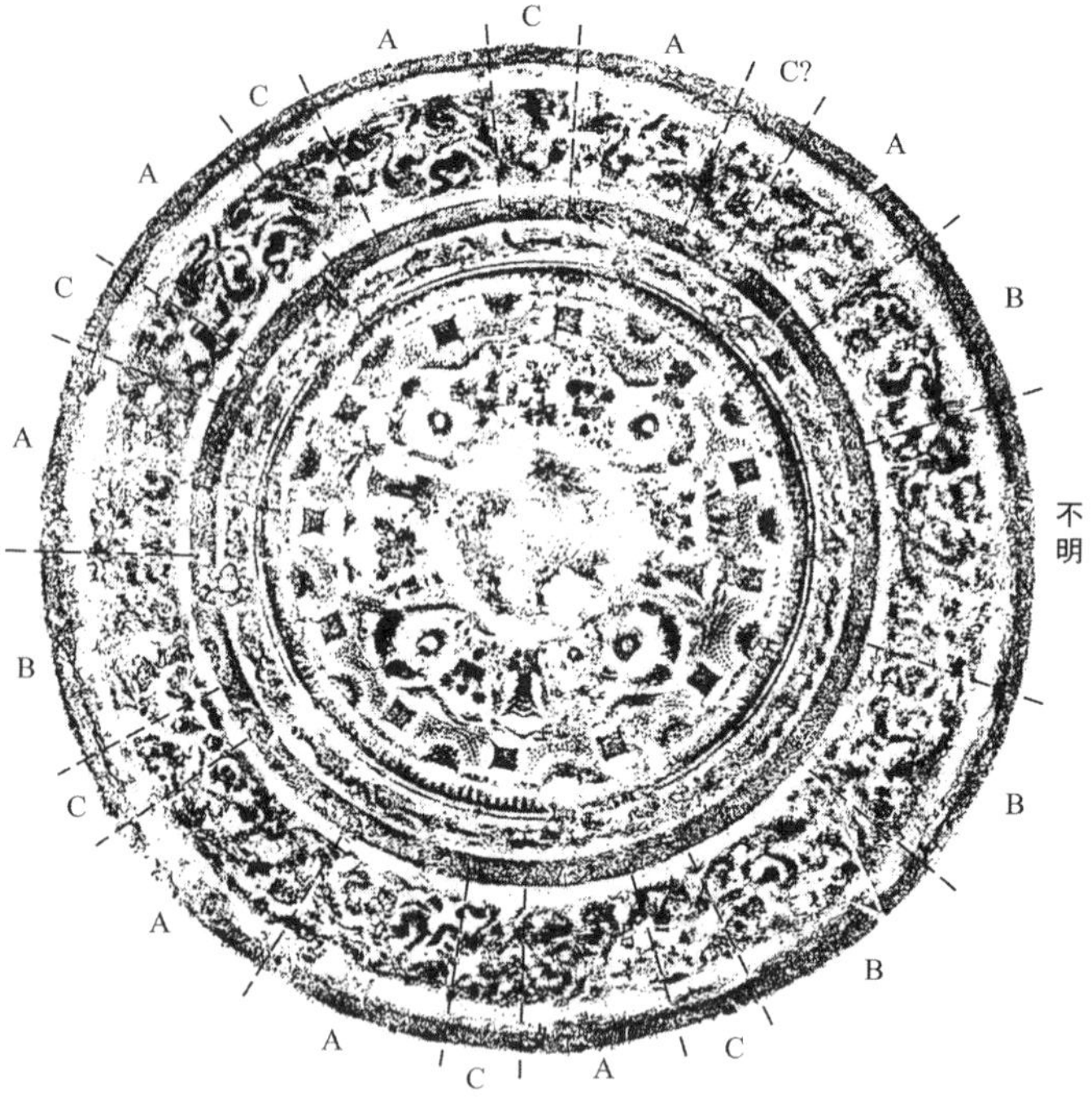

文様単位A

文様単位B

文様単位C

図65　旧ベルリン民俗博物館所蔵 画文帯仏獣鏡Bの外区拡大・改変（約33.6cm〔辻田2018、梅原1931所収の拓本を改変〕）

タンプ状の立体原型を鋳型の土に押し当てて配置されたものとみられる（辻田二〇一八）。

こうした外区の拡大および立体原型を用いた文様の付加といった特徴も含め、先に挙げた原鏡を「改変」する五つの特徴は、いずれも中国鏡に特有の製作技術であり、倭製鏡にはみられないものである。この点からも同型鏡群が日本列島で製作された可能性は低いことになる。

また百済・武寧王陵から出土した方格規矩四神鏡は同型鏡群の一種であるが、この鏡には五体の人物像・獣像が浮彫文様として付加されている。この文様は、中国の西晋代の文様などとの比較から、中国由来のものと考えられている（川西二〇〇四、岡村二〇一一ａ）。またこの浮彫文様の付加も、上記の旧ベルリン民俗博物館所蔵の画文帯仏獣鏡Ｂと同様に、立体原型を用いたものである可能性が高い（辻田二〇一八）。このような点から、筆者は武寧王陵出土方格規矩四神鏡も含めて、同型鏡群は全て中国で製作されたものと考えている。

製作技術・踏み返しの「世代差」からみた同型鏡群の製作年代

前述のように、同型鏡群は五世紀中葉から六世紀代まで幅広く副葬されているが、例えば踏み返しの世代が古い鏡が古い時期の古墳に、踏み返しの世代の新しい鏡が新しい時期の古墳に、といった前後関係が認められない。また五世紀後葉までには一部を除いてほぼ全ての鏡種が出現しており、鏡種によっても出現時期の前後関係がみられない。このため、一部の鏡種や踏み返しの世代が新しい鏡のみが六世紀代に列島で踏み返された、といった想定は成立しない。さらに注目されるのは、踏み返しの世代が最も新しい鏡が古い時期の古墳から出土する例がある

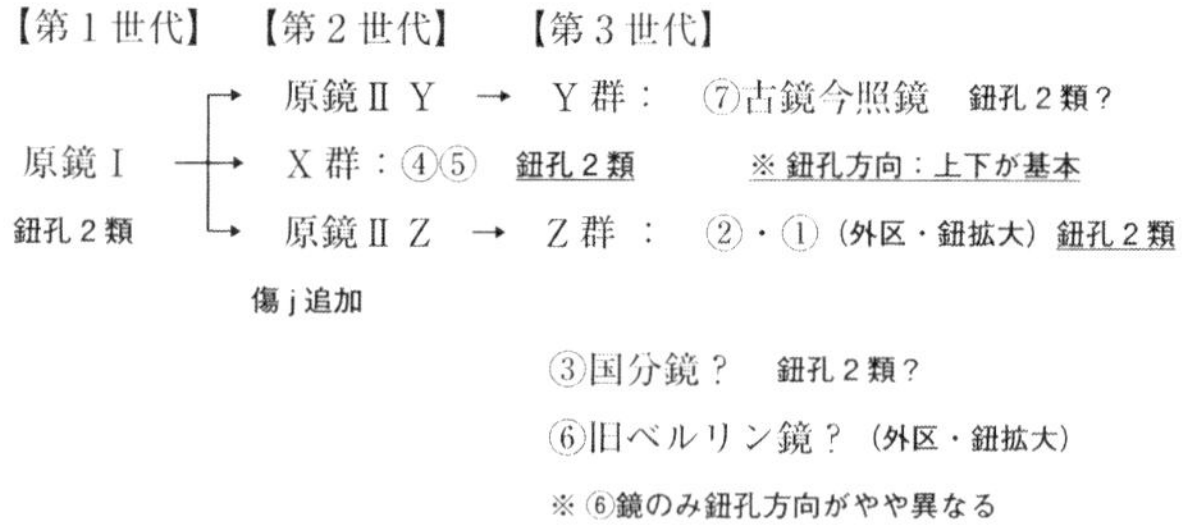

図66　画文帯仏獣鏡Bの踏み返しの世代差（辻田2018）

ことである。

図66に示したのは、先に挙げた画文帯仏獣鏡Bの面径の収縮と傷からみた踏み返しの世代差の模式図であり、川西宏幸の検討結果をふまえ筆者が追加・補足したものである。①～⑦の七面の画文帯仏獣鏡Bの資料（表8の番号に対応）の生産にあたり、未知の原鏡も含め、少なくとも数回の踏み返しが行われていることがわかる。なおここでいう「原鏡Ⅰ」は現在知られている資料から遡ることができる範囲での最も古い世代の原鏡であり、実際にはそれより遡る原鏡が存在する可能性もある。

このうち、図64に挙げた千葉県祇園大塚山古墳出土鏡はこの図でいう第3世代の①に該当するもので、外区を拡大した超大型鏡であるが、踏み返しの初期ではなく、最新世代に属することがわかる。このため超大型鏡でありつつも文様が不鮮明であるという特徴を持つ。重要なのは、この鏡が新しい時期の古墳から出土したものではなく、五世紀中葉前後の、同型鏡群が列島で出現した最初期において副葬された事例であることである。

このことは、同型鏡群が出現した五世紀中葉～後葉の早い段階で大半の同型鏡群が出現していたこと、言い換えれば、この時点でそれらの生産が終了していた可能性が高いことを示している。つまり、同型鏡群の製作は五世紀中葉前後のきわめて短期間のうちに行われ、終了したものと考えられるのである。この点が、鏡式としての型式変化・系列的変化と一定の時期幅が認められる三角縁神獣鏡と大きく異なる点であり、同型鏡群の特徴を示している。

小結：同型鏡群の踏み返し原鏡はどこから来たのか

以上のように、同型鏡群は、踏み返しの最新世代まで含めて全て中国南朝産であると考えられる。また踏み返しが何度も繰り返されることにより、文様が不鮮明になるという特徴は、文様の優先順位が高くなかったことを示している。先に挙げた画文帯仏獣鏡Bの事例では、外区・面径の拡大と精巧な文様とが共存しておらず、いわば文様が二の次になっているという言い方もできる。同型鏡群が全て「中国鏡」であるとすれば、この文様の不鮮明さという点をどのように説明するかが問題となる。同型鏡群のもとになった踏み返しの原鏡は、おそらく非常に精緻な文様が描かれた一級品であったことが想定されるためである。

先に述べたように、川西宏幸は同型鏡群の踏み返し原鏡が、貴重な優品であったが故に輸出に供されなかった可能性を指摘している（川西二〇〇〇・二〇〇四）。筆者もこの意見に賛成であるが、その上で問題にしたいのは、この貴重な一級品としての踏み返し原鏡が大陸のどこでどのように存在していたのかという点である。すなわち、同型鏡群が列島にもたらされるに際して、例えば原鏡が市中も含めて広く存在しており、それをもとに多数生産されていた同型鏡を寄せ集めた結果であるのか、あるいは南朝から賜与されるにあたり、南朝膝下で特別に用意されたような一群であると考えるのかによって、同型鏡群の歴史的な意義についての理解が変わってくるのである。

以下、この踏み返し原鏡という点に注目しながら、同型鏡群の製作の背景について考えてみたい。

五　踏み返し原鏡の由来と同型鏡群製作の背景

同型鏡群の原鏡と「王朝の鏡」

約三〇種の同型鏡群は、大型鏡が七割を占めることから、その生産にあたっては、より大型の鏡種が優先的に「選択」された可能性が指摘されている（岡村二〇一一a）。それに加えて注目されるのは、鏡種の偏りという点である。これも先述のように、約三〇種の同型鏡群は、後漢代の鏡式を主体としており、その中には華北東部に由来するような鏡種も含まれることから、倭人社会の嗜好《しこう》が反映されている可能性が高い。特に画文帯同向式神獣鏡C（図58-9・10）は華北東部系に位置づけられる鏡であり（上野二〇〇〇）、これが二八面もの同型鏡を有する点は明らかに特殊な状況である。これらの大型鏡を主体とする原鏡は、五世紀代の大陸においてどのような形で存在していたのであろうか。

図67　「建武五年」銘画文帯同向式神獣鏡（24.2cm〔和泉市久保惣記念美術館蔵・辻田2018より転載〕）

この問題を考える上で重要な資料がある。図67に示した和泉市久保惣記念美術館所蔵の「建武五年銘画文帯同向式神獣鏡」は、面径二四・二センチの大型鏡で、富岡謙蔵は「漢六朝代を通して」最高水準の技術で製作された鏡であり、「精緻巧妙の極に達したるもの」と評した（富岡一九二〇）。「建武五年」は複数の候補が存在するが、富岡が提示した、南朝・宋王朝の後継である斉王朝の四九八年説が有力視されており、本鏡の鈕孔製作技術が同型鏡群と共通していることからもその可能性が高い（秦一九九四、車崎二〇〇二、辻田二〇一八）。またこの鏡にはもう一面、カナダ・トロントのロイヤルオンタリオ博物館に所蔵された同型鏡があり、この点でも同型鏡群との関連が想定される資料である。

この鏡の文様の系譜は後漢後半〜末の画文帯同向式神獣鏡であるが、直接の類例がなく位置づけについて不明な点が多かった。ところが近年、静岡県磐田市教育委員会に寄贈されたコレクション資料の中に、文様構成が酷似した画文帯同向式神獣鏡が存在することがわかり、「建武五年」銘鏡はそうした鏡などをもとに、外区を拡大するなど文様を一部改変しながら南斉建武五年（四九八年）に製作されたことが判明した（辻田二〇一八）。また「建武五年」銘鏡には、「晉侯冊命　建武五年　宋国太□」とする銘文がみられ、あたかも東晋から宋王朝への王朝交代の正当性を謳《うた》うかのような内容であること、また「建武五年」が南斉の明帝の晩年であることなどから、技術水準の高さとあわせて、この鏡が「王朝の鏡」あるいは「皇帝の鏡」として製作された可能性が高いと考えられる。

ここで注目したい点が三点がある。一つは、こうした「王朝の鏡」が製作されたのは、漢代以来の王朝の官営工房である「尚方」であったと考えられる点である。宋代は、先にみた三代文帝の元嘉の治において貨幣経済が発達し、銅生産が活発に行われていたが、四五〇年前後の文帝末期の北伐とその失敗により経済が混乱し、銅生産も衰退したと考えられている（川本二〇〇五）。その後の政治的混乱と王朝交代の中で、四九八年前後にこうした最高水準の鏡が製作されうるのは、可能性としては「尚方」にほぼ限定される。

二つ目は、「建武五年」銘鏡と同型鏡群との技術的共通性から、同型鏡群もまた南朝の「尚方」で製作された可能性が想定される点である。先に挙げた同型鏡群の技術的特徴としての踏み返し鏡製作技術・鈕孔製作技術・「改変」事例などが、踏み返しの世代差や鏡種の違いを横断して広く共通して認められ、また製作年代も短期間であると想定されることは、これらが分散的・没交渉的・非体系的な生産体制によるものでなく、「集中的」「局所的」「限定的」で「体系的」な生産体制の下で生み出されたものであることを示している。そのイメージに最も合致するのが「尚方」での生産であるといえよう。

そして三点目は、この「王朝の鏡」としての「建武五年」銘鏡は後漢後半〜末の画文帯同向式神獣鏡をもとに製作されていることから、このもとになった画文帯同向式神獣鏡自体が、南朝膝下で管理・継承されたものである可能性が高いことである。「建武五年」銘鏡の銘文が東晋王朝から宋王朝への王朝交代の正当性を謳うものであるとすれば、そのもとになった画文帯同向式神獣鏡は、後漢代以来の漢民族による正統王朝であることを示すために、「建武五年」銘鏡のモデルとして「選択」された可能性も想定される。このことは、後漢代以来、そうした後漢鏡の優品が、宮廷において管理・継承され、その鏡自体が後漢以来の正統王朝であることを象徴する器物であった可能性を示すものと考えられるのである。その意味で、これらの後漢鏡は、歴代王朝における「宝器鏡」と位置づけられる。

以上のように考えるならば、同型鏡群の踏み返し原鏡となった後漢鏡の優品は、南朝のもとで管理・継承されてきたものであり、その中から何らかの形で「選択」されたものという解釈が導かれる。あわせて、「建武五年」銘鏡と技術的特徴が共通する同型鏡群もまた、南朝の尚方で製作された可能性が高いという理解が得られよう。

またこの問題は、第二章・三章でみた「銅鏡百枚」の候補としての完形後漢鏡の評価を考える上でも一定の示唆を与える。なぜなら、そうした完形後漢鏡の優品が後漢王朝から魏王朝以降に継承されていたとすれば、その一部もしくはその一部を踏み返したものが古墳時代の初期に列島にもたらされた可能性が考えられるからである。

こうした後漢鏡の優品は、南朝以降も王朝の下で継承されたものもあれば、王朝交代や戦乱の中で散逸したものも多く存在したであろう。世界各地の博物館に所蔵されている出土地・由来不明の中国鏡や古美術資料の優品の中には、そうした資料が多く含まれるものと考えられる。

同型鏡群の生産とその背景：画文帯同向式神獣鏡Cの同型鏡の多さをどう考えるか

同型鏡群が南朝の尚方で製作されたと想定する場合も、「建武五年」銘鏡のような最高水準の「王朝の鏡」と、大量生産品の同型鏡群とでは生産の背景が全く異なると考えられる。この観点から同型鏡群の特徴を整理すると以下のような二点が挙げられる。

一つは文様に不鮮明なものが多く、同一文様鏡の複製を行った大量生産品であり、いわば「粗製濫造品」であることである。もう一点は、先にみた踏み返しの「世代差」という点から約三〇種の同型鏡群を一覧すると、日本列島や朝鮮半島で出土している製品は、古い世代の原鏡が含まれないだけではなく、踏み返しの世代としては最新世代のものが大半であることである。第一の点とあわせるならば、同型鏡群は、本来「粗製濫造品」であるのに加えて、いわばその「末端」の製品ばかりが列島や半島で出土しているということができる。

この問題とあわせて注目されるのが、先に挙げた、同型鏡群の中で同一文様鏡が二八面と突出して多い画文帯同向式神獣鏡Cの存在である（図58-9・10）。これらは、面径約二一センチで大型鏡に位置づけられ、同型鏡群の中でも同一文様の複製鏡を大量生産するという志向性が明確な一群である。こうした特徴が最も共通するのは、いうまでもなく前期の三角縁神獣鏡である。また画文帯同向式神獣鏡は、前期倭製鏡の鼉龍鏡系のモデルの一つとなった鏡式でもあり、列島社会にとっては、いわばなじみ深い鏡であったとみられる。

以上の点から想定されるのは、同型鏡群が全体として大型鏡主体で技術的共通性が高い一群として製作されたものであるとともに、突出して製作面数が多い画文帯同向式神獣鏡Cは、その中でも特に前期の三角縁神獣鏡と同種の鏡として大量生産された可能性である。そしてこの場合、二八面の画文帯同向式神獣鏡Cのほぼすべてが日本列島から出土していること、また先述のように列島および半島南部から出土した同型鏡群が全て中国南朝製と考えられる一方で、その大半が「粗製濫造品」の「末端」の製品にほぼ限定されることからすれば、これらの同型鏡群は、基本的に列島向けに特別に生産された可能性が最も高いという理解に至る。現状で二八面もの同一文様鏡が製作された事例が東アジアの銅鏡生産で他に知られておらず、列島出土鏡にほぼ限られていることからすれば、同型鏡群の生産は、列島社会の需要・要望によって生み出されたと考えるのが妥当であろう。

同型鏡群の「特鋳鏡」説

筆者は、南朝において管理・継承されてきた多数の原鏡候補の中から、列島側の需要・要望に応えて「選択」される形で生み出されたのが、同型鏡群の鏡種構成であるものと考える。これを同型鏡群の「特鋳鏡」説として提起するものである（辻田二〇一八）。こうした見方は前述の小林行雄や川西宏幸をはじめ、これまでも多くの研究者によって想定されてきた仮説の一つとみられるが、必ずしも考古学的証拠にもとづき明確に主張されてきたものではない。最も近いのは、森下章司が三角縁神獣鏡と同型鏡群を同様の性格と捉えつつ、倭国向けに特別に用意されたものとする説（森下一九九四）であるが、その後森下は、同型鏡群の文様付加や鏡種の多様性などの点から三角縁神獣鏡と単純には同一視できないと慎重な姿勢を示している（森下二〇〇四）。ここでいう筆者の「特鋳鏡」説は、同型鏡群の鈕孔形態に関する技術的な検討や「建武五年」銘鏡の観察にもとづき、踏み返し原鏡の限定性という観点から、列島社会向けに南朝の「尚方」において特別に生産された「特鋳鏡」であると捉える点で、先行研究の諸説より具体的に踏み込んだ所説と考えている。

ではそうした「特鋳鏡」が製作された時期と契機についてはどのように考えられるだろうか。川西は、前述のように外交上の成果が上がった四三八年、四五一年をその候補として挙げた（川西二〇〇四）。ここで注目されるのが、四五〇年の百済の南朝遣使である。四三九年に北魏の太武帝《たいぶてい》により華北が統一された後、宋朝との緊張関係が高まった。その中でも、四五〇年前後の宋による北伐失敗と北魏の南侵がその後の南朝衰退の始まりとされている（川本二〇〇五）。百済はこの四五〇年に宋に遣使する際に、「易林・式占・腰弩《ようど》」などの戦争に用いる器物を要望して、文帝が実際に賜与したとする記録がある（『宋書』百済伝）。前之園亮一は、文帝がこのときに百済の要望を認めたのは、百済を対北魏戦線に組みこむためであったと想定している

（前之園二〇一三）。倭王済による四五一年の遣使は、北魏南侵の終戦直後であり、直前の百済の遣使時における「易林・式占・腰弩」の要望と文帝による賜与という点からも、同型鏡群の特鋳鏡説を考える上で重要な機会である可能性が高い。

倭国の遣使記録という点では、四三八年や四四三年も同型鏡群が出現した「五世紀中葉」の範疇ではあるが、前者は珍の即位遣使、後者は済の即位遣使であり、四五一年の遣使とはやや意味が異なる。四五一年の遣使では「軍郡二十三人」が除正され、また議論はあるものの、このときに「安東大将軍」に進号された可能性（坂元一九七八、鈴木一九八五、石井二〇〇五）などども考慮するならば、川西が想定した年代のうち、四五一年の遣使は製作契機としてより重視することができるものと考える。また次の遣使記録である四六〇年については、他の遣使年次と違って不明な点が多い（興の即位遣使である四六二年の直前段階で、済の遣使とみられる）。以上から筆者は、同型鏡群について、百済の四五〇年の遣使を承けて、北魏の南侵直後に行われた四五一年の遣使が製作の契機となった可能性が高く、①四五一年の段階で速やかに生産が行われ、贈与された後に列島まで持ち帰った可能性と、②一部については四六〇年の遣使時にも持ち帰った可能性の両者を想定している（辻田二〇一八）。

小結：同型鏡群の出現と前期的鏡秩序の「再興」

以上、同型鏡群の製作地や製作契機について、「特鋳鏡」説の観点から説明してきた。同型鏡群が列島社会の需要・要望によって生み出されたものであり、その中でも画文帯同向式神獣鏡Cは三角縁神獣鏡と同種の鏡として製作されたとすれば、そこでいうところの「需要・要望」とは、いわば前期のような鏡秩序の「再興」を求めたものであり、その中核に位置づけられるのが、他ならぬ中国鏡としての同型鏡群であったことになる。

そうした「再興」が求められたのは古墳時代中期中葉であり、「五世紀中葉」である。具体的には、大仙陵古墳が築かれた頃であり、大型前方後円墳の極大化がピークに達しつつある時期であった。なぜこの時期の列島社会では鏡が再び求められるに至ったのであろうか。この問題について考える前に、もう一つ問題となるのが、列島でこの時期以降、同様に生産・流通が活発化した倭製鏡である。ここで中期後半における倭製鏡の変遷について検討した上で、あらためてなぜこの時期に前期的鏡秩序の「再興」が求められたのかについて考えてみたい。

六　古墳時代中期後半の倭製鏡生産の展開

中・後期倭製鏡の変遷の概略

先に中期前半に新たに倭製鏡が製作されたことを述べたが（「中・後期倭製鏡一期」）、中期中葉以降になると、中期前半と比べて生産面数が大幅に増加する。従来から、同型鏡群の列島への流入を契機として、それに影響を受ける形で倭製鏡生産が再び活発化すると考えられてきた現象である（森下一九九一・二〇〇二）。ここでは中期中葉の倭製鏡を「中・後期倭製鏡二期」、同じく中期後葉を「三期」、後期前葉を「四期」とする。これらは森下章司による「中期後半

～後期の倭製鏡」について、森下が挙げた外区文様の変遷を指標としながらさらに三段階に区分したものである。ここでは代表的な系列に限定するが、この時期には単発的な資料も多く生産されている。ここでいう「二期」が同型鏡群の出現とほぼ同時期にあたる。これらの変遷の概略を示すと次のようになる（図68）。

「二期」（中期中葉）：「火竟」銘を有する一群（「火竟銘鏡群」）・四神四獣鏡系など
「三期」（中期後葉）：旋回式獣像鏡系・乳脚文鏡系など
「四期」（後期前葉）：交互式神獣鏡系など

二期の火竟銘鏡群は、外区に線刻により「火竟」の文字を描き入れる一群で、直接のモデルは不明ながら、文様は神像状表現・獣像により構成される。四神四獣鏡系は、四体の神像状表現と同じ方向を向く四体の獣像を内区主像とする系列である。火竟銘鏡群は大型鏡、四神四獣鏡は中・小型鏡を主体とする。

三期の旋回式獣像鏡系は、同じ方向を向く数体の獣像を主像とする系列であり、獣像の頭部表現を省略したものが新相である（森下一九九一）。モデルとしては、舶載の斜縁四獣鏡などの他、前期倭製鏡の獣像鏡の可能性が指摘されている（上野二〇一二、加藤二〇一四、岩本二〇一八）。乳脚文鏡系は、乳状の文様を繰り返し配するもので、前期の捩文鏡系などがモデルと考えられている（森下一九九一、加藤二〇一七b）。これらはあわせて四〇〇面前後が知られており（下垣二〇一六）、旋回式獣像鏡系の方が一回り大きいが、いずれも面径一四センチ以下の小

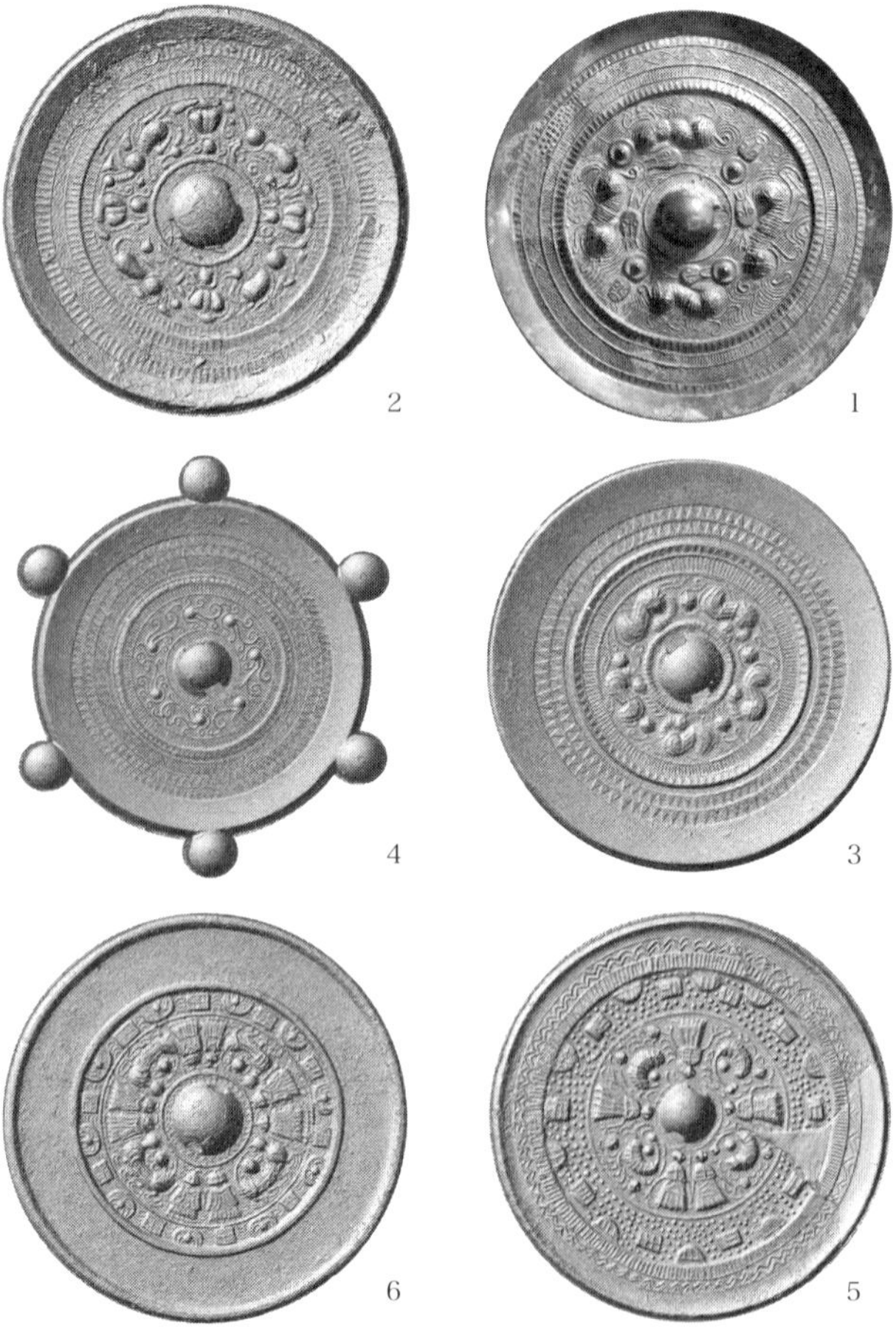

図68　中・後期倭製鏡の具体例（1：宮崎県持田25号墳・「火竟」銘四獣鏡〔20.0cm〕、2：三重県津市北浦・四神四獣鏡系〔17.4cm〕、3：愛知県山神古墳・旋回式獣像鏡系〔14.5cm〕、4：茨城県上野古墳・乳脚文鏡系〔12.9cm〕、5：群馬県高崎市若田町・交互式神獣鏡A系〔15.7cm〕、6：伝・奈良県広陵町疋相西方・交互式神獣鏡D系〔15.4cm〕〔1：筆者撮影、2〜6：三次元2005、1：耕三寺博物館蔵、2：宮内庁書陵部蔵、3〜6：東京国立博物館蔵〕）

型鏡を主体とする。この三期は、いわばこうした小型鏡が大量生産された時期ということができる。

またこの二期～三期の倭製鏡で特徴的なのは、いわゆる「鈴鏡」と呼ばれる、外縁部に鈴を付加した鏡が出現することである。巫女《みこ》形の人物埴輪の中に、腰に鈴鏡を着けたものがみられることから、そうした職能に関わる器物として用いられた可能性が高い。小型鏡に多いことから、取り回しのよさが重視されたものと考えられる。これらは特定の系列に限定されることがなく、二期の段階から少しずつ出現したものとみられ、三期がピークとなる。五世紀中葉以降の鈴付きの馬具やそれらを製作した工人との関連が想定されている（桃崎二〇一一、鈴木二〇一七、馬渕二〇一七）。

四期は交互式神獣鏡系（画文帯仏獣鏡系）と呼ばれる系列の出現により特徴づけられる。これらは同型鏡群の画文帯仏獣鏡をモデルとした系列である（森下一九九一、加藤二〇一七a）。また「癸未年」の干支《かんし》紀年をもつ隅田八幡神社所蔵の人物画象鏡がこの時期に製作されたものと考えられる（第六章参照）。

その他、珠文鏡系と呼ばれる小型鏡が継続して生産されたものと考えられているが（岩本二〇一四a）、倭製鏡生産自体はこの四期の段階までにほぼ終了したものとみられる。

これらの中・後期倭製鏡についても、前期と同様、製作技術や系列同士の相互のつながり・共通性という観点から、製作地が各地に分散していた可能性は低く、分布の中心である近畿地域において一元的に製作されたものと考えられる（森下二〇〇二）。

中・後期倭製鏡と前期倭製鏡の違い

中・後期倭製鏡と前期倭製鏡の間には、いくつかの違いがある。技術的な差異として、文様の配置に乳を用いず、均等な割付が行われないものが主体であるという点がある（森下二〇〇二、岩本二〇一七b）。それ以外で両者の最も大きな違いは、超大型鏡の有無と倭製鏡自体の格付けという点である。

第三章でみたように、前期倭製鏡は、最大四五センチの鼉龍鏡系や伝・行燈山古墳出土銅板のようなものも含めて、極大化した製品が数多く製作された。そして小型鏡が多数生産されることにより、面径の大小により階層的な序列化が明確に志向されるものであった。その中では、前期倭製鏡の超大型鏡が最上位に格付けされていた（図41）。

これに対し、中・後期倭製鏡で最も大きなものは面径二一センチ前後であり、前期のような超大型鏡は知られていない。先にみたように、同型鏡群は大型鏡が七割を占める一群であるが、中期後半の鏡秩序では、面径の大小という点では、中国鏡としての同型鏡群を最上位とし、その下位に中・後期倭製鏡の中・小型鏡を位置づけたものと考えられるのである（上野二〇〇四、辻田二〇一八）。同型鏡群と三期の旋回式獣像鏡系・乳脚文鏡系の面径の大小を箱ひげ図で比較したものが図69である。ここでもう一つ示している交互式神獣鏡系は四期の系列であるが、これについては同型鏡群により近い大きさで製作されていることから、後期前葉段階では別の事情が存在したことがうかがわれる。

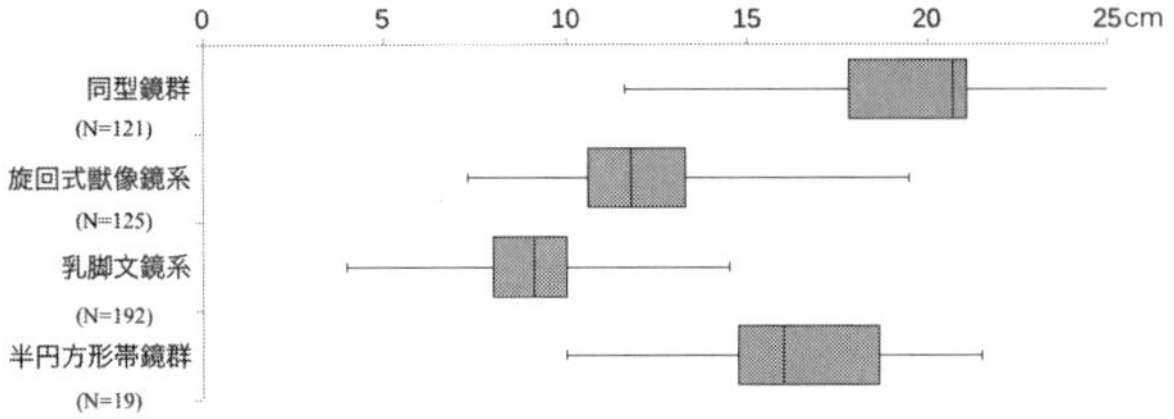

図69　同型鏡群と中・後期倭製鏡の面径比較（辻田2018）

中・後期倭製鏡で面径一九センチ以上の大型鏡をまとめたものが表10である。全体でも数が少ないため一八センチ以上も含めているが、それでも二〇例に満たないことから、中・後期倭製鏡全体の中での大型鏡の少なさが確認できる。ここで注目したいのは鏡の時期であり、「二期」と「四期」に集中していることがわかる。このことは、同型鏡群が出現した中期中葉の頃には、それに準ずる大型鏡が製作されたが、続く中期後葉（「三期」）においては大型鏡が殆ど製作されなかったこと、また後期前葉には少数ながら再び大型鏡の生産が行われたことを示している。この意味で、「二期」と「四期」は中・後期倭製鏡における大型鏡生産の二つの画期といえるが、一方で、「三期」において大型鏡が殆ど製作されず、小型鏡の生産にほぼ特化したと考えられる点がより重要である。この背景については後述するが、「三期」（中期後葉）にはいわば「同じような小型の鏡」が大量に生産され、それらが流通したことを示しているのである。

この中期中葉〜後葉の鏡秩序を模式化したものが図70である。前期の秩序を示した図41と対比していただければと思うが、最上位が倭製鏡の超大型鏡などではなく、同型鏡群の極大鏡（面径を

表10　中・後期倭製鏡の大型鏡一覧

県名	番号	出土遺跡名	面径	群・系列名	時期
茨城	30	三昧塚古墳	19.7	(四神四獣鏡)	1〜2期
兵庫	119	苫編古墳	18.8	四神四獣鏡系	2期
宮崎	32	推定持田古墳群	21.3	四神四獣鏡系	2期
宮崎	20	持田25号墳	20	火竟銘鏡群	2期
京都	74	幡枝古墳	20.2	火竟銘鏡群	2期
(明治大)	5	不明	19.7	火竟銘鏡群	2期
神奈川	28	吾妻坂古墳	19.1	多重複波文鏡群	2期
熊本	35	鞍掛塚古墳	20.6	多重複波文鏡群	2期
神奈川	3	日吉矢上古墳	20.6	多重複波文鏡群	2期
神奈川	4	日吉矢上古墳	20.6	多重複波文鏡群	2期
埼玉	18	伝・生野山古墳群／伝・群馬県大泉町	19.5	旋回式獣像鏡系(十鈴)	3期
徳島	54	丈領古墳	18.5	多状文縁神像鏡系	3期
奈良	289	平林古墳	21.5	交互式神獣鏡A系	4期
福岡	399	王塚古墳	21.1	交互式神獣鏡C系	4期
和歌山	20	隅田八幡神社蔵鏡	19.9	半円方形帯鏡群	4期
奈良	84	額田部狐塚古墳	18.3	半円方形帯鏡群	4期
奈良	165	磯城郡田原本町八尾	19	半円方形帯鏡群	4期
宮崎	108	神門神社蔵鏡	21.1	半円方形帯鏡群	4期

拡大した画文帯仏獣鏡B）である。また倭製鏡が中・小型鏡を主体としており、同型鏡群との差異が明確である。この問題を考える上で興味深いのが、これらの倭製鏡のモデルとその選択という点である。この二期と三期の倭製鏡においては、一部で同型鏡群の意匠を用いたものがみられるものの、約三〇種の同型鏡群の鏡式・鏡種を忠実に模倣・再現したような製品は殆ど認められない。例えば四神四獣鏡系や旋回式獣像鏡系、乳脚文鏡系などについても、主に参照されたのは前期の倭製鏡であったとみられ、中・後期倭製鏡のモデルという点では、同型鏡群の影響はそれほど大きくないとみられる（加藤二〇一四・二〇一八）。すなわち、いわば中国鏡としての同型鏡群の忠実な模倣をあえて避けながら、また大きさも同型鏡群よりも一回り小さな倭製鏡を大量生産することにより、同型鏡群の価

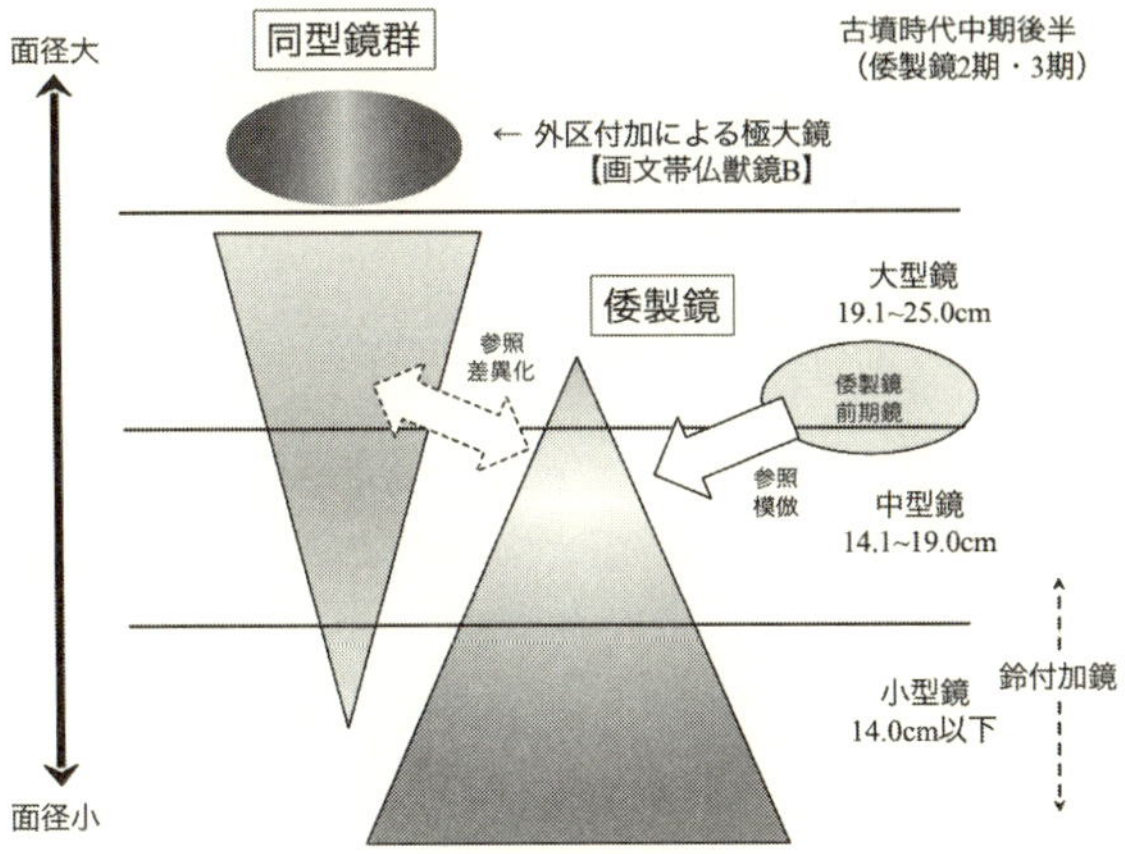

図70　古墳時代中期後半の鏡秩序模式図(辻田2018)

値の高さを強調したものと考えられるのである(辻田二〇一八)。上述の「二期」における大型倭製鏡についても、同型鏡群出現の前後において、試行錯誤的に同型鏡群に準ずる大きさの鏡の生産が行われたものの、そうした試みは短期間で終了し、早い段階で小型鏡の生産が主体となっていったことを示している。

先にこの中期中葉における同型鏡群の出現について、前期的鏡秩序の「再興」が目指されたものと述べたが、本項で検討してきた倭製鏡生産の脈絡でいえば、ここでいう前期的鏡秩序の「再興」とは、前期のそれと全く同じものの再現ではなく、大型で舶載の同型鏡群と小型鏡主体の中・後期倭製鏡との組み合わせにより、新たな秩序の創出が試みられたものといえよう。

小結：古墳時代中期後半の同型鏡群と倭製鏡の関係

以上のように、中期後半段階では、同型鏡群を上位に、中・小型の倭製鏡を下位とする秩序の構築が目指されたものと考えられる。この場合の同型鏡群が、南朝遣使によってもたらされたもの、あるいは南朝に対して要望された結果であるという点で、こうした一連の鏡秩序の構築に際しては、列島の外部に権威を求める方向性が模索されたことなどが想定される。こうした中期後半の鏡秩序は、後期においてはそれを基礎としながら新たな展開を見せることになるが、これについては次章にて検討したい。

ここまで中期中葉〜後葉における同型鏡群の出現と倭製鏡の変遷について述べてきたが、次にそれらをふまえつつ、なぜこの時期の列島社会で再び鏡が求められたのか、またそのことが列島社会にどのような影響をもたらしたかについて、鏡の授受という観点から検討したい。

七　古墳時代中期後半の同型鏡群の拡散と銅鏡の授受

同型鏡群の分布と変遷

表11は、同型鏡群が副葬された古墳あるいは出土した遺跡の中で、時期がわかるものについて整理したものである。ここでいう古墳編年は七期が中期中葉、八期が中期後葉、九期が後期前半、一〇期が後期後半であり（広瀬一九九二）、中期と後期の境が五世紀末前後となる（鈴木二〇一四・二〇一七）。

同型鏡群が出現するのはここでいう七期の後半であり、須恵器の型式名でいうON四六～TK二〇八と呼ばれる時期に該当する。想定される実年代は「五世紀中葉」であり、倭王済の時代、大仙陵古墳が築かれた時代である（川西二〇〇四、森下二〇一一a、上野二〇一三）。その後、五世紀後葉から六世紀代を通じて副葬が行われている。一部は前章でみた福岡県沖ノ島遺跡のような祭祀遺跡での出土事例もみられる。

あらためて図59を参照していただきたいが、同型鏡群の分布は列島では九州から関東北部まで広がっており、朝鮮半島では百済武寧王陵で三面の他、出土地不明も含めて計七面の出土が知られる。列島では、山陰地域や四国南部、東北地域など、同型鏡が出土していない地域もあり、また前期の古墳や鏡の出土が少ない地域からの出土が多いなど、前期の鏡の分布とはやや異なる傾向が認められる。近畿地域を中心に各地に広がる分布は前期と同様であり、基本的には近畿地域に流入したものが各地に拡散した結果と考えることができる。その具体的な背景についてはは後ほどあらためて検討したい。

この時期の政治的・文化的中心であった近畿地域では、百舌鳥・古市古墳群や奈良盆地での大型古墳の実態が不明であり、その周辺地域での出土が多い。とはいえ、他の地域と比べても出土面数は多く、また面径が大きな鏡も集中する。古墳時代中・後期においては平野部に大型古墳が築かれる事例が一般的であるが、それらは未調査で保存されている場合も多い。実際、同型鏡群の「約三〇種約一四〇面」の約七割は、戦前の発見・出土によるもの（出土地不明を含む）であり、前期の鏡と比べて戦後の発掘調査により新たに出土した資料の数が少ない。百

同型鏡群	面径	共伴鏡	面径	分布図番号
画文帯仏獣鏡B	約30.4(23.5)	なし		14
細線式獣帯鏡A	約22	倭・内行花文鏡B系	10	70
画文帯同向式神獣鏡C①	約21	倭・内行花文鏡B系	9.2	
画文帯同向式神獣鏡C②	約21	倭・獣像鏡	14.4	
		倭・旋回式獣像鏡系	14.6	
		倭・乳文鏡	10	
浮彫式獣帯鏡A	17.6	倭・四獣鏡	12.1	73
浮彫式獣帯鏡A	17.9	倭・乳脚文鏡系	11.7	
画文帯同向式神獣鏡C	20.8	倭・獣像鏡	13	
画文帯同向式神獣鏡C①	20.9	なし		30
画文帯同向式神獣鏡C②	21.1			
画文帯同向式神獣鏡C③	(約21)			
浮彫式獣帯鏡A	17.8	なし		韓国R
画文帯同向式神獣鏡C	21.1	倭・八獣鏡(多重複波文鏡群)	16.9	5
		倭・旋回式獣像鏡系(五鈴)	9.5	
		倭・櫛歯文鏡(四鈴)	5.8	
		倭・櫛歯文鏡(四鈴)	6	
		倭・櫛歯文鏡(四鈴)	5.9	
画文帯同向式神獣鏡C	20.9	なし		10
画文帯環状乳神獣鏡B	15.5	なし		12
神人歌舞画象鏡	20.7	なし		16
画文帯環状乳神獣鏡B	(15.45)	なし		13
画文帯同向式神獣鏡C	21.1	なし		24
神人龍虎画象鏡B	18.2	なし		96
——	——	倭・乳脚文鏡系	8.2	
浮彫式獣帯鏡A	17.7	なし		26
画文帯同向式神獣鏡B	19.6	なし		17
神人歌舞画象鏡	20.1	倭・旋回式獣像鏡系	12.5	18
浮彫式獣帯鏡A	17.5	なし		28
画文帯環状乳神獣鏡B	15.3	なし		32
神人龍虎画象鏡A	20.6	なし		44
神人歌舞画象鏡	20	なし		45
画文帯対置式神獣鏡	20.2	なし		48
画文帯同向式神獣鏡C	21	なし		49
八鳳鏡	18.9	なし		47
細線式獣帯鏡A	22.7	なし		56
浮彫式獣帯鏡E	20.3	なし		55
画文帯同向式神獣鏡C	21.1	倭・珠文鏡系	7.2	54
		倭・分離式神獣鏡系	12.1	
画文帯環状乳神獣鏡A	14.8	なし		51
神人龍虎画象鏡A	20.7	倭・四獣鏡(多重複波文鏡群)	15.1	57
画文帯同向式神獣鏡C	20.9	なし		61
神人龍虎画象鏡A	20.4	なし		62
神人歌舞画象鏡	20.4	小型鏡1面		60
画文帯同向式神獣鏡C	20.9	なし		66
画文帯環状乳神獣鏡A	14.8	なし		67
細線式獣帯鏡E	23.6	なし		69
画文帯対置式神獣鏡	20.8	倭・珠文鏡系(四鈴)	12.7	68

表11-1　同型鏡群の出土古墳と副葬時期

副葬時期	県名・国名	出土遺跡	墳丘形態・規模	埋葬施設
7期	千葉	祇園大塚山古墳	前方後円・110～115	組合式石棺
	福岡	勝浦峯ノ畑古墳	前方後円・100	横穴式石室
	福岡	沖ノ島21号遺跡	祭祀遺跡	――
	福岡	沖ノ島21号遺跡(推定)		――
	福岡	沖ノ島21号遺跡(推定)		――
	三重	神前山古墳	造出付円墳・38	不明
8期	韓国	斗洛里32号墳	楕円形墳・21m×17.4m	竪穴式石槨
	栃木	雀宮牛塚古墳	帆立貝式・56.7	木棺
	群馬	古海原前1号墳	帆立貝式・53m	礫槨
	埼玉	稲荷山古墳	前方後円・120	礫槨・舟形木棺
	東京	亀塚古墳・第2主体部	帆立貝式・40	木炭槨
	千葉	大多喜台古墳	円墳・25	木棺直葬
	静岡	奥ノ原古墳	円墳	不明
	静岡	石ノ形古墳	円墳・27	木棺直葬・東主体
				木棺直葬・西主体
	愛知	笹原古墳	不明	不明
	石川	狐山古墳	前方後円・54	箱式石棺
	福井	西塚古墳	前方後円・74	横穴式石室
	三重	木ノ下古墳	帆立貝式・31	粘土槨・組合式木棺
	三重	波切塚原古墳	円墳・約20	不明
	大阪	高井田山古墳	円墳・22	横穴式石室・組合式木棺
	大阪	伝・長持山古墳	円墳・40	竪穴式石槨・家形石棺
	兵庫	よせわ1号墳	円墳?	粘土槨?
	兵庫	里古墳	前方後円・45	竪穴式石槨
	兵庫	奥山大塚古墳	円墳・15	組合式木棺・竪穴式石室/粘土
	奈良	今井1号墳	前方後円・31	竪穴式石槨・割竹形木棺
	奈良	新沢173号墳	円墳・14	組合式木棺直葬
	奈良	新沢109号墳	前方後円・28	割竹形木棺直葬
	奈良	吉備塚古墳	円墳・25>／前方後円・40>	箱形木棺
	奈良	米山古墳(愛宕山古墳)	前方後円・37	竪穴式石槨?
	岡山	牛文茶臼山古墳	帆立貝式・48	竪穴式石槨
	岡山	築山古墳	前方後円・82	竪穴式石室・家形石棺
	岡山	朱千駄古墳	前方後円・65	長持形石棺
	広島	酒屋高塚古墳	帆立貝式・46	竪穴式石槨
	香川	津頭西古墳	円墳・7.2?	竪穴式石槨
	愛媛	樹之本古墳	円墳・30	竪穴式石槨
	愛媛	金子山古墳	円墳・25	竪穴式石槨

同型鏡群	面径	共伴鏡	面径	分布図番号
画文帯環状乳神獣鏡A	15	舶載・盤龍鏡	12.6	74
神人歌舞画象鏡	20.1	なし		76
浮彫式獣帯鏡C	17.8			
画文帯環状乳神獣鏡A	14.9			
画文帯対置式神獣鏡	20	倭・斜縁四獣鏡B系	9	80
画文帯同向式神獣鏡C	21			
神人車馬画象鏡	22.2			
細線式獣帯鏡A	23.3	なし		85
神獣車馬画象鏡	20.1	なし		84
方格規矩四神鏡A	17.8			
浮彫式獣帯鏡B	23.2	なし		韓国S
細線式獣帯鏡D	18.1			
画文帯仏獣鏡B	23.7	（舶載・盤龍鏡？）	——	21
細線式獣帯鏡C	20.6	なし		23
画文帯仏獣鏡A	21.5	なし		25
画文帯同向式神獣鏡B	19.5			
画文帯同向式神獣鏡C	20.9	倭・珠文鏡系	7.7	27
画文帯同向式神獣鏡C	21.1	なし		19
画文帯同向式神獣鏡C①	20.9	なし		29
画文帯同向式神獣鏡C②	20.8			
浮彫式獣帯鏡B①	23.2	なし		33
浮彫式獣帯鏡B②	22.4			
神人歌舞画象鏡	20	倭・四獣鏡（半円方形帯鏡群）	16.2	37
神人車馬画象鏡	22.5			
画文帯同向式神獣鏡C	（約21）	倭・五獣鏡	17.7	34
		不明	不明	
画文帯同向式神獣鏡C	（20.9）	倭・旋回式獣像鏡系（六鈴）	10.9	46
——	——	倭・旋回式獣像鏡系	11.4	
画文帯同向式神獣鏡C	20.9	なし		42
神人歌舞画象鏡	20.6	倭・四獣鏡（多重複波文鏡群）	21.2	41
方格規矩四神鏡B	16.5	倭・旋回式獣像鏡系	12.2	97
		（倭・四獣鏡？）		
画文帯環状乳神獣鏡A	14.9	舶載・対置式四獣鏡	9.3	82
浮彫式獣帯鏡A	17.5			
浮彫式獣帯鏡B	23.3	倭・二神四獣鏡	12.3	8
画文帯環状乳神獣鏡B	15.6	倭・旋回式獣像鏡系（五鈴）	10.6	7
		倭・旋回式獣像鏡系	13.4	
		倭・内行花文鏡B系	10.7	
画文帯同向式神獣鏡A	14.8	なし		9
画文帯仏獣鏡A	22	倭・多状文縁神像鏡系	17.4	15
浮彫式獣帯鏡A	18.1	倭・五獣鏡（半円方形帯鏡群）	16	52
画文帯環状乳神獣鏡C	21.9	倭・交互式神獣鏡A系	16.7	
画文帯仏獣鏡A	21.5	なし		65
盤龍鏡	破片	倭・珠文鏡系	9.2	71
盤龍鏡	11.6	倭・方格規矩四神鏡JK系	14.1	72
		倭・乳脚文鏡系	10	

表11-2　同型鏡群の出土古墳と副葬時期

副葬時期	県名・国名	出土遺跡	墳丘形態・規模	埋葬施設
8期	福岡	山の神古墳	前方後円・80	横穴式石室
	福岡	番塚古墳	前方後円・50	横穴式石室
	熊本	江田船山古墳	前方後円・62	横口式家形石棺
	大分	日限1号墳	不明	
	大分	鑑堂古墳	円墳・20	
9期	韓国	武寧王陵	円形墳・約20m	横穴式石室・王棺 横穴式石室・王妃棺
	長野	伝・御猿堂古墳	前方後円・66.4	横穴式石室
	岐阜	南出口(城塚)古墳	前方後円・83	竪穴式石槨
	愛知	大須二子山古墳	前方後円・100m>	不明
	愛知	亀山2号墳	古墳	横穴式石室
	福井	丸山塚古墳	円・50	横穴式石室
	三重	井田川茶臼山古墳	古墳	横穴式石室・箱式石棺
	滋賀	三上山下(推定・甲山)	不明	
	京都	トヅカ古墳	円墳・25	竪穴式石槨
	京都	天塚古墳	前方後円・71	横穴式石室
	兵庫	勝福寺古墳	前方後円・41	後円部・横穴式石室 前方部・木棺直葬
	大阪	郡川東塚古墳	前方後円・50	横穴式石室
	大阪	郡川西塚古墳(伝八尾市郡川)	前方後円・60	横穴式石室・組合式木棺
	佐賀	島田塚古墳	前方後円・33.4	横穴式石室・舟形石棺
	熊本	国越古墳	前方後円・62.5	横穴式石室・家形石棺 横穴式石室・屍床
10期	群馬	綿貫観音山古墳	前方後円・97	横穴式石室
	群馬	観音塚古墳	前方後円・90.6	横穴式石室・組合式木棺
	群馬	恵下古墳	円墳・27	変形竪穴式石室
	千葉	鶴巻塚古墳	円墳・40	組合式石棺直葬
	奈良	藤ノ木古墳	円墳・48	横穴式石室・家形石棺
	岡山	王墓山古墳	円墳・25	横穴式石室?家形石棺
	福岡	沖ノ島7号遺跡	祭祀遺跡	——
	福岡	沖ノ島8号遺跡	祭祀遺跡	——

舌鳥・古市古墳群も含め、未調査の古墳にはさらに多くの同型鏡群が副葬されている可能性があり、その点である種のバイアスがかかった資料であるともいえる。

副葬年代が判明している資料のうち、現状で最初期の事例（七期後半・中期中葉）として知られるのが、千葉県の祇園大塚山古墳出土鏡（画文帯仏獣鏡B）や福岡県勝浦峯ノ畑古墳出土鏡群（画文帯同向式神獣鏡C二面と細線式獣帯鏡）、また三重県神前山《かんざきやま》一号墳（画文帯同向式神獣鏡C三面）などである。これらは、各地域の最上位層の墓、あるいはそれ以降の古墳群築造の嚆矢《こうし》となった「始祖墓」（土生田二〇一〇）とみられる。

また前章で福岡県沖ノ島遺跡における鏡の奉献について述べたが、この五世紀中葉前後において、沖ノ島では新たに巨岩群の中心に位置するF号巨岩上に区画が設けられ、ここに同型鏡群が供献されている（二一号遺跡）。ここで注目されるのは、二一号遺跡で出土した同型鏡が、在地の最上位層である勝浦峯ノ畑古墳の副葬鏡と共通する点である。前期では沖ノ島出土鏡に匹敵する鏡を保有する在地の古墳がみられないため、近畿地域の政治権力による直接の奉献と想定されたが、この中期段階においては、近畿地域とのつながりは前期以来であるが、在地の有力者を介してこうした奉献が行われるようになったものとみられるのである（小田二〇一二、辻田二〇一二c）。勝浦峯ノ畑古墳の被葬者は後の「胸肩君《むなかたのきみ》」の始祖とも考えられ、これ以降の沖ノ島祭祀の展開を考える上でも重要な存在である。

次の中期後葉である八期は同型鏡群の副葬事例が最も多く、流通・副葬のピークである。この時期で注目されるのは、前方後円墳だけでなく、小規模な円墳などからの出土事例が多い点である。前期と異なり、中期で鏡を複数副葬する事例は少数派であり、同型鏡・倭製鏡にかかわらず、一面のみを副葬する事例が大半である。こうした小規模な古墳で同型鏡を一面副葬する事例には、横矧板鋲留短甲《よこはぎいたびょうどめたんこう》と呼ばれる、これもこの時期に大量生産された鉄製武具を伴う場合が多い。同型鏡群と小型の倭製鏡の間には格付けがあったことは前述の通りであるが、階層的により上位の古墳では、衝角付冑《しょうかくつきかぶと》や小札甲と呼ばれる武具を伴っており（鈴木二〇一四）、鉄製武具などと組み合わせた授受が行われた可能性が高い。またこの時期は中・後期倭製鏡の三期にあたり、小型鏡生産のピークであることからすると、横矧板鋲留短甲の規格的な大量生産（吉村和二〇一八）などと連動するような形で、小型鏡の大量生産が行われたものとみられる（辻田二〇一八）。小規模な古墳でのこうした器物の出土事例については、近畿地域の政治権力によって各地の「中間層」が取り込まれていく動きと評価されており（前之園二〇一三）、その意味で小型の倭製鏡や鉄製武具の大量生産は、いわば各地域の上位層や中間層を「平準化」して扱うための戦略とみることもできよう。この結果として、どの地域の古墳でも同じような小型の鏡・規格的な鉄製武具が副葬されており、古墳の規模に多少の差があっても、各地の古墳被葬者がある意味同列的に位置づけられる事例が多く存在しているのである。

後期前半・九期になると、同型鏡の副葬事例は全体として減少するが、それまで同型鏡がもたらされていなかった地域などでの出土事例がみられる。次章でみるように、この時期は、百舌鳥・古市古墳群の築造が概ね終了し、新たに大王・継体が擁立された時期である。後期前葉においては、この継体政権の時期に前代の倭の五王の時代からさまざまな戦略が継承され、また刷新されたことが指摘されている（福永二〇〇五b）。特にこの時期に捩り環頭大刀・三葉文《さんようもん》楕円形杏葉《だえんけいぎょうよう》・広帯二山式《ひろおびにざんしき》冠といった器物が新たに創出され、継体政権とつながりがつよい地域集団に対して贈与されているが（福永二〇〇五b、高松二〇〇七、高橋克二〇〇七）、この時期の同型鏡群はこうした副葬品と共伴する事例が多いことから、この継体政権の時期に新たに贈与されたものが多く含まれるものと考えられる。

後期後半・一〇期では、近畿周辺では奈良県藤ノ木古墳のような王族墓での副葬事例の他、関東地域での副葬事例が多くみられる。これについては次章で検討するが、同型鏡群の船載時期からは長い時間が経過しており、伝世された後に最終的にこの時期に副葬されたものと考えられる（森下一九九八a、川西二〇〇四）。

同型鏡群の拡散の三段階

同型鏡群の流通時期については、これらが五世紀中葉に船載され、比較的早い段階で流通した後、各地で伝世される場合が主体であるものと考えられてきた（川西二〇〇四）。一方で次章でもみるように、川西は六世紀初頭に製作された倭製鏡（隅田八幡神社所蔵の人物画象鏡や画文帯仏獣鏡系など）の製作に際して同型鏡群が参照されているため、一部は六世紀初頭前後においても近畿地域の政治権力の下で保管されていたものと考えている。筆者も同様に、全てが五世紀後半の早い段階で拡散したのではなく、一部はそれ以降にも拡散した可能性が高いと考える。

上述のように、同型鏡群は副葬された時期によって出土古墳の傾向やその意義が異なっている。こうした点から、筆者は同型鏡群の列島各地への拡散は、ここで挙げた各時期ごとに行われた可能性を想定している。具体的に示すと以下のようになる（括弧内は古墳編年の時期と須恵器編年の型式名）。

一段階：五世紀中葉（七期後半：ＯＮ四六～ＴＫ二〇八）
二段階：五世紀後葉（八期：ＴＫ二三～ＴＫ四七）
三段階：六世紀前葉（九期：ＭＴ一五～ＴＫ一〇）

一段階は、同型鏡群の出現期であるが、現状で各地の中小規模の古墳での出土がみられない、もしくは非常に少ない。千葉県祇園大塚山古墳や福岡県勝浦峯ノ畑古墳などの全長一〇〇メートル級の前方後円墳での出土事例からも、近畿地域も含めて各地の最上位層に保有・副葬が限定されていたものと考えられる。この点で、四三八年の倭王珍遣使時の「倭隋等十三人」や四五一年の倭王済遣使時の「軍郡二十三人」などが保有層として想定される。またこの二基の古墳は朝鮮半島系遺物の出土から、大加耶や百済など、半島諸地域との結びつきがつよい被葬者が想定され（上野編二〇一三、辻田二〇一五）、そうした対半島交渉・対南朝遣使といった活動に関わる人物への贈与といった脈絡で理解することができる。こうした意味で、倭王済の時期を中心とした府官制的秩序志向に関わる授受と考えられる。

二段階は、同型鏡群副葬のピークで、上述のように大型古墳のみならず、中小規模古墳での出土例が多いことから、各地の最上位層だけでなく、中間層を取り込む動き（前之園二〇一三）として理解することができる。この中には、埼玉県稲荷山古墳や熊本県江田船山古墳などの、「ワカタケル大王」の名や「杖刀人」「奉事典曹人」といった人制に関わる職掌を刻んだ銘文刀剣が出土する古墳が含まれることから、この時期の同型鏡群についても、倭王武の時代、いわゆる「雄略朝」期の政治的動向を示す器物とみなされる。一段階と同様、半島系遺物との共伴事例が多い点も特徴であり、そうした対半島交渉などへの関与といった点についての近畿地域の政治権力による評価を示すものと考えられる。

三段階は、上述の「雄略朝」期以後、六世紀初頭～前葉段階において、新たに樹立された継体政権が各地域集団との政治的関係を示すために、五世紀代の「倭の五王の時代」以来の伝統的器物である同型鏡群や、それをモデルとした倭製鏡を各地の上位層に贈与した時期と考えることができる（高松二〇一一、辻田二〇一四a）。詳細は次章にて検討するが、同型鏡群は五世紀代から近畿地域の政治権力の中で継承され、この時期に新たな意味を付与されて用いられたものと考えられる。

このように同型鏡群は、五世紀中葉以降、大きく三つの段階を通じて近畿地域から各地に拡散したものとみられる。そこには近畿地域の政治権力と各地の地域社会との関係性およびその変遷が映し出されていると考えられるが、ここでは中部・関東地域を例に挙げ、この時期における政治的関係の実態について考えてみたい。

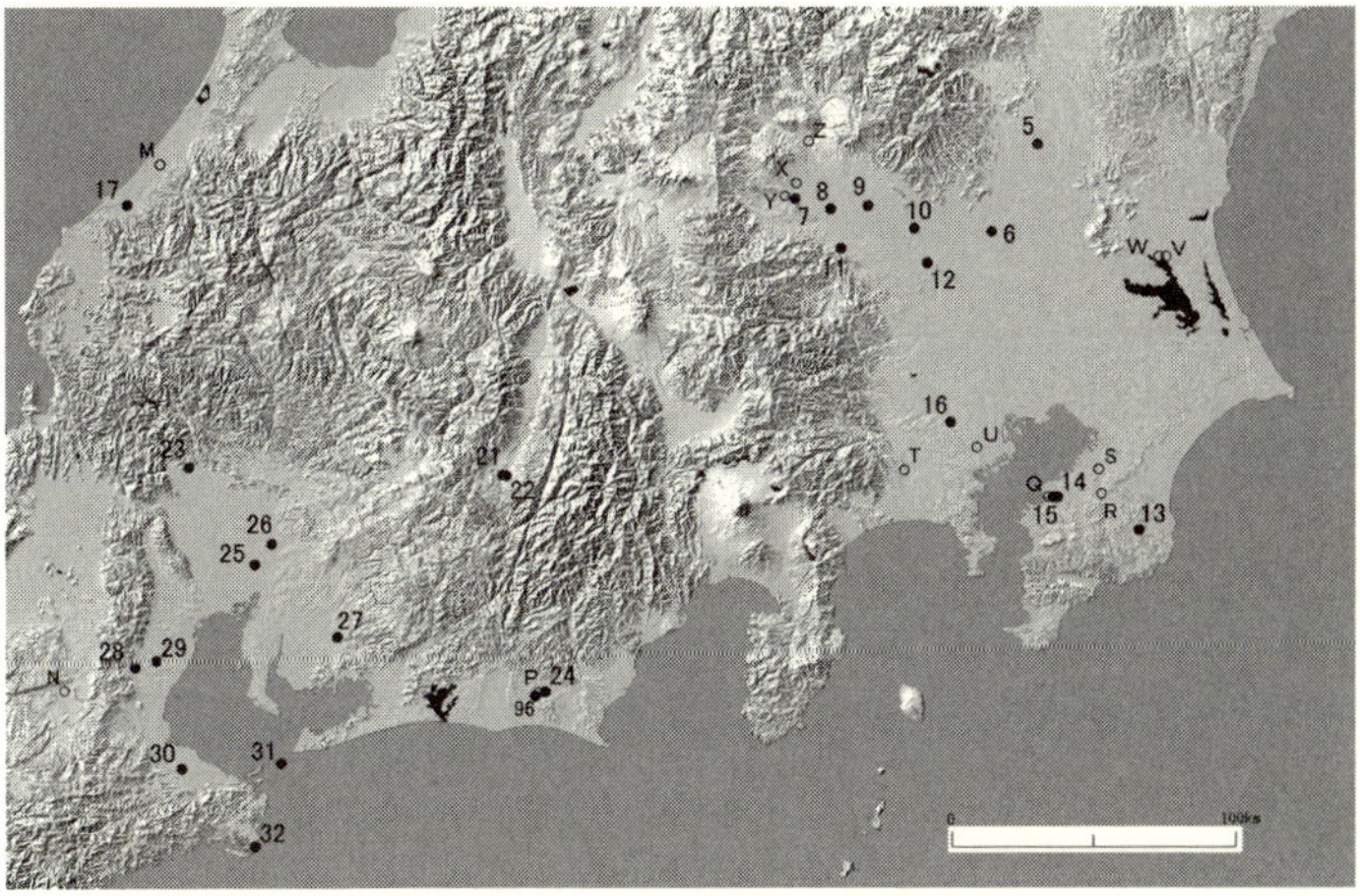

図71　中部・関東における同型鏡群の分布（辻田2018を改変）

中部・関東地域の同型鏡群の分布と背景

中部・関東地域では前期と同様に太平洋岸の東海地域から関東南部にかけて広く分布する一方、長野県の飯田盆地周辺や群馬県の榛名山麓周辺などに分布の集中がある（図71）。こうした分布は東日本における渡来人の動向とも重なっており、この時期の馬の普及や内陸交通路の発展と深く関わるものと考えられる。特に飯田盆地から榛名山麓周辺にかけては、「古東山道《ことうさんどう》」と呼ばれる内陸路がこの時期までには整備されていたものとみられる（右島二〇〇八、土生田二〇〇九）。近年群馬県渋川市の金井東裏遺跡で発見された人骨は、六世紀初頭の榛名山噴火時の火砕流に埋没したもので、頭蓋骨の形態的特徴やストロンチウム分析の結果から、渡来的形質を持ち、飯田盆地周辺で幼少期を過ごした人物の可能性が指摘されている（田中他二〇一七）。飯田盆地の伝・御猿堂《おさるどう》古墳出土の画文帯仏獣鏡Bや伝・下川路《しもかわじ》出土の画文帯同向式神獣鏡Cなどは、そうした内陸交通の要衝に位置し、馬の飼育に従事する地域集団への贈与といった点が想定される。一方の榛名山麓地域では、六世紀後葉～末頃の大型前方後円墳での副葬事例も多く（例：高崎市綿貫観音山古墳、同八幡観音塚古墳）、五世紀代から六世紀代にかけて、継続して近畿地域とのつながりがつよかったことが示されている（若狭二〇一七）。

また関東北部の埼玉県稲荷山古墳は、埼玉《さきたま》古墳群築造の嚆矢であり、礫槨《れきかく》における同型鏡や「辛亥年」（四七一年）の銘文鉄剣、朝鮮半島系遺物の出土からも、「雄略朝」期前後において近畿地域の政治権力による対外交渉などに関わり、地域での耕地開発に貢献した地域集団の上位層といった被葬者像が描かれる。房総半島周辺も同型鏡群や大型前方後円墳の集中地域であり、東海地域から海上交通でつながり、霞ケ浦《かすみがうら》方面へ北上する交通の要衝が重視されたものとみられる。五世紀中葉の段階で築造された千葉県祇園大塚山古墳に同型鏡群の中でも最大級の画文帯仏獣鏡Bが副葬されていることは、近畿地域の政治権力がこの地域をどれほど重視していたかを物語っている（上野編二〇一三）。

東海地域では、伊勢湾岸・三河湾周辺・濃尾平野周辺と静岡県の袋井市・掛川市周辺に集中しており、奈良盆地から東海・関東方面に続く交通路が重視されたことがうかがわれる。

また中部・関東地域に限らないが、こうした同型鏡群が副葬される地域においては、地域社会の上位の古墳で同型鏡群が、中小規模墳では小型の倭製鏡が副葬されるのが一般的であり、鏡の序列が古墳の階層性と対応する形で貫徹されている地域が多い。これも時期によって違いがあるが、そうしたあり方が最も機能していたとみられるのは、同型鏡群副葬のピークである五世紀後葉である。

このように、同型鏡群の各地への拡散を考える上では、大きく①内陸交通・海上交通の要衝、②朝鮮半島との交流、③地域社会内部での古墳被葬者の位置づけ、の三点が注目されよう。ここでみた中部・関東以外の九州・中四国・近畿の各地域もほぼ同様であり、西日本では海上交通やそれを通した朝鮮半島との直接的な交流の様相がより顕著ともいえる。同型鏡の分布は、この時期の政治的動向が、前期とはやや異なる形で、近畿地域の政治権力と各地域の上位層との間での直接的な結びつきを構築しながら展開していったことを示している。

古墳時代中期後半の銅鏡の授受と「人制」：参向型二類

ここで、中期後半段階における同型鏡群の授受の実態について考えてみたい。第四章でもみたように、この時期の鏡の授受もまた、広い意味で「『畿内』からの鏡の『配布』」として考えられてきた現象であるが、川西宏幸が説くように、参向型の授受であるものと考えられている（川西二〇〇〇・二〇〇四）。川西は、先に挙げた、埼玉県稲荷山古墳や熊本県江田船山古墳から出土した銘文刀剣における「杖刀人」や「奉事典曹人」などの「人制」関連資料の存在から、九州や関東などの地方豪族（の子弟など）が中央に上番して奉仕したことが想定され、その際に大王から贈与されたものと説明したのである。筆者もこの見解に賛成であり、その上で第四章でみたように、前期的な授受を「参向型一類」（大型モニュメント造営への参加とその見返りとしての地域集団への贈与を基本とする）として区分しながら、川西が上述のような意味で「参向型」と呼んだものを「参向型二類」として捉え直している（辻田二〇一五・二〇一八）。

この問題を考える上では、人制関連資料が出土した稲荷山古墳礫槨や江田船山古墳で同型鏡が出土していることが注目される。稲荷山古墳礫槨の被葬者が、銘文鉄剣に記された「ヲワケ臣」自身であるのか、あるいは「ヲワケ臣」は中央豪族であるのかといった点については文献史学や考古学においても意見が分かれているが（例：山尾一九八三、白石一九九七、吉田一九九八、吉村武二〇〇三、大津二〇一〇、森公二〇一三、田中史二〇一三など）、それらの銘文刀剣が九州や関東の古墳から出土している点で、そうした地方の有力者と近畿地域の政治権力との間で個人的な結びつきがあったという点については動かない。同型鏡群は、まさにそうした「中央」の政治権力と地方の有力者との個人的なつながりの中で授受が行われた器物であると考えることができる。

このように、前期の鏡の授受が地域集団に対するものであり、各地域では贈与された鏡が地域集団内で共有される場合も多かった（同一古墳の中で複数の埋葬施設に分かれて副葬される事例など）のに対し、中期後半以降の同型鏡群の場合は、「人制」に関わるような人物への個人的な贈与の所産として副葬されるのが基本であったとみられる。ここに前期との違いをみることができる。

親族関係の父系化と追葬の意味の変容

この「人制」や参向型二類の問題と密接に関係すると考えられるのが、この時期における親族関係の父系化という点である。第四章でみたように、古墳時代の前半期までは、世代間の継承原理が男系・女系のいずれかに限定されない「双系的親族関係」が基本であった。これに対し、大陸や朝鮮半島における父系イデオロギーの影響を受け、古墳被葬者が父系直系原理で埋葬されるようになるのが五世紀後半であることが田中良之によって指摘されている。田中のいう基本モデルⅠから基本モデルⅡ・Ⅲへの転換であり、この時期における親族関係の父系化が日本の古代国家形成における画期として位置づけられている（田中一九九五・二〇〇八）。田中はその背後に、「男性」の役割重視という点で、五世紀前半から中頃における府官制的秩序との関係を読み取っている（田中二〇〇六）。

ここで重要であるのは、五世紀前半以前の同一古墳における複数埋葬や追葬の事例においては、同じ埋葬施設に葬られる被葬者同士の関係が同世代のキョウダイを基本とするものであったのに対し、五世紀後半以降に父系直系化が進むと、「父親と独立しなかった子どもたち」といった形での世代差を含むようになったことである（基本モデルⅡは「母親」を含まず、基本モデルⅢで「母親」「夫婦」が同一墓地に埋葬されるようになる）。「独立した子ども」は次世代の家長として新たに古墳を築造するため、「独立しなかった子どもたち」は父親の墓に埋葬（追葬）されるのである。これは、被葬者に伴う副葬品に時期差がない段階から、副葬品に時期差がある段階へと変化したことを指標とするもので、考古学的な証拠にもとづいた実証的なモデルである。

この問題について、先の同型鏡群の授受との関連で注目されるのは、初葬の被葬者と追葬の被葬者の副葬品の間に時期差がある事例においては、それらの副葬品はそこでの被葬者個人に贈与されたものである可能性が高いことである。同型鏡群の授受が五世紀中頃に始まっており、中央に上番して奉仕する個人に対して贈与されていると想定される点からみて、府官制的秩序の導入や同型鏡群の授受、そして親族関係の父系直系化や追葬の意味の変容は、直接の因果関係によるものでないとしても、一連の現象として相互に密接に関連しているものと考えられる。

参向型二類の出現の意義と同型鏡群

ここであらためて参向型二類の内容を整理すると次のようになる。すなわち、各地域の上位層とその親族などが、中央に上番して奉仕する。その見返りとして威信財が贈与され、それが各地に持ち帰られた後、地元の古墳に副葬されるパターンであり、贈与の対象は従来の地域集団という単位に加え、奉仕に直接関与した個人が含まれるようになる、というものである（辻田二〇一五・二〇一八）。同型鏡群は、まさにこのような意味で有力な個人への贈与という点が大きかったものとみられる。他方で、五世紀後半代に大量に生産された倭製鏡については、各地域の小規模古墳などで出土する事例が大半であることから、これらは前期以来の参向型一類のような形でもたらされたものも多く含まれているものと考えられる。つまり、五世紀代においては、前期以来の参向型一類による大型モニュメント造営への参加や鏡の授受が行われる一方で、上位層の一部は個人として上番し、大王やその周辺の有力者に奉仕することによって、参向型二類のような形で鏡を贈与されたものと想定されるのである。こうした参向型一類と二類のいわば二重の授受のあり方が、「人制」の展開とも重なりながら、近畿地域の政治権力が前期よりもさらに求心力を高めつつ、「中央政権」へと転換・変容していく要因の一つとなったものと考えられるのである。

八　小結：なぜ五世紀半ばに再び鏡が求められたのか

本章の最後に、ここまでも問い続けてきた、なぜ五世紀半ばに再び鏡が求められたのか、あるいは前期的鏡秩序の再興が目指されたのか、という点について考えてみたい。それを考える上で鍵となるのは、国際情勢の変動と軍事的な動員という点であると考えている。

本章前半でもみたように、五世紀前半代は巨大古墳の造営と技術革新により特徴づけられるが、この過程で鉄製武器・武具類の大量生産とその授受により、軍事的な動員も含めて、近畿地域の政治権力と各地の上位層との間で政治的関係の強化が図られたものと考えられる。また四世紀末前後における高句麗との交戦以降の半島への軍事的動員といった点で、列島各地の上位層や地域集団からは、外交上の代表権者としての倭王に対する反発が高まっていたことが想定される。

筆者は、こうした状況に対する打開策と各地の上位層に対する懐柔策として、「前期的」鏡秩序の再興が目指されたものと考える。先にみたように、前期鏡の長期保有・伝世が行われていた地域も多く（森下一九九八a）、また五世紀前半に新たに「古い鏡」が贈与される場合もあり、そうした実情をふまえつつ、あえて「前期的」な鏡秩序の再興が求められたものと考える。いわば伝統的器物への回帰である。

ではその場合に、なぜ新規に倭製鏡を生産するだけでなく、南朝産の同型鏡群が必要とされたのであろうか。これについては、列島の最上位層内部の関係が比較的拮抗《きっこう》している中で、外交上の代表権者として倭王に独占的な差配が可能な器物という点において、将軍号の除正とも深く結びついた形での「外部」に権威の源泉を求めたものと考える。先にも述べたように、外的権威としての南朝に打開策を求めたという点で、中央政権の内部には渡来系の府官層などがこうした政策を発案したブレーンとして存在していた可能性が想定される。

そうした倭国側の需要・要望にもとづいて製作され、与えられたのが南朝製の同型鏡群であった。そして列島では、同型鏡群の舶載と前後して倭製鏡の生産が再び活発化し、その両者を参向型二類および前期以来の参向型一類のような形で各地の上位層や中間層に贈与しつつ、近畿地域を中心とした政治体制の構築を図ったものと考えられる。ここにおいて、前期以来の緩やかな地域間関係は、近畿地域の政治権力を「中央政権」とする政治体制へと変質していったものとみられるのである。府官制的秩序の形成とともに、ここで参向型二類とした、人制のような形での結びつきがその基礎となったものと考えることができる。

こうした倭の五王の南朝遣使は四七八年前後に終了し、朝鮮半島南部地域をめぐる緊張関係がさらに増していった。その中で、同型鏡群が半島南部でも出土するようになり、また栄山江流域では前方後円墳が築造されるなど、半島南部を舞台としながら国際情勢が大きく転換するのが次の六世紀初頭段階である。

ここで章をあらため、鏡という観点から六世紀代の政治的動向とその変遷について考えてみたい。

第六章　六世紀代の鏡の授受とその終焉——古墳時代後期

一　南北朝時代から隋唐代と古墳時代後期〜終末期

南北朝時代から隋唐帝国へ

ここでも川本芳昭による整理（川本二〇〇五）をもとに、古墳時代後期から終末期に並行する南北朝時代から隋唐帝国への変遷を概観しておきたい。

五世紀代は華北を統一した北魏と、東晋から宋・斉と禅譲革命で王朝交代が続いた南朝とが相対立した時代であった。六世紀代になると、南朝では五〇二年に梁王朝に、五五七年に陳王朝へと移り変わる。北朝は五三四年に西魏と東魏に分裂し、それぞれ六世紀半ばに北周・北斉へと禅譲された後、五七七年には北周の武帝により北斉が滅ぼされた。五八一年には北周静帝から禅譲を受けた楊堅《ようけん》が皇帝に即位し、隋王朝を開いた。五八九年には隋により陳が滅ぼされ、ここに西晋以来となる中国全土の再統一がなされる。隋は東に隣接する高句麗に遠征を繰り返す中で衰退し、二代皇帝の煬帝《ようだい》が殺害された後、六一八年に三代皇帝恭帝《きょうてい》から禅譲を受けた李《り》淵《えん》が皇帝となって唐王朝が建国された。唐はこれ以後、九〇七年に滅亡するまでの三〇〇年の間、律令体制を基礎とした世界帝国として、ユーラシア東部の中心となった。

こうした隋唐帝国の成立に至る過程で、漢民族の王朝であった南朝のみならず、非漢民族によって建国された華北の諸王朝においても中華意識が形成され、それが高句麗や百済、新羅、そして日本列島における中華意識の形成に先行しながら、広く影響を与えたものと考えられている（川本二〇〇五）。遣隋使や遣唐使が往来した七世紀代は、各地域がそれぞれに「中華」意識を持ちながら相互に交流を行った時代ともいえる。

高句麗・百済・新羅の国家形成と加耶諸地域の滅亡

朝鮮半島では、六世紀代は高句麗・百済・新羅のいずれにおいても国家形成が大きく進展した時代として知られている（坂元一九七八、武田一九八〇、李二〇〇二、田中俊二〇一三）。この中でも独自の官位制を四世紀代以前から発達させた高句麗に先進性が認められる。新羅は六世紀初頭に国号を「新羅」に定め、法興王の時代（五一四〜五四〇）に官位制や独自の衣冠制を制定し、五二一年には百済を介して南朝梁に遣使した。百済は武寧王の時代（五〇一〜五二三）に列島の継体政権とのつながりを深め、その跡を継いだ聖王代の五三八年に泗沘《しひ》に遷都し、王都と国制の整備を図った。高句麗は、新羅・百済の勢力伸長に対抗して六世紀後半には中国的な条坊制を敷いた計画的な王都づくりを行った（武田一九八〇、田中俊編二〇〇八、田中俊二〇一三）。

こうした三国の競合と国家形成の進展の中、加耶諸地域や栄山江流域は百済と新羅の二つの政体のせめぎ合いの中で圧迫されていった。後述するように、栄山江流域では五世紀末から六世紀前葉に前方後円墳が築かれた後、百済の領域に編入された。加耶諸地域のうち、倭国とも結びつきがつよかった金官加耶は五三二年に新羅に降伏し、また大加耶も五六二年に新羅に併《へい》呑《どん》された。この時期に至っても鉄素材などの多くの資源を半島南部に依存していた倭国は、この後も加耶諸地域の復興・回復をめぐって新羅と緊張状態が続いた（森公二〇一一）。

その新羅は五五二年に百済から漢城地域を奪い、西海岸を確保したことにより海上交通による独自の中国遣使が可能となった。五六四年には北斉に、五六八年には南朝の陳に遣使を行っている。六〇〇年に遣隋使が派遣される前後においても、倭国では新羅への軍事遠征が計画されるなど、勢力を拡大した新羅との関係が七世紀代の国際情勢の軸となっていった。その後六六〇年の唐・新羅連合軍による百済滅亡、六六三年の白村江《はくそんこう》の戦いを経て、六六八年には高句麗が唐・新羅連合軍により滅ぼされ、六七六年には唐軍が朝鮮半島から撤退したことにより、新羅が朝鮮半島を統一する。

こうした東アジア全体の国際情勢の変動の中で、日本列島では朝鮮半島諸国および隋・唐王朝との交流を基礎としながら、朝鮮半島とは別の形で国家形成が進展した。以下、この時代の列島社会と半島諸地域との関係、またそこにおける鏡のあり方について検討したい。

二　古墳時代後期〜終末期の鏡の種類と変遷

中国鏡：南北朝鏡から隋唐鏡へ

前章で南斉の建武五年銘画文帯同向式神獣鏡の問題について検討したが、六世紀代についても銅鏡生産の実態については不明な点が多い（孔・劉一九九一）。この時期の銅鏡生産は、踏み返し鏡の生産が主体であった可能性が高いものと考えるが、同型鏡群を列島向けの特鋳鏡と考えた場合、それ以外の踏み返し鏡の生産がどの程度一般的であったのかどうかという点が課題として挙げられる。その一方で、この時期の華北では、後漢代の神獣鏡などを模倣生産した復古再生の鏡が製作されたものと考えられている（西村一九九三・一九九七）。後述するように、日本列島でもいくつか出土事例が知られており（森下他二〇〇〇、車崎二〇〇二、梅澤二〇〇三）、少数ながらそうした鏡が流入している。

その後、隋の成立から唐代にかけて、新たな鏡文化が生み出され、漢代以来の鏡の様式が大きく転換することになる（孔・劉一九九一、秋山一九九五）。四神十二支文鏡や瑞獣文鏡《ずいじゅうもん》と呼ばれる一群に始まり、海獣葡萄鏡《かいじゅうぶどう》や八稜鏡などを代表とする多様なデザインの鏡が新たに生み出されていった。統一帝国の形成による政治的安定が新たな鏡文化を生み出す要因の一つとなったものと考えられる。

古墳時代後期（六世紀代）の日本列島における中国鏡は、中期以来の同型鏡群の副葬が主体であり、遣隋使の派遣まで中国への遣使が途絶していたと考えられる点も含め、新たな中国鏡が多量に流入した形跡はない。その意味で、弥生・古墳時代を通して形成された列島の鏡文化が大きな転換期を迎えつつあった時代ともいえる。

中・後期倭製鏡四期と倭製鏡生産の終焉

前章でもみたように、中・後期倭製鏡は大きく四期に区分できるが、このうち古墳時代後期に該当するのが四期の鏡である。後述する隅田八幡神社人物画象鏡や交互式神獣鏡系と呼ばれる系列を主体とする。五世紀後葉の三期で盛行した旋回式獣像鏡系や乳脚文鏡系などの系列の生産は、四期まで継続しないか、四期の早い段階には終了していたものとみられる。これはいわゆる「鈴鏡」についても同様で、五世紀後葉がピークで六世紀前半に製作されたものは少数に限定される。こうした点で、基本的には六世紀代は倭製鏡生産が終焉を迎える時期と考えられる。少なくとも六世紀前半までは生産が継続したものとみられるが（森下二〇〇二）、六世紀後半以降も活発に生産が行われたような資料的状況は認められないことから、古墳時代後期の中頃には生産が終了したものと考えられる。

三　隅田八幡神社人物画象鏡と古墳時代後期の倭製鏡生産

大王・継体の擁立と今城塚古墳の出現

五世紀末から六世紀にかけて、前章でもみた百舌鳥・古市古墳群の築造が終了する。これと重なるように、各地の古墳築造動向が大きく変動したことが知られている（都出一九八八）。具体的には、この時期に新たな古墳の築造が行われる地域が出現するなど、近畿地域も含めて列島の広い範囲で地域間関係が再編成されたものと考えられる。この時期は、文献史学の成果などにより、ワカタケル大王（雄略）の没後に父系直系で王統譜が継承されず、新たに大王・継体が擁立されることにより混乱が収拾されたものと想定されている（大橋二〇〇七、篠川二〇一六）。こうした動きと重なるように、六世紀前葉において大王墓として築造されたと考えられているのが、大阪府高槻市の今城塚古墳である。墳丘規模は全長約一八一メートルで、周堤上に大量の形象埴輪を並べた区画を有することでも知られ、六世紀前葉の列島で突出した規模を誇る。主体部は横穴式石室で、三種類の石材を用いた三基の家形石棺を納めたものと考えられている。

今城塚古墳が造営された継体政権の時代は、百済において東城王の後に武寧王が即位した時代であり（五〇一～五二三）、今城塚古墳とほぼ同時期に武寧王陵が営まれている。またこの継体政権の末期である五二七～五二八年頃に、後述する「筑紫君磐井《いわい》の乱」が起こるなど、百済・新羅・加耶諸地域との関係を軸にしながら列島内外の情勢が大きく変動した時期でもある。この六世紀前葉においても、五世紀代に続いて列島各地で鏡の副葬が活発に行われた。前章でもすでに一部言及しているが、あらためて六世紀史の問題として具体的に検討したい。

古墳時代後期前半の銅鏡の授受——継体政権との関係性

まずこの六世紀前葉で注目されるのは、同型鏡群の副葬事例の多さである。前章でも述べたように、継体政権の時代においては、倭の五王の時代からの「継承」と、新たな時代の「刷新」という二つの側面があることが指摘されている（福永二〇〇五b）。これは具体的には、五世紀代以来の馬具（f字形鏡板付轡《かがみいたつきくつわ》や剣菱形杏葉《ぎようよう》）生産の継承・発展などに加え、六世紀代に新たに三葉文楕円形鏡板付轡などの馬具や、捩り環頭大刀などの鉄製武器、広帯二山式冠と呼ばれる装身具の創出などが行われ、継体政権とつながりがつよかった各地の有力者に贈与が行われたことを指している（福永二〇〇五b、高松二〇〇七、高橋克二〇〇七）。そしてそうした古墳においては同型鏡群や四期の倭製鏡が共伴する事例が多いことから（高松二〇一一、辻田二〇一四a）、これらの鏡もこうした「継承」と「刷新」の戦略において用いられたものと考えられる（表11）。前章で同型鏡群の拡散三段階としたものがこれにあたる。ここにおいて同型鏡群は、いわば「倭の五王の時代」以来の伝統的器物であり、前代の政治的枠組みを継承することを象徴的に示す「宝器鏡」であった可能性が高い。継体は、そうした同型鏡群の継承と贈与を通じて、自らの大王としての立場を正当化しようとしたものと考えられるのである。

隅田八幡神社人物画象鏡と百済・武寧王陵をめぐる諸問題

これらの同型鏡群が六世紀初頭段階において中央政権の下で管理・継承されたことを示すのが、和歌山県隅田八幡神社所蔵の人物画象鏡の存在である。以下では隅田八幡鏡と記すが、この鏡は面径一九・九センチで、同型鏡群の一種である神人歌舞画象鏡（図57-4）を内区主像として模倣し、内区外周に画文帯仏獣鏡などにみられる半円方形帯、外区に銘文帯を配した鏡である（図72）。図57の神人歌舞画象鏡と比較していただければと思うが、一方を手本にして鋳型に文様を彫り込んだものとみられ、鋳造後の内区主像の構図がほぼ左右対称になっていることがわかる。銘文には、「矣（癸）未年八月日十大王年孚弟王在意柴沙加宮時斯麻念長奉遣□中費直穢人今州利二人尊所白上同二百旱所（作）此竟」（山尾幸久による釈読）と記されている。この「癸未年」については、四四三年説と五〇三年説があるが、大意としては、「癸未年

図72　人物画象鏡（19.9cm〔隅田八幡神社蔵〕）

八月」の「日十大王」の年に、「孚弟王」が「意柴沙加宮」に在しているときに、「斯麻」が長く仕えようと二人の「尊」を遣わしこの鏡を作らせた、とするもので、百済武寧王（「斯麻」）が「孚弟王」（即位前の継体か）に対して贈ったものとする山尾幸久説が有力視されている（山尾一九八三・一九八九）。「孚弟王」が継体を指すかどうか、また「日十大王」をどう捉えるかについて議論があるが（篠川二〇一六）、いずれにしても「斯麻」を百済武寧王と考えた場合、「癸未年」は五〇三年と考えるのが妥当である。考古学の分野ではかつて小林行雄や田中琢らが四四三年説を採っており、長く四四三年説も有力視されていたが、一九九〇年代以降の倭製鏡研究の進展から、現在では五〇三年説がほぼ定説化している（車崎一九九三a・一九九五、森下一九九三）。

問題は製作地であるが、銘文の内容からも大きく列島製説と朝鮮半島（百済）製説の両者がある。これについては、隅田八幡鏡の製作に際して、主たるモデルとして選択された神人歌舞画象鏡が同型鏡群の一種である点が重要である。前章でもみたように、川西宏幸は、同型鏡群の多くは五世紀後半に拡散したものの、隅田八幡鏡の存在からも、一部は近畿の中央政権の下で管理・継承されていたものと捉えている（川西二〇〇四）。筆者もこの意見に賛成であり、六世紀初頭段階において、同型鏡群が「宝器鏡」として存在していたのは近畿の中央政権以外では考えがたく、また隅田八幡鏡の製作技術や単位文様の細部が他の倭製鏡と共通することからも（車崎一九九五、加藤二〇一四）、製作地は列島・近畿地域周辺であった可能性が高い。

百済・武寧王側が「孚弟王」に対してそこまでして鏡の贈与を行った理由の詳細は不明であるが、父王の東城王代に対高句麗への抵抗に際して倭国に援軍を求めた形跡がないことから、武寧王の即位前には倭国と百済との関係が冷え切っていたとみられ（森公二〇一〇、熊谷二〇一五）、王の代替わりに際して武寧王がその関係改善を求めた可能性が高い。その意味で五〇三年における鏡の製作は、五〇一年末に即位した武寧王の「即位遣使」に伴うものという見方が可能である。この場合、上記の銘文の内容は、百済から倭国に使者が派遣され、中央政権下で継承されていた「宝器鏡」を「原鏡」として鏡の製作を行うことを申し出たことになり、いわば倭の五王の時代に倭国側が南朝の宝器鏡をもとに同型鏡の製作を要望したことを同じように再現しているものと考えることができる（辻田二〇一八）。

百済・武寧王陵では、王と王妃の二人が南朝風の塼室墓《せんしつぼ》に埋葬されており、そこでは同型鏡三面とコウヤマキ製の木棺が出土している。この武寧王陵出土の同型鏡については、同型鏡群が百済から列島にもたらされたものとする仮説の根拠とされる場合もあるが、このコウヤマキ製の木棺は列島から贈られたものと考えられており（吉井二〇〇七）、隅田八幡鏡が上述のような脈絡で武寧王から即位前の継体に贈与されたとする上記の山尾説を採るならば、武寧王陵出土の同型鏡三面は、即位後の継体からの隅田八幡鏡に対する返礼の可能性が高い。この意味で隅田八幡鏡と武寧王陵出土同型鏡は、六世紀前葉における継体政権と百済武寧王との密接な結びつきを物語る資料と理解するのが妥当であろう。

古墳時代後期前半の倭製鏡：交互式神獣鏡系の創出とその意義

隅田八幡鏡とともに中・後期倭製鏡四期の代表的な系列として挙げられるのが交互式神獣鏡系と呼ばれる系列である（森下一九九一・二〇〇二）。別名で画文帯仏獣鏡系という名称があり、文字通り同型鏡群の画文帯仏獣鏡をモデルにしたものと考えられている（図68-5・6・73）。交互式神獣鏡系と隅田八幡鏡は単位文様や製作技術が共通しており、「癸未年」の年代観から六世紀初頭段階の製作と位置づけられる（車崎一九九五）。

交互式神獣鏡系で特徴的なのは、大型鏡が製作されていること、また小型・中型鏡も製作されており、同一系列の中で大小の差があることである（辻田二〇一八）。中・後期倭製鏡では系列の種類と大きさは概ね対応していることから、同一系列で大小の差があるのは異例である。また三期までは倭製鏡は小型鏡主体であった点からすれば、交互式神獣鏡系や隅田八幡鏡など

図73　奈良県平林古墳出土交互式神獣鏡系（21.5cm〔三次元2005、奈良県立橿原考古学研究所附属博物館蔵〕）

で大型鏡が製作されることもまた、それ以前とは異なるあり方である。何より、前章でみたように、中・後期倭製鏡の三期までは、同型鏡群の各鏡種が主たる模倣の対象として選択されず、むしろ消極的であったとみられるのに対し、交互式神獣鏡系や隅田八幡鏡では同型鏡群の文様構成が積極的かつ忠実に模倣されている。この点を示す特徴的な文様が、先の隅田八幡鏡でもみられた、内区外周をめぐる「半円方形帯」である。同型鏡群の画文帯神獣鏡や画文帯仏獣鏡で広く用いられているこの文様帯は、しかしながら中・後期倭製鏡の一期〜三期までの製品の中では殆ど用いられていない。これが同型鏡群に特徴的であるため避けられたとまでいえるかどうかはわからないが、ともかくも五世紀代の倭製鏡では殆ど選択されていない文様である。ところが、交互式神獣鏡以外の製品も含め、四期の倭製鏡ではこの半円方形帯がより積極的に採用されている（筆者はこのためこれらを「半円方形帯鏡群」と呼んでいる）。以上のような点で、これらの鏡の製作にあたっては、三期までとは異なる方針が採用されたものと考えられるのである。

ではその方針とはどのようなものか。筆者は、「鏡秩序の再度の継承と活性化」として表現できるものと考える。すなわち、同型鏡群を「倭の五王の時代」以来の「宝器鏡」として継承すると同時に、それに準ずる存在として新たな系列としての交互式神獣鏡系が創出されたものと考える。その際、川西宏幸も想定しているように、この六世紀初頭段階ではおそらく同型鏡群のストックが尽きつつあったものと想定されるため、同型鏡群に近い、それに準ずる性格のものを製作する必要が生じていたものと考えられる。この結果、五世紀代までの方針（同型鏡群の文様を模倣することに消極的）から転換し、むしろ積極的に同型鏡の文様を模倣することが方針として採用された可能性が高い。

ここで注目されるのが、交互式神獣鏡系の主たるモデルが画文帯仏獣鏡であることである。第五章でもみたように、特に画文帯仏獣鏡Bは同型鏡群約三〇種の中でも最上位に位置づけられる鏡種であり、外区を拡大したものも含まれている。興味深いことに、この外区を拡大した鏡（図64・65など）を模倣したと考えられる交互式神獣鏡系も存在しており（図68-6：伝・奈良県疋相《ひきそ》西方出土鏡）、数ある同型鏡群の中でも他ならぬ画文帯仏獣鏡をモデルとして選択していること自体が、同型鏡群の意味の継承という戦略を明確に示している。

こうしたあり方を具体的に整理したものが図74である。同型鏡群の意味を継承しつつ交互式

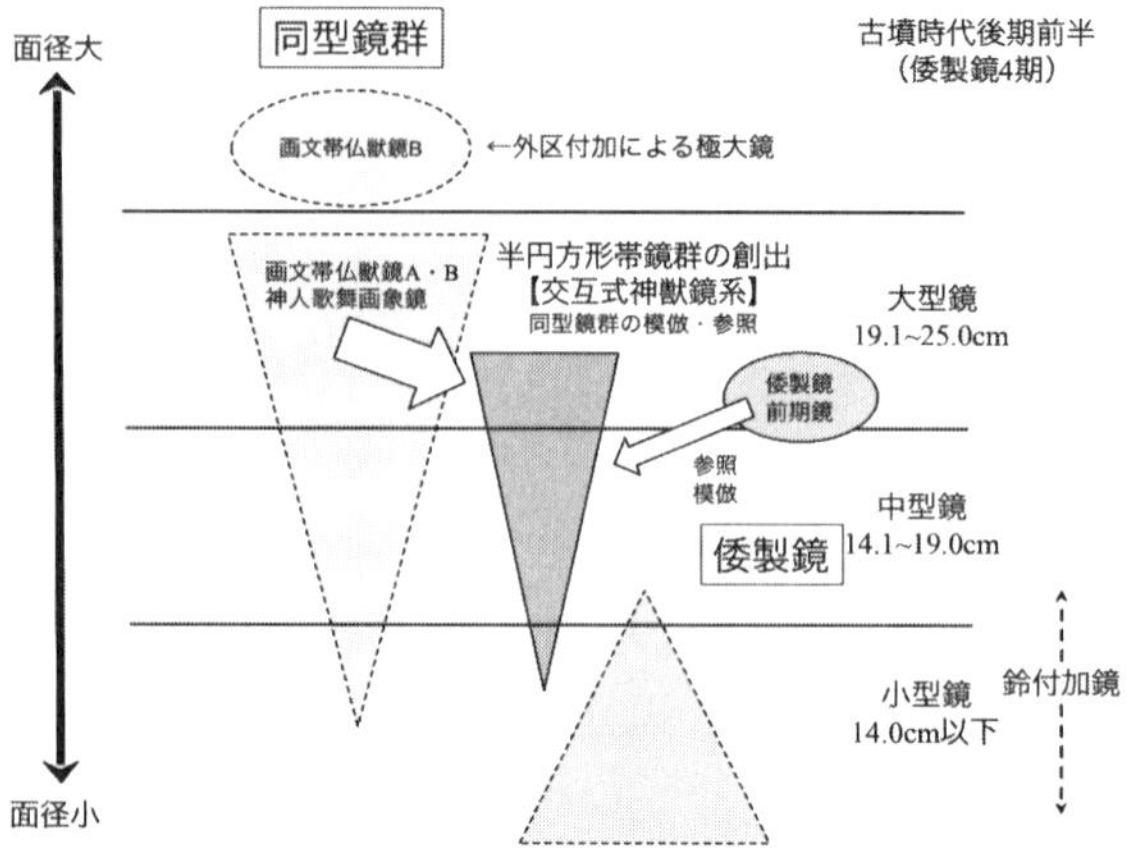

図74　古墳時代後期前半の鏡秩序模式図(辻田2018)

神獣鏡系において大中小の鏡が製作されたことを示している。また六世紀代の列島各地の古墳出土鏡では、旋回式獣像鏡系や乳脚文鏡系などが多くみられることから、これらの小型の倭製鏡については六世紀前半段階でもストックが一定数存在しており、必要に応じて授受が行われたものと考えられる。このため、交互式神獣鏡系の段階では小型鏡が新たに大量生産されることはなかったものとみられる。六世紀代においては、いわば「古い鏡」と「新しい鏡」の双方が授受の対象となったのである。

またこの点に関連して、交互式神獣鏡系の中でも、静岡県宇《う》洞《とう》ヶ《が》谷《や》横穴《おうけつ》墓出土鏡において、文様の中に前期の三角縁神獣鏡にみられる「傘松文様」と呼ばれる図像が描かれていることが指摘されている点は重要である（加藤二〇一五）。このことは、前期の三角縁神獣鏡がこの段階まで中央政権の下で継承されていたこと、同型鏡群よりもさらに「古い鏡」が新たな倭製鏡の製作に際して文様のモデルとして参照されていることを示しており、こうした「鏡秩序の再度の継承と活性化」という戦略の一部として理解することが可能であろう。

一方で、こうした交互式神獣鏡系は全体として生産面数が少ないことから、製作期間も長期にわたったとは考えにくい。出土古墳の時期からみて、少なくとも六世紀中葉以前には製作が終了していた可能性が高い。他の系列の倭製鏡が新たに大量生産された形跡もないことから、この段階で同型鏡群や倭製鏡の意義が失われていったものと考えられる。

四　朝鮮半島出土銅鏡からみた栄山江流域の前方後円墳と「磐井の乱」

朝鮮半島における銅鏡の分布と変遷

五世紀後半から六世紀前半においては、朝鮮半島で列島と共通した銅鏡が出土している。また先述のように、西南部の栄山江流域では一四基の前方後円墳が築造されており、この時期の国際情勢と深く関わる資料であることが知られる（高田二〇一九）。ここでは、鏡の分布という観点からこの問題について検討したい。

五・六世紀における半島南部出土鏡を示したものが表12と図75である。後者は高久健二が作成した五世紀代以降の倭系遺物の分布図（高久二〇〇四）に銅鏡と前方後円墳の分布を追加したものである。これをもとに概略を述べるならば、五世紀前半は前期倭製鏡や漢鏡などが半島

表12　朝鮮半島南部地域出土鏡一覧（古墳時代併行期）

	地域	出土遺跡名	面径	舶載/倭製	鏡式・系列名	副葬年代	備考
—	慶南	伝・慶尚南道	17.5	舶載	浮彫式獣帯鏡A	不明	同型鏡
—	不明	不明・梨花女子大所蔵	14.8	舶載	画文帯同向式神獣鏡A	不明	同型鏡
A	慶南金海	大成洞23号墳	16.6	舶載	方格規矩四神鏡	4世紀後半	
	慶南金海	大成洞2号墳	破片	舶載	浮彫式獣帯鏡	4世紀末	
	慶南金海	大成洞2号墳	破片	？	細線式獣帯鏡	4世紀末	
	慶南金海	大成洞14号墳	破片	舶載	内行花文鏡	5世紀前半	
B	慶南金海	良洞里441号墳	9.3	舶載	方格T字鏡	4世紀	
C	慶南昌原	三東洞18号甕棺墓	6.1	倭製	内行花文鏡B系	4世紀	
D	慶北慶州	皇南里出土	8	倭製	捩文鏡系	不明	
E	慶北慶州	皇南大塚南墳	15.5	舶載	模倣方格規矩鏡	5世紀中葉	
	慶北慶州	皇南大塚北墳	14.7	舶載	鉄鏡	5世紀中～後葉	
F	慶北慶州	金鈴塚古墳	7	倭製	珠文鏡系	6世紀	
G	慶北慶山	伝・林堂洞古墳群	7.6	倭製	珠文鏡系	不明	
	慶南金海	林堂古墳群D-Ⅱ区117号墓	5.2	倭製	弥生小形仿製鏡	6世紀	
H	慶北高霊	池山洞45号墳第1石室	10.6	倭製	不明	6世紀前葉	
I	慶南梁山	梁山邑出土	9.4	倭製	乳脚文鏡系	不明	
J	慶南山清	山清生草9号墳	9	倭製	珠文鏡系	6世紀	
K	慶南晋州	晋州郡出土	13.8	倭製	旋回式獣像鏡系	不明	
L	全南高興	野幕古墳	6.8	倭製	素文鏡	5世紀中葉	
	全南高興	野幕古墳	約9	舶載	双頭龍文鏡	5世紀中葉	
M	全南高興	雁洞古墳	10.5	舶載	蝙蝠座内行花文鏡	5世紀後半	
N	全南海南	造山古墳	7.4	倭製	珠文鏡系	6世紀第1四半期	
O	全南海南	萬義塚1号墳	14.7	倭製	旋回式獣像鏡系	5世紀末～6世紀初頭	
P	全南光州	双岩洞古墳	7.2	倭製	珠文鏡系	5世紀第4四半期	
Q	全南潭陽	斉月里古墳	11.3	倭製	旋回式獣像鏡系	5世紀末～6世紀初頭	
	全南潭陽	斉月里古墳	9	倭製	珠文鏡系	5世紀末～6世紀初頭	
R	全北南原	斗洛里32号墳	17.8	舶載	浮彫式獣帯鏡A	5世紀末～6世紀初頭？	同型鏡
S	忠南公州	武寧王陵	23.2	舶載	浮彫式獣帯鏡B	6世紀前葉	同型鏡
	忠南公州	武寧王陵	18.1	舶載	細線式獣帯鏡D	6世紀前葉	同型鏡
	忠南公州	武寧王陵	17.8	舶載	方格規矩四神鏡A	6世紀前葉	同型鏡
T	（北朝鮮）	伝・開城	14.8	舶載	画文帯環状乳神獣鏡A	不明	同型鏡

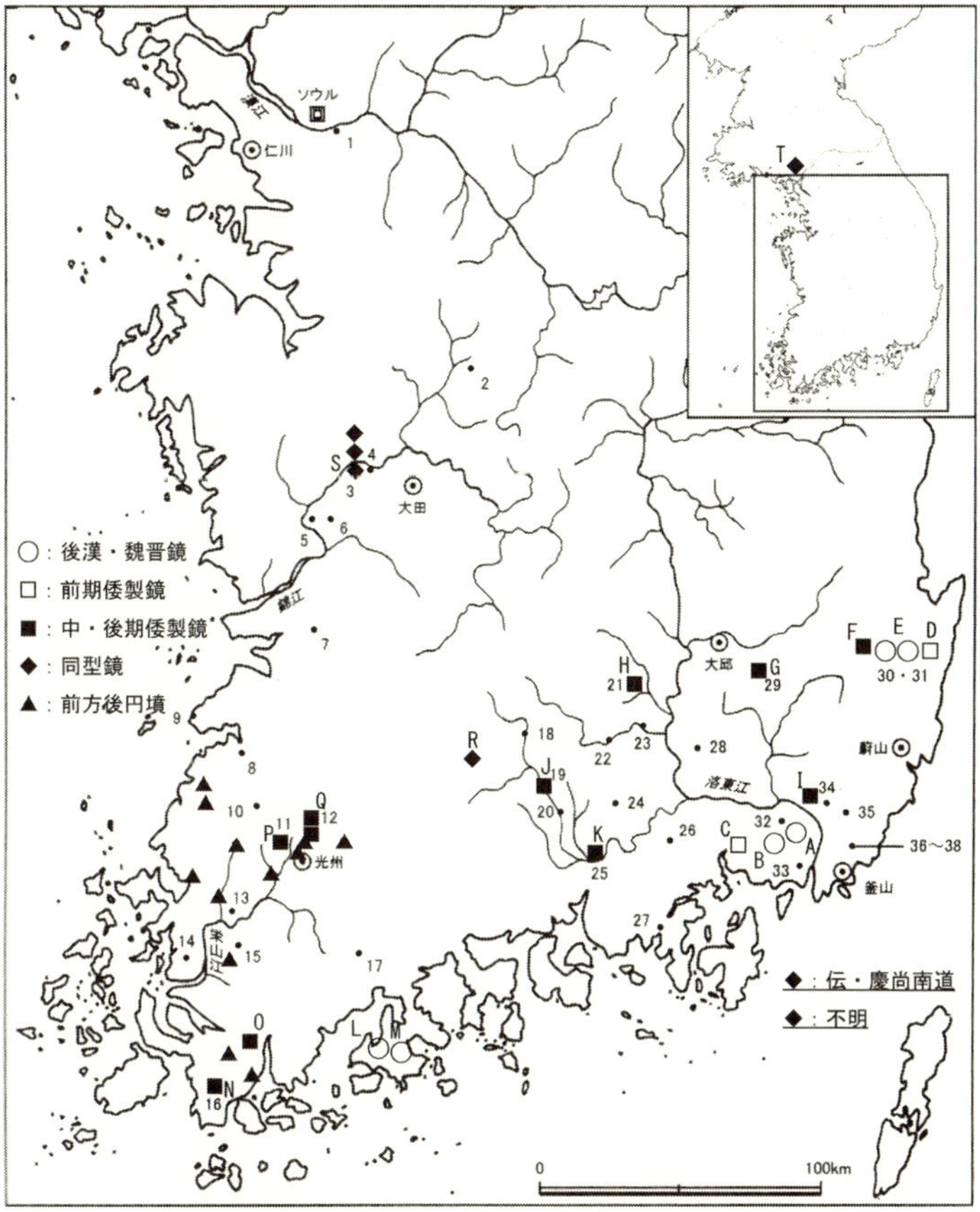

図75　朝鮮半島南部における鏡の分布（高久2004を改変）
数字はいわゆる倭系遺物の分布を示す（高久2004）。アルファベットは表12の鏡に対応している。

東南部の慶尚南道・慶尚北道や新羅の王都である慶州市周辺、また南海岸地域に集中する。その後、五世紀後半から六世紀代にかけて、半島西南部の沿岸地域や栄山江流域で中・後期倭製鏡が、そして百済武寧王陵などで同型鏡が出土する（上野二〇〇四・二〇一四）。このように半島南部の鏡は東南部から西南部へと時期的に推移しており、逆の動きではないことから、例えば百済経由で半島に入った鏡が東海岸や九州などに広がるような流通形態ではないことがわかる。また半島南部では元来鏡が在地の文化伝統として根付いていないことからも、これらの遺跡出土鏡の大半は列島から搬入されたものである可能性が高い。その場合も、特に倭製鏡は小型鏡が主体であり、鈴鏡が含まれないことから、九州地域から搬入されたものが多く含まれる可能性が高い（下垣二〇一一、辻田二〇一八）。これに対し、新羅の皇南大塚南墳・北墳の中国鏡は、第五章でもみたように倭王からの贈与によるものと考えられる。

栄山江流域の前方後円墳と周辺地域の鏡の分布

ここで注目されるのが、同型鏡群の分布と栄山江流域の前方後円墳の築造動向の関係である。栄山江流域の前方後円墳については非常に多くの研究成果があるが、韓国と日本の研究者で議論されているのは、その被葬者が在地の有力者であるのか、それとも倭人であるのかといった問題である。倭人という場合も、倭人が移住したのか、あるいは百済に使えた倭人（倭系百済官僚と呼ばれる）などが百済から派遣されてこの地域に前方後円墳を築造したのか、といった説に分かれる（朝鮮学会編二〇〇二、朴二〇〇七、高田二〇一七・二〇一九、山本二〇一六）。

学説史やさまざまな研究者の立場については上掲の朴天秀や高田貫太の整理を参照していただければと思うが、ここでは考古学的な事実関係とともに論点を確認しておきたい。まず前方後円墳の墳丘形態は大きくいくつかの種類があるが、分布などにはまとまりがないこと、また埋葬施設は九州系の横穴式石室で、北部九州や中九州など複数の系譜が想定されること、円筒埴輪や朝顔形埴輪に類似した形態のものが製作されているが、製作技術は在地的なものであることなどが挙げられる（柳沢二〇〇二・二〇一四、坂二〇一八）。またそうした前方後円墳とは別に在地の大型方墳・円墳などが存在しており、前方後円墳は客体的な存在であることが指摘されている（朴二〇〇七、高田二〇一七・二〇一九、山本二〇一六）。こうした点から、栄山江流域の前方後円墳の造営は、九州系の倭人の関与が想定されることについては異論がないが、被葬者が倭系百済官僚であるのか在地の有力者であるのかという点について意見が分かれているのである。また前方後円墳の分布は在地の方墳や円墳とは排他的でなく共存していることが指摘されていることからも（高田二〇一二）、筆者は、在地の有力者が百済への抵抗を示すために倭人社会との結びつきをアピールするべく前方後円墳を築造したとする、いわゆる「在地首長説」の立場に近い考え方を採っている（例：土生田一九九六、田中俊二〇〇二、金二〇〇二、田中史二〇〇五・二〇一九、森公二〇一一、高田二〇一二・二〇一七・二〇一九、辻田二〇一二a）。

この問題を考える上で注目されるのが、半島南部地域における同型鏡群と中・後期倭製鏡の分布である。先にみたように百済武寧王陵で三面が出土するほか、南原市の斗洛里三二号墳で浮彫式獣帯鏡Aが、またその同型鏡が慶尚南道付近で出土したことが知られている。これに対し、栄山江流域では中・小型の倭製鏡の出土しか知られておらず、傾向として相互に異なっている。

注目されるのは、同型鏡群の分布が百済と加耶諸地域というように、当時の列島の継体政権とより深く結びついていた地域に集中する点である。吉井秀夫の埋葬施設の分類（吉井二〇一〇）によれば、斗洛里三二号墳の埋葬施設は加耶系の竪穴式石槨《せっかく》とみられることから、栄山江流域とは別の集団と考えられる。こうした〔百済－加耶諸地域－近畿中央政権〕といった結びつき（斗洛里三二号墳もこちらに含まれる）に対し、栄山江流域は九州地域とのつながりがつよく、前方後円墳の築造が終了する六世紀中葉以降、百済の領域に編入されることが知られている。この点で、同型鏡の分布は、こうした栄山江流域の地域が在地の自律的な動きを失う過程と関連している可能性が想定される。つまり、あくまで大枠としての理解であるが、〔栄山江流域－「九州」地域〕という結びつきの軸に対して、〔百済－加耶諸地域－近畿中央政権〕の軸が相対する形で並立していたものと考えられるのである。

「筑紫君磐井の乱」とその後

こうした動きは、先に挙げた「筑紫君磐井の乱」の背景となった可能性がある。磐井の乱は、継体政権末期の五二七～五二八年頃に、九州の有力豪族の筑紫君磐井が新羅と結んで継体政権と対立したことから起こった戦争である。文献史学の成果によるならば継体政権はこの時期、加耶諸地域を圧迫する新羅と緊張関係にあり、朝鮮半島への軍事遠征を計画していたが、新羅から支援を求められた磐井がこの行軍を妨害したことが直接の引き金になったものと考えられている（亀井一九九一）。磐井の墓と目される福岡県八女《やめ》市岩戸山古墳はこの時期九州最大の前方後円墳（全長一三八メートル）であるが、形象埴輪とともに並べられた阿蘇溶結凝灰岩製の石人・石馬には、継体政権とのつながりを示す捩り環頭大刀や馬具の文様が刻まれており、磐井の乱以前は継体政権との結びつきはつよかったものと考えられている（柳沢二〇一四）。『日本書紀』などによれば、磐井の乱が鎮定された後、父磐井の罪に連座することをおそれた息子の葛子《くずこ》は糟屋屯倉《かすやのみやけ》を献上し、罪を赦《ゆる》されたという。この糟屋屯倉の設置を大きな契機として、これ以降列島各地には「ヤマト王権の政治的軍事的拠点」としてのミヤケが設置され、在地の有力者を国造とするミヤケ制・国造制が展開していくことになる（舘野一九七八、篠川一九九六、熊谷二〇〇一、田中史二〇一九）。また磐井の乱後も岩戸山古墳が所在する八女古墳群では大型古墳の造営が継続していることから、筑紫君勢力自体は存続したものと考えられる（柳沢二〇一四）。

この磐井の乱を考える上で重要なのは、磐井の乱以前においては列島各地の地域集団が独自に朝鮮半島の諸勢力と多元的な交流を行っていたとみられる点である。先に挙げた栄山江流域と九州地域の結びつきという場合に、「九州地域」には九州北部や中部などさまざまな地域が含まれるが、いずれにしても大枠では栄山江流域と九州地域との結びつきがつよかった。海南造山古墳から出土したゴホウラ製貝釧《かいくしろ》などは、九州系横穴式石室とともに九州との関係を明確に示している（木下一九九六）。この両地域は、一方は百済地域への領域編入により、一方は近畿の中央政権によるミヤケ設置により、六世紀中葉以降に自律的な動きが抑え込まれることが共通している。五世紀代以前の多元的交流から、実態はともかくとしても「外交権の一元化」が達せられたとされる（森公二〇一二）。

こうした点で、朝鮮半島南部地域において、〔百済－加耶諸地域－近畿中央政権〕の軸に関連する地域に同型鏡群の分布が集中していること、栄山江流域の前方後円墳や在地の墳墓でそれらがみられないことは、磐井の乱直前の国際的な緊張関係とその背景に関わる現象である可能性が高い。北部九州では遠賀川上流域など、新羅系の遺物が多く出土する地域もあり（高田二〇一七）、地域間交流のベクトルは非常に複雑な形で展開していた。磐井の乱は、こうした複数の軸が存在する中で、磐井が新羅と結んだことによりバランスが崩れたことが要因の一つと考えられるのである。六世紀中葉以降になると、百済も含めて半島南部で鏡の副葬はみられなくなることからも、半島南部において銅鏡の副葬が意義を有していたのは磐井の乱前後の六世紀前葉までであったものと考えられる。

五　古墳時代後期後半の銅鏡の副葬――銅鏡保有の限定化

ミヤケ制・国造制・部民制と列島の国家形成

磐井の乱の後、五三四年頃に関東地域では「武蔵《むさしの》国《くにの》造《みやつこ》の乱」と呼ばれる争乱が起こる。在地の有力者同士の武蔵国造位をめぐる争いに近畿の中央政権が介入したとされるもので、ここでも四つの地域がミヤケとして献上された。埼玉古墳群をはじめとして考古学的な現象との対比が可能な地域として注目されている（城倉二〇一一）。

九州では五三五〜五三六年頃に多くのミヤケが設置されており、特に五三六年に設置されたとされる那津官家《なのつのみやけ》は、各地からの穀物を集積し、また外交の窓口としても機能すべく博多湾沿岸地域に設置された。福岡市比恵遺跡や有田遺跡などではそれに関連すると考えられる倉庫群や三本柱柵などが見つかっている（柳沢一九八七・二〇一四、米倉一九九三・二〇〇三、桃崎二〇一〇）。こうしたミヤケの設置や国造の任命、また在地の人民を「部民」として編成し、さまざまな生産に従事させる「部民制」がこの六世紀中葉を境に各地で行われるようになる。それに伴い、各地で群集墳や横穴墓とよばれる小規模墳の造営が爆発的に増加する。この六世紀中葉の時期はいわば中央政権による列島各地の間接支配の始まりという点で、日本列島における古代国家形成の一大画期ということができる（熊谷二〇〇一、岩永二〇〇三、辻田二〇一四b）。

六世紀後半代は、その意味で列島における国家形成が大きく進展した時期であるが、ではこうした動向と鏡はどのように関連していたのだろうか。先に挙げた表11にある一〇期の古墳がこの時期の出土事例であるが、同型鏡群の副葬事例は近畿周辺の上位層の墓と関東地域の一部などにほぼ限られている。各種の倭製鏡についても同様で、古墳での副葬事例の数が大きく減少するのがこの時期の特徴である。逆にこの時期に上位層の墓で副葬されるようになるのが、装飾付大刀や金銅装馬具類であり、地域によって社会統合のあり方に差がみられるものの、群集墳まで含めて地域社会の中での階層的序列が明確となる（新納一九八三・二〇〇二、松尾編二〇〇五)。鏡の副葬はこうした装飾付大刀や金銅装馬具類などとは相関しない場合が多いことから、六世紀後半代には基本的には鏡はその役割を終えていたものと考えることができる。例えば先に挙げた北部九州の博多湾沿岸地域は、那津官家をはじめ、ミヤケに関連する遺跡が具体的に明らかになっている地域であるが、六世紀中葉~後葉にかけて鏡が副葬される事例はごく一部であり、いわば国家形成の進展と鏡の使用・副葬とが必ずしも結びつかないのである(辻田二〇一三・二〇一四a)。この意味で、古墳時代の鏡は、列島で古代国家形成が本格化するその「前段階」に属する器物であると考えることができる。

中央の王族層の鏡の副葬事例:藤ノ木古墳と伝・疋相西方出土鏡

そうした中で注目されるのが、六世紀後半代の奈良盆地周辺における同型鏡群や倭製鏡の副葬事例である。奈良県藤ノ木古墳は、六世紀後半に造営された大型円墳で、未盗掘の横穴式石室・家形石棺から多数の副葬品が出土したことで知られ、この時期の王族の墓であると考えられている。この中には、壮麗な装飾を施した大刀や冠、金銅装馬具類などとともに、四面の鏡が含まれていた。内訳は、同型鏡二面(画文帯環状乳神獣鏡C〔面径二一・九センチ〕・浮彫式獣帯鏡A〔面径一八・一センチ〕)と四期の倭製鏡二面(面径一六・七センチと一六センチ)であった。家形石棺からは二体の人骨が出土しており、二人の被葬者に対して副葬されたものと考えられるが、いずれにしても同型鏡二面(大型・中型)と中型の倭製鏡二面(交互式神獣鏡系など、同型鏡群に準ずるもの)が副葬されるのはこの時期では破格の扱いである。同型鏡群が近畿の中央政権の中で管理・継承され、副葬が王族層に限定されていることを示す事例として重要である。

またもう一つ注目される事例として、先に図68-6で挙げた伝・奈良県広陵町の疋相西方出土とされる交互式神獣鏡系倭製鏡がある。出土地名から奈良盆地西部の馬見古墳群付近と考えられるが、四期の交互式神獣鏡系が副葬されうる六世紀代の古墳としては、六世紀後半に築造された牧野《ばくや》古墳などに限定される。牧野古墳は藤ノ木古墳同様、直径五〇メートルの円墳であり、王族層の墓（押坂彦人大兄皇子《おしさかひこひとおおえのおうじ》の成相墓《ならいのはか》）と目されている（白石一九九九）。交互式神獣鏡系が同型鏡群に準ずる位置づけと考えられる点からも、もし牧野古墳出土鏡であれば、六世紀後半代における奈良盆地周辺での同型鏡群や交互式神獣鏡系などの副葬事例が王族層などに限定される可能性を考える上で重要な事例といえよう。

後期後半の関東の同型鏡群の副葬事例

この他、六世紀後半代で特徴的なのが、関東地域における同型鏡群の副葬事例である（表10）。このうち、群馬県高崎市の綿貫観音山古墳や八幡観音塚古墳はいずれも全長九〇メートル超級の前方後円墳で、地域的にも近接する中で六世紀後葉～末の時期に相次いで同型鏡が副葬されている。これらについては、より古い時期の倭製鏡などを伴うことからも、長期にわたる保有・伝世が想定される事例と考えられてきた（森下一九九八a、川西二〇〇四）。また川西は、関東地域でこうした事例が多いことについて、西日本と比べて集団内部での継承という点が重視された可能性を指摘している（川西二〇〇四）。実際のところ、これらの同型鏡群や倭製鏡がいつごろもたらされ、在地においてどのくらいの期間にわたり保有・伝世されたのかは不明であるが、高崎市域周辺では、伝・若田町とされる交互式神獣鏡系（図68-5：面径一五・七センチ）の出土が知られていることから、少なくとも六世紀前半代以降に新たに鏡が近畿地域からもたらされる機会があったことがわかる。ただいずれにしても、六世紀後葉～末までにはこれらが副葬されることは、前期末に鏡の意義が失われて古墳にまとめて副葬される事例と同じように、この時期までにその保有の意義が失われた鏡が副葬という形で相次いで廃棄されたものと考えられる。いわば、周辺地域においても同型鏡や倭製鏡の意義が失われつつあったことを示す事例とみることができよう。

六　古墳時代の銅鏡文化の終焉――古墳時代終末期の船載鏡

模倣神獣鏡と初期隋唐鏡の出土事例

ここまでみてきたように、六世紀後半以降になると、鏡の古墳での副葬事例が大幅に減少する。一方で、この六世紀末～七世紀代の終末期古墳の時期に新たな中国鏡が副葬される事例がある。例えば静岡県磐田市の神田古墳では本章第二節で述べた、六世紀代の華北・北朝産と考えられる、環状乳神獣鏡の小型の模倣鏡（面径一一・六センチ）が出土している（森下他二〇〇〇）。この鏡については、同型の可能性が高い鏡が伝・群馬県高崎市出土鏡として知られている（面径一〇・八センチ：梅澤二〇〇三）。また長崎県壱岐市の掛木《かけぎ》古墳からは、隋末～唐初頃の作とみられる対獣瑞獣文鏡（面径一五・八センチ：辻田・片多二〇一六）が出土している。このように数は少ないものの、六世紀末～七世紀前半代を前後する時期に、これらの中国鏡が新たに流入する機会があったものと考えられる。ただし、現在までの資料状況からは、例えば遣隋使などを通じて古墳時代前期や中期のように大量の中国鏡が舶載され、終末期古墳に活発に副葬されたようなあり方は認められない。上記の三面についてもこの時期の交流を示す貴重な資料であることは間違いないが、例えば新羅などの半島地域を介した入手の可能性なども含め、列島への流入経路については不明な点が多く、この時期の複雑な国際情勢の所産であると考えるのが穏当であろう。

列島における新たな鏡文化の出現

終末期古墳の時代である七世紀は飛鳥時代である。この時期には遣唐使や白村江の戦いをはじめとして、大陸や朝鮮半島との交流が活発に行われるようになる。この中で新たに出現するのが、海獣葡萄鏡をはじめとする唐鏡である（森豊一九七三、勝部一九九六、杉山二〇〇三）。墓での副葬事例としては七世紀末～八世紀初頭に築造された奈良県高松塚古墳が著名であるが、法隆寺の五重塔心礎からも海獣葡萄鏡が出土している。他に伝世品として飛鳥～奈良時代に属する優品として、千葉県香取神宮や愛媛県大山祇《おおやまづみ》神社に奉納された海獣葡萄鏡などが知られている。前者は面径二九・六センチ、後者は二六・八センチといずれも超大型鏡である。また奈良の正倉院には香取神宮との同一文様鏡も含めた五面の海獣葡萄鏡が納められている。このように、海獣葡萄鏡以降の唐鏡は、古墳時代の鏡とは異なり、墳墓への副葬のみならず、仏教寺院や神社などに奉納される場合、あるいは長期にわたり御物として保管・継承される場合も多く、使用方法やその意味が古墳時代以前のあり方から大きく転換したものと考えられる。このような点からも、古墳時代の鏡は、前方後円墳の出現からその終焉に至る時代の変遷と軌を一にするものであったということができよう。

終章　鏡からみた日本列島の古代国家形成

弥生・古墳時代の鏡の変遷と三つの画期

本書では、弥生時代中期初頭前後の多鈕細文鏡《たちゅうさいもんきょう》の出現から説き起こし、古墳時代終末期（飛鳥時代）における海獣葡萄鏡の出現に至る約一〇〇〇年間の鏡の変遷と歴史的背景について検討してきた。それを通時的に整理すると以下のようになる。

一：弥生時代中期初頭前後：多鈕細文鏡の出現
二：弥生時代中期後半：北部九州を中心とした前漢鏡の流通
三：弥生時代後期〜終末期：北部九州を結節点とした破鏡・完形鏡の流入・拡散
四：古墳時代前期前半：近畿地域を中心とした中国鏡の流入・流通形態への転換
五：古墳時代前期後半：前期威信財システムの展開と終焉
六：古墳時代中期前半：「古い鏡」の副葬と倭製鏡生産の再編
七：古墳時代中期後半：同型鏡群の出現・拡散と倭製鏡生産：前期的鏡秩序の再興
八：古墳時代後期前半：継体政権期における同型鏡群と倭製鏡の政治的贈与
九：古墳時代後期後半：古墳における鏡副葬の限定化と終焉
一〇：古墳時代終末期：隋唐鏡の出現と新たな鏡文化への転換

本書の冒頭では、大きく三つの課題を掲げた。すなわち、①なぜ弥生・古墳時代の日本列島では大量の鏡が求められ、消費されたか、②なぜ近畿地域が古代日本の政治的中心地となったか、③日本の古代国家形成の過程は、鏡という観点からどのように説明できるか、である。以下、前章までの内容をふまえて、これらの問いについて考えてみたい。

長期的にみた場合、日本列島においては、鏡はそのときどきの最新のものが列島の外部（主に中国王朝や西晋代以前は楽浪郡・帯方郡）からもたらされ、特定の地域を核として流通するとともに、列島の中でそれをモデルとして倭製鏡が生産され、舶載鏡と倭製鏡の両者が補完関係にありながら並存する、という過程が繰り返されていることがわかる。

その中でも、列島の鏡文化において、古代国家形成過程という点で特に大きな画期と考えられるのが、「二」の弥生時代中期後半、「四」の古墳時代前期前半、「七」の古墳時代中期後半の三つの段階である。

「二」の弥生時代中期後半は、列島において漢鏡・中国鏡が初めて出現し、その流通が北部九州の内部において中心と周辺を形成するような形で行われたと考えられる点で、その後の弥生時代後期や古墳時代における鏡の流通・授受の先駆けをなすものである。

「四」は、列島において鏡の流通が近畿地域を中心とする形に転換した時期であり、古墳時代初頭前後を画期とする。列島規模での前方後円墳の出現や古墳時代的地域間関係への転換とも重なっている。本書ではこれを古墳時代前期威信財システムの成立・展開の過程として説明した。この前期の時期（四・五）が列島における鏡の流通のピークであり、列島各地の古墳の築造とそこでの副葬と結びついていたが故に、多量の鏡が消費されることになった。近畿地域の政治権力を核とした鏡の授受は、ひとたび発現した近畿地域の中心性と各地の上位層との連帯を維持するためにも、前期を通じて一〇〇年以上にわたって自転車操業的に継続することが求められたものと考えられるのである。

「七」は、古墳時代中期前半までに鏡の流通や副葬が大幅に減少した後、新たな中国鏡と倭製鏡の両者により前期的鏡秩序の再興が目指されたとするもので、中期中葉前後を画期とする。そしてこの過程で、鏡の流通の核となった近畿地域の政治的な意味での求心力が高まったことが、結果的に近畿地域の「中央政権」化と、それを中心とする形での古代国家形成につながったものと考えられる。

近畿地域の中心化の背景

では、こうした古墳時代における地域間関係において、なぜ中心となったのが他の地域ではなく、近畿地域であったのだろうか。筆者は、弥生時代終末期から古墳時代前期にかけて、以下に述べるような条件が古墳時代開始前後、またそれ以降に複合的に作用したことが結果的に近畿地域における中心性の発現をもたらしたものと考える。

①東西交流の結節点
②対外交渉の窓口機能の集中
③各種威信財や金属器の生産・流通窓口および先進的技術の集中
④最高首長の政治的拠点

この四つの条件のうち、少なくとも②～④は、弥生時代の近畿地域には認められなかったもので、②③については古墳時代前期の段階では必ずしも近畿地域に「限定」・「独占」されていたわけではないが、この時期以降に他地域より「集中」したということができる。第二章でみたように、弥生時代終末期前後に西日本規模で広域的な地域同士のつながりが形成される中で、地域間関係の「重心」は瀬戸内以東へと移りつつあった。そうした過程で、①のような性格をもった近畿地域に多量の鏡がもたらされた結果、人口集中地域であった近畿地域周辺において物資流通の中心性が発現し、列島の各地からの人の動きが近畿地域に向けたベクトルで行われる形へと急速に転換したものと考えられる。そしてその動きと奈良盆地における大型前方後円墳の造営とが重なりつつ、各地の上位層に対する鏡の授受が前期を通じて継続的に行われるようになった。

こうしたいわば「中心地」の「転換」の問題について、石村智は「後背地は嫉妬する」というモデルを提示している（石村二〇〇八）。すなわち、弥生時代後期の瀬戸内以東における鉄素材などの外部依存財の流入量の少なさが、近畿地域の中心化を促進した要因の一つとする見方である。弥生時代終末期以前の鏡の流入時期・形態の評価が筆者とは若干異なっているが、石村の説明は、古墳時代開始前後に外部依存財へのアクセスが瀬戸内以東に開かれたこと、そしてその窓口が近畿地域に集中したことが地域間関係の転換に大きな役割を果たしたとする筆者の理解とも重なる点が多いものと考える。

また筆者は、そうした瀬戸内以東の事情といった観点とあわせて、弥生時代終末期前後の北部九州においては鏡や墳墓モニュメントの造営があまり重視されておらず、むしろ瀬戸内以東でそれらの需要が高まりつつあったことが、結果的に近畿地域の中心性を発現させる背景になった可能性を考えている。そうであるが故に、古墳時代における近畿地域の「中心性」は古墳造営・鏡と不可分の形で展開したものと考えられるのである。さらにこの時期は大陸においても気候が寒冷化して人口が減少していたものと考えられており、そうした環境的な不安定さもまた、富の消費が墳墓モニュメント造営に向かった要因の一つとなったものとみられる（北條二〇〇七a、松木二〇〇七a）。これは、この時期までに、上位層の墓を造ることが集団の再生産に不可欠な一種の共同性を帯びた事業とする観念が形成されていたと考えられることによるものである（岩永二〇〇二）。

また古墳時代中期中葉において、同型鏡群の舶載により前期的鏡秩序の再興が目指されたのも、前期以来の近畿地域の中心性や求心性を維持し、発展させる上で最も効果的と考えられたのが銅鏡の授受であったためであろう。逆にいえば、倭の五王の時代においても、近畿地域の政治的中心性が鏡の授受に頼らざるを得ないような不安定さを抱えていたことを示唆している。あわせて、そのときどきで「古い鏡」が持ち出され、既存の秩序を正当化する上での「資源」として用いられている点もまた、古墳時代中期以降に顕著に認められるあり方である。

刀剣類の賜与や儀器の生産をはじめとして、古墳時代における統治方式や器物の製作・使用については、広い意味で大陸の方式を模倣し、導入したものである可能性が指摘されている（川口一九九三、岡村二〇〇一、下垣二〇〇五b）。『魏志』倭人伝にも鏡をはじめとした器物について、「還り到らば録受し、悉《ことごと》く以て汝が国中の人に示し、国家汝を哀れむを知らしむべし。

故に鄭重に汝に好物を賜うなり」（石原編訳一九八五）とあるように、中国王朝から直接教示があった場合もあれば、先にも述べたように、各時期において大陸からの渡来系知識人がブレーンとして存在し、さまざまな政策を発案したことなどが想定される。古墳時代の鏡がそうした脈絡で用いられたと考える場合、そこでの権威の源泉が基本的には列島の外部に依存するものであった点が、列島社会の周辺地域としてのあり方を示しているといえよう。

鏡からみた日本列島の古代国家形成

日本列島に金属製の鏡が出現してから古代律令制国家が成立する七世紀末前後までおよそ一〇〇〇年間、日本列島は中国を中心とした東アジア世界の周辺地域にあって、二次的な国家形成が進行した地域であった。特に漢代以降は、先にも述べたように世界帝国としての中国王朝が外的権威として存在し、魏晋南北朝時代も含めて、そこからもたらされた中国鏡（およびそれをもとに製作された倭製鏡）が、列島においては上位層同士を結びつける器物として用いられた。

またこうした鏡の授受は、九州南部から東北南部に至る、前方後円墳の分布範囲と重なるような地域の上位層の間で行われたものとみられ、その南北に広がる琉球列島や東北北部・北海道には鏡は拡散していない。前方後円墳の分布範囲については、面的な領域というよりは、近畿地域を中心とした各地域集団同士の点と点の結びつきが、結果としてある分布範囲と境界域を形成したとみるのが妥当であろう。九州南部や東北南部などの地域社会においてもまた、そうした脈絡で前方後円墳が築造された（橋本二〇一二、藤沢編二〇一五）。この場合に、墳墓モニュメントにおいては広域で共通性が認められる一方で、住居形態や炊飯様式などの生活様式については古墳時代を通じて地域性が維持され続けたと考えられる点は重要である（都出一九八九、杉井一九九九、辻田二〇一二a）。その点では、近畿系の土器様式が広域で受容され、各地で前方後円墳の築造が開始される前期の地域間関係は、実態としては鏡の授受などによって結びついた表面的なものであり、近畿地域の政治的な中心性を過大に評価することは難しいのではないか、というのが筆者の意見である。

こうしたあり方について、本書では威信財システムという観点から説明したが、古墳時代前期の「参向型一類」と中期の「参向型二類」とではその結びつきの実態が異なると考えた。すなわち、前者の参向型一類が近畿地域における大型モニュメント造営への参加を軸とした鏡の授受であったのに対し、中期の同型鏡群の授受については、中央政権への個人の奉仕という形で政治的な結びつきがよりつよまった形での授受と捉えたのである。この意味で、同じ威信財システムにおける鏡の授受の二つの類型という理解であり、後者の参向型二類は威信財システムとしてより発達した形態と考えることができる。

ただしここであらためて注目したいのは、第六章でも述べたように、日本列島で国家形成が大きく進展した、六世紀中葉以降のミヤケ制・国造制・部民制の展開といった政治的動向においては、鏡の授受が必ずしも重要な役割を果たしたとは考えられない点である。この意味で、本書で述べてきた鏡の授受や威信財システムのあり方からみて、古墳時代の鏡は、古代国家形成が本格化するその「前段階」に位置づけられる器物であるということができる。東アジアの国際情勢の変動の中で古代国家形成が大きく進展した七世紀代において鏡の副葬が活発でなかったことは、それが古墳時代的なあり方からの転換と深く関連していたことを示唆するものと考えられるのである。その意味で、七世紀代以降に出現する唐鏡などの新たな鏡文化は、古墳時代以前の列島の鏡文化とは別の脈絡で理解する必要があろう。

このような日本列島の古代国家形成は、人類史的な観点からすれば、中国をはじめとした東アジア諸地域の国家形成過程と大枠では共通しており（岩永二〇〇六）、特に六世紀代以降にミヤケなどを媒介とした地域の間接支配が行われ、その後に領域国家的なあり方が展開した点で、世界の他の地域と比較するならば、エジプトやインカのような形態に近いと考えられる（川西二〇〇八、辻田二〇一四b）。

五世紀代以前については、規模・複雑化の度合いがさまざまに異なる形で展開していた列島各地の首長制社会が、鏡などの授受を媒介として結びついた緩やかな関係であり、対外的代表者として近畿地域の政治権力が存在したものの、朝鮮半島諸地域との交流などは列島各地の集団が多元的に行っていた、というのが実態と考える。弥生時代中期後半に楽浪郡との交流によって大陸の文物に接する機会を得てから、実質的な国家形成が進展する七世紀までに七〇〇年以上が経過しており、そのこと自体が周辺地域における国家形成のあり方を示しているともいえよう。以上のような点において、弥生・古墳時代の鏡は、近畿地域を中心とした広域的秩序の形成と展開に大きく寄与しながらも、国家形成が本格化する過程でその意義が失われていった器物と考えられるのである。

3〜5世紀の東アジア

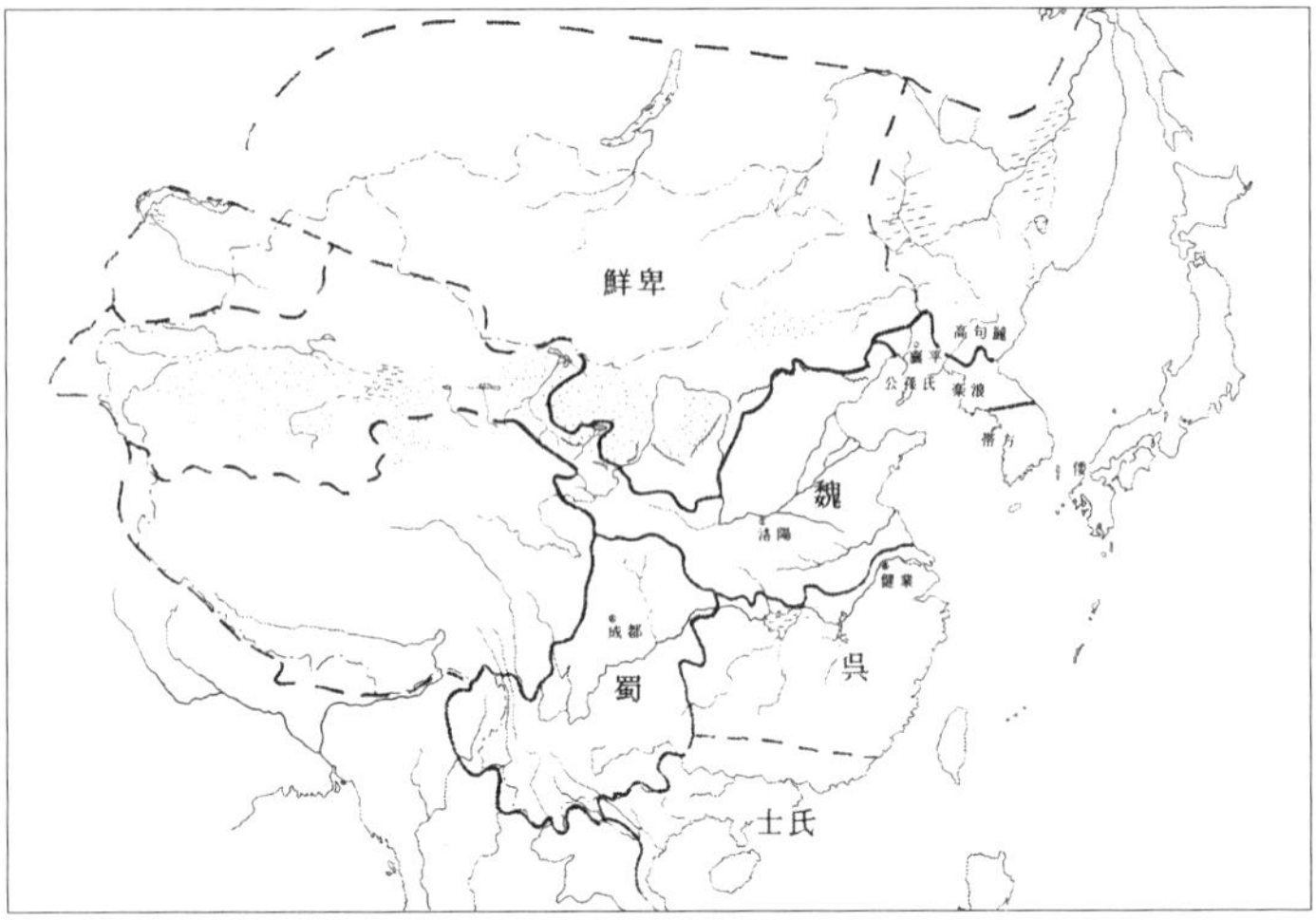

①3世紀の東アジア

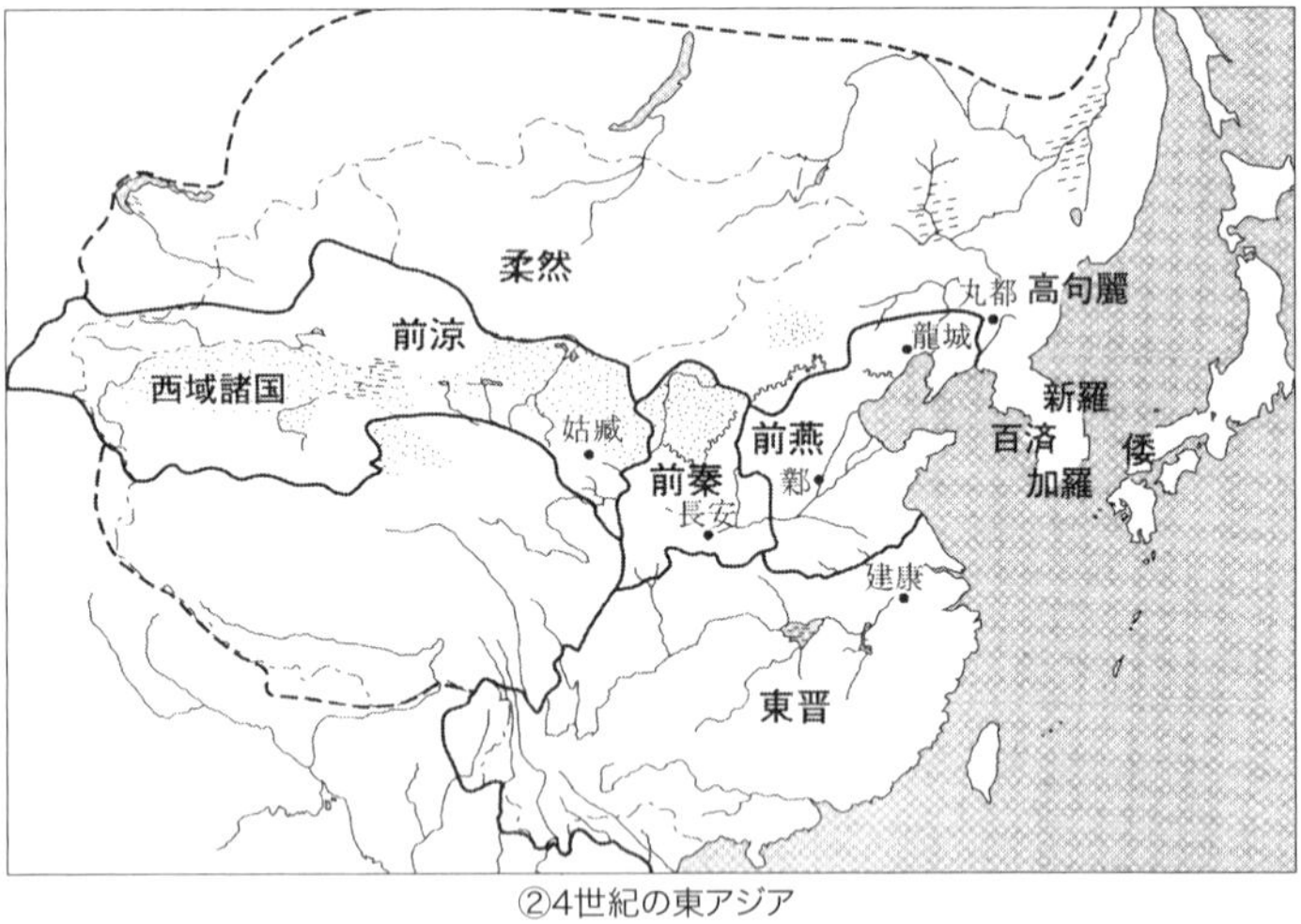

②4世紀の東アジア

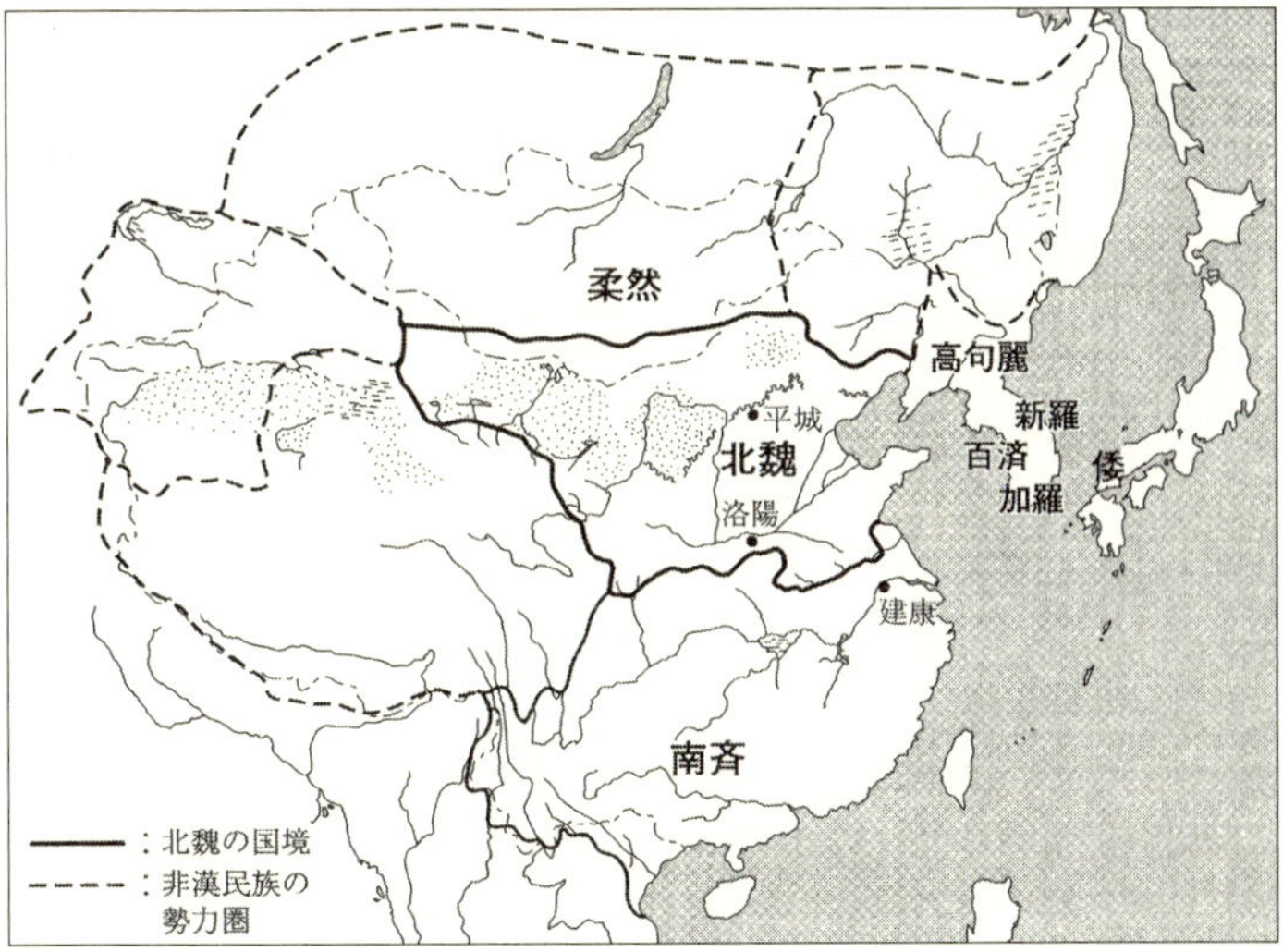

③5世紀の東アジア

出典
①大庭脩　1995「三・四世紀の東アジアの国際情勢」『鏡の時代－銅鏡百枚－』大阪府立近つ飛鳥博物館
②③川本芳昭　2005『中国の歴史05 中華の崩壊と拡大』講談社

参考文献

相原淳一　二〇一二「縄文・弥生時代における超巨大地震津波と社会・文化変動に関する予察：東日本大震災津波の地平から」『東北歴史博物館研究紀要』一三
阿子島香・溝口孝司（監修）二〇一八『ムカシのミライ』勁草書房
赤坂亨　二〇一一「須玖岡本遺跡D地点出土鏡片の再検討」『福岡市博物館研究紀要』二一
赤坂亨　二〇一二「須玖岡本遺跡D地点出土鏡片の再検討（二）」『福岡市博物館研究紀要』二二
秋山進午　一九九五「隋唐式鏡綜論」『泉屋博古館紀要』一一
安斎正人　二〇〇七『人と社会の生態考古学』柏書房
東潮　二〇〇六『倭と加耶の国際環境』吉川弘文館
東潮　二〇一〇「東アジア古代の王権・王陵・境域」『アジアの境界を越えて』国立歴史民俗博物館
足立啓二　一九九八『専制国家史論』柏書房
穴沢咊光　一九八五「三角縁神獣鏡と威信財システム」『潮流』四・五
穴沢咊光　一九九五「世界史のなかの日本古墳文化」『文明学原論』山川出版社
甘粕健　一九七一「古墳の成立・伝播の意味」『古代の日本 九』角川書店
新井悟　一九九七「古墳時代倣製鏡の出現と大型鏡の意義」『考古学ジャーナル』四二一
新井宏　二〇〇〇「鉛同位体比による青銅器の鉛産地推定をめぐって」『考古学雑誌』八五-二
荒川史・魚津知克・内田真雄　一九九八「京都府宇治市庵寺山古墳の発掘調査」『古代』一〇五
池田温　一九七七「義熙九年倭国献方物をめぐって」（『東アジアの文化交流史』吉川弘文館、二〇〇二年に所収）
諫早直人　二〇一九「騎馬民族論のゆくえ」北條芳隆編『考古学講義』ちくま新書
石井正敏　二〇〇五「5世紀の日韓関係─倭の五王と高句麗・百済─」日韓歴史共同研究委員会『日韓歴史共同研究報告書』第1分科篇
石川日出志　二〇一〇『シリーズ日本古代史①　農耕社会の成立』岩波新書
石原道博編訳　一九八五『新訂　魏志倭人伝・後漢書倭伝・宋書倭国伝・隋書倭国伝─中国正史日本伝〈一〉』岩波文庫

石村智　二〇〇四「威信財システムからの脱却」『文化の多様性と比較考古学』考古学研究会
石村智　二〇〇六「多系進化と社会階層化―フィジー・トンガ・サモアの事例比較―」『往還する考古学　近江貝塚研究会論集3』近江貝塚研究会
石村智　二〇〇八「威信財交換と儀礼」『弥生時代の考古学七　儀礼と権力』同成社
石村智　二〇一七『よみがえる古代の港：古地形を復元する』吉川弘文館
石母田正　一九七一『日本の古代国家』岩波書店
一瀬和夫・福永伸哉・北條芳隆編　二〇一一－二〇一四『古墳時代の考古学一～十』同成社
井上主税　二〇一四『朝鮮半島の倭系遺物からみた日朝関係』学生社
井上裕弘　二〇一一『弥生・古墳文化の研究』梓書院
井上光貞　一九八〇「雄略朝における王権と東アジア」『東アジア世界における日本古代史講座　四』学生社
今尾文昭　一九八四「古墳祭祀の画一性と非画一性」『橿原考古学研究所論集』六
今尾文昭　一九八八「行燈山古墳出土銅板と大型仿製鏡」森浩一編『考古学と技術』同志社大学考古学シリーズⅣ
今尾文昭　一九九三「桜井茶臼山古墳出土大型仿製内行花文鏡の破鏡の可能性について」『橿原考古学研究所紀要　考古学論攷』一七
今尾文昭　二〇一六「古墳時代前期初葉の破鏡所有と銅鏡破砕行為」『倭国誕生―伊都国から邪馬台国へ―』糸島市教育委員会
岩永省三　一九八九「土器から見た弥生時代社会の動態―北部九州地方の後期を中心として―」『横山浩一先生退官記念論文集Ⅰ　生産と流通の考古学』横山浩一先生退官記念事業会
岩永省三　一九九一「日本における階級社会形成に関する学説史的検討序説」『古文化談叢』二四
岩永省三　一九九二「日本における階級社会形成に関する学説史的検討序説（Ⅱ）」『古文化談叢』二七
岩永省三　一九九四「日本列島産青銅武器類出現の考古学的意義」『古文化談叢』三三
岩永省三　一九九七『歴史発掘⑦　金属器登場』講談社
岩永省三　一九九八「青銅器祭祀とその終焉」金子裕之編『日本の信仰遺跡』雄山閣
岩永省三　二〇〇二「階級社会への道への路」佐原真

編『古代を考える　稲・金属・戦争―弥生―』吉川弘文館
岩永省三　二〇〇三「古墳時代親族構造論と古代国家形成過程」『九州大学総合研究博物館研究報告』一
岩永省三　二〇〇六「国家形成の東アジアモデル」田中良之・川本芳昭編『東アジア古代国家論―プロセス・モデル・アイデンティティ―』すいれん舎
岩永省三　二〇一〇「弥生時代における首長層の成長と墳丘墓の発達」『九州大学総合研究博物館研究報告』八
岩永省三　二〇一一「弥生時代開始年代再考」高倉洋彰・田中良之編『AMS年代と考古学』学生社
岩本崇　二〇〇三「「仿製」三角縁神獣鏡の生産とその展開」『史林』八六-五
岩本崇　二〇〇四「副葬配置からみた三角縁神獣鏡と前期古墳」『古代』一一六
岩本崇　二〇〇五「三角縁神獣鏡の終焉」『考古学研究』五一-四
岩本崇　二〇〇八「三角縁神獣鏡の生産とその展開」『考古学雑誌』九二-三
岩本崇　二〇一二「中村1号墳出土珠文鏡と出雲地域の銅鏡出土後期古墳」『中村1号墳』本文篇、出雲市教育委員会
岩本崇　二〇一四a「銅鏡副葬と山陰の後・終末期古墳」『文堂古墳』本文篇、大手前大学史学研究所研究報告第一三号
岩本崇　二〇一四b「北近畿・山陰における古墳の出現」『博古研究』四八
岩本崇　二〇一六「五條猫塚古墳出土の珠文鏡と古墳時代銅鏡生産の画期」『五條猫塚古墳の研究』総括編、奈良国立博物館
岩本崇　二〇一七a「西晋鏡と古墳時代前期の暦年代」『島根考古学会誌』三四
岩本崇　二〇一七b「古墳時代倭鏡様式論」『日本考古学』四三
岩本崇二〇一八「旋回式獣像鏡系倭鏡の編年と生産の画期」『古天神古墳の研究』島根大学法文学部考古学研究室・古天神古墳研究会
岩本崇　二〇一九「三角縁神獣鏡生産の展開と製作背景」實盛良彦編『銅鏡から読み解く2～4世紀の東アジア』勉誠出版
禹在柄　二〇一一「竹幕洞祭祀遺跡と沖ノ島祭祀遺跡」『「宗像・沖ノ島と関連遺産群」研究報告』Ⅰ
上野祥史　二〇〇〇「神獣鏡の作鏡系譜とその盛衰」

『史林』八三-四
上野祥史　二〇〇一「画像鏡の系列と製作年代」『考古学雑誌』八六-二
上野祥史　二〇〇三「盤龍鏡の諸系列」『国立歴史民俗博物館研究報告』一〇〇
上野祥史　二〇〇四「韓半島南部出土鏡について」『国立歴史民俗博物館研究報告』一一〇
上野祥史　二〇〇五ａ「武寧王陵出土鏡と5・6世紀の鏡」『百済の国際交流―武寧王陵の最新研究をめぐって―』国立歴史民俗博物館
上野祥史　二〇〇五ｂ「後漢の鏡とその後」『鏡の中の宇宙』山口県立萩美術館・浦上記念館
上野祥史　二〇〇七「3世紀の神獣鏡生産―画文帯神獣鏡と銘文帯神獣鏡」『中国考古学』七
上野祥史　二〇〇八「ホケノ山古墳と画文帯神獣鏡」『ホケノ山古墳の研究』奈良県立橿原考古学研究所
上野祥史　二〇〇九「古墳出土鏡の生産と流通」『季刊考古学』一〇六
上野祥史　二〇一一「中国考古学からみた古墳時代」『季刊考古学』一一七
上野祥史　二〇一二「金鈴塚古墳出土鏡と古墳時代後期の東国社会」『金鈴塚古墳研究』創刊号
上野祥史　二〇一三「祇園大塚山古墳の画文帯仏獣鏡―同型鏡群と古墳時代中期―」『祇園大塚山古墳と5世紀という時代』六一書房
上野祥史編　二〇一三『祇園大塚山古墳と5世紀という時代』六一書房
上野祥史　二〇一四ａ「日本列島における中国鏡の分配システムの変革と画期」『国立歴史民俗博物館研究報告』一八五
上野祥史　二〇一四ｂ「萬義塚1号墳出土倭鏡と倭韓の相互交渉」東新大学校文化博物館編『海南萬義塚1号墳』東新大学校文化博物館
上野祥史　二〇一五ａ「鏡からみた卑弥呼の支配」『卑弥呼―女王創出の現象学―』大阪府立弥生文化博物館
上野祥史　二〇一五ｂ「中期古墳と鏡」広瀬和雄編『中期古墳とその時代』雄山閣
上野祥史　二〇一八「古墳時代における鏡の分配と保有」『国立歴史民俗博物館研究報告』二一一
魚津知克　二〇一七「「海の古墳」研究の意義、限界、展望」『史林』一〇〇-一
内堀基光　一九八九「民族論メモランダム」田辺繁治編『人類学的認識の冒険』同文舘

内山敏行　二〇〇九「武器・武具・馬具の生産・流通と性格」『季刊考古学』一〇六
宇野愼敏　二〇一〇「沖ノ島と北部九州における首長層の動向」『古文化談叢』六三
梅澤重昭　二〇〇三「高崎市域の古墳時代出土鏡について」『高崎市史研究』一八
梅原末治　一九二一『佐味田及新山古墳研究』岩波書店
梅原末治　一九三一『欧米に於ける支那古鏡』刀江書院
梅原末治　一九三三『讃岐高松石清尾山石塚の研究』京都帝国大学文学部考古学研究報告第一二冊、刀江書院
梅原末治　一九五二「鍍金の漢六朝鏡」『大和文華』六
江崎靖隆　二〇一三「第4章遺構編4井原鑓溝遺跡」『三雲・井原遺跡Ⅷ—総集編—』糸島市文化財調査報告書第10集
エンゲルス、F（戸原四郎訳）一九六五『家族・私有財産・国家の起源』岩波文庫〔原著一八八四〕
王仲殊　一九八一「関于日本三角縁神獣鏡的問題」王（一九九八）に所収
王仲殊　一九九八『三角縁神獣鏡』〈新装普及版〉（西嶋定生監修、尾形勇・杉本憲司編訳）、学生社
王仲殊・徐苹芳・楊泓・直木孝次郎・田中琢・田辺昭三・西嶋定生　一九八五『三角縁神獣鏡の謎－日中合同古代史シンポジウム』角川書店
大賀克彦　二〇〇二「凡例古墳時代の時期区分」『小羽山古墳群』福井県清水町教育委員会
大賀克彦　二〇〇三「紀元三世紀のシナリオ」『風巻神山古墳群』福井県清水町教育委員会
大賀克彦　二〇〇五「稲童古墳群の玉類について—古墳時代中期後半における玉の伝世—」『稲童古墳群』行橋市文化財調査報告書第三二集
大賀克彦　二〇一一「弥生時代における玉類の生産と流通」『講座日本の考古学　五　弥生時代（上）』青木書店
大賀克彦　二〇一三「前期古墳の築造状況とその画期」『前期古墳からみた播磨』第一三回播磨考古学研究集会実行委員会
大賀克彦　二〇一九「鉛同位体比からみた三角縁神獣鏡の生産地」『埋蔵文化財ニュース』一七四
大津透　二〇一〇『天皇の歴史01　神話から歴史へ』講談社

大塚紀宜　二〇〇八「中国古代印章に見られる駝鈕・馬鈕の形態について」『福岡市博物館研究紀要』一八
大橋信弥　二〇〇七『継体天皇と即位の謎』吉川弘文館
大庭脩　一九九五「三・四世紀の東アジアの国際情勢」『鏡の時代―銅鏡百枚―』大阪府立近つ飛鳥博物館
大林太良　一九七七『邪馬台国』中公新書
大和岩雄　一九九八「三角縁神獣鏡と卑弥呼の鬼道」『東アジアの古代文化』九七
岡内三眞　一九九五「鏡背にみる仏教図像」『古代探叢Ⅳ―滝口宏先生追悼考古学論集―』早稲田大学出版部
岡崎敬　一九六八「「漢委奴國王」金印の測定」『史淵』一〇〇
岡崎敬　一九七一「日本考古学の方法―古代史の基礎的条件―」『古代の日本 九』角川書店
岡村秀典　一九八四「前漢鏡の編年と様式」『史林』六七-五
岡村秀典　一九九〇「卑弥呼の鏡」都出比呂志・山本三郎編『邪馬台国の時代』木耳社
岡村秀典　一九九二「浮彫式獣帯鏡と古墳出現期の社会」『出雲における古墳の出現を探る』出雲考古学研究会
岡村秀典　一九九三a「福岡県平原遺跡出土鏡の検討」『季刊考古学』四三
岡村秀典　一九九三b「後漢鏡の編年」『国立歴史民俗博物館研究報告』五五
岡村秀典　一九九九『三角縁神獣鏡の時代』吉川弘文館
岡村秀典　二〇〇一「倭王権の支配構造―古墳出土祭器の象徴性―」『考古学の学際的研究』岸和田市教育委員会
岡村秀典　二〇〇五「前漢鏡の宇宙」『鏡の中の宇宙』山口県立萩美術館・浦上記念館
岡村秀典　二〇〇八「宋明代の古鏡研究」『九州と東アジアの考古学』下巻、九州大学考古学研究室50周年記念論文集刊行会
岡村秀典　二〇一一a「東アジア情勢と古墳文化」『講座 日本の考古学 古墳時代（上）』青木書店
岡村秀典　二〇一一b「後漢鏡銘の研究」『東方學報』八六
岡村秀典　二〇一一c「古鏡研究一千年―中国考古学

のパラダイム―」『東洋史研究』六九-四
岡村秀典　二〇一七『鏡が語る古代史』岩波新書
小澤佳憲　二〇一三「弥生時代の集落の変遷と社会」『新修福岡市史　特別編　自然と遺跡からみた福岡の歴史』福岡市
小田富士雄　一九八〇「横穴式石室の導入とその源流」『東アジア世界における日本古代史講座四』学生社
小田富士雄　二〇一二「沖ノ島祭祀遺跡の再検討2」『「宗像・沖ノ島と関連遺産群」研究報告』Ⅱ-一
郭玉海　一九九六『故宮蔵鏡』紫禁城出版社
笠野毅　一九九三「舶載鏡論」『古墳時代の研究一三』雄山閣
笠野毅　一九九八「三角縁神獣鏡は語る」平野邦雄編『古代を考える　邪馬台国』吉川弘文館
春日市教育委員会　二〇一七『須玖タカウタ遺跡3』春日市文化財調査報告書七七
片岡宏二　一九九九『弥生時代　渡来人と土器・青銅器』雄山閣
勝部明生　一九九六『海獣葡萄鏡の研究』臨川書店
加藤一郎　二〇一四「後期倭鏡研究序説―旋回式獣像鏡系を中心に―」『古代文化』六六-二
加藤一郎　二〇一五「後期倭鏡と三角縁神獣鏡」『日本考古学』四〇
加藤一郎　二〇一七a「交互式神獣鏡の研究」『古文化談叢』七八
加藤一郎　二〇一七b「乳脚紋鏡の研究」『古代』一四〇
加藤一郎　二〇一八『後期倭鏡の研究』科学研究費補助金研究成果報告書
河北省文化局文物工作隊　一九六四「河北省定県北庄漢墓発掘報告」『考古学報』一九六四-二
河南省文物考古研究所編著（渡邉義浩監訳）二〇一一『曹操墓の真相』国書刊行会
亀井輝一郎　一九九一「磐井の乱の前後」『新版古代の日本三　九州・沖縄』角川書店
亀田修一　一九九三「考古学から見た渡来人」『古文化談叢』三〇（中）
亀田修一　二〇〇三「渡来人の考古学」『七隈史学』四
亀田修一　二〇〇八「吉備と大和」土生田純之編『古墳時代の実像』吉川弘文館
亀田修一　二〇一〇「遺跡・遺物にみる倭と東アジア」『日本の対外関係一　東アジア世界の成立』吉川

弘文館

亀田修一　二〇一一「考古学からみた日本列島と朝鮮半島の交流―古墳時代の西日本地域を中心に―」『専修大学社会知性開発研究センター東アジア世界史研究センター年報』五

蒲原宏行　二〇〇九「桜馬場「宝器内蔵甕棺」の相対年代」『地域の考古学』佐田茂先生論文集刊行会

川口勝康　一九八七「大王の出現」『日本の社会史第三巻 権威と支配』岩波書店

川口勝康　一九九三「刀剣の賜与とその銘文」『岩波講座日本通史二』岩波書店

川西宏幸　一九八九「古墳時代前史考―原畿内政権の提唱―」『古文化談叢』二一

川西宏幸　二〇〇〇「同型鏡考―モノからコトへ―」『筑波大学先史学・考古学研究』一一

川西宏幸　二〇〇四『同型鏡とワカタケル』同成社

川西宏幸　二〇〇八『倭の比較考古学』同成社

川西宏幸　二〇一五『脱進化の考古学』同成社

河野一隆　一九九八「副葬品生産・流通システム論―付・威信財消費型経済システムの提唱―」『中期古墳の展開と変革』埋蔵文化財研究会

河野一隆　二〇一四「ダンワラ古墳出土金銀錯嵌珠龍文鉄鏡の基礎的研究」高倉洋彰編『東アジア古文化論攷1』中国書店

川畑純　二〇一五『武具が語る古代史』京都大学学術出版会

河村好光　二〇一〇『倭の玉器』青木書店

川本芳昭　一九八八「倭の五王による劉宋遣使の開始とその終焉」(『魏晋南北朝時代の民族問題』、汲古書院［一九九八］に所収)

川本芳昭　一九九二「四、五世紀の中国と朝鮮・日本」『新版古代の日本二 アジアからみた古代日本』角川書店

川本芳昭　二〇〇五『中国の歴史05 中華の崩壊と拡大』講談社

川本芳昭　二〇〇六「倭国における対外交渉の変遷について―中華意識の形成と大宰府の成立との関連から見た―」『史淵』一四三

川本芳昭　二〇一二「倭の五王の自称と東アジアの国際情勢」『史淵』一四九

韓国考古学会編　二〇一三『概説韓国考古学』(武末純一監訳、庄田慎矢・山本孝文訳)同成社

菊地芳朗　二〇一〇『古墳時代史の展開と東北社会』大阪大学出版会

岸俊男　一九八四「画期としての雄略朝」『日本政治社会史研究（上）』塙書房
岸本直文　一九八九「三角縁神獣鏡の工人群」『史林』七二-五
岸本直文　一九九一「権現山51号墳出土の三角縁神獣鏡について」『権現山51号墳』刊行会
岸本直文　一九九二「前方後円墳築造規格の系列」『考古学研究』三九-二
岸本直文　一九九三「三角縁神獣鏡研究の現状」『季刊考古学』四三、雄山閣
岸本直文　一九九五「三角縁神獣鏡の編年と前期古墳の新古」『展望考古学』考古学研究会
岸本直文　二〇〇八「前方後円墳の二系列と王権構造」『ヒストリア』二〇八
岸本直文　二〇一四「倭における国家形成と古墳時代開始のプロセス」『国立歴史民俗博物館研究報告』一八五
岸本直文　二〇一五「炭素一四年代の検証と倭国形成の歴史像」『考古学研究』六二-三
鬼頭清明　一九七六『日本古代国家の形成と東アジア』校倉書房
鬼頭清明　一九九三『日本古代史研究と国家論―その批判と視座―』新日本出版社
木下尚子　一九九六「古墳時代南島交易考」『考古学雑誌』八一-一
金洛中　二〇〇二「五～六世紀の栄山江流域における古墳の性格」朝鮮学会編『前方後円墳と古代日朝関係』同成社
金洛中　二〇一二「韓半島からみた九州諸勢力との交流」『沖ノ島祭祀と九州諸勢力の対外交渉』九州前方後円墳研究会
久住猛雄　二〇〇二「九州における前期古墳の成立」『日本考古学協会２００２年度橿原大会研究発表資料集』日本考古学協会
久住猛雄　二〇〇七「「博多湾貿易」の成立と解体―古墳時代初頭前後の対外交易機構―」『考古学研究』五三-四
久住猛雄　二〇一五「「奴国の時代」の暦年代論」『新・奴国展―ふくおか創世記―』福岡市博物館
楠元哲夫　一九九四「大和天神山古墳出土鏡群の再評価」『橿原考古学研究所論集』一一、吉川弘文館
熊谷公男　二〇〇一『日本の歴史03　大王から天皇へ』講談社

熊谷公男　二〇一五「倭王武上表文の真意―いわゆる「高句麗征討計画」を中心に―」広瀬和雄編『中期古墳とその時代』雄山閣
車崎正彦　一九九三a「倭鏡の作者」『季刊考古学』四三、雄山閣
車崎正彦　一九九三b「鼉龍鏡考」『翔古論聚』久保哲三先生追悼論文集刊行会
車崎正彦　一九九四「古墳と後漢式鏡」『倭人と鏡』埋蔵文化財研究会
車崎正彦　一九九五「隅田八幡人物画像鏡の年代」『継体王朝の謎』河出書房新社
車崎正彦　一九九九「副葬品の組合せ―古墳出土鏡の構成―」石野博信編『前方後円墳の出現』雄山閣
車崎正彦　二〇〇一「新発見の「青龍三年」銘方格規矩四神鏡と魏晋のいわゆる方格規矩鏡」『考古学雑誌』八六-二
車崎正彦編　二〇〇二『考古資料大観　五　弥生・古墳時代　鏡』小学館
車崎正彦　二〇〇三「稲荷山古墳出土の環状乳神獣鏡を考える」『ワカタケル大王とその時代』山川出版社
車崎正彦　二〇〇七「家屋紋鏡を読む」『考古学論究』小笠原好彦先生退任記念論集刊行会
車崎正彦　二〇一五「三角縁神獣鏡の年代」『古鏡―その神秘の力―』川崎市市民ミュージアム
孔祥星・劉一曼（高倉洋彰・田崎博之・渡辺芳郎訳）一九九一『図説 中国古代銅鏡史』中国書店
氣賀澤保規　二〇一二「倭人がみた隋の風景」『遣隋使がみた風景―東アジアからの新視点―』八木書店
河内春人　二〇一〇「倭の五王と中国外交」『日本の対外関係一　東アジア世界の成立』吉川弘文館
河内春人　二〇一五『日本古代君主号の研究―倭国王・天子・天皇―』八木書店
河内春人　二〇一八『倭の五王』中公新書
後藤守一　一九二六『漢式鏡』雄山閣
後藤守一　一九四二『古鏡聚英（上）』大塚巧藝社
五島美術館学芸部編　一九九二『前漢から元時代の紀年鏡』五島美術館
粉川昭平・清水康二　一九九一「吉備塚古墳表採の銅鏡について」『青陵』七七
小林三郎　二〇一〇『古墳時代倣製鏡の研究』六一書房
小林行雄　一九三七「前方後円墳」『考古学』八-一
小林行雄　一九五二「同笵鏡による古墳の年代の研

究」『考古学雑誌』三八―三
小林行雄　一九五五「古墳の発生の歴史的意義」『史林』三八―一
小林行雄　一九五六「前期古墳の副葬品にあらわれた文化の二相」『京都大学文学部五十周年記念論文集』京都大学文学部
小林行雄　一九五九『古墳の話』岩波新書
小林行雄　一九六一『古墳時代の研究』青木書店
小林行雄　一九六二「古墳文化の形成」『岩波講座日本歴史 一』岩波書店
小林行雄　一九六五『古鏡』学生社
小林行雄　一九六六「倭の五王の時代」小林（一九七六）に所収
小林行雄　一九七六『古墳文化論考』平凡社
小林行雄・有光教一・森貞次郎　一九五二「一貴山銚子塚古墳の調査報告書」『福岡縣史蹟名勝天然紀念物調査報告書』第一六輯　史蹟之部、福岡県教育委員会
小山田宏一　一九九二「破砕鏡と鏡背重視の鏡」『弥生文化博物館研究報告』一
小山田宏一　一九九三「画文帯同向式神獣鏡とその日本への流入時期」『弥生文化博物館研究報告』二
小山田宏一　二〇〇〇「三角縁神獣鏡の生産体制とその動向」『東アジアの古代文化』一〇二、大和書房
近藤喬一　一九七三「三角縁神獣鏡の仿製について」『考古学雑誌』五九―二
近藤喬一　一九八八『三角縁神獣鏡』東京大学出版会
近藤喬一　一九九三「西晋の鏡」『国立歴史民俗博物館研究報告』五五
近藤喬一　二〇〇三「三国両晋の墓制と鏡」『アジアの歴史と文化』七
近藤義郎　一九六六a「古墳とはなにか」『日本の考古学Ⅳ』河出書房新社
近藤義郎　一九六六b「古墳発生に関する諸問題」『日本の考古学Ⅴ』河出書房新社
近藤義郎　一九八三『前方後円墳の時代』岩波書店
近藤義郎・春成秀爾　一九六七「埴輪の起源」『考古学研究』一三―三
サーヴィス、E（松園万亀雄訳）一九七九『未開の社会組織』弘文堂（原著一九七一）
坂上康俊　二〇一一『シリーズ日本古代史④ 平城京の時代』岩波新書
阪口英毅　二〇一二「金色に輝く幻の甲冑―仁徳陵古墳前方部石槨出土品の絵図から―」堺市文化観光局

文化部文化財課編『徹底分析・仁徳陵古墳—巨大前方後円墳の実像を探る—』堺市文化財講演会録第四集
阪口英毅　二〇一九『古墳時代甲冑の技術と生産』同成社
坂元義種　一九七八『古代東アジアの日本と朝鮮』吉川弘文館
坂元義種　一九八一『倭の五王』教育社
佐々木憲一　二〇〇三「弥生から古墳へ—世界史のなかで—」大塚初重・吉村武彦編『古墳時代の日本列島』青木書店
佐々木憲一　二〇〇四a「古代国家論の現状」『歴史評論』六五五、校倉書房
佐々木憲一　二〇〇四b『未盗掘石室の発見　雪野山古墳』新泉社
佐原真　二〇〇三『魏志倭人伝の考古学』岩波現代文庫
澤田秀実　一九九三「三角縁神獣鏡の製作動向」『法政考古学』一九
澤田秀実　二〇一七『前方後円墳秩序の成立と展開』同成社
潮見浩　一九九一「漢代鉄鏡覚書」『児島隆人先生喜寿記念論集古文化論叢』児島隆人先生喜寿記念事業会
重住真貴子・水野敏典・森下章司　二〇一〇「沖ノ島出土鏡の再検討」『考古資料における三次元デジタルアーカイブの活用と展開』奈良県立橿原考古学研究所
重藤輝行　一九九九「北部九州における横穴式石室の展開」『九州における横穴式石室の導入と展開』九州前方後円墳研究会
實盛良彦　二〇一六「漢末三国期の斜縁鏡群生産と画像鏡」『ヒストリア』二五九
實盛良彦編　二〇一九『銅鏡から読み解く2〜4世紀の東アジア』勉誠出版
篠川賢　一九九六『日本古代国造制の研究』吉川弘文館
篠川賢　二〇一六『継体天皇』吉川弘文館
島田貞彦・梅原末治　一九三〇『筑前須玖史前遺跡の研究』京都帝国大学文学部考古学研究報告一一
清水克朗・清水康二・笠野毅・菅谷文則　二〇〇二「伝世鏡の再検討I—鶴尾神社4号墳出土方格規矩四神鏡について—」『古代学研究』一五六
清水康二　一九九四「倣製内行花文鏡類の編年」『橿

原考古学研究所論集』一一、吉川弘文館

清水康二　一九九五「藤ノ木古墳副葬鏡の問題」『斑鳩藤ノ木古墳 第二・三次調査報告書』奈良県立橿原考古学研究所

清水康二　二〇〇〇「『平原弥生古墳』出土大型内行花文鏡の再評価」『大塚初重先生頌寿記念考古学論集』東京堂出版

清水康二　二〇一五a「「船載」三角縁神獣鏡と「仿製」三角縁神獣鏡との境界」『奈良県立橿原考古学研究所紀要 考古学論攷』三八

清水康二　二〇一五b「初期三角縁神獣鏡成立過程における鏡笵再利用」『古代文化』六七‐一

下垣仁志　二〇〇三a「古墳時代前期倭製鏡の編年」『古文化談叢』四九

下垣仁志　二〇〇三b「古墳時代前期倭製鏡の流通」『古文化談叢』五〇（上）

下垣仁志　二〇〇五a「畿内大型古墳群考」『玉手山古墳群の研究Ⅴ―総括編―』柏原市教育委員会

下垣仁志　二〇〇五b「倭王権と文物・祭式の流通」前川和也・岡村秀典編『国家形成の比較研究』学生社

下垣仁志　二〇一〇a『三角縁神獣鏡研究事典』吉川弘文館

下垣仁志　二〇一〇b「威信財論批判序説」『立命館大学考古学論集Ⅴ』立命館大学考古学論集刊行会

下垣仁志　二〇一一『古墳時代の王権構造』吉川弘文館

下垣仁志　二〇一二「考古学からみた国家形成論」『日本史研究』六〇〇

下垣仁志　二〇一三a「鏡の保有と「首長墓系譜」」『立命館大学考古学論集Ⅵ』立命館大学考古学論集刊行会

下垣仁志　二〇一三b「青銅器からみた古墳時代成立過程」『新資料で問う古墳時代成立過程とその意義』考古学研究会関西例会

下垣仁志　二〇一六『日本列島出土鏡集成』同成社

下垣仁志　二〇一八a『古墳時代の国家形成』吉川弘文館

下垣仁志　二〇一八b『古墳時代銅鏡論考』同成社

下條信行　一九八二「銅矛形祭器の生産と波及」『森貞次郎博士古稀記念 古文化論集 上』森貞次郎博士古稀記念論文集刊行会

下條信行　一九九一「北部九州弥生中期の国家間構造と立岩遺跡」『児島隆人先生喜寿記念論集古文化論

叢』児嶋隆人先生喜寿記念事業会
徐苹芳　一九八四「三国両晋南北朝的銅鏡」『考古』一九八四-六、科学出版社
城倉正祥　二〇一一「武蔵国造争乱―研究の現状と課題―」『史観』一六五
白井克也　二〇〇三「馬具と短甲による日韓交差編年―日韓古墳編年の並行関係と暦年代―」『土曜考古』二七
白井克也　二〇一一「東アジア実年代論の現状」『古墳時代の考古学一　古墳時代史の枠組み』同成社
白石太一郎　一九九七「有銘刀剣の考古学的検討」『新しい史料学を求めて』吉川弘文館
白石太一郎　一九九九『古墳とヤマト政権―古代国家はいかに形成されたか―』文春新書
白石太一郎　二〇〇〇『古墳と古墳群の研究』塙書房
白石太一郎・春成秀爾・杉山晋作・奥田尚　一九八四「箸墓古墳の再検討」『国立歴史民俗博物館研究報告』三
白崎昭一郎　一九八七「三角縁神獣鏡の考察（その三）」『福井考古学会会誌』五
秦憲二　一九九四「鈕孔製作技法から見た三角縁神獣鏡」『先史学・考古学論究』龍田考古会
進村真之・赤田昌倫・清喜裕二・加藤一郎　二〇一七「家屋文鏡および直弧文鏡に関する調査報告」『書陵部紀要』六八〔陵墓篇〕
吹田市教育委員会　二〇〇五『垂水遺跡発掘調査報告書Ｉ』吹田市教育委員会
菅谷文則　一九八〇「三角縁神獣鏡をめぐる諸問題」上田正昭他編『ゼミナール古代日本史』下、光文社
菅谷文則　一九九一『日本人と鏡』同朋舎出版
杉井健　一九九九「炊飯様式からみた東西日本の地域性」『古代史の論点六　日本人の起源と地域性』小学館
杉本憲司・菅谷文則　一九七八「中国における鏡の出土状態」森浩一編『日本古代文化の探求　鏡』社会思想社
杉山洋　二〇〇三『唐式鏡の研究―飛鳥・奈良時代金属器生産の諸問題―』鶴山堂
鈴木一有　二〇一四「七観古墳出土遺物からみた鋲留技法導入期の実相」『七観古墳の研究：１９４７年・１９５２年出土遺物の再検討』京都大学文学研究科
鈴木一有　二〇一七「志段味大塚古墳と5世紀後半の倭王権」『志段味古墳群Ⅲ―志段味大塚古墳の副葬

品―』名古屋市教育委員会
鈴木勉　二〇一六『三角縁神獣鏡・同笵（型）鏡論の向こうに』雄山閣
鈴木靖民　一九八四「東アジア諸民族の国家形成と大和王権」『講座日本歴史一』東京大学出版会
鈴木靖民　一九八五「倭の五王の外交と内政―府官制的秩序の形成―」『日本古代の政治と制度』続群書類従完成会
鈴木靖民　一九九六「日本古代の首長制社会と対外関係」『歴史評論』五五一、歴史科学協議会
鈴木靖民　二〇一二『倭国史の展開と東アジア』岩波書店
清家章　二〇一〇『古墳時代の埋葬原理と親族構造』大阪大学出版会
泉屋博古館古代青銅鏡放射光蛍光分析研究会　二〇〇四「SPring-8を利用した古代青銅鏡の放射光蛍光分析」『泉屋博古館紀要』二四
泉屋博古館古代青銅鏡放射光蛍光分析研究会　二〇〇八「SPring-8を利用した古代青銅鏡の放射光蛍光分析（Ⅱ）」『泉屋博古館紀要』二四
ダイアモンド、J（倉骨彰訳）二〇一二『銃・病原菌・鉄』草思社文庫〔原著一九九七〕
高木恭二　二〇〇二「韓鏡・弥生時代倭鏡」車崎正彦編『考古資料大観五 弥生・古墳時代 鏡』小学館
高久健二　一九九三「楽浪墳墓の編年」『考古学雑誌』七八-四
高久健二　一九九五「楽浪墳墓の埋葬主体部―楽浪社会構造の解明―」『古文化談叢』三五
高久健二　一九九九「楽浪郡と帯方郡」『歴史九州』一〇九、海援社
高久健二　二〇〇四「韓国の倭系遺物―加耶地域出土の倭系遺物を中心に―」『国立歴史民俗博物館研究報告』一一〇
高久健二　二〇一二「楽浪郡と三韓の交易システムの形成」『東アジア世界史研究センター年報』六
高倉洋彰　一九七三「墳墓からみた弥生時代社会の発展過程」『考古学研究』二〇-二
高倉洋彰　一九七六「弥生時代副葬遺物の性格」『九州歴史資料館研究論集』二
高倉洋彰　一九九〇『日本金属器出現期の研究』学生社
高倉洋彰　一九九三「前漢鏡にあらわれた権威の象徴性」『国立歴史民俗博物館研究報告』五五
高倉洋彰　一九九五『金印国家群の時代』青木書店

高倉洋彰　二〇一一「交差年代決定法による弥生時代中期・後期の実年代」高倉洋彰・田中良之編『AMS年代と考古学』学生社
高倉洋彰　二〇一八「「漢委奴国王」金印と「親魏倭王」金印」『日本考古学』四六
高倉洋彰・田中良之編　二〇一一『AMS年代と考古学』学生社
高田貫太　二〇一二「朝鮮半島における「倭系古墳」築造の歴史的背景について」『沖ノ島祭祀と九州諸勢力の対外交渉』九州前方後円墳研究会
高田貫太　二〇一七『海の向こうから見た倭国』講談社現代新書
高田貫太　二〇一九『「異形」の古墳―朝鮮半島の前方後円墳―』角川選書
高橋克壽　二〇〇七「日本出土金銅製透彫冠・履の系譜」『鹿園雑集』九
高橋健自　一九一一『鏡と剣と玉』冨山房
高橋徹　一九七九「廃棄された鏡片―豊後における弥生時代の終焉―」『古文化談叢』六
高橋徹　一九八六「伝世鏡と副葬鏡」『九州考古学』六〇
高橋徹　一九九二「鏡」『菅生台地と周辺の遺跡XV』竹田市教育委員会
高橋徹　一九九三「古式大型仿製鏡について」『橿原考古学研究所紀要 考古学論攷』一七
高橋徹　一九九四「桜馬場遺跡および井原鑓溝遺跡の研究―国産青銅器、出土中国鏡の型式学的検討をふまえて―」『古文化談叢』三三
高松雅文　二〇〇七「継体大王期の政治的連帯に関する考古学的研究」『ヒストリア』二〇五
高松雅文　二〇一一「三重県の鏡（1）―同型鏡群―」『研究紀要』二〇
滝沢誠　二〇一五『古墳時代の軍事組織と政治構造』同成社
武末純一　一九八二「埋納銅矛論」『古文化談叢』九
武末純一　一九九〇「墓の青銅器、マツリの青銅器―弥生時代九州例の形式化―」『古文化談叢』二二
武末純一　二〇〇九「三韓と倭の交流―海村の視点から―」『国立歴史民俗博物館研究報告』一五一
武末純一　二〇一八「日韓交流と渡来人」『古代東ユーラシア研究センター年報』四
武末純一　二〇一九「弥生時代に文字は使われたか」『18歳からの歴史学入門』彩流社
武田佐知子　二〇〇三「王権と衣服」『ワカタケル大

王とその時代』山川出版社
武田幸男　一九八〇「六世紀における朝鮮三国の国家体制」『東アジア世界における日本古代史講座　四』学生社
田崎博之　一九九五「瀬戸内における弥生時代社会と交流」松原弘宣編『古代王権と交流　六　瀬戸内海地域における交流の展開』名著出版
田尻義了　二〇一二『弥生時代の青銅器生産体制』九州大学出版会
立木修　一九九四「後漢の鏡と三世紀の鏡」『日本と世界の考古学』雄山閣
舘野和己　一九七八「屯倉制の成立―その本質と時期―」『日本史研究』一九〇
舘野和己　二〇〇四「ヤマト王権の列島支配」『日本史講座一』東京大学出版会
田中晋作　一九八三「埋納遺物からみた古墳被葬者の性格」『関西大学考古学研究室開設参拾周年記念考古学論叢』関西大学
田中晋作　一九九三a「武器の所有形態からみた常備軍成立の可能性について（上・下）」『古代文化』四五-七・一〇
田中晋作　一九九三b「百舌鳥・古市古墳群成立の要件―キャスティングボートを握った古墳被葬者たち―」『関西大学考古学研究室開設四拾周年記念考古学論叢』関西大学
田中晋作　二〇〇一『百舌鳥・古市古墳群の研究』学生社
田中晋作　二〇〇九『筒形銅器と政権交替』学生社
田中俊明二〇〇二「韓国の前方後円形古墳の被葬者・造墓集団に対する私見」朝鮮学会編『前方後円墳と古代日朝関係』同成社
田中俊明編　二〇〇八『朝鮮の歴史』昭和堂
田中俊明　二〇〇九『古代の日本と加耶』山川出版社
田中俊明　二〇一三「朝鮮三国の国家形成と倭」『岩波講座日本歴史第一巻 原始・古代一』岩波書店
田中史生　二〇〇五『倭国と渡来人』吉川弘文館
田中史生　二〇一三「倭の五王と列島支配」『岩波講座日本歴史第一巻 原始・古代一』岩波書店
田中史生　二〇一九『渡来人と帰化人』角川選書
田中琢　一九七七『日本原始美術大系　四　鐸剣鏡』講談社
田中琢　一九七九『日本の原始美術　八　古鏡』講談社
田中琢　一九八一「古鏡」『日本の美術』一七八、至文堂

田中琢　一九八三「方格規矩四神鏡系倭鏡分類試論」『文化財論叢』同朋舎出版
田中琢　一九八五「日本列島出土の銅鏡」『三角縁神獣鏡の謎―日中合同古代史シンポジウム』角川書店
田中琢　一九九一ａ『集英社版日本の歴史② 倭人争乱』集英社
田中琢　一九九一ｂ「「景初四年」銘鏡と三角縁神獣鏡」『考古学研究紀要』二一
田中良之　一九九五『古墳時代親族構造の研究―人骨が語る古代社会―』柏書房
田中良之　二〇〇〇「墓地から見た親族・家族」『古代史の論点二』小学館
田中良之　二〇〇六「国家形成下の倭人たち」田中良之・川本芳昭編『東アジア古代国家論―プロセス・モデル・アイデンティティ―』すいれん舎
田中良之　二〇〇八『骨が語る古代の家族―親族と社会―』吉川弘文館
田中良之　二〇一一「ＡＭＳ年代測定法の考古学への適用に関する諸問題」高倉洋彰・田中良之編『ＡＭＳ年代と考古学』学生社
田中良之　二〇一七『骨からみた古代日本の親族・儀礼・社会』すいれん舎
田中良之・米元史織・舟橋京子・高椋浩史・岩橋由季・福永将大・藤井恵美・小山内康人・足立達朗・中野伸彦　二〇一七「金井東裏遺跡出土人骨」『金井東裏遺跡 甲着装人骨等詳細調査報告書』群馬県教育委員会
田中良之・川本芳昭編　二〇〇六『東アジア古代国家論―プロセス・モデル・アイデンティティ―』すいれん舎
田辺昭三・佐原真　一九六六「近畿」『日本の考古学Ⅲ 弥生時代』河出書房新社
谷澤亜里　二〇一四「弥生時代後期・終末期の勾玉からみた地域間関係とその変容―西日本の墓出土資料を中心に―」『考古学研究』六一-二
谷澤亜里　二〇一五「古墳時代開始期前後における玉類の舶載」『物質文化』九五
谷澤亜里　二〇一六「古墳時代前期における玉類副葬の論理」『考古学は科学か：田中良之先生追悼論文集 下』中国書店
谷澤亜里　二〇一九「玉から弥生・古墳時代を考える」北條芳隆編『考古学講義』ちくま新書
千賀久　二〇〇〇「大和天神山古墳の鏡群」伊達宗泰編『古代「おおやまと」を探る』学生社

「中国古鏡の研究」班　二〇一一a「後漢鏡銘集釈」『東方學報』八六
「中国古鏡の研究」班　二〇一一b「三国西晋鏡銘集釈」『東方學報』八六
「中国古鏡の研究」班　二〇一二「漢三国西晋紀年鏡銘集釈」『東方學報』八七
趙鎭先　二〇一四「多鈕精文鏡を通して見た細形銅剣文化期の韓半島と日本列島の交流」『古文化談叢』七一
朝鮮学会編　二〇〇二『前方後円墳と古代日朝関係』同成社
次山淳　二〇〇七「古墳時代初頭の瀬戸内海ルートをめぐる土器と交流」『考古学研究』五四-三
辻田淳一郎　二〇〇一「古墳時代開始期における中国鏡の流通形態とその画期」『古文化談叢』四六
辻田淳一郎　二〇〇五「破鏡の伝世と副葬―穿孔事例の観察から―」『史淵』一四二
辻田淳一郎　二〇〇六「威信財システムの成立・変容とアイデンティティ」田中良之・川本芳昭編『東アジア古代国家論―プロセス・モデル・アイデンティティ―』すいれん舎
辻田淳一郎　二〇〇七『鏡と初期ヤマト政権』すいれん舎
辻田淳一郎　二〇一〇「北部九州の前期古墳における竪穴式石槨と葬送儀礼」『史淵』一四七
辻田淳一郎　二〇一二a「古墳文化の多元性と一元性」一瀬和夫・福永伸哉・北條芳隆編『古墳時代の考古学七 内外の交流と時代の潮流』同成社
辻田淳一郎　二〇一二b「雄略朝から磐井の乱に至る諸変動」『一般社団法人日本考古学協会２０１２年度福岡大会研究発表資料集』日本考古学協会２０１２年度福岡大会実行委員会
辻田淳一郎　二〇一二c「九州出土の中国鏡と対外交渉―同型鏡群を中心に―」『沖ノ島祭祀と九州諸勢力の対外交渉』九州前方後円墳研究会
辻田淳一郎　二〇一三「古墳時代の集落と那津官家」『新修 福岡市史 特別編 自然と遺跡からみた福岡の歴史』福岡市
辻田淳一郎　二〇一四a「鏡からみた古墳時代の地域間関係とその変遷―九州出土資料を中心として―」『古墳時代の地域間交流２』九州前方後円墳研究会
辻田淳一郎　二〇一四b「世界の中の古墳時代研究―比較考古学の観点から―」『考古学研究』六一-三
辻田淳一郎　二〇一五「古墳時代中・後期における同

型鏡群の授受とその意義」『山の神古墳の研究―「雄略朝」期前後における地域社会と人制に関する考古学的研究：北部九州を中心に―』九州大学大学院人文科学研究院考古学研究室
辻田淳一郎　二〇一八『同型鏡と倭の五王の時代』同成社
辻田淳一郎・片多雅樹　二〇一六「長崎県壱岐市・掛木古墳出土の鏡について」『長崎県埋蔵文化財センター研究紀要』六
都出比呂志　一九七〇「農業共同体と首長権」『講座日本史一』東京大学出版会
都出比呂志　一九八八「古墳時代首長系譜の継続と断絶」『待兼山論叢』二二、史学篇
都出比呂志　一九八九『日本農耕社会の成立過程』岩波書店
都出比呂志　一九九一「日本古代の国家形成論序説―前方後円墳体制の提唱―」『日本史研究』三四三
都出比呂志　一九九三「前方後円墳体制と民族形成」『待兼山論叢』二七、史学篇
都出比呂志　一九九六「国家形成の諸段階」『歴史評論』五五一、校倉書房
都出比呂志　二〇〇五『前方後円墳と社会』塙書房
都出比呂志　二〇一一『古代国家はいつ成立したか』岩波書店
常松幹雄　二〇〇六『最古の王墓　吉武高木遺跡』新泉社
常松幹雄　二〇〇七「北部九州における弥生時代の区画墓と標石」『四隅突出型墳丘墓と弥生墓制の研究』島根県古代文化センター
鶴間和幸　二〇〇四『中国の歴史03　ファーストエンペラーの遺産』講談社
寺井誠　二〇〇七「日本列島出土楽浪系土器についての基礎的研究」『古文化談叢』五六
寺沢薫　一九八五「弥生時代舶載製品の東方流入」『考古学と移住・移動』同志社大学考古学シリーズ刊行会
寺沢薫　二〇〇〇『日本の歴史02　王権誕生』講談社
寺沢薫　二〇〇五「古墳時代開始期の暦年代と伝世鏡論」（上）（下）『古代学研究』一六九・一七〇
寺沢薫編　二〇一一『東アジアにおける初期都宮および王墓の考古学的研究』奈良県立橿原考古学研究所
寺沢知子　一九七九「鉄製農工具副葬の意義」『橿原考古学研究所論集』四
寺沢知子　一九九九「首長霊にかかわる内行花文鏡の

特質」『考古学に学ぶ―遺構と遺物―』同志社大学考古学シリーズ刊行会
寺前直人　二〇一七『文明に抗した弥生の人びと』吉川弘文館
徳田誠志　二〇〇八「米国ボストン美術館所蔵　伝仁徳陵出土品について」『王権と武器と信仰』同成社
徳田誠志　二〇一八「仁徳天皇　百舌鳥耳原中陵第１濠内三次元地形測量調査報告」『書陵部紀要』六九〔陵墓篇〕
徳富孔一　二〇一七「両晋南朝の方格規矩鏡と日韓の方格T字鏡」『九州考古学』九二
戸塚洋輔　二〇一三「近畿地方における中国鏡・小形仿製鏡の様相」『弥生時代後期青銅鏡を巡る諸問題』九州考古学会
富岡謙蔵　一九二〇『古鏡の研究』富岡益太郎
豊島直博　二〇一〇『鉄製武器の流通と初期国家形成』塙書房
内藤晃　一九五九「古墳文化の成立―いわゆる伝世鏡理論を中心として―」『歴史学研究』二三六、青木書店
内藤晃　一九六〇「古墳文化の発展―同笵鏡問題の再検討―」『日本史研究』四八
直木孝次郎　一九五八「人制の研究」『日本古代国家の構造』青木書店
中井歩　二〇一八ａ「紫金山古墳出土勾玉文鏡のモデルと生成過程」『古文化談叢』八〇
中井歩　二〇一八ｂ「古墳時代前期における小型鏡の系譜と変遷」『埼玉県立史跡の博物館紀要』一一
中園聡　一九九一「墳墓にあらわれた意味―とくに弥生時代中期後半の甕棺墓にみる階層性について―」『古文化談叢』二五
中園聡　二〇〇四『九州弥生文化の特質』九州大学出版会
中村潤子　一九九九『鏡の力 鏡の想い』大巧社
中村慎一　一九九五「世界のなかの弥生文化」『文明学原論』山川出版社
奈良県立橿原考古学研究所編　二〇〇五『三次元デジタル・アーカイブを活用した古鏡の総合的研究』（Ⅰ）（Ⅱ）奈良県立橿原考古学研究所（三次元二〇〇五）
奈良県立橿原考古学研究所編　二〇〇八『ホケノ山古墳の研究』奈良県立橿原考古学研究所
奈良県立橿原考古学研究所編　二〇一八『黒塚古墳の研究』八木書店

新納泉　一九八三「装飾付大刀と古墳時代後期の兵制」『考古学研究』三〇-三

新納泉　一九九一「権現山鏡群の型式学的位置」『権現山51号墳』権現山51号墳刊行会

新納泉　二〇〇二「古墳時代の社会統合」鈴木靖民編『日本の時代史二　倭国と東アジア』吉川弘文館

新納泉　二〇一四「6世紀前半の環境変動を考える」『考古学研究』六〇-四

西川修一　二〇一八「三浦半島と相模湾岸の海洋民系文化について」『横須賀考古学会　研究紀要』六

西川寿勝　一九九六『卑弥呼をうつした鏡』北九州中国書店

西川寿勝　二〇〇〇『三角縁神獣鏡と卑弥呼の鏡』学生社

西川寿勝　二〇〇八「継体天皇、四つの王宮の謎」『継体天皇　二つの陵墓、四つの王宮』新泉社

西川寿勝・田中晋作　二〇一〇『倭王の軍団―巨大古墳時代の軍事と外交―』新泉社

西嶋定生　一九九四『邪馬台国と倭国』吉川弘文館

西嶋定生　一九九九『倭国の出現』東京大学出版会

西田守夫　一九七一「三角縁神獣鏡の形式系譜諸説」『東京国立博物館紀要』六

西谷正編　二〇一二『伊都国の研究』学生社

西村俊範　一九九三「中国鏡の新資料―村上英二氏コレクションより―」『日本美術工芸』六五九

西村俊範　一九九七「隋・唐代の鏡」『世界美術大全集　東洋編第四巻　隋・唐』小学館

仁藤敦史　二〇〇九『卑弥呼と台与』山川出版社

仁藤敦史　二〇一二『古代王権と支配構造』吉川弘文館

野島永　二〇〇九『初期国家形成過程の鉄器文化』雄山閣

朴天秀　二〇〇七『加耶と倭』講談社選書メチエ

橋本達也　一九九八「竪矧板・方形板革綴短甲の技術と系譜」『青丘学術論集』一二

橋本達也　二〇一二「古墳築造周縁域における境界形成―南限社会と国家形成―」『考古学研究』五八-四

橋本達也　二〇一三「祇園大塚山古墳の金銅装眉庇付冑と古墳時代中期の社会」『祇園大塚山古墳と5世紀という時代』六一書房

橋本達也　二〇一五「古墳時代中期の武器・武具生産」広瀬和雄編『中期古墳とその時代』雄山閣

八賀晋　一九八四「仿製三角縁神獣鏡の研究―同笵鏡にみる笵の補修と補刻」『学叢』六

初村武寛編　二〇一八　『錆情報に基づく戦後復興期消滅古墳副葬品配列の復元研究』　科学研究費補助金研究成果報告書
花田勝広　一九九九「沖ノ島祭祀と在地首長の動向」『古代学研究』一四八
花田勝弘　二〇〇二『古代の鉄生産と渡来人―倭政権の形成と生産組織―』雄山閣
土生田純之　一九九六「朝鮮半島の前方後円墳」『専修大学人文科学年報』二六
土生田純之　一九九八『黄泉国の成立』学生社
土生田純之　二〇〇六『古墳時代の政治と社会』吉川弘文館
土生田純之編　二〇〇八『古墳時代の実像』吉川弘文館
土生田純之　二〇〇九「東日本からみた伊那谷の古墳」『飯田市歴史研究所年報』七
土生田純之　二〇一〇「始祖墓としての古墳」『古文化談叢』六五（一）
土生田純之　二〇一二「墓制から見た朝鮮三国と倭」『専修大学社会知性開発研究センター東アジア世界史研究センター年報』六
土生田純之・亀田修一編　二〇一二『古墳時代研究の現状と課題（上）・（下）』同成社
濱田耕策　二〇〇五「七支刀をめぐる日韓関係」『日韓歴史共同研究報告書』第一分科篇
林正憲　二〇〇〇「古墳時代前期における倭鏡の製作」『考古学雑誌』八五‐四
林正憲　二〇〇二「古墳時代前期倭鏡における2つの鏡群」『考古学研究』四九‐二
林巳奈夫　一九八九『漢代の神神』臨川書店
原田大六　一九六〇「鋳鏡における湯冷えの現象について」『考古学研究』六‐四
原田大六　一九六一「十七号遺跡の遺物」『続沖ノ島』宗像神社復興期成会
春成秀爾　一九八四「前方後円墳論」『東アジア世界における日本古代史講座二』学生社
坂靖　二〇一四「遺跡からみたヤマト王権と鉄器生産」『たたら研究』五三
坂靖　二〇一八『蘇我氏の古代学―飛鳥の渡来人―』新泉社
樋口隆康　一九六〇「画文帯神獣鏡と古墳文化」『史林』四三‐五
樋口隆康　一九七二「武寧王陵出土鏡と七子鏡」『史林』五五‐四

樋口隆康　一九七九『古鏡』新潮社
樋口隆康　一九八一「埼玉稲荷山古墳出土鏡をめぐって」『考古学メモワール』学生社
樋口隆康　一九八三「六朝鏡の二、三の問題」『展望アジアの考古学』新潮社
菱田哲郎　二〇〇七『古代日本 国家形成の考古学』京都大学学術出版会
菱田哲郎　二〇一二「考古学からみた王権論」土生田純之・亀田修一編『古墳時代研究の現状と課題(下)』同成社
兵庫県立考古博物館編　二〇一七『千石コレクション―鏡鑑編―』兵庫県立考古博物館
平尾和久　二〇〇七「破砕鏡と破鏡の時期的変遷とその認識」『伊都国歴史博物館紀要』二
廣瀬憲雄　二〇一四「倭の五王の冊封と劉宋遣使―倭王武を中心に―」鈴木靖民・金子修一編『梁職貢図と東部ユーラシア世界』勉誠出版
広瀬和雄　一九九二「前方後円墳の畿内編年」近藤義郎編『前方後円墳集成 近畿編』山川出版社
広瀬和雄　二〇〇三『前方後円墳国家』角川選書
福岡市博物館編　二〇一五『新・奴国展』福岡市博物館
福岡県教育委員会　一九八五『三雲遺跡 南小路地区編』福岡県文化財調査報告書第六九集
福永伸哉　一九九一「三角縁神獣鏡の系譜と性格」『考古学研究』三八-一
福永伸哉　一九九二「三角縁神獣鏡製作技法の検討―鈕孔方向の分析を中心として―」『考古学雑誌』七八-一
福永伸哉　一九九四a「仿製三角縁神獣鏡の編年と製作背景」『考古学研究』四一-一
福永伸哉　一九九四b「三角縁神獣鏡の歴史的意義」『倭人と鏡 その2』埋蔵文化財研究会
福永伸哉　一九九五「三角縁神獣鏡の副葬配置とその意義」『日本古代の葬制と社会関係の基礎的研究』大阪大学文学部考古学研究室
福永伸哉　一九九六「舶載三角縁神獣鏡の製作年代」『待兼山論叢』三〇、史学篇
福永伸哉　一九九八a「対半島交渉から見た古墳時代倭政権の性格」『青丘学術論集』一二
福永伸哉　一九九八b「銅鐸から銅鏡へ」都出比呂志編『古代国家はこうして生まれた』角川書店
福永伸哉　一九九九a「古墳時代前期における神獣鏡製作の管理」『国家形成期の考古学』大阪大学文学

部考古学研究室
福永伸哉　一九九九b「古墳の出現と中央政権の儀礼管理」『考古学研究』四六-二
福永伸哉　二〇〇五a『三角縁神獣鏡の研究』大阪大学出版会
福永伸哉　二〇〇五b「いわゆる継体期における威信財変化とその意義」『井ノ内稲荷塚古墳の研究』大阪大学大学院文学研究科
福永伸哉　二〇〇七「継体王権と韓半島の前方後円墳」『勝福寺古墳の研究』大阪大学文学研究科
福永伸哉　二〇一〇「同笵鏡論と伝世鏡論の今日的意義」『待兼山考古学論集Ⅱ』大阪大学考古友の会
福永伸哉　二〇一一「考古学からみた継体政権」『三島と古代淀川水運Ⅱ—今城塚古墳の時代—』高槻市立今城塚古代歴史館
福永伸哉・森下章司　二〇〇〇「河北省出土の魏晋鏡」『史林』八三-一
福永伸哉・岡村秀典・岸本直文・車崎正彦・小山田宏一・森下章司　二〇〇三『シンポジウム 三角縁神獣鏡』学生社
福永伸哉・杉井健編　一九九六『雪野山古墳の研究』八日市市教育委員会
藤井整　二〇一三「墓制からみた近畿弥生社会の変化」『考古学研究会例会シンポジウム記録9』考古学研究会
藤沢敦編　二〇一五『倭国の形成と東北』吉川弘文館
藤田和尊　一九九三「鏡の副葬位置からみた前期古墳」『考古学研究』三九-四
藤田和尊　一九九五「古墳時代中期における軍事組織の実態」『考古学研究』四一-四
藤田和尊　二〇〇六『古墳時代の王権と軍事』学生社
藤尾慎一郎　二〇一五『弥生時代の歴史』講談社現代新書
藤丸詔八郎　一九九三「破鏡の出現に関する一考察」『古文化談叢』三〇（上）
藤丸詔八郎　一九九六「鉛同位対比の測定対象となった北九州市近郊から出土した弥生～古墳時代の青銅製遺物について」『研究紀要』三
藤丸詔八郎　一九九七「三角縁神獣鏡の製作技術—同笵鏡番号60鏡群の場合—」『研究紀要』四
古市晃二〇一一「五・六世紀における王宮の存在形態」『日本史研究』五八七
古市晃二〇一三「倭王権の支配構造とその展開」『日本史研究』六〇六

古谷毅　二〇一三「金銅製甲冑出土古墳としての祇園大塚山古墳の意義」『祇園大塚山古墳と5世紀という時代』六一書房
北條芳隆　一九八六「墳丘に表示された前方後円墳の定式とその評価」『考古学研究』三三―四
北條芳隆　二〇〇〇a「前方後円墳の論理」北條芳隆・溝口孝司・村上恭通『古墳時代像を見なおす』青木書店
北條芳隆　二〇〇〇b「前方後円墳と倭王権」北條芳隆・溝口孝司・村上恭通『古墳時代像を見なおす』青木書店
北條芳隆　二〇〇七a「巨大前方後円墳の創出」『日本史の方法』V
北條芳隆　二〇〇七b「首長から人身御供へ―始祖誕生祭としての前方後円墳祭祀―」『日本史の方法』V
北條芳隆　二〇一四「稲束と水稲農耕民」『日本史の方法』一一
北條芳隆　二〇一七『古墳の方位と太陽』同成社
北條芳隆　二〇一九「前方後円墳はなぜ巨大化したのか」北條芳隆編『考古学講義』ちくま新書
北條芳隆・溝口孝司・村上恭通　二〇〇〇『古墳時代像を見なおす』青木書店
前川和也・岡村秀典編　二〇〇五『国家形成の比較研究』学生社
前之園亮一　二〇一三『「王賜」銘鉄剣と五世紀の日本』岩田書院
松浦宥一郎　一九九四「日本出土の方格T字鏡」『東京国立博物館紀要』二九
松尾充晶編　二〇〇五『装飾付大刀と後期古墳』島根県古代文化センター調査研究報告書三一
町田章　一九八八「三雲遺跡の金銅四葉座金具について」『古文化談叢』二〇（上）
松木武彦　一九九四「古墳時代の武器・武具および軍事組織研究の動向」『考古学研究』四一―一
松木武彦　二〇〇七a『日本の歴史一　列島創世記』小学館
松木武彦　二〇〇七b『日本列島の戦争と初期国家形成』東京大学出版会
馬渕一輝　二〇一七「志段味大塚古墳出土鈴鏡からみた後期倭鏡」『埋蔵文化財調査報告書七七志段味古墳群Ⅲ―志段味大塚古墳の副葬品―』名古屋市教育委員会
馬淵久夫・平尾良光　一九八二「鉛同位体比法による

漢式鏡の研究」『MUSEUM』三七〇
馬淵久夫・平尾良光　一九八三「鉛同位体比法による漢式鏡の研究（二）：西日本出土の鏡を中心として」『MUSEUM』三八二
馬淵久夫　二〇一八「三角縁神獣鏡の製作地について」『考古学雑誌』一〇〇-一
右島和夫　二〇〇八「古墳時代における畿内と東国―5世紀後半における古東山道ルートの成立とその背景―」『由良大和古代文化研究協会 研究紀要』一三
右島和夫・池上悟　二〇一一「関東」広瀬和雄・和田晴吾編『講座 日本の考古学七 古墳時代（上）』青木書店
水澤幸一　二〇一九「三角縁神獣鏡の位相」『磨斧作針―橋本博文先生退職記念論集―』六一書房
溝口孝司　二〇〇〇「古墳時代開始期の理解をめぐる問題点―弥生墓制研究史の視点から―」北條芳隆・溝口孝司・村上恭通『古墳時代像を見なおす』青木書店
溝口孝司　二〇〇一「弥生時代の社会」高橋龍三郎編『現代の考古学 六 村落と社会の考古学』朝倉書店
溝口孝司　二〇一二「出自と居住をめぐる弥生集落論：「成層化に抗する社会」とその変容」『考古学ジャーナル』六三一
溝口孝司　二〇一七「甕棺の地域性の発現様態の基本構造とネットワーク」『日本考古学』四四
水野清一　一九五〇「中国における仏教のはじまり」『佛教藝術』七
水野敏典　二〇〇六「三角縁神獣鏡における笵の複製と製作工程」『3次元デジタルアーカイブ古鏡総覧（Ⅰ）（Ⅱ）』学生社
水野敏典二〇一二「三次元計測技術を応用した銅鏡研究」『考古学ジャーナル』六三五
水野敏典　二〇一七「上牧久渡3号墳出土の画文帯神獣鏡をめぐる諸問題」『史跡上牧久渡古墳群発掘調査報告書Ⅱ』上牧町文化財調査報告第四集
水野敏典編　二〇一〇『考古資料における三次元デジタルアーカイブの活用と展開』奈良県立橿原考古学研究所
水野敏典・岡林孝作・山田隆文・奥山誠義・樋口隆康　二〇〇八「三次元計測技術を応用した同型鏡の研究」『日本考古学協会第七四回総会 研究発表要旨』
光本順　二〇〇六『身体表現の考古学』青木書店
南健太郎　二〇一九『東アジアの銅鏡と弥生社会』同成社

三宅米吉　一八九七「古鏡」『考古学会雑誌』一-五
宮崎市定　一九八七「景初四年鏡は帯方郡製か」（宮崎一九八八『古代大和朝廷』筑摩書房に所収）
宮地聡一郎　二〇一九「弥生文化はいつ始まったのか」北條芳隆編『考古学講義』ちくま新書
宮本一夫　一九九〇「戦国鏡の編年（上・下）」『古代文化』四二—四・六
宮本一夫　二〇〇〇「彩画鏡の変遷とその意義」『史淵』一三七
宮本一夫　二〇一一「東北アジアの相対編年を目指して」高倉洋彰・田中良之編『AMS年代と考古学』学生社
村上恭通　一九九八『倭人と鉄の考古学』青木書店
村上恭通　二〇〇〇a「鉄と社会変革をめぐる諸問題—弥生時代から古墳時代への移行に関連して—」北條芳隆・溝口孝司・村上恭通『古墳時代像を見なおす』青木書店
村上恭通　二〇〇〇b「鉄器生産・流通と社会変革」北條芳隆・溝口孝司・村上恭通『古墳時代像を見なおす』青木書店
村上恭通　二〇〇七『古代国家成立過程と鉄器生産』青木書店
村上恭通　二〇一九「鉄から弥生・古墳時代を考える」北條芳隆編『考古学講義』ちくま新書
村上隆　二〇一四「東之宮古墳出土青銅鏡のデジタル化研究によって新たに得られた知見」『史跡東之宮古墳』犬山市教育委員会
村瀬陸　二〇一四「画文帯神獣鏡からみた弥生のおわりと古墳のはじまり」『季刊考古学』一二七
村瀬陸　二〇一六「漢末三国期における画文帯神獣鏡生産の再編成」『ヒストリア』二五九
桃崎祐輔　二〇〇五「七支刀の金象嵌銘技術にみる中国尚方の影響」『文化財と技術』四
桃崎祐輔　二〇一〇「九州の屯倉研究入門」『還暦、還暦?、還暦!』武末純一先生還暦記念事業会
桃崎祐輔　二〇一一「岡山県勝負砂古墳から出土した鋳銅鈴付馬具類の予察」『福岡大学考古学資料集成四』福岡大学考古学研究室研究報告第一〇冊
森公章　二〇一〇『倭の五王』山川出版社
森公章　二〇一一「東アジア史の中の古墳時代」『古墳時代の考古学一　古墳時代史の枠組み』同成社
森公章　二〇一二「五世紀の銘文刀剣と倭王権の支配体制」『東洋大学文学部紀要』六六、史学科篇第三八号

森公章　二〇一四「国造制と屯倉制」『岩波講座日本歴史第二巻 古代二』岩波書店
森浩一　一九五四「和泉国百舌鳥大塚山古墳調査の概要」『日本考古学協会彙報別篇二』
森浩一　一九六二「日本の古代文化」『古代史講座三』学生社
森浩一　一九七四「奈良県桜井茶臼山古墳の鏡片」『古代学研究』七一
森浩一　一九七八「日本の遺跡と銅鏡」『日本古代文化の探求 鏡』日本思想社
森豊　一九七三『海獣葡萄鏡』中公新書
森貞次郎　一九八三『九州の古代文化』六興出版
森貞次郎　一九八五「弥生時代の東アジアと日本」森貞次郎編『稲と青銅と鉄』日本書籍
森岡秀人　一九九三「近畿地方における銅鏡の受容」『季刊考古学』四三、雄山閣
森岡秀人　二〇〇六「三世紀の鏡―ツクシとヤマト―」香芝市二上山博物館編『邪馬台国時代のツクシとヤマト』学生社
森下章司　一九八九「文様構成・配置からみた三角縁神獣鏡」『椿井大塚山古墳と三角縁神獣鏡』京都大学文学部博物館
森下章司　一九九一「古墳時代仿製鏡の変遷とその特質」『史林』七四-六
森下章司　一九九三「火竟銘仿製鏡の年代と初期の文字資料」『京都考古』七三
森下章司　一九九四「古墳時代の鏡」『倭人と鏡 その二』埋蔵文化財研究会
森下章司　一九九八a「鏡の伝世」『史林』八一-四
森下章司　一九九八b「古墳時代前期の年代試論」『古代』一〇五
森下章司　二〇〇二「古墳時代倭鏡」車崎正彦編『考古資料大観 五 弥生・古墳時代 鏡』小学館
森下章司　二〇〇三「山東・遼東・楽浪・倭をめぐる古代銅鏡の流通」『東アジアと「半島空間」―山東半島と遼東半島―』思文閣出版
森下章司　二〇〇四「古鏡の拓本資料」『古文化談叢』五一
森下章司　二〇〇五a「前期古墳副葬品の組合せ」『考古学雑誌』八九-一
森下章司　二〇〇五b「器物の生産・授受・保有形態と王権」前川和也・岡村秀典編『国家形成の比較研究』学生社
森下章司　二〇〇七「銅鏡生産の変容と交流」『考古

学研究』五四-二
森下章司　二〇一〇「古墳出現期における中国鏡の流入と仿製鏡生産の変化」『日本考古学協会2010年度兵庫大会 研究発表資料集』
森下章司　二〇一一a「伝仁徳陵古墳出土鏡と東アジア」『徹底分析・仁徳陵古墳―巨大前方後円墳の実像を探る―』堺市
森下章司　二〇一一b「漢末・三国西晋鏡の展開」『東方學報』八六
森下章司　二〇一六『古墳の古代史』ちくま新書
森下章司・鈴木一有・鈴木敏則　二〇〇〇「磐田郡豊岡村神田古墳―中国鏡出土の後期古墳―」『浜松市博物館報』一三
森田克行　一九九八「青龍三年鏡とその伴侶」『古代』一〇五
森田克行　一九九九「『銅鏡百枚』考」『東アジアの古代文化』九九、大和書房
森本幹彦　二〇一五「外来系土器からみた対外交流の様相―弥生時代終焉にむけての北部九州―」『古代文化』六六-四
柳沢一男　一九八七「福岡市比恵遺跡の官衙的建物群」『日本歴史』四六五
柳沢一男　二〇〇二「全南地方の栄山江型横穴式石室の系譜と前方後円墳」『前方後円墳と古代日朝関係』同成社
柳沢一男　二〇一四『筑紫君磐井と「磐井の乱」』岩戸山古墳』新泉社
柳田康雄　一九八六「青銅器の創作と終焉」『九州考古学』六〇
柳田康雄　二〇〇〇「平原王墓出土銅鏡の観察総括」『平原遺跡』前原市教育委員会
柳田康雄　二〇〇二a『九州弥生文化の研究』学生社
柳田康雄　二〇〇二b「摩滅鏡と踏返し鏡」『九州歴史資料館研究論集』二七
柳田康雄　二〇一八「伊都国の外交」『伊都国人と文字』糸島市教育委員会
山尾幸久　一九八三『日本古代王権形成史論』岩波書店
山尾幸久　一九八九『古代の日朝関係』塙書房
山尾幸久　一九九九『筑紫君磐井の戦争』新日本出版社
山崎カヲル編訳　一九八〇『マルクス主義と経済人類学』柘植書房
山本孝文　二〇一八『古代韓半島と倭国』中公叢書

吉井秀夫　二〇〇六「考古学から見た百済の国家形成とアイデンティティ」田中良之・川本芳昭編『東アジア古代国家論―プロセス・モデル・アイデンティティ―』すいれん舎
吉井秀夫　二〇〇七「古代東アジア世界からみた武寧王陵の木棺」茂木雅博編『日中交流の考古学』同成社
吉井秀夫　二〇一〇『古代朝鮮　墳墓にみる国家形成』京都大学学術出版会
吉田晶　一九七三『日本古代国家成立史論』東京大学出版会
吉田晶　一九九五『卑弥呼の時代』新日本新書
吉田晶　一九九八『倭王権の時代』新日本新書
吉田晶　二〇〇一『七支刀の謎を解く』新日本出版社
吉田晶　二〇〇五『古代日本の国家形成』新日本出版社
吉田晶　二〇〇六「最近の考古学分野での古代国家論をめぐって」『弥生文化博物館研究報告』六
吉村和昭編　二〇一八『古墳時代中期における甲冑生産組織の研究―「型紙」と製作工程の分析を中心として―』科学研究費基盤研究（B）研究成果報告書、奈良県立橿原考古学研究所
吉村武彦　一九九三「倭国と大和王権」『岩波講座日本通史 二』岩波書店
吉村武彦　二〇〇三「ワカタケル王と杖刀人首ヲワケ」『ワカタケル大王とその時代』山川出版社
吉村武彦　二〇〇六「ヤマト王権と律令制国家の形成」『列島の古代史 八 古代史の流れ』岩波書店
吉村武彦　二〇一〇『シリーズ日本古代史② ヤマト王権』岩波新書
米倉秀紀　一九九三「那津官家？―博多湾岸における三本柱柵と大型総柱建物群―」『福岡市博物館研究紀要』三
米倉秀紀　二〇〇三「筑前におけるミヤケ状遺構の成立」『先史学・考古学論究Ⅳ』、龍田考古会
李成市　二〇〇二「新羅の国家形成と加耶」『日本の時代史二 倭国と東アジア』吉川弘文館
若狭徹　二〇〇七『古墳時代の水利社会研究』学生社
若狭徹　二〇一六『古代の東国1 前方後円墳と東国社会』吉川弘文館
脇山佳奈　二〇一三「珠文鏡の研究」『史学研究』二七九
和田萃　一九七八「古代日本における鏡と神仙思想」森浩一編『日本古代文化の探求 鏡』社会思想社

和田晴吾　一九八一「向日市五塚原古墳の測量調査より」小野山節編『王陵の比較研究』昭和54年度科学研究費補助金（総合A）研究成果報告書、京都大学文学部考古学研究室

和田晴吾　一九八六「金属器の生産と流通」『岩波講座 日本考古学 三』岩波書店

和田晴吾　二〇〇四「古墳文化論」『日本史講座 一』東京大学出版会

和田晴吾　二〇一四『古墳時代の葬制と他界観』吉川弘文館

Barnes, G. 2007 *State formation in Japan: Emergence of a 4th-century ruling elite*. Routledge.

Earle, T. (ed) 1991 *Chiefdoms: Power, Economy, and Ideology*. Cambridge University Press.

Earle, T. 1997 *How chiefs come to power: The political economy in prehistory*. Stanford University Press.

Fried, M. 1967 *The evolution of political society: an essay in political anthropology*. Random House.

Friedman, J. and Rowlands, M. 1977 Notes towards an epigenetic model of the evolution of 'civilization'. In Friedman, J. and Rowlands, M. (eds) *The Evolution of Social Systems*.Duckworth.

Hedeager, L. 1992 *Iron-Age Societies*. Blackwell.

Hodder, I. and Hutson, S. 2003 *Reading the Past* (Third edition.) Cambridge University Press.

Kristiansen, K. 1991 Chiefdoms, states, and systems of social evolution. In Earle, T.(ed.)*Chiefdoms: Power, Economy, and Ideology*. Cambridge University Press.

Kristiansen, K. and Rowlands, M. 1998 *Social Transformations in Archaeology*. Routledge.

Mizoguchi, K. 2013 *The Archaeology of Japan: from the earliest rice farming villages to the rise of the state*. Cambridge University Press.

Yoffee, N. 1993 Too many chiefs? (or,Safe texts for the '90s). In Yoffee, N. and Sherratt, A.(eds) *Archaeological theory: who sets the agenda?* Cambridge University Press.

あとがき

本書は、筆者がこれまでに上梓《じょうし》した『鏡と初期ヤマト政権』（すいれん舎、二〇〇七年）と『同型鏡と倭の五王の時代』（同成社、二〇一八年）の内容をもとに、その後の成果をあわせて論じたものである。本書の基礎となった成果は、二〇一五年に御病気のために逝去された田中良之先生、また岩永省三先生、宮本一夫先生、溝口孝司先生をはじめとした、筆者が所属する九州大学の先生方や関係の方々、またこれまで国内外の各地で資料調査や研究発表を行う際にお世話になった多くの方々からいただいた御指導・御教示の賜物である。まずもってこれまでいただいた学恩に厚く御礼を申し上げたい。

ところで書名が『鏡の古代史』であるにもかかわらず、本文中でいわゆる「三種の神器」について殆《ほとん》ど触れられていないことを不思議に思われた方も多いかもしれない。これには理由があって、本書が主に考古学の立場から書かれたものであることから、鏡が古代の天皇制において「三種の神器」の一つとなることと弥生《やよい》・古墳時代の鏡を無条件に結びつけることなく、これらの鏡を論ずることを課題としたためである。いずれにしても、本書でいうところの「遡上《そじょう》の論理」にとらわれることなく、独自の問題として検討する必要があるものと考えている。この点については今後の課題としておきたい。

序章でも述べたように、鏡をめぐる研究はこの三〇年ほどの間に大きく進展した。その中でも、資料そのものへのアクセスという点では、各地の博物館所蔵資料画像のウェブ上での公開や、三次元レーザー計測による資料のデジタル化、また国立歴史民俗博物館のデータベースとそれを大幅に更新した下垣仁志氏による『日本列島出土鏡集成』（同成社、二〇一六年）の刊行など、筆者が学生であった約二〇年前と比べても、研究環境や条件が格段に向上している。本書でも、特に奈良県立橿原考古学研究所に御提供いただいた三次元計測データを多く掲載させていただいた。奈良県立橿原考古学研究所および同附属博物館、東京国立博物館、宮内庁書陵部をはじめとする各地の所蔵機関の方々には、本書への資料・画像の掲載に際して多大な御配慮と御協力をいただいたことに深く感謝申し上げたい。

本書は、二〇一八年に拙著を上梓した直後に、明治大学の吉村武彦先生から角川選書の担当の竹内祐子さんを御紹介いただき、選書への執筆を御推薦いただいたことに端を発している。吉村先生には、二〇〇五年に九州大学で開催された研究集会の際に田中良之先生から御紹介いただいて以来、折に触れて文献史学の成果について御教示をいただいている。実質的には二〇一九年の新年度から執筆を開始したが、秋口にさしかかる頃に何とか一度書き通すことができたのは、吉村先生と竹内さんの温かい励ましのおかげである。竹内さんには手際のよい仕事で煩雑な本書の編集を進めていただいた。あらためてお二人に厚く御礼を申し上げたい。

最後に私事で恐縮であるが、筆者の仕事を日常的に支えてくれている、妻と子どもたちに感謝の言葉を捧《ささ》げることをお許しいただきたい。

二〇一九年一〇月　　辻田淳一郎

辻田淳一郎（つじた・じゅんいちろう）
1973年生まれ。九州大学文学部卒業。九州大学大学院比較社会文化研究科博士後期課程単位修得退学後、福岡県教育庁文化財保護課、九州大学大学院人文科学研究院専任講師を経て、九州大学大学院人文科学研究院准教授。日本考古学専攻。博士（比較社会文化）。著書に『鏡と初期ヤマト政権』（すいれん舎）、『同型鏡と倭の五王の時代』（同成社）、論文に「古墳文化の多元性と一元性」（『古墳時代の考古学7　内外の交流と時代の潮流』、同成社）、「世界の中の古墳時代研究―比較考古学の観点から―」（『考古学研究』61-3）など。

角川選書 630

鏡《かがみ》の古代史《こだいし》

令和元年 12 月 23 日　初版発行

著　者　辻田淳一郎《つじたじゅんいちろう》
発行者　郡司　聡
発　行　株式会社 KADOKAWA
東京都千代田区富士見 2-13-3　〒 102-8177
電話 0570-002-301（ナビダイヤル）
装　丁　片岡忠彦　　帯デザイン　Zapp!
印刷所　横山印刷株式会社　　製本所　本間製本株式会社

ISBN978-4-04-703663-5 C0321

この書物を愛する人たちに

詩人科学者寺田寅彦は、銀座通りに林立する高層建築をたとえて「銀座アルプス」と呼んだ。
戦後日本の経済力は、どの都市にも「銀座アルプス」を造成した。
アルプスのなかに書店を求めて、立ち寄ると、高山植物が美しく花ひらくように、
　書物が飾られている。
印刷技術の発達もあって、書物は美しく化粧され、通りすがりの人々の眼をひきつけている。
しかし、流行を追っての刊行物は、どれも類型的で、個性がない。
歴史という時間の厚みのなかで、流動する時代のすがたや、不易な生命をみつめてきた先輩たちの発言がある。
また静かに明日を語ろうとする現代人の科白がある。これらも、
銀座アルプスのお花畑のなかでは、雑草のようにまぎれ、人知れず開花するしかないのだろうか。
マス・セールの呼び声で、多量に売り出される書物群のなかにあって、
選ばれた時代の英知の書は、ささやかな「座」を占めることは不可能なのだろうか。
マス・セールの時勢に逆行する少数な刊行物であっても、この書物は耳を傾ける人々には、
飽くことなく語りつづけてくれるだろう。私はそういう書物をつぎつぎと発刊したい。
真に書物を愛する読者や、書店の人々の手で、こうした書物はどのように成育し、開花することだろうか。
私のひそかな祈りである。「一粒の麦もし死なずば」という言葉のように、
こうした書物を、銀座アルプスのお花畑のなかで、一雑草であらしめたくない。

一九六八年九月一日　　角川源義

シリーズ世界の思想
プラトン　ソクラテスの弁明
岸見一郎

古代ギリシア哲学の白眉ともいえる『ソクラテスの弁明』の全文を新訳とわかりやすい新解説で読み解く。誰よりも正義の人であったソクラテスが裁判で何を語ったかを伝えることで、彼の生き方を明らかにする。

1002 | 216頁

978-4-04-703636-9

シリーズ世界の思想
マルクス　資本論
佐々木隆治

経済の停滞、政治の空洞化……資本主義が大きな転換点を迎えている今、マルクスのテキストに立ち返りこの世界の仕組みを解き明かす。原文の抜粋と丁寧な解説で読む、画期的な『資本論』入門書。

1001 | 568頁

978-4-04-703628-4

浄土思想入門
古代インドから現代日本まで
平岡　聡

インドで誕生したブッダの教えは法然により大きく展開した。結節点である法然を軸に浄土教の教えに迫り、死を隠蔽し、科学の知を万能視して自我の肥大化が進行する、苦悩に満ちた現代を生き抜く知恵を提供。

608 | 256頁

978-4-04-703650-5

エドゥアール・マネ
西洋絵画史の革命
三浦　篤

一九世紀の画家、マネ。伝統絵画のイメージを自由に再構成するその手法は、現代アートにも引き継がれる絵画史の革命だった。模倣と借用によって創造し、古典と前衛の対立を超えてしまう画家の魅力に迫る。

607 | 320頁

978-4-04-703581-2

古典歳時記
吉海直人

日本人は自然に寄り添い、時季を楽しんできた。旬の食べ物、花や野鳥、気候や年中行事……暮らしに根ざすテーマを厳選し、時事的な話題・歴史的な出来事を入り口に、四季折々の言葉の語源と意味を解き明かす。

606 | 224頁

978-4-04-703657-4

ノーベル文学賞を読む
ガルシア＝マルケスからカズオ・イシグロまで
橋本陽介

受賞作家の書き方の特徴とは。各作品の面白さはどこからきているのか。なぜ、その作家は他文化・他言語の人に支持されたのか。古今東西の受賞作を読み直し、多様な作品たちの「面白さ」を作る仕掛けに迫る。

605 | 272頁

978-4-04-703642-0

今川氏滅亡
大石泰史

駿河、遠江、三河に君臨した大大名・今川氏は、なぜあれほど脆く崩れ去ったのか。国衆の離叛や「家中」弱体化の動向等を、最新研究から丹念に検証。桶狭間敗北や氏真に仮託されてきた亡国の実像を明らかにする。

604 | 304頁

978-4-04-703633-8

「かたり」の日本思想
さとりとわらいの力学
出岡　宏

鎮魂、勧善懲悪、さとり、わらい――。人の営みのある限り逃れられない永遠のテーマを、能や狂言、歌舞伎、落語ほか様々な芸能に託し、表現しながら自らの生を全うしてきた日本人の価値観、死生観を俯瞰する。

603 | 288頁

978-4-04-703618-5

日本の風水
諏訪春雄

古代中国から日本に伝わり、都市、住居、墓地を造る際など様々に利用されてきた風水。しかし実は、「気」信仰のない日本は独自に風水の解釈を変容させた。その違いをひもとけば、日本の信仰のありようが見えてくる！

602 | 224頁

978-4-04-703644-4

密談の戦後史
塩田　潮

次期首相の座をめぐる裏工作から政界再編の秘密裏交渉まで、歴史の転換点で行われたのが密談である。憲法九条誕生から安倍晋三再擁立まで、政治を変える決定的な役割を担った密談を通して知られざる戦後史をたどる。

601 | 320頁

978-4-04-703619-2

愛着アプローチ
医学モデルを超える新しい回復法
岡田尊司

慢性うつ、不登校、ひきこもり、ゲーム依存、発達の問題、自傷、過食、DV等、医学モデルでは対処が難しい心や行動の問題が増えている。それら難しいケースに劇的な改善をもたらす新しい回復法の原理と実践法！

600 | 264頁

978-4-04-703613-0

仏教からよむ古典文学
末木文美士

出家に憧れながらも愛欲の世界にとどまった源氏物語の登場人物たち。その曖昧な生にこそ、王権と仏法の緊張関係が示されているのではないか。源氏・平家物語から能、夏目漱石まで、日本文学の新たな魅力を引き出す。

599 | 328頁

978-4-04-703615-4

織田家臣団の謎
菊地浩之

信長の「能力主義」はどこからきたのか？　それは、父・信秀から引き継いだ体制に理由があった！　信長が、自らの家臣団をどのようにして最強の軍団へと成長させていったのか、豊富な史料を使って検証する。

598　312頁

978-4-04-703639-0

「親米」日本の誕生
森　正人

チョコレート・チューインガムから「POPEYE」の時代へ――。戦中の嫌悪から戦後の憧れと憎しみへの急激な変化を経て、日本はどうアメリカを内在させてきたのか。視覚イメージから日本の親米化を読み解く。

597　256頁

978-4-04-703609-3

日本画とは何だったのか
近代日本画史論
古田　亮

伝統絵画と西洋画の接触が産み落とした、近代日本画という表現。それは画家たちに、近代とは、西洋とは、国家とは何かという不断の問いを突きつけることとなった。時代ごとの様式の変遷から描く、圧巻の百年史。

596　416頁

978-4-04-703625-3

死者と先祖の話
山折哲雄

みずからや家族の死を、私たちはどのような形で迎えたらよいのか――。折口信夫『死者の書』と柳田国男『先祖の話』をてがかりに、鎮魂・供養・往生・看取り等から、日本古来の信仰や死生観を見つめ直す。

595　240頁

978-4-04-703594-2